Heidelberger Taschenbücher Band 149

Basistext Medizin

Medizinische Psychologie

Herausgegeben von

Margit v. Kerekjarto

Mit Beiträgen von

D. Beckmann · K. Grossmann · W. Janke
M. v. Kerekjarto · H.-J. Steingrüber

Mit 23 Abbildungen und 22 Tabellen

Springer-Verlag
Berlin Heidelberg New York 1974

Prof. Dr. D. Beckmann
Zentrum für Psychosomatische Medizin
am Klinikum der Justus-Liebig-Universität
63 Giessen, Ludwigstr. 50

Prof. Dr. phil. K. E. Grossmann
Pädagogische Hochschule Westfalen-Lippe
Abt. Bielefeld
48 Bielefeld, Lampingstr. 3

Prof. Dr. W. Janke
Psychologisches Institut der Universität
4 Düsseldorf, Himmelgeister Str. 127

Prof. Dr. Margit v. Kerekjarto
II. Medizinische Universitäts-Klinik
2 Hamburg 20, Martinistr. 52

Prof. Dr. H.-J. Steingrüber
Psychologisches Institut der Universität
4 Düsseldorf, Himmelgeister Str. 127

ISBN 3-540-06736-1 Springer-Verlag Berlin · Heidelberg · New York
ISBN 0-387-06736-1 Springer-Verlag New York · Heidelberg · Berlin

Printed in Germany. Library of Congress Catalog Card Number 74-4723.

Herstellung: Oscar Brandstetter Druckerei KG, 62 Wiesbaden

VORWORT

Seit dem Inkrafttreten der neuen Approbationsordnung für Ärzte (1970) ist Medizinische Psychologie ein vorklinisches Pflichtfach. Zusammen mit dem gleichfalls neu eingeführten Fach, Medizinische Soziologie, soll sie den bislang vornehmlich naturwissenschaftlich-somatisch orientierten Unterricht im Medizinstudium erweitern und ergänzen. Die Vermittlung von psycho- und sozialwissenschaftlichen Stoffgebieten soll den zukünftigen „Basisarzt" befähigen, seinen erweiterten und veränderten ärztlichen Aufgaben hinsichtlich der Gesundheitsbetreuung der Bevölkerung nachzukommen.
Die Studienreform der Medizin steht noch im Anfang. Die Einführung der neuen Fächer ist ein erster Schritt. Eine Systematisierung der gesamten Ausbildung ist der nächste. Dieser erfolgte durch die Entwicklung von Lernzielkatalogen für die einzelnen Fächer. Eine „horizontale" und „vertikale" Integration der Fächer in einem Curriculum, d.h. Lehrplangestaltung, ist die dritte Erneuerung im Medizinstudium. Medizinische Psychologie hat Verbindung mit den vorklinischen Fächern und ist ausgerichtet auf die weitere, klinische Ausbildung.
Für das Fach Medizinische Psychologie wurden vier Lernziele erarbeitet, die durch den Unterricht in diesem Fach erreicht werden sollen:

1. psychologische Einstellung (hauptsächlich Verständnis für die psychische Verfassung des Patienten),
2. praktisch-psychologische Fähigkeiten (hauptsächlich Wahrnehmung der eigenen affektiven Reaktionen),
3. methodenkritisches Verständnis (auch bezüglich wissenschaftstheoretischen Fragestellungen) und
4. medizinisch-psychologische Grundkenntnisse (das Wissen von psychologischen Fakten, die für die ärztliche Tätigkeit relevant sind).

Dieses Buch — als Lehrbuch konzipiert — orientiert sich an dem z.Z. gültigen Lernziel-(Gegenstands-)Katalog für Medizinische Psychologie und versucht relevantes, psychologisches Wissen für Anfänger und Fortgeschrittene im Medizinstudium zu vermitteln. Ob die hier dargebotenen Lerninhalte tatsächlich medizinrelevant sind, kann für ein Fach, welches sich immer im Prozeß begriffen versteht, nur durch stufenweise Rückmeldung bestätigt werden. Die fünf Autoren des Buches haben sich bemüht, ihre Beiträge stofflich aufeinander abzustimmen, um Überschneidungen zu vermeiden. Die redaktionelle Überarbeitung der Beiträge konnte — und sollte auch nicht — die Eigenart und den persönlichen Stil des jeweiligen Autors eliminieren. So wird der geduldige Leser gebeten, die Heterogenität der fünf Kapitel zugunsten der Fachkompetenz in Kauf zu nehmen.

Für die tatkräftige und wertvolle Unterstützung meiner redaktionellen Arbeit danke ich Herrn Prof. Dr. Dr. A.E. Meyer, den Diplom-Psychologen: Frau Dr. M.A. Arnold, Dr. B. Dahme, F.W. Deneke, und Frau J. Nordmeyer. Für die Mitarbeit bei der Erstellung und Niederschrift des Manuskriptes, weiterhin für die Führung des gesamten Briefwechsels, danke ich herzlich Frau R. Jakubowitz. Für die Ergänzung der umfangreichen Bibliographie danke ich Herrn H. Wenner.

Hamburg, März 1974 Die Herausgeberin

INHALTSVERZEICHNIS

Errata

Heidelberger Taschenbücher, Band 149

MEDIZINISCHE PSYCHOLOGIE
Herausgegeben von Margit v. Kerekjarto

Seite 27/28:

Tabelle 7. Aktivation und EEG

Psychische Zustände	Elektroencephalogramm	Bewußtseinslagen	Verhalten und Leistung
Starke Gefühle, Erregung und Spannung	Desynchronisiert, kleine bis mittlere Amplituden, schnelle gemischte Frequenzen	Eingeengtes Bewußtsein, Aufmerksamkeitsspaltung, Konfusion	Desorganisiert, Mangel an Kontrolle, Schreck- oder Panikreaktionen
Wache Aufmerksamkeit	Teilweise synchronisiert, vorwiegend kleine schnelle Spannungsschwankungen	Selektive Aufmerksamkeit, Erwartung und Antizipation, Konzentration	Gut organisiert, optimale Leistungsfähigkeit und Reaktionsbebereitschaft
Entspannte Wachheit	Synchronisiert, optimaler Alpharhythmus	Wandernde Aufmerksamkeit, „freie" Assoziationen	Gute Routinereaktionen, schöpferische Leistungen
Schläfrigkeit	Desintegration des Alpharhythmus, flache Kurven, vereinzelt langsamere Wellen	Teilweise Aufmerksamkeits- und Bewußtseinsverluste, Bilddenken, Pseudohalluzination	Unkoordiniert, verzögerte Reaktionen, gestörte Zeitsequenzen bei Geschicklichkeitsleistungen
Leichtschlaf	Verschwinden des Alpharhythmus, größere, langsame Wellen, Schlafspindeln	Stark herabgesetztes Bewußtsein, erhöhte Reizschwelle	Reaktionen nur auf sehr starke oder bestimmten Einstellungen entsprechende Reize
Tiefschlaf	Sehr langsame und große Wellen	Bewußtseinsverlust	
Aktivierter Schlaf	Wachähnlich schnellere Wellen, mittlere Amplituden	Traumaktivität, stark erhöhte Reizschwelle	

Seite 30:

Tabelle 8

Stimulusmerkmale	Stimulusklassen	Beispiele aus verschiedenen Stimulusklassen
Psychische Funktionen	Sensorische Stimuli (Wahrnehmung)	Licht, Töne
	Kognitive Stimuli	Denkaufgaben
	Emotionale Stimuli	Strafandrohung
	Motivationale Stimuli	Wasserentzug
Intensität der Stimuli	Unterschwellige Reize	Nicht-wahrnehmbare Lichtreize
	Überschwellige Reize	Wahrnehmbare Lichtreize
	Noxische Reize	Blendende Lichtreize
Dimensionalität der Stimuli	Eindimensionale Reize	Reine Töne
	Oligodimensionale Reize	Geräusche
	Multidimensionale Reize	Rechenaufgaben, Strafandrohung
Dauer der Stimuli	Kurzdauernde Reize	Lichtreiz, Projektion eines Bildes
	Langdauernde Reize	Kettenrechnen, Konzentrationstest
Regelmäßigkeit der Stimuli	Kontinuierliche Reize	Ununterbrochenes weißes Rauschen
	Regelmäßig-diskontinuierliche Reize	Regelmäßig unterbrochenes weißes Rauschen
	Unregelmäßig-diskontinuierliche Reize	Unregelmäßig unterbrochenes weißes Rauschen
Wirkungsrichtung der Stimuli	Aktivierende Reize	Sensorische Reize
	Desaktivierende Reize	Entzug sensorischer Reize
Informationsgehalt der Stimuli	Informationsarme Reize	Diffuses Licht
	Informationsreiche Reize	Bilder
Motivational-emotionaler Bedeutungsgehalt der Stimuli	Positive Reize	Bilder mit weiblichen Akten
	Neutrale Reize	Bilder mit Landschaften
	Negative Reize	Bilder mit Unfallszenen

C. Persönlichkeit: Methoden, Merkmale, Modelle (M. v. KEREKJARTO)

D. Grundlagen psychischer Störungen (H.-J. STEINGRÜBER)

E. Arzt-Patient-Beziehung (D. BECKMANN)

A. PSYCHOPHYSIOLOGISCHE GRUNDLAGEN DES VERHALTENS

W. JANKE

I. Einleitung

1. Kennzeichnung „somatischer" und „psychischer" Prozesse

Dieser Teil beschäftigt sich mit der Beziehung zwischen somatischen und psychischen Prozessen. Die Untersuchung solcher Beziehungen ist von der Psychologie aus gesehen Gegenstand eines Teilgebietes, das man als physiologische Psychologie bezeichnet (Überblick bei DEUTSCH, 1973; GROSSMANN, 1973; ISAACSON et al., 1971; MILNER, 1970; THOMPSON, 1967).

Der Gegenstand der Psychologie ist das Verhalten von Menschen und Tieren. Verhalten ist ein Merkmal beliebiger Lebewesen, das sich auf die von außen sichtbare *Gesamt*aktivität eines Organismus bezieht. Diese *Gesamt*aktivität unterscheidet sich bei verschiedenen Individuen (interindividuelle Differenzen). Sie variiert jedoch auch intraindividuell (innerhalb eines Individuums) sowohl spontan als auch in Abhängigkeit von bestimmten Umweltbedingungen.

Die Hauptziele der Psychologie als Wissenschaft vom Verhalten sind — grob ausgedrückt — folgende:

1. In welcher Weise variiert Verhalten in Abhängigkeit von Umweltvariationen?
2. In welcher Weise hängt augenblickliches Verhalten von früherem Verhalten ab?
3. In welcher Weise hängen verschiedene Verhaltensweisen zusammen?

Ad 1: Der größte Teil der Psychologie beschäftigt sich damit, Verhaltensweisen in Abhängigkeit von systematisch variierten Umweltbedingungen zu untersuchen. Als Umweltbedingungen werden dabei beliebige Veränderungen der Außenwelt bezeichnet. So ist auch die von einem Versuchsleiter an den Probanden (Pb) gegebene Instruktion als Umweltvariation zu sehen. Abgekürzt werden Umweltvariationen oft als Stimuli (S) gekennzeichnet.

Beispiele:

Wie verändert sich die subjektive Lautheit, wenn wir Frequenz und Lautstärke eines Tones verändern? Welche gefühlsmäßigen Wirkungen löst Lärm aus?

Ad 2: Da das augenblickliche Verhalten in starkem Maße von früherem abhängt, erstrecken sich viele Untersuchungen auf die Beziehungen zwischen früherem und jetzigem Verhalten. Zielsetzung ist es dabei, aus diesen Beziehungen gesetzesartige Verknüpfungen zu erhalten, die uns Prognosen zukünftigen Verhaltens und einen Einblick in die Entstehung des Verhaltens geben.

Beispiele:

Angst in der frühen Kindheit und im Erwachsenenalter. Traumatische Erlebnisse und Entstehung von Neurosen.

Ad 3: Ein in einer Untersuchung herausgegriffenes Verhaltensmerkmal ist nicht unabhängig von anderen. Die Untersuchung der gegenseitigen Abhängigkeit zum Zwecke der Erstellung von Gesetzen über derartige Abhängigkeiten ist ein Hauptziel der Psychologie.

Beispiele:

Welche Beziehung besteht zwischen Angst und Leistung? Welche Beziehung besteht zwischen verschiedenen Intelligenztests?

Es ist offensichtlich, daß die Psychologie sich vorwiegend mit Verhaltensprozessen beschäftigt, ohne daß sog. physiologische Prozesse einbezogen werden.
Was aber ist Verhalten im Unterschied zu physiologischen Prozessen? Verhalten betrifft, grob ausgedrückt, die von außen sichtbare Gesamtaktivität des Organismus. Diese Gesamtaktivität drückt sich aus in Handlungen des Sich-Bewegens, des Sprechens u.a.m. Im Falle des Menschen gehören zum Verhalten auch Mitteilungen über „Erleben", über sog. Bewußtseinsphänomene (z.B. „ich habe Angst"). Ein Teil unserer Handlungen ist also begleitet von „Erlebnissen". Auch diese Erlebnisse werden jedoch in der modernen Psychologie als von außen beobachtbare Verhaltensweisen aufgefaßt. Der Wissenschaft zugänglich sind nämlich nur *Mitteilungen* über Erleben, nicht aber das Erleben selbst. Würden wir glauben, daß wir das Erleben selbst als „Forschungsgegenstand" zulassen könnten, so würde sich eine Psychologie nur auf einer einzigen Versuchsperson aufbauen müssen, nämlich auf „mir" selbst, da nur ich selbst meines Erlebens gewiß bin. Wenn im folgenden von Erlebnisphänomenen oder Erleben die Rede ist, sind immer Mitteilungen über Erleben gemeint.
Im Unterschied zu dem, was wir als Verhalten bezeichnen, sind *physiologische* Vorgänge vor allem auf Teilaktivitäten bzw. Teilsysteme des Organismus bezogen, etwa das Kreislauf- oder Magen-Darm-System, auf bestimmte Erregungen im Gehirn usw. Auch wenn der Physiologe die Aktivität des Gehirns untersucht, beschäftigt er sich nur mit einer Teilaktivität des Organismus.
Ein weiterer Unterschied zwischen Verhalten und physiologischen Prozessen liegt darin, daß physiologische Prozesse von Physiologen unter dem Gesichtspunkt physikalisch-chemischer Gesetzmäßigkeiten untersucht werden. Dabei sind völlig verschiedene Abstraktionsebenen möglich. Das Verhalten einer Nervenzelle kann etwa „makroskopisch" untersucht werden hinsichtlich auftretender chemischer und physikalischer Veränderungen an der „Gesamtzelle". Sie kann aber auch „mikroskopisch" auf molekular-biologischer Ebene betrachtet werden. Sicher könnten noch weitere Differenzierungen vorgenommen werden. Alle diese Differenzierungen könnten aber bezweifelt werden, da es sich in jedem Fall um Aktivitäten des Organismus handelt. Die Trennung von Verhalten und physiologischen Prozessen ist daher im Prinzip

vollkommen willkürlich. Wir sind es nur gewohnt, bestimmte Aktivitäten einmal in der Sprache der Physiologie und zum anderen in der Sprache der Psychologie zu beschreiben. Für viele Prozesse wären beide „Sprachen“ möglich. Wenn im folgenden von physiologischen (wobei oft synonym „organismisch“ oder „somatisch“ benutzt wird) und psychischen (wobei synonym „Verhalten“ verwendet wird) Prozessen die Rede ist, so sind diese Voraussetzungen im Auge zu behalten.
Somatische und psychische Prozesse sind nichts Unterschiedliches. Psychische Prozesse sind Gesamtaktivitäten des Organismus, die nach einem Prinzip, das wir bis heute noch nicht voll begreifen können, aus der Integration der organismischen Teilsysteme (insbesondere des Gehirns) resultieren. Mit dieser Ansicht erübrigt sich eine Diskussion über das „Leib-Seele-Problem“. Somatisches ist keineswegs im Sinne von Descartes die „Res extensa“ und Psychisches die „Res cogitans“.

2. Aufgaben und Teilgebiete der physiologischen Psychologie

Physiologische Psychologie ist ein interdisziplinäres Forschungsgebiet, an dem sich zahlreiche Disziplinen beteiligen, z. B. Biologie, Psychologie, Neuroanatomie, Neurophysiologie, Neuropsychopharmakologie und die Neurochemie. Die dabei entstehende Gesamtdisziplin wird in den Vereinigten Staaten als „Biological Psychology“ oder „Psychobiology“ bezeichnet.
Das Gesamtgebiet der physiologischen Psychologie läßt sich in folgender Weise einteilen:

Physiologische Psychologie
← Neuropsychologie
↓ Psychophysiologie
→ Chemische Psychologie
  ↓
  Endokrinopsychologie
  Pharmakopsychologie
  Neurochemopsychologie
  Molekulare Psychogenetik

Die aufgeführten Teilgebiete der physiologischen Psychologie sollen kurz charakterisiert werden:

Neuropsychologie: Sie untersucht die Zusammenhänge zwischen Verhalten und der Aktivität des *zentralen* Nervensystems (ZNS), insbesondere des Gehirns. Die Untersuchung von mittelbaren psychophysiologischen Beziehungen, etwa zwischen Affekten und Magenmotilität, gehört nicht zum Aufgabengebiet der Neuropsychologie (Einführungen: GUTTMANN, 1972).

Psychophysiologie: Sie untersucht die Beziehungen zwischen Verhalten und physiologischen Prozessen, die indirekt die Tätigkeit des vegetativen Nervensystems (VNS) widerspiegeln, insbesondere Variablen des *peripheren vegetativen Nervensystems* (z. B. Herzfrequenz, Atmung). Zu den häufigsten Untersuchungen der Psychophysiologie gehört die Erstellung von Korrelationen zwischen Verhalten und Aktivitäten von VNS-kontrollierten Erfolgsorganen unter verschiedenen situativen Bedingungen (Einführungen: FAHRENBERG, 1967; STERNBACH, 1966; GREENFIELD u. STERNBACH, 1972).

Chemische Psychologie: Sie befaßt sich mit den Beziehungen zwischen Verhalten und chemischen Substanzen, die entweder von außen in den Organismus eingebracht werden oder „biogen" sind, d.h. im Organismus selbst entstehen. Synonym wird oft der Begriff „Psychochemie" verwendet, insbesondere im anglo-amerikanischen Schrifttum. Die wesentlichen Teilgebiete sind die Endokrinopsychologie (Hormone und Verhalten), die Neurochemopsychologie (Verhalten und biogene Amine, insbesondere Transmitter), Pharmakopsychologie (Verhalten und Pharmaka, insbesondere Psychopharmaka), Molekulare Psychogenetik (Molekularbiologische Grundlagen des Verhaltens).

3. Physiologische Psychologie und Medizin

Die Klassifikation der Teilgebiete der physiologischen Psychologie hat gezeigt, daß die Abspaltung dieser Disziplin von der Medizin nur pragmatisch-ökonomisch gerechtfertigt, logisch-systematisch jedoch kaum zu rechtfertigen ist. Alle Ergebnisse und Methoden der Physiologie (einschließlich der sie stützenden Befunde aus Anatomie und Biochemie) sind in die physiologische Psychologie einzubeziehen, sofern sie zur Aufklärung und Vorhersage von Verhalten beizutragen vermögen.

Tabelle 1. Beziehungen zwischen Medizin und physiologischer Psychologie

(1) Organismisches System	Betrachtungsaspekte	(2) Medizin (a) klinische	(b) theoretische	(3) Physiologische Psychologie	(4) Untersuchungsaspekte der physiologischen Psychologie (Beispiele)
Zentrales Nervensystem	Physiologisch	Neurologie	Neurophysiologie	Neuropsychologie	a) Wahrnehmung, Problemlösen oder Lernen nach Läsionen und Reizungen des Gehirns b) EEG und Verhalten c) Beobachtungen von Patienten mit Tumoren oder nach Operationen
	Biochemisch	Pharmakologie	Biochem. Pharmakologie Biochemie	Chemische Psychologie Pharmakopsychologie	Psychopharmakaverabreichung und Verhalten
Vegetatives Nervensystem		Innere Medizin (Psychosomatik)	Vegetative Physiologie	Psychophysiologie (Physiologische Psychologie der Motivation und Emotion)	Emotion, Motivation und vegetative Funktionen (z.B. Kreislauf)

Tabelle 1. (Fortsetzung)

(1) Organismisches System	Betrachtungsaspekte	(2) Medizin (a) klinische	(b) theoretische	(3) Physiologische Psychologie	(4) Untersuchungsaspekte der physiologischen Psychologie (Beispiele)
Endokrines System		Endokrinologie	Hormonphysiologie	Endokrinopsychologie (Hormonpsychologie)	a) Verhalten bei endokrinen Störungen b) Verhalten nach Hormongaben c) Korrelationen zwischen Verhalten und Hormonaktivitäten
Allgemeiner Stoffwechsel, Ernährung, Verdauung		Innere Medizin	Stoffwechselphysiologie Ernährungsphysiologie Verdauungsphysiologie	Chemische Psychologie	a) Beziehungen zwischen Ernährung, Nervensystem und Verhalten (z. B. Unterernährung und Intelligenz) b) Stoffwechselstörungen und Verhalten
Sinnessystem		Augenheilkunde, Ohrenheilkunde, etc.	Sinnesphysiologie	Neuropsychologie, Physiologische Psychologie der Wahrnehmung	Beziehungen zwischen Wahrnehmung und Aktivitäten in Receptoren, afferenten Bahnen und sensorischem Cortex

II. Physiologische Methoden zur Untersuchung somatopsychischer Beziehungen

1. Verhaltensbedeutsame organismische Strukturen

Die Erforschung organismischer Grundlagen und Aspekte von Verhalten erfordert naturgemäß eingehende Kenntnisse der Anatomie, Physiologie und Biochemie des Nervensystems. Aber nicht nur das Nervensystem ist an Verhaltensprozessen beteiligt. Die Handlungen des Individuums vollziehen sich in einer Umwelt, deren „Reize“ aufgenommen, weitergeleitet, verarbeitet und beantwortet werden müssen. An jedem dieser Schritte sind außer dem Nervensystem andere Strukturen und Systeme beteiligt. Tabelle 2 gibt eine erste grobe Übersicht.

Tabelle 2. Wirkung von Reizen und daran beteiligte Strukturen und Systeme

Funktion	„Beteiligte" psychische Funktionen nach Einteilung der Psychologie	„Beteiligte" physiologische Funktionen aus der Sicht der Psychologie	Struktur oder System
Reizselektion	Aufmerksamkeit, Wahrnehmung	Erregungsausbreitung (Erregungen und Hemmungen)	Sensorische (afferente) Bahnen, Gehirn (Hirnrinde, Formatio reticularis)
Reizaufnahme	Wahrnehmung	Reiz-(Energie)-Transformation	Sinnesorgane (Rezeptoren)
Reizleitung		Erregungsleitung	Sensorische (afferente) Nervenbahnen
Reizverarbeitung	Denken (Kognitive Prozesse)	Erregungsmuster in der Hirnrinde	Gehirn (Hirnrinde)
Reizbewertung	Emotion	Allgemeine und spezifische Energiemobilisierung	Gehirn (Zwischenhirn, limbisches System), vegetatives Nervensystem, endokrines System
Reizbeantwortung	a) Motorik (Bewegung, Sprache)	Erregungsleitung zu den muskulären Erfolgsorganen und deren Aktivierung	Muskuläres System
	b) Emotion, Motivation	Erregungsleitung zu vegetativen Erfolgsorganen und deren Aktivierung	Glatte Muskulatur
	c) Bewußtes Erleben (z.B. Wahrnehmungserlebnis)	Erregungsmuster in Neuronenaggregaten	Gehirn (Hirnrinde)

Tabelle 2 gilt für beliebige Arten von Reizen, die über die Sinnesorgane aufgenommen werden (z.B. akustische, visuelle, taktile Reize, Temperatur). Wir sehen, daß die organismischen Korrelate der verschiedenen psychischen Prozesse von der Reizaufnahme bis zur Reizbeantwortung strukturell-anatomisch nicht nur das Nervensystem, sondern auch das endokrine und das muskuläre System und die Sinnesorgane betreffen.
Ein Überblick über die verschiedenen organismischen Systeme kann in diesem Zusammenhang nicht gegeben werden. Es wird auf die Lehrbücher der Physiologie und physiologischen Psychologie verwiesen.

2. Verhaltensbedeutsame organismische Variablen

Eine kurze Zusammenstellung der wichtigsten Verfahren soll hier erfolgen. Hierbei muß auf die Darstellung der physiologischen Voraussetzungen der betreffenden Verfahren weitgehend verzichtet werden.
Die Auswertung und Verarbeitung von Untersuchungsergebnissen mit physiologischen

Variablen ist in der physiologischen Psychologie und Medizin zum Teil unterschiedlich. In diesem Abschnitt werden nur verhaltensrelevante Auswertungsmöglichkeiten besprochen. Einführungen und Zusammenfassungen in die Technik psychophysiologischer Methoden finden sich bei BROWN, 1967; GREENFIELD und STERNBACH, 1972; MYERS, 1971; SCHÖNPFLUG, 1969; THOMPSON und PATTERSON, 1973; VENABLES und MARTIN, 1967.
Nicht nur die Art und Auswertung physiologischer Variablen sind für psychophysiologische Untersuchungen spezifisch anzupassen. Die Untersuchungsmethodik weicht zum Teil erheblich von derjenigen in der Medizin ab. Aus diesem Grunde ist eine kurze Besprechung einiger methodischer Prinzipien, die im Zusammenhang mit der Verwendung physiologischer Methoden auftauchen, notwendig (Zusammenfassungen und Einführungen FAHRENBERG, 1967; JOHNSON u. LUBIN, 1972; SCHÖNPFLUG, 1969).

2.1 Allgemeine Aspekte zur Auswahl von Variablen

Die Auswahl der somatischen Variablen, die mit Verhaltensdaten verglichen werden sollen, hängt u. a. ab
a) von der Fragestellung der Untersuchung,
b) von der Ökonomie und der technischen Durchführbarkeit,
c) von der Meßgenauigkeit der Verfahren.

Fragestellung und Auswahl der somatischen Variablen: Entsprechend der zu untersuchenden *Verhaltensklasse* wird normalerweise bereits eine Vorauswahl der physiologischen Variablen getroffen werden müssen. So erfordert die Untersuchung von Wahrnehmungsprozessen in der Regel Maße des ZNS, wie EEG und evozierte Potentiale. Andererseits sind diese Variablen bei der Untersuchung von Emotionen weniger bedeutsam. Vielmehr werden vegetative Variablen wie Hautleitfähigkeit oder Blutdruck eher mit Erfolg genutzt werden können. Auch endokrine oder biochemische Maße, z. B. Adrenalin- oder Cholesterinspiegel im Urin oder Blut, sind empfindliche Maße für emotionale Prozesse, nicht aber für Wahrnehmungsvorgänge. Aufmerksamkeitsveränderungen im Millisekundenbereich etwa werden in der Regel von den relativ trägen Vorgängen des VNS und endokrinen Systems nicht wiedergegeben.

Ein weiterer Gesichtspunkt, der die Auswahl der physiologischen Methoden im Zusammenhang mit der Fragestellung betrifft, ist die *Komplexität der zu untersuchenden Verhaltensvariablen.* Soll etwa untersucht werden, in welcher Weise ein bestimmter Stimulus die allgemeine Aktiviertheit (vgl. S. 23) verändert, so erfordert die Komplexität des Konzepts Aktiviertheit die Messung einer größeren, wenn möglich repräsentativen Auswahl organismischer Variablen aus verschiedenen physiologischen Bereichen. Andererseits kann bei einem weniger breiten Konzept, z. B. Erwartungsangst, u. U. auf ein oder zwei Variablen zurückgegriffen werden.
Ein weiterer wichtiger mit der Fragestellung zusammenhängender Auswahlgesichtspunkt betrifft die unterschiedliche *Verhaltensspezifität* einzelner Methoden. Sollen psychophysiologische Korrelationen erstellt werden, die *charakteristisch* für ein Verhaltensmerkmal A, nicht zugleich für B, C, ... sind, so sind bestimmte Methoden weniger geeignet. Die somatischen Begleiterscheinungen eines spezifischen Wahr-

nehmungsvorganges, etwa das Erkennen von Figuren, werden sicher nicht durch die Herzfrequenz, nicht einmal durch das EEG, spezifisch wiedergegeben, weil diese Variablen alle Arten psychischer Aktivität (emotionale, kognitive) charakterisieren. Liegt eine spezifische Fragestellung vor, so wäre etwa an die Methode evozierter Potentiale zu denken. Das Kriterium der Verhaltensspezifität betrifft also den Grad, mit dem eine bestimmte physiologische Variable Korrelationen mit einem spezifischen Verhaltensmerkmal, nicht aber mit anderen Verhaltensmerkmalen aufweist (sog. diskriminante Validität).

Ökonomie, technische Durchführbarkeit und Auswahl der Verfahren: Es ist selbstverständlich, daß die Auswahl der Verfahren entscheidend begrenzt wird durch ökonomisch-technische Aspekte. Die Vielzahl der in der Literatur vorliegenden psychophysiologischen Untersuchungen mit EKG- oder Hautwiderstandsmessungen ist nicht sachlich begründet, sondern hängt mit ihrer einfachen Durchführung und mit der billigen Anschaffung der Meßgeräte zusammen. Viele Situationen der klinischen Psychologie, etwa Therapiekontrollen, lassen aufwendige und technisch anspruchsvolle Messungen nicht zu. Die „Aufwendigkeit“ betrifft nicht nur die Durchführung, sondern auch die Auswertung, die meist erhebliche Zeit erfordert.

Meßgenauigkeit und Auswahl der Verfahren: Psychophysiologische Zusammenhänge sind sehr subtil. Es geht nicht darum, grobe „klinische“ Auffälligkeiten zu entdecken, etwa stark von der Norm abweichende Blutdruckwerte. Die Veränderungen, mit denen es die physiologische Psychologie zu tun hat, sind in der Regel so klein (im Verhältnis zu Meßfehlern), daß nur Methoden, die relativ feine Abstufungen mit hinreichender Genauigkeit erfassen, Verwendung finden können. Diese Meßgenauigkeit wird durch verschiedene Reliabilitätsmaße bestimmt (vgl. Lienert, 1969; Fahrenberg, 1967). Sie sind für verschiedene Methoden sehr unterschiedlich. Der Grad der Reliabilität ist eine fundamentale Charakteristik einer jeden Messung und kennzeichnet den Grad der Reproduzierbarkeit der Ergebnisse bei *wiederholter* Messung und *vergleichbaren* Bedingungen bei der *gleichen* Stichprobe. Die Reliabilität einer Pulsfrequenzmessung etwa kann bestimmt werden, indem bei 100 Personen eine erste Bestimmung nach 15 min Ruhepause erfolgt, die zweite Messung zur gleichen Zeit am nächsten Tag, wiederum nach 15 min Ruhepause. Der Korrelationskoeffizient zwischen den beiden Meßtechniken drückt die Zuverlässigkeit der Pulsfrequenzmessung aus (sog. Wiederholungszuverlässigkeit). Die Höhe der Wiederholungszuverlässigkeit hängt u. a. davon ab, über welchen Zeitraum gemessen wird. Durch Verlängerung der Meßzeit oder durch mehrfache Wiederholung und Mittelung der Einzelwerte kann die Reliabilität erhöht werden.

2.2 Allgemeine Aspekte zur Auswertung physiologischer Variablen

2.2.1 Allgemeines

Anfallende physiologische Daten können nach vielen Aspekten ausgewertet werden. Die Art der Auswertung bedingt die statistischen Verarbeitungsmöglichkeiten und häufig auch den Grad und die Art der nachweisbaren somatopsychischen Beziehungen.

Psychophysiologische Messungen werden meist durchgeführt, um die Wirkung irgendeiner experimentellen Bedingung zu erfassen. Man will etwa wissen, wie sich ein Ton oder die Androhung eines Schmerzreizes auf einen oder mehrere physiologische Prozesse auswirkt. Die Wirkung solcher „experimenteller Bedingungen" wird erfaßt, indem die Veränderung der physiologischen Variablen gegenüber den Werten *vor* Setzung der experimentellen Bedingungen registriert wird.

Die Meßwerte nach Setzung der experimentellen Bedingungen werden als *Reaktionswerte* oder *Poststimuluswerte* bezeichnet, diejenigen, die vorher erhoben werden, als *Ausgangslagen-* oder *Prästimuluswerte.*

Techniken zur Gewinnung von Reaktions- und Ausgangslagenwerten werden in den folgenden Abschnitten besprochen. Für beide Werteklassen gleichermaßen ist bei der Auswertung eine Reihe von Problemen zu berücksichtigen, die insbesondere damit zusammenhängen, daß im allgemeinen aus ökonomischen Gründen aus dem kontinuierlich ablaufenden Vorgang nur ein kleiner Abschnitt ausgewertet werden kann. Die „Größe" dieses Ausschnittes wird bestimmt durch Erwägungen zur Zuverlässigkeit und Gültigkeit. Viele physiologische Variablen, z.B. die Herzfrequenz oder der Hautwiderstand, weisen erhebliche Streuungen über die Zeit hinweg auf. Je größer die Streuung, desto größer muß im allgemeinen der ausgewählte Zeitraum sein, damit eine hinreichende Zuverlässigkeit gewährleistet ist.

Auch der Aspekt der Gültigkeit (Validität) ist bereits bei der Bestimmung des „Meßausschnittes" zu berücksichtigen. Die Gültigkeit einer Messung drückt den Grad aus, mit der die Messung tatsächlich dasjenige mißt, das sie messen soll. Auf eine psychophysiologische Messung übertragen: Soll die Pulsfrequenz als Maß für die Wirkung eines Schreckreizes (etwa Knall) herangezogen werden, so ist der Zeitabschnitt für die Registrierung so groß zu wählen, daß der *ganze* Verlauf der Pulsfrequenzänderung erfaßt werden kann, nicht etwa nur die ersten paar Sekunden, da es denkbar ist, daß nach einem initialen Anstieg ein Abfall stattfindet.

2.2.2 Die Bestimmung von Reaktionswerten

2.2.2.1 Das Gesetz der Ausgangslage

Bevor auf die verschiedenen Techniken zur Gewinnung von Reaktionswerten eingegangen werden kann, ist ein grundsätzliches Problem zu erwähnen, nämlich die Abhängigkeit der Reaktionswerte von der Ausgangslage.

Bereits 1929 hat WILDER (1967, zusammenfassend) ein Gesetz (Regel) formuliert, das als „Law of Initial Values" (LIV) in die Literatur eingegangen ist. Nach dem LIV hängt die physiologische Wirkung eines Stimulus im individuellen Fall von der Ausgangslage ab. Ein erregender Stimulus (z.B. Kaffee, Lärm, Licht), wirkt stärker erregend bei einem Individuum, das in der Ausgangslage wenig erregt ist. Hingegen ist die Wirkung schwächer, wenn die Ausgangslage bereits hoch ist. Bei extrem starker Ausgangserregung kann der Stimulus u.U. überhaupt keine erregende Wirkung mehr auslösen, er kann sogar im Sinne einer Hemmung wirken.

Bei inhibitorischen (hemmenden) Stimuli (z.B. Schlafmittel) haben wir das umgekehrte Bild: Die Wirkung ist stärker hemmend, wenn die Ausgangslage im Sinne einer Erregung verschoben ist. Bei „niedriger" Ausgangslage kann ein hemmender Stimulus eine „paradoxe" Erregung erzielen. Es ist unmittelbar einleuchtend, daß eine solche Beziehung zwischen Ausgangslage (Prästimuluswert) und Reaktionswert (Abweichung des Poststimuluswertes vom Prästimuluswert) für die Auswertung psychophysiologischer Untersuchungen von Bedeutung ist:

1. Beim Vergleich der Reaktionen verschiedener Individuen: Die Reaktionswerte von Personen mit unterschiedlicher Ausgangslage sind nicht vergleichbar. Eine Herzschlagsteigerung von 10 unter dem Einfluß von Lärm ist relativ stärker bei einer Person, die normalerweise einen Puls von 90 hat, als bei einer, deren Pulsfrequenz in der Ausgangslage bei 60 liegt.
2. Beim Vergleich von Gruppen: Soll die Wirkung eines Stimulus bei 2 Gruppen mit unterschiedlicher Ausgangslage verglichen werden, so kann eventuell die Stimuluswirkung bei Nicht-Beachtung der Ausgangslage falsch eingeschätzt werden.
3. Beim intraindividuellen Vergleich: Untersuchen wir die Wirkung ein und desselben Stimulus (z.B. eines Stimulans) bei ein und demselben Individuum bei *verschiedenen* Ausgangslagen, so werden die Wirkungen unterschiedlich sein. Ist die Ausgangserregung sehr hoch, so könnte eine „paradoxe" hemmende Wirkung auftauchen, bei niedriger Ausgangserregung hingegen könnte ein stark anregender Effekt resultieren.

Für die Wildersche Ausgangsregel sind verschiedene Deutungen vorgeschlagen worden. Von WILDER wird als allgemeines Kennzeichen physiologischer Systeme angesehen, daß ein Organismus bei geringer Ausgangserregung eine starke Erregbarkeit aufweist, während bei hoher Ausgangserregung nur noch eine niedrige Erregbarkeit gegeben ist.
Es liegen viele Hinweise darauf vor, daß diese Kennzeichnung physiologischer Systeme richtig ist. Das Problem dabei ist jedoch, daß wir im konkreten Fall nicht unterscheiden können, ob es sich bei Vorliegen einer Ausgangslagenabhängigkeit im Sinne von WILDER um eine physiologische Charakteristik oder um ein statistisches Artefakt handelt. Die negative Korrelation kann unter bestimmten Bedingungen als statistisch-rechnerisches Artefakt deshalb zu sehen sein, weil partiell voneinander abhängige Größen korreliert wurden, nämlich X mit (Y—X). X ist also beiden zu korrelierenden Variablen gemeinsam. Das Gesetz der Ausgangslage ist in jeder Untersuchung zu berücksichtigen. Das praktisch bedeutsamste Problem dabei ist, daß zu entscheiden ist, ob eine Abhängigkeit der Reaktion von der Ausgangslage „real" oder nur ein statistisches Artefakt ist. Dazu sind besondere Techniken entwickelt worden.

2.2.2.2 Arten von Reaktionsmaßen

In der Literatur wurden eine Reihe von Maßen vorgeschlagen, so etwa

Unkorrigierter Poststimuluswert
Arithmetische Differenz zwischen Prä- und Poststimuluswert,
Autonomer Labilitätswert nach LACEY (ALS),
Differenz der Standardwerte,
Differenz der Rangordnung,
Prozentuale Veränderung.

Unkorrigierter Poststimuluswert: Es handelt sich hierbei einfach um den Wert, der zu einer Zeit X nach Verabreichung des Stimulus erhoben wird. Da der Prästimuluswert nicht berücksichtigt wird, handelt es sich nicht im eigentlichen Sinne um einen Reaktionswert. Dieser Auswertungsmodus kommt in Frage, wenn

1. die Poststimuluswerte unabhängig sind von dem Prästimuluswert (was jedoch in der Regel unrealistisch ist);
2. 2 Gruppen unterschieden werden sollen, die sich in ihren Prästimuluswerten nur geringfügig unterscheiden oder eine gewisse statistische Ineffizienz in Kauf genommen werden kann;
3. die relative Veränderung gegenüber Prästimuluswerten praktisch unbedeutend ist, weil es nur auf die *absolute* Höhe der Meßwerte ankommt (z.B. wenn die Pulsfrequenz bei einem Simulationstest für Astronauten einen gewissen Grenzwert nicht überschreiten darf).

Differenz zwischen Prä- und Poststimuluswerte: Dies ist der einfachste und am häufigsten praktizierte Veränderungswert (engl. Change Score). Er wird in allen Bereichen der Medizin ständig zur Beurteilung der Wirkung irgendwelcher „Behandlungen" herangezogen. Trotz der universellen Verwendung handelt es sich in vielen Fällen um ein problematisches Maß. Differenz-Veränderungswerte unterstellen, daß die Größe der Differenz nicht systematisch durch den Prästimuluswert beeinflußt wird; daß also z.B. eine Herzfrequenzerhöhung von 10 Schlägen/min bei 2 Personen mit Prästimuluswerten von 70 oder 90 die gleiche Bedeutung hat. Dies ist aber nach der Wilder-Ausgangsregel nicht unbedingt der Fall.

Differenz von Standardwerten: Da die Varianz von Prä- und Poststimuluswerten häufig unterschiedlich ist, kann ein möglicherweise entstehender Fehlerfaktor zu Lasten unterschiedlicher Varianzen durch Transformation der Prä- und Poststimuluswerte in Standardwerte (z.B. in Z-Werte, wobei $Z_i = 100 + 10\,\frac{X_i - \overline{X}}{s}$ eliminiert werden.

Zwischen Prä- und Poststimulus-Standardwerten wäre die Differenz $D_{Z_i} = Z_{Y_i} - Z_{X_i}$ zu bilden. Mit dieser Differenz ist die Ausgangswertregel natürlich nicht berücksichtigt.

Ausgangslagenkorrigierter Reaktionswert (ALS) nach Lacey (1956): Diese von LACEY vorgeschlagene Berechnung der Reaktionswerte berücksichtigt das LIV, indem der Poststimulus auf Grund der Regression der Y- auf die X-Werte errechnet wird. Praktisch heißt dies, daß die Poststimuluswerte so bestimmt werden, daß die individuellen Ausgangslagen eliminiert werden.

$$ALS_i = 100 + 10\,\frac{Z_{Y_i} - r_{XY} \cdot Z_{X_i}}{\sqrt{1 - r_{xy}^2}}.$$

ALS_1 : Auf die Ausgangslage korrigierter standardisierter individueller Reaktionswert.
Z_{Y_i}: Individueller standardisierter Poststimuluswert.
Z_{X_i}: individueller standardisierter Prästimuluswert.
r_{XY}: Korrelation zwischen Prä- und Poststimuluswerten.

Die ALS-Werte sind auf einen Mittelwert $\overline{X} = \overline{Y} = 100$ und eine Streuung $s_Y = s_X = 10$ bezogen.
Die in der Formel angegebenen Z_{Y_i} und Z_{X_i} werden errechnet zu:

$$Z_{Y_i} = 100 + 10 \cdot \frac{Y_i - \overline{Y}}{s_Y},$$

$$\text{und } Z_{X_i} = 100 + 10 \cdot \frac{X_i - \overline{X}}{s_X}.$$

Dabei bedeuten:

$\overline{Y}, s_Y$: Mittelwerte bzw. Streuung der Poststimuluswerte.
$\overline{X}, s_X$: Mittelwerte bzw. Streuung der Prästimuluswerte.
X_i, Y_i: Individuelle Prä- bzw. Poststimuluswerte.

Prozentuale Veränderung: Dieses außerordentlich häufig — und meist zu Unrecht — verwendete Maß ergibt sich einfach als

$$D_i\,\% = \frac{100\,D_i}{X_i} = \frac{100\,(Y_i - X_i)}{X_i}.$$

Es handelt sich also um die Errechnung der Abweichung der Poststimuluswerte von den Prästimuluswerten als Prozentsatz der Prästimuluswerte.
Wie empirisch und logisch gezeigt werden kann, ist $D_i\,\%$ keineswegs unabhängig von der Ausgangslage. Darüberhinaus zeigt es als Prozentsatz schlechte metrische Eigenschaften, die bei einer statistischen Analyse störend sein könnten.

Differenz der Rangordnung: Alle Pbn werden unabhängig voneinander sowohl in ihren Prä- als auch in ihren Poststimuluswerten in eine Rangordnung gebracht. Der Reaktionswert ergibt sich als

$$D_{R_i} = R_{Y_i} - R_{X_i}.$$

R_{Y_i}, R_{X_i}: Rangplatz im Post- bzw. Prästimuluswert.
Wie ersichtlich, wird bei dieser Auswertungsart Information aufgegeben, da es nur auf die Ränge der Pbn ankommt, nicht auf die quantitativen Unterschiede. Wie bei den einfachen Differenzen und den standardisierten Differenzen wird das Problem des Ausgangswertgesetzes nicht berücksichtigt.

2.2.3 Die Bestimmung von Ausgangslagenwerten

Da die Reaktionswerte in einer psychophysiologischen Untersuchung in ihrer Qualität (Reliabilität und Validität) stark von den Ausgangslagenwerten, auf die Bezug genommen wird, abhängen, kommt ihrer sorgfältigen Erhebung eine große Bedeutung zu. Ausgangslagenwerte sind darüberhinaus für die Interpretation der Ergebnisse wichtig, weil sie Hinweise auf Besonderheiten der Untersuchungssituation (Klimabelastung, soziale Situation) und der Probandenstichprobe geben können. Sie werden in diesem Zusammenhang auch als „Ruhewerte" bezeichnet.
Die Bestimmung von Ausgangslagenwerten wirft eine Reihe von Fragen auf. Beispielsweise ist für jede physiologische Variable zu klären, welcher Zeitraum zur Erreichung eines sog. „Steady State" benötigt wird, wobei der Steady State dasjenige physiologische Niveau kennzeichnet, auf das sich der Organismus nach einer Orientierungs- und Adaptationsphase „eingepegelt" hat. Dies kann erhebliche Schwierigkeiten bereiten, wenn die interessierende physiologische Variable stark zufällig fluktuiert (Funktionsfluktuation). Besondere Aufmerksamkeit ist der Gewinnung von Ausgangslagenwerten bei Meßwiederholungen zu widmen. Solche Meßwiederholungen werden entweder in der gleichen Untersuchung oder an verschiedenen Tagen erhoben. Der erste Fall trifft etwa zu, wenn die Reaktion auf verschiedene Reize (z.B. Töne verschiedener Höhe) unmittelbar nacheinander geprüft werden soll. Dabei muß darauf geachtet werden, daß der Ausgangswert vor jeder erneuten Stimulusverabreichung erreicht wird. Der zweite Fall wird oft in psychopharmakologischen Untersuchungen praktiziert, wenn mehrere Pharmaka verteilt über verschiedene Tage (z.B. in zufälliger

Reihenfolge) denselben Individuen verabreicht werden sollen. In solchen Untersuchungen wird die Ausgangslage des zweiten Tages häufig gegenüber der am ersten Tag verändert.

2.3 Maße des zentralen Nervensystems

Als Kriterien für Leben oder Tod tierischer und menschlicher Organismen werden heute die elektrischen Erscheinungen des Gehirns angesehen. Beim Menschen werden in der Regel Ableitungen von der Hirnoberfläche vorgenommen, meist von der ungeöffneten Schädeldecke. Es ist jedoch auch möglich, direkt von der freigelegten Hirnrinde (etwa während Operationen) abzuleiten. Im Tierversuch ergibt sich zusätzlich die Möglichkeit, die elektrische Aktivität subcorticaler Strukturen (etwa des Thalamus) mit Hilfe stereotaktisch lokalisierter Elektroden zu registrieren. Durch die Variation der Größe der Elektroden kann die Ableitung mehr oder weniger begrenzt erfolgen, in vielen Fällen bis zu einzelnen Neuronen (Mikronadelelektroden).

2.3.1 Elektrische Erscheinungen an der Hirnoberfläche

Die wichtigsten in der physiologischen Psychologie verwendeten Maße sind das EEG, die EVP und CNV (zusammenfassend Shagass, 1972; Haider, 1968).

2.3.1.1 Elektroencephalogramm (EEG)

Allgemeines: Die mit Massenelektroden aufgenommenen bioelektrischen Erscheinungen des Gehirns sind Summenpotentiale, die in ihrer genauen Genese bislang nicht geklärt werden konnten. Vom EEG wird gesprochen bei Ableitungen nicht nur von der Schädeloberfläche, sondern auch von tieferliegenden Strukturen.
Die übliche Auswertung des EEGs unterscheidet verschiedene Wellentypen auf Grund ihrer Frequenz und Amplitude, so etwa Alpha-Wellen (8—12 Hz), Beta-Wellen (> 12 Hz), Delta-Wellen (2—4 Hz) und Theta-Wellen (4—8 Hz). Die Wellencharakteristika sowie ihre Verhaltenskorrelate bei corticaler und subcorticaler Ableitung sind jedoch unterschiedlich.

Zuverlässigkeit: EEGs sind relativ zuverlässig. Die intraindividuelle Konstanz beträgt bei kurzfristiger Wiederholung (einige Tage) 0,8—0,9 (Alpha-Rhythmus, Beta-Rhythmus).

Beziehungen zum Verhalten: Das von der Schädeloberfläche abgeleitete Spontan-EEG ist ein relativ grobes Maß. Es läßt jedoch einige für die Psychologie bedeutsame Aussagen zu:
Es diskriminiert zwischen verschiedenen Graden psychischer Aktiviertheit. Unterscheidbar sind mindestens Schlaf (Delta-, Thetarhythmus), Entspannung (Alpha-Rhythmus) und Spannung (Beta-Rhythmus, vgl. Teil IV). Innerhalb des Wachzustandes können mit Hilfe des EEGs Intensitäten psychischer Anspannung, innerhalb des Schlafzustandes können im EEG verschiedene Schlafstadien diskriminiert werden (vgl. S. 50). Obwohl genügend Hinweise existieren, daß mit Hilfe des Spontan-EEGs Intensitäten psychischer Prozesse diskriminiert werden können, ist eine Reihe von

Fragen ungeklärt, so etwa ob auch „feinere" Abstufungen der Aktiviertheit differenziert werden können. Außerdem zeigt sich oft, daß bei langdauernder psychischer Anspannung das EEG nicht mehr differenziert, so daß ein Teil der Veränderungen wahrscheinlich auf Orientierungsreaktionen zurückgeführt werden muß. Offensichtlich ist die EEG-Aktivität nicht unter allen Bedingungen ein verläßlicher Indikator für Verhaltensintensitäten. Unter Einwirkung bestimmter Pharmaka z. B. kommt es zu einer Dissoziation zwischen Verhalten und EEG, indem das EEG etwa erniedrigte Aktiviertheit anzeigt, nicht aber das Verhalten (z. B. bei Atropin).

2.3.1.2 Evozierte Potentiale (EVP)

Allgemeines: Es handelt sich um spezifische Potentialschwankungen, die „innerhalb" der elektrischen Spontanaktivität auftreten und als corticale Erregungskorrelate von spezifischen Erlebnisqualitäten anzusehen sind. Das evozierte Potential wird als reizabhängige (z. B. Licht, Ton) Reaktion aus dem Spontan-EEG in der Regel durch Mittelung (Averaging) herausgefiltert, indem das EEG in kleinste Zeitschritte zerlegt wird. Die Reaktionen während der einzelnen Zeiteinheiten werden für eine größere Zahl von Reizwiederholungen summiert (zusammenfassend REGAN, 1972; einführend GUTTMANN, 1972).

Zuverlässigkeit: Die Wiederholungszuverlässigkeit ist relativ hoch.

Beziehungen zum Verhalten: Evozierte Potentiale sind weitaus verhaltensspezifischer als das Spontan-EEG. Evozierte Potentiale scheinen bei Wahrnehmungsprozessen modalitäts-, qualitäts- und intensitätsspezifisch zu sein. Es sind daher sehr feine Differenzierungen im Sinne erlebnismäßiger Reaktionen möglich.

2.3.1.3 Kontingente negative Variation (CNV)

Allgemeines: Es handelt sich bei der CNV um eine langsame negative Potentialschwankung, die relativ lokalisiert z. B. über mehr oder weniger spezifischen Projektionsfeldern des Gehirns mit Massenelektroden abgeleitet werden kann. Sie wird wie die evozierten Potentiale durch „Averaging" aus dem Spontan-EEG herausgefiltert.

Zuverlässigkeit: Noch nicht hinreichend untersucht.

Beziehungen zum Verhalten: Die CNV tritt besonders deutlich auf, wenn der Proband die Instruktion erhält, daß nach einem Reiz eine Reaktion (etwa Reaktionstaste bei Aufleuchten einer Lampe drücken) zu vollziehen sei. Sie wird deshalb als Korrelat einer Erwartungsspannung und Reaktionsbereitschaft betrachtet (Motorische Bereitschaftsreaktion; zusammenfassend TECCE, 1972).

2.3.2 Elektrische Erscheinungen in subcorticalen Strukturen des Gehirns

Bereits seit Ende der Dreißiger Jahre ermöglichen es implantierte Elektroden, auch die elektrische Aktivität in subcorticalen Strukturen zu registrieren. Auch in Humanuntersuchungen wurden solche Implantationen z. B. bei schweren Epilepsien und bei Tumoren zu diagnostischen Zwecken vorgenommen. Im Tierversuch gehören intracerebrale Ableitungen heute zur Routine (zusammenfassend COOPER, 1971). Im Prinzip entsprechen die Wellencharakteristika bei Tiefenableitung denen bei Oberflächenableitung. Allerdings kann die Amplitude bis zu 1 mV und die Frequenz bis 100 Hz und mehr betragen.

2.4 Maße des muskulären Systems

Das muskuläre System zeigt sehr enge Beziehungen zu Verhaltensvariablen. Die wichtigsten Maße, Elektromyogramm (EMG), Mikrovibration (MV) und Tremor (TR), wurden in vielen psychophysiologischen Untersuchungen als Indikatoren allgemeiner Aktiviertheit und Spannung benutzt. Diese Verknüpfung ist physiologisch begründet durch einen Regelkreis zwischen den Gamma-Vorderhornzellen des Rückenmarks und der Formatio reticularis (vgl. S. 25).
Die Korrelationen zwischen EMG, MV und TR sind beträchtlich, ohne daß sie jedoch physiologisch und hinsichtlich ihrer Meßeigenschaften vergleichbar wären.

2.4.1 Elektromyogramm

Allgemeines: Die im EMG erfaßten Muskelaktionspotentiale stellen indirekte Maße für die Kontraktionsstärke von Muskeln dar. In der physiologischen Psychologie werden meist Oberflächenableitungen von bestimmten Muskeln, selten Nadelelektroden benutzt. Der registrierte Muskeltonus ist intra- und interindividuell nur bei gleicher Elektroden-Lokalisation vergleichbar. Besonders häufig wird in der Psychophysiologie von der Stirnmuskulatur abgeleitet (zusammenfassend zu EMG: GOLDSTEIN, 1972).

Zuverlässigkeit: Bei genauer Kontrolle der Untersuchungsbedingungen ist die Zuverlässigkeit hoch. Die Höhe hängt ab vom Ableitungsort und der Untersuchungsbedingung. Besonders hoch sind die Zuverlässigkeiten für die Stirnmuskulatur (VOAS nach GOLDSTEIN, 1972).

Beziehungen zum Verhalten: Das Oberflächen-EMG — meist definiert als Zeitintegral (Amplituden-Frequenz-Produkt) — ist als ausgezeichneter Indikator allgemeiner psychischer Aktiviertheit anzusehen. Dabei ist es jedoch notwendig, die Anteile der Muskelaktivität, die zu Lasten muskulärer Beanspruchung gehen, konstant zu halten (Messung bei dem liegenden Pb). Da Angstzustände meist mit erhöhtem Muskeltonus einhergehen, der auch vom Pb wahrgenommen wird, wird das EMG vielfach zur Kontrolle des Therapieerfolges in der Verhaltenstherapie benutzt.

2.4.2 Mikrovibration

Allgemeines: Nach H. ROHRACHER (1960, 1962) vollzieht der Organismus von Warmblütlern ständig Schwingungen im Bereich von 7—18 Hz mit einer Amplitude von 1—5 Mikron. Die Schwingungen werden als Mikrotremor oder Mikrovibration bezeichnet. Die Ableitung erfolgt standardmäßig von der Dorsalseite des Unterarms durch elektrodynamische, piezoelektrische oder elektromagnetische Wandler.

Zuverlässigkeit: Die Zuverlässigkeit ist bei kurzfristigen Wiederholungen relativ hoch (KUNA et al., 1964; HUBER, 1965).

Beziehungen zum Verhalten: Die Amplitude der MV erhöht sich bei allen Arten psychischer Anspannung mit steigender Intensität (z.B. KUNA et al., 1964). Die Frequenz ist bislang nicht als hinreichend valides Maß gesichert. WILLIAMS (1963, 1964) hat eine Theorie aufgestellt, wonach die Frequenz der MV nicht durch individuelle Charakteristika bestimmt wird, sondern durch die physikalischen Eigenschaften des Aufnahmesystems, was jedoch von ROHRACHER (1964) bestritten wurde. Nach HUBER (1965) ist die Frequenz bei emotional Labilen höher als bei stabilen Pbn.

2.4.3 Tremor

Allgemeines: Sämtlichen Willkürbewegungen überlagert sind mehr oder weniger regelmäßige Schwingungen aller Extremitäten. Besonders deutlich sind sie bei Messungen an Finger und Hand. Der Fingertremor hat eine Frequenz von 5—15 Hz ($\overline{X} \sim 10$) und eine Amplitude von 0,05—3 mm. In pathologischen Fällen kann die Amplitude viel größer sein (bis zu einigen Zentimetern bei der Parkinson'schen Krankheit). Die Ursachen des physiologischen Tremors bei Normalpersonen sind ungeklärt. Wahrscheinlich handelt es sich um den Ausdruck oscillatorischer Korrekturbewegungen des Streckreflexsystems (zusammenfassend Erörtertungen bei BRUMLIK u. YAP, 1970; LIPPOLD, 1967).

Zuverlässigkeit: Bei Kontrolle der Untersuchungsbedingungen ist die Zuverlässigkeit hoch, insbes. die des Fingertremors.

Beziehungen zum Verhalten: Frequenz und Amplitude zeigen signifikante, aber relativ niedrige Korrelationen mit der subjektiven „inneren“ Spannung.

2.5 Maße des vegetativen Nervensystems

2.5.1 Allgemeines

Die in diesem Abschnitt aufgeführten Variablen werden traditionell als vom VNS gesteuert angesehen, obwohl sie wegen der engen Verflechtung des VNS und ZNS genau so gut als indirekte ZNS-Maße bezeichnet werden könnten. Eine grobe Einteilung der VNS-Variablen ergibt sich nach funktionellen Gesichtspunkten in kardiovasculäres, respiratorisches, temperaturregulatorisches und gastrointestinales System. Für die Verhaltensforschung gut zugänglich sind die hautelektrischen Erscheinungen.

VNS-Maße spielen in der Psychologie der Emotionen eine große Rolle (vgl. S. 59). Einmal werden sie zu diagnostischen Zwecken neben anderen Verfahren zur Feststellung emotionaler Intensitäten und Qualitäten benutzt. Zum anderen betrachten viele Emotionstheorien das Auftreten vegetativer Veränderungen als notwendige oder sogar hinreichende Bedingungen für das Auftreten von Emotionen. Auch in der Persönlichkeitsforschung (vgl. III. und IV.) kommt der Ansprechbarkeit von VNS-Variablen eine Schlüsselstellung zu (zusammenfassend FAHRENBERG, 1967). Routinemäßig werden heute bei psychophysiologischen Untersuchungen mehrere VNS-Variablen registriert (mit Hilfe von Polygraphiegeräten). Es ist heute nicht mehr üblich, sich nur auf eine einzige Variable zu stützen, weil die Interkorrelationen verschiedener VNS-Maße im allgemeinen sehr gering sind.

Im folgenden werden einige Maße kurz besprochen, die besonders häufig in der physiologischen Psychologie angewendet werden.

2.5.2 Kardiovasculäres System

Die wichtigsten Variablen betreffen die Herzaktivität, den Blutdruck und die periphere Durchblutung.
Die verschiedenen Kreislaufgrößen sind eng miteinander verflochten. Ihre Anwendung erfordert eingehende Kenntnisse der Kreislaufphysiologie. Dies gilt auch für die am häufigsten verwendeten Variablen Herzfrequenz und Blutdruck, die wechselseitig voneinander abhängig sind. Exemplarisch sollen diese beiden Variablen herausgegriffen werden.

2.5.2.1 Herzfrequenz

Allgemeines: Die Herz- bzw. Pulsfrequenz ist eine der am häufigsten registrierten vegetativphysiologischen Größen in Aktivierungs- und Emotionsuntersuchungen. Bei der Interpretation sind die Abhängigkeiten von Blutdruck (Steigerung der Herzfrequenz bei Blutdrucksenkung) und vom Atemzyklus zu berücksichtigen (Zunahme bei Inspiration; zusammenfassend LEGEWIE, 1969; GUNN et al., 1972.)

Zuverlässigkeit: Die Wiederholungszuverlässigkeiten liegen bei $r_{tt} \sim 0{,}6$, für Variabilitätsmaße erheblich niedriger. Die genaue Zuverlässigkeit macht die Herzfrequenz und die abgeleiteten Maße wenig brauchbar für die individuelle Diagnostik.

Beziehungen zum Verhalten: Maße des kardiovasculären Systems sind in außerordentlich empfindlicher und komplizierter Weise mit Verhaltensdaten verknüpft. In einer Serie von Experimenten konnte gezeigt werden, daß zwischen Pulsfrequenz (bezogen auf eine Standardsituation) und skalierten Urteilen über innere psychische Anspannung, die als allgemeine zentrale Aktiviertheit (AZA) bezeichnet wurden, monotone oder sogar lineare Beziehungen bestehen (BARTENWERFER et al., 1963; BARTENWERFER, 1960, 1969). Die Herzfrequenz spiegelt bei *längerdauernden* Belastungen durch psychische Leistungsaufgaben demgemäß den Grad der erlebten psychischen Anspannung wider. Auch andere Maße, wie die Variabilität der Herzfrequenz, differenzieren ebenfalls verschiedene Grade der Anspannung. Besonders ergiebig sind Analysen des EKG bei kurzfristig gebotenen Wahrnehmungsreizen (etwa Schreckreize, Erkennen bildlicher Darstellungen) sowie bei Kurzzeithandlungen (etwa Reaktionszeitmessungen). Bei Wahrnehmungsreizen findet sich unmittelbar vor und nach dem Reiz oft Vergrößerung des R-R-Abstandes. Von LACEY (1967) wurde behauptet, daß alle Stimulationen, die Reizaufnahme (environmental intake) verlangen, zur Abnahme der Herzfrequenz führen. Die Länge der Reaktionszeit auf sensorische Stimuli hängt offensichtlich davon ab, in welche Phase des Herzzyklus sie fallen. Die längsten Reaktionszeiten werden erzielt während des Q-R-S-T-Komplexes, die kürzesten unmittelbar vor der P-Welle. In der Regel ist der Verlauf der Herzfrequenz bei kurzfristigen sensorischen Stimuli mehrphasisch (z.B. GRAHAM u. CLIFTON, 1966).

2.5.2.2 Blutdruck

Allgemeines: Der Blutdruck wird in der Humanpsychophysiologie in der Regel manuell oder halbautomatisch mit Staumanschette bestimmt. Dies hat den Nachteil einer relativ großen Ungenauigkeit und bietet darüberhinaus nicht die Möglichkeit zu kontinuierlichen Messungen.

Zuverlässigkeit: Die Wiederholungszuverlässigkeiten liegen bei unmittelbarer Wiederholung bei $r_{tt} = 0{,}6$—$0{,}7$, bei Wiederholung nach einem Tag und mehr darunter.

Beziehungen zum Verhalten: Der Blutdruck, insbesondere der systolische, zeigt im Mittel deutliche Beziehungen zur allgemeinen psychischen Aktiviertheit. Bei Emotionen ist der systolische Blutdruck erhöht, der diastolische kann sowohl erhöht als auch erniedrigt sein (zusammenfassend: LEGEWIE, 1969, MCGINN et al., 1964). Häufig wird behauptet, daß die Relation des systolischen zum diastolischen Blutdruck affektspezifisch anspreche. Die häufig geäußerte Meinung, daß aggressive Personen zu erhöhten Blutdruckwerten tendieren, läßt sich nicht reproduzierbar bestätigen (SHAPIRO, 1960).

2.5.3 Respiratorisches System

Allgemeines: Aus Praktikabilitätsgründen werden in der physiologischen Psychologie meist nur indirekte Methoden zur Schätzung von Atemtiefe und Atemfrequenz benutzt. Die verwendeten Methoden bedienen sich etwa um den Brustkorb gelegter Gummischläuche oder Thermoelemente, die in den Nasenraum eingeführt werden.

Zuverlässigkeit: Die Atemfrequenz kann im allgemeinen zuverlässig nach der Gummischlauch- oder Thermistor-Methode bestimmt werden, die Amplitude jedoch weniger. Hierbei ist vor allem kein Rückschluß auf die eingeatmete Luftmenge möglich.

Beziehungen zum Verhalten: Atemfrequenz und -amplitude verändern sich häufig bei allen Arten sensorischer Stimuli und bei Emotionen. Im einzelnen sind die Befunde jedoch oft widersprüchlich und bedürfen einer sorgfältigen Interpretation (zusammenfassend LEGEWIE, 1969; STEIN, 1967).

2.5.4 Temperaturregulation

Obwohl die Temperaturregulation wahrscheinlich ein empfindlicher Indikator für psychische Vorgänge ist, sind Temperaturmessungen von hinreichender Genauigkeit wenig praktikabel.

2.5.5 Elektrische Erscheinungen der Haut

Allgemeines: Bereits seit Ende des letzten Jahrhunderts ist bekannt, daß der Widerstand der Haut sich in Abhängigkeit von Emotionen verändert, wenn der Organismus von schwachem Gleichstrom durchflossen wird (FÉRÉ, 1889) (Exosomatische Methode). Auch ohne Strom konnte beobachtet werden, daß sich Potentialdifferenzen zwischen 2 Hautpunkten bei emotionaler Stimulierung änderten (TARGHANOFF, 1890) (Endosomatische Methode).
Diese Widerstandsänderung der Haut wird als *psychogalvanische* Reaktion (PGR) oder hautgalvanische Reaktion (HGR) bezeichnet. Die HGR-Methode ist wahrscheinlich die am meisten benutzte psychophysiologische Methode. Die Zahl der Publikationen beträgt mehrere Tausend (Einführende Literatur zur Technik: VENABLES u. MARTIN, 1967; EDELBERG, 1967).
In der psychophysiologischen Forschung werden sowohl Widerstands- als auch Hautpotentialmessungen benutzt. Die zugrunde liegenden physiologischen Mechanismen sind noch nicht geklärt. Mit Sicherheit spielen die Schweißdrüsen eine bedeutsame

Rolle, ohne daß jedoch der Schweiß (Menge, Verteilung) entscheidend ist. Man nimmt an, daß die präsekretorische Aktivität der Zellmembranen an den Schweißdrüsen für Widerstandsänderungen verantwortlich ist.
Auch die Ursache der Hautpotentiale ist noch nicht voll geklärt. Vor allem weiß man bislang nicht, ob Widerstand- und Hautpotentialänderungen die gleiche physiologische Bedeutung haben.
Die Korrelationen zwischen den beiden Erscheinungen sind jedenfalls hoch. Der Widerstand der Haut liegt zwischen einigen Kilo-Ohm bis zu mehreren 100 Kilo-Ohm.

Es hat sich eingebürgert, verschiedene Kennwerte für elektrodermatographische Erscheinungen zu definieren, so etwa:

a) Grundwiderstandsniveau (engl. skin resistance level, SRL) und Grundleitfähigkeitsniveau (engl. skin conductance level, SCL):
Grundwiderstands- und Grundleitfähigkeitsniveau sind umgekehrt proportional miteinander verknüpft. Sie sind gekennzeichnet durch eine interindividuell und technisch bestimmte Größe, die relativ konstant über Minuten bis zu Stunden ist. Der Grundwiderstand wird in K-Ohm gemessen, die Leitfähigkeit in Mikrosiemens (engl. Microohmos).

b) Widerstandsänderung oder Leitfähigkeitsänderung: Sie kennzeichnen die psychogalvanische Reaktion (PGR) nach Verabreichung eines Stimulus. Heute wird meist neutraler von der hautgalvanischen Reaktion (HGR) gesprochen. Als Reaktionswerte sind sowohl Amplituden- als auch Zeitmaße gebräuchlich. *Amplitudenmaße* können einfache Differenzen ($R_2 - R_1$, wobei R_2 der Widerstand *nach*, R_1 derjenige *vor* Stimulusverabreichung ist) oder relativierte Abweichungen $(R_2 - R_1)/R_1$ sein. Häufig werden auch logarithmische Maße verwendet. Als *Zeitmaße* kommen Ankling- oder Abklingzeiten, Gesamtdauer der Reaktion oder sog. Halbwertzeiten in Frage. Die Halbwertzeit hat sich besonders bewährt. Sie ist definiert als diejenige Zeit, während der die Widerstandsänderung über der halben Höhe ihres Maximums bleibt.

c) Hautpotentiale: Man kann sowohl das Hautgrundpotential als auch reizabhängige oder spontane Potentialänderungen unterscheiden. Besonders ohne Reizeinflüsse auftretende unspezifische Potentialschwankungen haben eine große Bedeutung für die Messung allgemeiner Aktiviertheit.

Zuverlässigkeit: Die Wiederholungszuverlässigkeit aller Maße ist relativ niedrig (r_{tt} = 0,6—0,7). Lediglich hautgalvanische Reaktionswerte bei bestimmten Stimuli (starke Affektbesetzung) können hohe Werte (r_{tt} = 0,8— 0,9) erreichen.

Beziehungen zum Verhalten: Bei sorgfältiger Kontrolle von Fehlerfaktoren (z. B. Elektrodensitz, Temperatur) konnten zahlreiche signifikante Beziehungen zu psychischen Prozessen gefunden werden, so etwa:

a) Während des Schlafes ist der Hautwiderstand besonders hoch. Es besteht eine deutliche Tagesperiodik.

b) Psychische Beanspruchung durch beliebige Aufgaben erniedrigt den Hautwiderstand.

c) Sensorische Reizung löst in sämtlichen Sinnesmodalitäten bereits bei sehr niedriger Intensität HGRs aus.

d) Die Intensität emotionaler Reaktionen steht in der Regel in monotoner Beziehung zur Stärke der HGRs.

e) Die Frequenz unspezifischer Potentiale spiegelt den allgemeinen Erregungszustand eines Individuums wider.

2.6 Biochemische Maße

In Zusammenarbeit mit medizinischen Institutionen werden in zunehmendem Maße endokrine und biochemische Variablen in die physiologische Psychologie einbezogen.

2.6.1 Überblick über häufig verwendete Maße

In der Regel werden Konzentrationsbestimmungen von biochemisch wirksamen Substanzen aus Urin- oder Blutplasmenproben vorgenommen. Der Tierversuch bietet jedoch auch die Möglichkeit, Konzentrationsbestimmungen von Proben aus Gehirnstrukturen vorzunehmen, so etwa von Ribonucleinsäure in Lernversuchen.
Tabelle 3 gibt eine Übersicht von Substanzen, die bereits in einer größeren Anzahl von Untersuchungen signifikante Korrelationen zu Verhaltensparametern erbracht haben. Von den aufgeführten Substanzgruppen wurden vor allem die *Catecholamine*, speziell Noradrenalin und Adrenalin, eingehend im Humanbereich untersucht.

Tabelle 3. Beispiele für Substanzen, die von Bedeutung für Verhaltensparameter sind

Substanz (Klasse) und Beispiele für Einzelsubstanzen	Verhaltenskorrelate	einführende Literatur
Catecholamine: Adrenalin Noradrenalin Dopamin	Erhöhte Konzentration im Urin und Plasma bei psychischer Erregung	FRANKENHAEUSER, 1969, 1972
Corticoide: Cortisol 17-OHCS 17-Ketosteroide	Wie bei Catecholaminen	MASON, 1968, 1972
Lipide und verwandte Substanzen: Freie Fettsäuren Cholesterin Triglyceride	Erhöhte Konzentration im Urin und Plasma bei Hunger und psychischer Erregung	CARLSON et al., 1972
Nucleinsäuren: Ribonucleinsäuren	Erhöhte Konzentration im Gehirn bei sensorischer Reizung und nach „Lernen“	DEUTSCH, 1973

Die Konzentrationen von Noradrenalin und Adrenalin in Plasma und Urin können mit hinreichender Reliabilität bestimmt werden, sofern die Untersuchungsbedingungen sorgfältig konstant gehalten werden. Die Menge des ausgeschiedenen Adrenalins korreliert eindeutig mit Verhaltensmaßen, so etwa steht die Adrenalinkonzentration in monotoner Beziehung zu

der erlebten Anspannung bei beanspruchenden Tätigkeiten. Alle Arten von Streßsituationen (vgl. S. 38) führen zur erhöhten Konzentration von Adrenalin in Urin und Plasma. Noradrenalin zeigt hingegen oft keine eindeutige Beziehung zum Verhalten, ebenso Dopamin. Insgesamt erscheint Adrenalin als bester Indikator allgemeiner Aktiviertheit, wodurch auch immer diese induziert ist.
Die Ausscheidung von *Corticoiden* ist vergleichsweise weniger untersucht. Eine Reihe von Untersuchungen zeigt jedoch, daß Cortisol in Plasma oder Urin wie Adrenalin als Indikator der Aktiviertheitsintensität angesehen werden kann. Insgesamt scheint aber die Adrenalinausscheidung zuverlässiger und empfindlicher zu sein. Ähnliches gilt für die Bestimmung von *Lipiden* und verwandten Substanzen, etwa Cholesterin. Eine relativ spezifische Bedeutung kommt möglicherweise der Bestimmung freier Fettsäuren als Indikator für Hunger zu.

Die Bestimmung von *Ribonucleinsäuren* ist bislang in der Psychologie lediglich im Rahmen der Gedächtnisforschung üblich, und hier auch nur im Tierversuch (vgl. S. 86).

III. Ansätze zur Erfassung der Beziehungen zwischen Verhalten und physiologischen Prozessen

1. Überblick über Untersuchungsstrategien der physiologischen Psychologie

Psychophysiologische Untersuchungen zur Erfassung der Beziehungen zwischen Verhalten und physiologischen Prozessen lassen sich ihrer methodischen Grundstruktur nach in 3 Typen unterteilen:

1. Induktion bestimmter Umweltvariationen im Sinne von definierten Reizen bzw. Stimuli und anschließende Beobachtung der damit korrespondierenden Änderungen des Verhaltens und somatischer Vorgänge.
2. Variationen der Intensität oder Qualität von Verhaltens- bzw. Erlebensmerkmalen und Beobachtung der damit verbundenen physiologischen Veränderungen.
3. Variationen physiologischer Prozesse durch Läsionen, Reizungen oder chemische Manipulation und Beobachtung der damit korrespondierenden Verhaltensänderungen.

Der Unterschied zwischen den drei Ansätzen ist im wesentlichen untersuchungstechnischer Art. Je nach Ansatz wird allerdings auch die Interpretation der Befunde unterschiedlich sein müssen.
In der experimentellen Psychologie wird diejenige Variable, die in ihrer Quantität oder Qualität willkürlich verändert wird („manipuliert") und deren Einfluß auf eine andere Variable beobachtet bzw. beschrieben werden soll, als *unabhängige Variable (UV)* bezeichnet. Es wird dabei angestrebt, daß die Manipulation nur eine einzige Bedingung betrifft, während der Einfluß aller anderen Bedingungen konstant gehalten wird. Dieses Prinzip wird als isolierende Variation der Bedingungen bezeichnet. Diejenige Variable, die sich verändert, wenn wir die unabhängige Variable variieren, heißt *abhängige Variable (AV)*. Idealerweise sollte der Ausfall der abhängigen Variablen nur durch die Variation der unabhängigen Variablen bedingt sein. Tabelle 4 zeigt für jeden der drei genannten Untersuchungsansätze ein Experiment. Beim Lesen der Ta-

belle ist zu beachten, daß in jeder Untersuchung eine Kontrollgruppe aufgeführt wird. Diese dient als „Bezugs- bzw. Standardbedingung“, auf die jede Interpretation bezogen werden muß. Sie ist dadurch charakterisiert, daß bei ihr die experimentelle Bedingung fehlt, ansonsten ist sie jedoch vollkommen der Experimentalgruppe vergleichbar, d.h. die Pbn von Kontroll- und Experimentalgruppe müssen hinsichtlich Geschlecht, Alter, soziologischer Merkmale vergleichbar sein, die Untersuchungsbedingungen (z.B. Raum, Zeit, Versuchsleiter) müssen übereinstimmen.

Tabelle 4. Beispiele für verschiedene Untersuchungsstrategien der physiologischen Psychologie

Typ	Bedingung	Unabhängige Variable (UV)	Abhängige Variable (AV)
I	*Experimentalgruppe:* Weißes Rauschen (100 db) *Kontrollgruppe:* Weißes Rauschen (40 db)	Lärm in zwei quantitativ verschiedenen Stufen	(1) Herzfrequenz (2) Leistung in einem Rechentest
II	Beispiel 1 *Experimentalgruppe:* Pbn mit hohen Angstwerten in einem Test *Kontrollgruppe:* Pbn mit niedrigen Angstwerten in einem Test	Angst in zwei quantitativ verschiedenen Stufen	Ausscheidung von Adrenalin im Urin
	Beispiel 2 *Experimentalgruppe 1:* Pbn mit akutem Ärger (durch Provokation) *Experimentalgruppe 2:* Pbn mit akuter Angst (durch Provokation) *Kontrollgruppe:* Pbn ohn Ärger- und Angstprovokation	Emotionen in drei qualitativ verschiedenen Stufen	Ausscheidung von Adrenalin und Noradrenalin
III	*Experimentalgruppe:* Ratten mit Läsion im lateralen Hypothalamus *Kontrollgruppe:* Ratten ohne Läsion im lateralen Hypothalamus	Intaktheit des lateralen Hypothalamus in zwei Stufen (intakt, gestört)	Aufgenommene Futtermenge in der Zeiteinheit

Zu den in Tabelle 4 aufgeführten Beispielen sind noch einige Anmerkungen zu machen. (Einführende Literatur zur Technik des Experiments Traxel, 1972; Janke, 1968; Zimmermann, 1972.)

1. In einem Experiment können mehrere abhängige Variablen (AV) benutzt werden. Die Auswertung erfolgt in der Regel für jede AV getrennt. Es ist aber auch möglich, die Ergebnisse mehrerer AVs zueinander in Beziehung zu bringen, indem etwa gefragt wird, welche der AV die stärkeren Veränderungen zeigt. Auf diese Weise ist es möglich, die „Wirkungskon-

figuration" der UV aufzuzeigen. Dies ist ein wichtiger Auswertungsansatz im Bereich der Gefühlsforschung (vgl. Beispiel II, 2), indem z.B. Angst von Ärger durch die Konfiguration der Noradrenalin-Adrenalinwirkung unterschieden werden soll.

2. Beispiel II, 1 zeigt, daß die UV nicht immer „experimentell manipuliert" wird: Hohe und niedrige Angstwerte sind nicht vom Experimentator „willkürlich" (Prinzip der Willkürlichkeit) induziert. Die beiden Gruppen wurden vielmehr lediglich auf Grund der „natürlichen Variation" vom Versuchsleiter auf Grund von Testergebnissen zusammengestellt. Da es einleuchtet, daß in diesem Fall die Pbn sich nicht nur in ihren Angstwerten, sondern auch in weiteren, nicht kontrollierten Merkmalen (z.B. Geschlecht, Alter) unterscheiden können, wird dieser Untersuchungsansatz oft nur als „Quasiexperiment" bezeichnet.
3. Die moderne Statistik gestattet es, nicht nur jeweils eine einzige UV zu bearbeiten, sondern es können mehrere UV gleichzeitig in ein Experiment einbezogen werden. So kann z.B. eine UV das Geschlecht der Pbn, eine weitere die Lärmintensität sein.

2. Umweltvariationen und Beobachtung korrespondierender Veränderungen somatischer und psychischer Prozesse

2.1 Allgemeines

Mit diesem Untersuchungsansatz soll erfaßt werden, in welcher Weise sich mit der Variation der Umwelt (S) somatisches (R_1) und psychisches (R_2) Geschehen verändert. Die Gesetze, die aus den Befunden solcher Untersuchungen formuliert werden, können in der Funktionsgleichung $R_1 \cdot R_2 = f(S)$ gekennzeichnet werden. *Zwei* Reaktionsvariablen werden also in Abhängigkeit von *einem* Stimulus betrachtet. Das Symbol S kennzeichnet den in der Untersuchung betrachteten Aspekt der Umwelt. Umwelt wird in diesem Zusammenhang als genau definierter Teilaspekt aus dem uns ständig umgebenden Strom von Reizen betrachtet. Die Definition kann streng physikalisch sein. Sie kann aber auch nur semantisch oder operational in dem Sinne sein, daß die Situation genau beschrieben wird (z.B. Prüfung, Mißerfolg). Experimentiertechnisch gesehen ist es für jede Untersuchung notwendig, mindestens 2 Abstufungen des Stimulus (qualitativ oder quantitativ) zu haben. Die eine Abstufung würde dabei als Referenzwert (Kontrollgruppe) angesehen werden. Die gleichzeitige Untersuchung sowohl der *somatischen* als auch der *psychischen* Veränderungen in Abhängigkeit von einem Stimulus ist weder in der Psychologie noch in der Medizin verbreitet, von einigen Aspekten, etwa Untersuchungen zur visuellen Wahrnehmung, abgesehen. Wegen der Trennung der Disziplinen Psychologie und Medizin liegen zahllose Untersuchungen vor, die sich entweder nur auf somatische *oder* auf psychische Prozesse beziehen. Beispielsweise wurde in vielen Untersuchungen die Wirkung von Lärm auf die Ausscheidung von Catecholaminen einerseits untersucht, andererseits die Wirkung des Lärms auf Leistungen. Da es sich dabei nicht um die gleichen Individuen handelt, ebenso nicht um die gleichen Untersuchungssituationen, ist es im konkreten Fall unmöglich, die Ergebnisse beider Untersuchungen interpretationsmäßig miteinander zu verknüpfen.

Die folgende Tabelle 5 kennzeichnet einige mögliche Untersuchungsansätze, die gegenwärtig im Rahmen der physiologischen Psychologie im Mittelpunkt des Interesses stehen. Ihre Auswahl ist weitgehend willkürlich. Der Tabelle kann jedoch entnommen

Tabelle 5. Beispiele für Stimulusvariationen und deren Wirkungen

Stimuli	Beispiele für Variations-möglichkeiten	Beispiele für experimentelle Verwirklichung	Beispiele für erfaßbare Reaktionen spezifische		unspezifische	
			psychisch	somatisch	psychisch	somatisch
Sensorische Informationen, z. B. akustische, visuelle, olfaktorische, geschmackliche, somatosensible (Tasten, Temperatur, Schmerz)	Intensitätssteigerung oder -minderung	Sukzessive Darbietung von Tönen verschiedener Frequenz und Schallintensität	Lautheit, Tonhöhe, Unterschiedsschwellen, Absolutschwellen	Aktionspotentiale an Receptoren und sensorischen Bahnen oder evozierte Potentiale über spezifischen Gehirnstrukturen	Orientierungsreaktion, Aufmerksamkeitsveränderung	Alpha-, Beta-Anteil in EEG
	Informationssteigerung oder -minderung	Töne gleicher Frequenz und gleichen Schalldruckes in unterschiedlicher zeitlicher Aufeinanderfolge	Wahrnehmung von „Tonmustern"	Wie vorige Zeile	Aufmerksamkeitsveränderung, Schnelligkeit der Habituation	Wie vorherige Zeile
Komplexe mehrdimensionale Informationen	Intensitäts- und Informationsveränderungen	Ankündigung der Verabreichung eines Stressors (z. B. Elektr. Schlag); Nahrungs- oder Wasserentzug	Erlebte Emotion (z. B. Angst, Hunger, Durst)	Emotionsspezifische VNS-Maße (z. B. Blutdruckamplitude)	Erlebte allgemeine Erregung und Aktiviertheit	VNS-Maße (Polygraphie), Endokrine Maße
Figurale Reize Verbale Reize	Intensitäts- und Informationsveränderungen	Sätze mit unterschiedlichem emotionalen Bezug	Wie vorherige Zeile	Wie vorherige Zeile	Wie vorherige Zeile	Wie vorherige Zeile
Leistungstests (Konzentrationsaufgaben)	Veränderungen des Beanspruchungsgrades	Unterschiedlich schnelle Darbietung von Rechenaufgaben	Erlebter Schwierigkeitsgrad der Aufgaben	Spezifische ZNS-Maße (z. B. evozierte Potentiale)	Skalierung subjektiver Belastung	Sauerstoffverbrauch, Herzfrequenzanstieg

werden, auf welchen Gebieten die physiologischen Psychologie der in diesem Abschnitt besprochene Untersuchungsansatz bereits Ergebnisse von allgemeiner Bedeutung erbracht hat.
Tabelle 5 ist zu entnehmen, daß die erfaßten Reaktionen sich auf spezifische und unspezifische Anteile beziehen können. Besonders deutlich ist dies im Bereich der Veränderung sensorischer Informationen. Umweltveränderungen führen dem Organismus spezifische Informationen zu, die jeweils spezifische psychische Prozesse auslösen, denen wir auch spezifische physiologische Prozesse zuordnen müssen. Auf der Ebene des Verhaltens führen sie etwa zu Wahrnehmungen, zu Emotionen oder Motivationen spezifischer Art. Andererseits können wir — wenigstens als Denkmodell — auch bei jeder Umweltveränderung unspezifische Reaktionskomponenten erfassen. So löst ein Lichtblitz oder ein Ton nicht nur eine visuelle oder auditive Wahrnehmung, sondern gleichzeitig eine Veränderung der Aktivation und gefühlsmäßigen Prozesse aus. Was jeweils als spezifisch oder unspezifisch anzusehen ist, hängt vom Gegenstand und Ziel der Untersuchung ab.

2.2 Umweltveränderungen und Aktivation

2.2.1 Aktivation und Formatio reticularis

Welcher spezifische Prozeß (Emotion, Wahrnehmung, Denken) auch durch eine Umweltvariation ausgelöst werden mag, der Organismus antwortet als ganzer mit einer Veränderung seiner Handlungsbereitschaft. Diese nicht an eine spezifische psychische Qualität gebundene Veränderung wird als *unspezifische Aktivation* bezeichnet.
Unspezifische Aktivation läßt sich auf allen Ebenen organismischer Tätigkeit charakterisieren. Tabelle 6 veranschaulicht dies an Hand einiger Beispiele.

Tabelle 6. Beobachtbarkeit unspezifischer Aktivation

Beobachtungsebene	Reaktionsparameter	Beispielvariablen
Zentrales Nervensystem	Desynchronisation des EEG (Beta-Wellen)	Elektroencephalogramm (EEG)
Vegetatives Nervensystem	Erhöhung der Sympathicusaktivität	Herzfrequenz, Blutdruck (Kardiovasculäres System) Atemfrequenz (Respiratorisches System) Leitfähigkeit der Haut
Muskuläres System	Erhöhte Muskelspannung, erhöhte Mikrovibrationsamplitude und -frequenz, erhöhter Tremor	Elektromyogramm (EMG) Mikrovibration Ruhe- und Intentionstremor
Endokrines System	Erhöhte Ausscheidung von Catecholaminen und von Corticoiden	Noradrenalin- und Adrenalinausscheidung (pro Zeiteinheit im Urin)
Stoffwechsel	Erhöhter Grundumsatz, vermehrte Freisetzung von Lipiden	Bestimmung der Plasmakonzentration von Triglyceriden oder freien Fettsäuren

Tabelle 6. (Fortsetzung)

Beobachtungsebene	Reaktionsparameter	Beispielvariablen
Verbales Verhalten	Gefühl erhöhter psychischer Anspannung, Gefühl geistig-nervlicher Belastung oder Beanspruchung, Gefühl allgemeiner innerer Erregung	Befindlichkeitsskalierung Eigenschaftswörterlisten
Leistung	Vermehrte Schnelligkeit bei der Durchführung von Leistungstests	Kognitive Tests (Sensorische Tests, Motorische Tests, Konzentrationstests, Intelligenztests)

Der Organismus wird in allen organismischen Teilsystemen offensichtlich im Sinne einer erhöhten Handlungsbereitschaft verändert. DUFFY (1962) spricht deshalb von einer „energy mobilisation". Die Schlüsselrolle in allen Aktivationstheorien spielt das retikuläre System (Formatio reticularis), ein sich von der Brücke (Pons) bis zum Thalamus erstreckendes System. Nach klassischer Anschauung erhält die Formatio reticularis über Kollateralen Informationen über alle spezifischen Bahnen, sowie über die Aktivität der Muskelspindeln (Proprioceptive Information). Die Formatio reticularis wird oft als „diffuses retikuläres System" bezeichnet, da die verschiedenen Informationen aus Sinnesorganen und Muskeln zwar separate „Eingänge" in die Formatio reticularis haben, dort aber offensichtlich in einem Netz von Neuronen verteilt werden. Die zum medialen Thalamus aus der Formatio reticularis verlaufenden Bahnen sind offensichtlich im Unterschied zu den zum lateralen Thalamus laufenden spezifischen Bahnen nicht den einzelnen Empfindungsqualitäten zuzuordnen. Nach der klassischen Modellvorstellung führen die Erregungen der Formatio reticularis ihrerseits zu einer Erregung des somato-sensorischen Cortex. Es kommt damit zu einer Desynchronisation bzw. zu einer sog. Arousalreaktion des Cortex. Inzwischen ist das Bild, das wir von der Formatio reticularis haben, differenzierter und komplizierter geworden. Insbesondere sind folgende Fakten ergänzend festzuhalten:

1. Die Formatio reticularis hat nicht nur aktivierende, sondern auch hemmende Einflüsse auf den Cortex.
2. Corticales Arousal, d.h. Beta-Wellen im EEG, sind nicht immer mit Verhaltensaktivierung („Behavioral Arousal") verknüpft. Auch Synchronisation des EEG (Alpha-, Beta- und Delta-Wellen) bedeutet nicht unbedingt verhaltensmäßige Desaktivierung. Unter bestimmten Bedingungen finden wir Dissoziationen (vgl. S. 52) zwischen verhaltensmäßigen und zentralnervösen Aktiviertheitsindikatoren, z.B. bei Atropin[1)] und im paradoxen Schlaf.
3. Es scheint zwar sicher zu sein, daß die Informationen aller sensorischen Bahnen auch von der Formatio reticularis empfangen werden, jedoch nicht durchweg, wie nach klassischer Ansicht behauptet, über Kollateralen. So werden etwa die Informationen über Schmerz, Temperatur und diffuse Berührung im spino-thalamischen Trakt direkt über die Formatio reticularis geleitet und dort auf ihrem Weg zum

[1)] Atropin ist eine anticholinergisch wirkende Substanz, die auch in der Tollkirsche enthalten ist.

Thalamus umgeschaltet. Auch das visuelle System ist relaisartig mit der Formatio reticularis verknüpft.

4. Die Formatio reticularis wurde viele Jahre lang als anatomisch „diffus" bezeichnet. Neuere Befunde zeigen, daß sie anatomisch-morphologisch klarer strukturiert ist, als angenommen. Dieser klareren morphologisch-anatomischen Strukturierung scheinen auch funktionelle Unterschiede zu entsprechen.
5. Die Formatio reticularis ist nicht unabhängig von anderen Systemen. Es wurde schon darauf hingewiesen, daß engste Beziehungen zum Thalamus und zum Cortex bestehen, weshalb einige Autoren vom reticulo-thalamo-corticalen System gesprochen haben. Hinzu kommen jedoch wechselseitige Verknüpfungen vor allem zum Hypothalamus und zum limbischen System. Da es sich bei diesen beiden Systemen offensichtlich (vgl. S. 6) auch um *spezifische* emotional-motivationale „Zentren" handelt, erscheint es heute immer sicherer, daß die Formatio reticularis zwar überwiegend allgemein aktivierende Funktionen hat, jedoch auch an der Spezifizierung von psychophysiologischen Prozessen beteiligt ist. Man wird jedoch sagen dürfen, daß die Intaktheit der Formatio reticularis eine unabdingbare Voraussetzung für die allgemeine Wachheit ist. Durch elektrische und chemische Reizung der Formatio reticularis kann die „Bewußtseinshelligkeit" erhöht werden. So konnte Fuster (1958) in einem klassischen Versuch an Affen zeigen, daß durch direkte elektrische Reizung der Formatio reticularis Diskriminationsleistungen bei tachistoskopisch (kurzfristig) gebotenen Objekten verbessert wurden.

Es wurde eingangs festgestellt, daß erhöhte Aktiviertheit sich in praktisch allen psychophysiologischen Systemen nachweisen läßt. Allerdings ist das Ausmaß, in dem die verschiedenen Indikatoren ansprechen, nicht immer gleich stark. Darüber hinaus sprechen einzelne Systeme bei allgemeinem Arousal oft in entgegengesetzter Richtung an.

Als zentraler Indikator der Aktiviertheit dient das Elektroencephalogramm. In Tabelle 7 wird in Anlehnung an Lindsley (1950) eine durch empirische Untersuchungen gestützte Modellvorstellung über das Verhalten des EEG bei verschiedenen Aktiviertheitszuständen aufgeführt.

Tabelle 7. Aktivation und EEG

Psychische Zustände	Elektroencephalogramm	Bewußtseinslagen	Verhalten und Leistung
Starke Gefühle, Erregung und Spannung	Desynchronisiert, kleine bis mittlere Amplituden, schnelle gemischte Frequenzen	Eingeengtes Bewußtsein, Aufmerksamkeitsspaltung, Konfusion	Desorganisiert, Mangel an Kontrolle, Schreck- oder Panikreaktionen
Wache Aufmerksamkeit	Teilweise synchronisiert, vorwiegend kleine schnelle Spannungsschwankungen	Selektive Aufmerksamkeit, Erwartung und Antizipation, Konzentration	Gut organisiert, optimale Leistungsfähigkeit und Reaktionsbereitschaft
Entspannte Wachheit	Synchronisiert, optimaler Alpharhythmus	Wandernde Aufmerksamkeit, „freie" Assoziationen	Gute Routinereaktionen, schöpferische Leistungen

Tabelle 7. (Fortsetzung)

Psychische Zustände	Elektroencephalogramm	Bewußtseinslagen	Verhalten und Leistung
Schläfrigkeit	Desintegration des Alpharhythmus, flache Kurven, vereinzelt langsamere Wellen	Teilweise Aufmerksamkeits- und Bewußtseinsverluste, Bilddenken, Pseudohalluzination	Unkoordiniert, verzögerte Reaktionen, gestörte Zeitsequenzen bei Geschicklichkeitsleistungen
Leichtschlaf	Verschwinden des Alpharhythmus, größere, langsame Wellen, Schlafspindeln	Stark herabgesetztes Bewußtsein, erhöhte Reizschwelle	Reaktionen nur auf sehr starke oder bestimmten Einstellungen entsprechende Reize
Tiefschlaf	Sehr langsame und große Wellen	Bewußtseinsverlust	
Aktivierter Schlaf	Wachähnlich schnellere Wellen, mittlere Amplituden	Traumaktivität, stark erhöhte Reizschwelle	

2.2.2 Aktivation und peripher-physiologische Veränderungen

Während für einige Autoren (z.B. LINDSLEY, 1950; MALMO, 1959) das reticulocorticale System ganz in Vordergrund aktivierungstheoretischer Überlegungen steht, heben andere hervor, daß Aktivation eine organismische Gesamterregung sei, die sich in den Effektoren des VNS und des endokrinen Systems ebenfalls ausdrücke. Die Mehrzahl der Psychologen nimmt heute diesen Standpunkt ein, wobei jedoch die Formatio reticularis und der Cortex als eine Art Steuerzentrum angesehen wird. Die EEG-Aktivität stellt dabei die mehr oder weniger explizit formulierte Bezugsgröße dar, an der die Validität peripherer Indikatoren wie Herzfrequenz, Leitfähigkeit der Haut, Catecholaminausscheidung usw. gemessen wird. Als phänomenal-introspektive Bezugsgröße wird das verbal mitgeteilte Erleben einer „inneren Angespanntheit" (BARTENWERFER, 1969), einer inneren Erregtheit oder einer allgemeinen Aktiviertheit o.ä. angesehen. Derartige verbale Mitteilungen können nach den Prinzipien der Skalierungstheorie auf Intervallskalenniveau quantifiziert werden und mit EEG-Maßen und peripher-physiologischen Maßen korreliert werden. Untersuchungstechnisch wird dabei einmal so vorgegangen, daß beliebige experimentelle Situationen bzw. Stimuli in ihrer Intensität variiert werden, wobei unterstellt wird, daß dadurch Variationen der allgemeinen Aktiviertheit entstehen, die erfaßt werden durch verbale Mitteilungen über innere Angespanntheit etc. und physiologische Maße des ZNS, VNS und endokrinen Systems. Zum anderen können natürlicherweise auftretende Variationen der Aktiviertheit, insbesondere entsprechend dem Wach-Schlaf-Zyklus, bezüglich ihrer Variationen in den genannten Aspekten verfolgt werden (vgl. S. 27).

Die in der Aktivierungsforschung im allgemeinen benutzten Stimuli sind in Tabelle 5 aufgeführt. Versuchen wir aus derartigen Untersuchungen das Resüme zu ziehen, so können wir feststellen: *Unabhängig* von der Art der Stimuli und der Art der beteiligten Emotionen führen Intensitätserhöhungen von Stimuli im ZNS zu Erhöhungen des

Beta-Wellenanteils, im VNS zu einer Verschiebung im Sinne einer sympathikoton-ergotropen Reaktionslage, im endokrinen System zu einer Erhöhung der Freisetzung von Corticoiden und Catecholaminen, im Bereich des Erlebens zu erhöhter innerer Angespanntheit und Wachheit und zum schnelleren Ablauf von Handlungen (z.B. in Leistungstests). Wir können sicher sein, daß die Vielfalt der Situationen zu völlig unterschiedlichen spezifischen Prozessen führt. Daß trotzdem die beschriebenen Veränderungen entstehen, ist der Grund und die Berechtigung für die Annahme einer allgemeinen Aktiviertheit. Es ist ersichtlich, daß es im konkreten Fall kaum möglich ist, denjenigen Varianzanteil zu Lasten der allgemeinen Aktiviertheit und denjenigen zu Lasten des spezifischen Prozesses auseinanderzuhalten. Hier zeigt sich, daß Aktiviertheit nichts als ein theoretisches Konstrukt ist, aus dem wir bestimmte Meßoperationen ableiten können, ohne daß aber eine bestimmte Meßoperation identisch ist mit dem Konstrukt. Keines der verwendbaren peripher-physiologischen Maße allein kann als ein hinreichend valider Indikator angesehen werden. Eine Fülle von Untersuchungsergebnissen zeigt, daß die Diskriminationsfähigkeit einzelner Indikatoren unterschiedlich ist, z.B. in Abhängigkeit von der Stimulussituation, von dem Intensitätsbereich, in dem diskriminiert werden soll, und von vielen weiteren Faktoren (vgl. JANKE 1969). Hinzu kommt das Prinzip der Individualspezifität (vgl. S. 54), das u.U. verlangt, daß für verschiedene Individuen verschiedene Maße herangezogen werden.

Soll in einer konkreten Untersuchungssituation der Grad der Aktivation bestimmt werden, etwa im Sinne eines Intensitätsmaßes für den jeweils in Frage stehenden psychischen Prozeß, so müssen mehrere Maße herangezogen werden, etwa das EEG oder EMG aus dem Bereich der ZNS-Aktivität, Blutdruck, Leitfähigkeit der Haut und Herzfrequenz aus dem Bereich des VNS, die Adrenalinausscheidung aus dem Bereich des endokrinen Systems und die skalierte innere Anspannung aus dem Bereich der verbalen Mitteilungen. Als Aktivations- bzw. Intensitätsmaß könnte dabei die Summe der Standardwerte aller Variablen dienen oder auch diejenige Variable, die die stärkste Abweichung von der Ausgangslage gezeigt hat, sofern mit individualspezifischen Reaktionen gerechnet wird (vgl. S. 42).

Wie sich zeigen läßt (z.B. THAYER 1967, 1970), können durch die additive Zusammenfassung verschiedener peripher-physiologischer Indikatoren beträchtliche Korrelationen zu den skalierten Angaben über die subjektive Aktiviertheit erzielt werden. THAYER (1970) benutzte 4 physiologische Variablen (Hautleitfähigkeit, Herzfrequenz, Muskelaktionspotentiale, Fingerdurchblutung), die er jeweils mit der mitgeteilten Aktiviertheit und untereinander korrelierte. Es ergab sich für die Korrelation der physiologischen Variablen untereinander das übliche Bild, nämlich niedrige Korrelationen. Jede der physiologischen Variablen korrelierte zudem mäßig mit der mitgeteilten Aktiviertheit. Durch Zusammenfassung mehrerer physiologischer Variablen (Herzfrequenz, Hautleitfähigkeit) konnte ein $r = 0{,}62$ erzielt werden.

Die niedrigen Korrelationen zwischen verschiedenen vegetativ-physiologischen Variablen haben eine Reihe von Autoren zu der Frage veranlaßt, ob das Konstrukt einer allgemeinen Aktiviertheit überhaupt sinnvoll sei. Einer der entschiedensten Verfechter dieser Meinung ist der Psychophysiologe LACEY (1967). Andere Autoren haben mehrere Aktivierungssysteme postuliert, so postuliert ROUTTENBERG (1968) eines, dessen zentrales Regulationszentrum die Formatio reticularis ist und ein anderes, das vom limbischen System kontrolliert wird.

2.2.3 Aktiviertheitsveränderungen und Art der Umweltvariation

Bereits in Tabelle 5 wurde ein Überblick von äußeren Reizen, die Aktiviertheitsveränderungen nach sich ziehen, gegeben. Die in Tabelle 5 gegebene Aufstellung ist nicht allgemein verbindlich. Andere Einteilungen sind möglich (z.B. JANKE, 1969). Einige Aspekte, die speziell Bezug auf die Aktivierungsforschung nehmen, sind in Tabelle 8 aufgeführt. Die meisten Stimuli, wenn auch nicht alle, können simultan in das aufgeführte System klassifiziert werden.

Tabelle 8

Stimulusmerkmale	Stimulusklassen	Beispiele aus verschiedenen Stimulusklassen
Psychische Funktionen	Sensorische Stimuli (Wahrnehmung)	Licht, Töne
Intensität der Stimuli	Kognitive Stimuli	Denkaufgaben
	Emotionale Stimuli	Strafandrohung
Dimensionalität der Stimuli	Motivationale Stimuli	Wasserentzug
Dauer der Stimuli	Unterschwellige Reize	Nicht-wahrnehmbare Lichtreize
	Überschwellige Reize	Wahrnehmbare Lichtreize
Regelmäßigkeit der Stimuli	Noxische Reize	Blendende Lichtreize
	Eindimensionale Reize	Reine Töne
Wirkungsrichtung der Stimuli	Oligodimensionale Reize	Geräusche
	Multidimensionale Reize	Rechenaufgaben, Strafandrohung
Informationsgehalt der Stimuli	Kurzdauernde Reize	Lichtreiz, Projektion eines Bildes
	Langdauernde Reize	Kettenrechnen, Konzentrationstest
Motivational-emotionaler Bedeutungsgehalt der Stimuli	Kontinuierliche Reize	Ununterbrochenes weißes Rauschen
	Regelmäßig-diskontinuierliche Reize	Regelmäßig unterbrochenes weißes Rauschen
	Unregelmäßig-diskontinuierliche Reize	Unregelmäßig unterbrochenes weißes Rauschen
	Aktivierende Reize	Sensorische Reize
	Desaktivierende Reize	Entzug sensorischer Reize
	Informationsarme Reize	Diffuses Licht
	Informationsreiche Reize	Bilder
	Positive Reize	Bilder mit weiblichen Akten
	Neutrale Reize	Bilder mit Landschaften
	Negative Reize	Bilder mit Unfallszenen

Jede Umwelt- bzw. Reizvariation verändert entsprechend den beteiligten „Aspekten" die generelle Aktiviertheit (zusammenfassend JANKE, 1969).

Die Art, das Ausmaß und die Dauer der Aktiviertheitsvariation werden wesentlich bedingt durch die in Tabelle 8 aufgeführten Reizqualitäten. Zusätzlich bedeutsam ist jedoch das Aktivationsniveau vor Wirksamwerden des Stimulus (Gesetz der Ausgangslage, vgl. S. 9).

2.2.3.1 *Aktivation und betroffene psychische Funktion*

Gleich, welche psychische Funktion betroffen ist, lösen Umweltvariationen Veränderungen der allgemeinen Aktiviertheit aus. In der Regel treten jedoch damit zugleich Veränderungen in spezifischen Systemen auf, die für den Organismus einen spezifischen Informationswert besitzen, z.B. eine bestimmte Wahrnehmungs- oder Gefühlsqualität. Viele Aktivierungstheoretiker nehmen an, daß entsprechend den spezifischen Qualitäten organismische Teilsysteme oder Funktionen verschieden ansprechen („Patterns of activation"). Im Einzelfall bleibt dabei jedoch unklar, wieweit „Patterns" physiologischer Veränderungen Ausdruck unspezifischer Aktivation oder Ausdruck spezifischer psychischer Veränderungen sind. Besonders unklar ist dies bei motivationalen, emotionalen und kognitiven Stimuli, weshalb auch häufig sensorische Stimuli für eine Untersuchung der unspezifischen Aktivationsanteile als optimal angesehen werden.

a) Aktivation und sensorische Stimuli: Das Modell, nach dem sensorische Stimuli zu Aktivation führen, begründet sich auf der anatomisch und physiologisch gut gesicherten Tatsache, daß alle spezifischen sensorischen Bahnen auf ihrem Wege zu den corticalen Projektionsfeldern Kollateralen zur Formatio reticularis abgeben (Ausnahme: Geruch).

Veränderungen der Aktivation sind bei praktisch allen Wahrnehmungsqualitäten nachgewiesen worden. Die aktivierende Wirkung von sensorischen Stimuli ist besonders eindrucksvoll nachzuweisen in ZNS-Maßen wie dem EEG. Jedoch sprechen in der Regel auch VNS-Maße wie Herzrhythmik, Hautleitfähigkeit u.a.m. bereits bei kurzfristiger Stimuluspräsentation im Millisekundenbereich an, was zu der Annahme geführt hat, daß das VNS wesentlich weniger träge reagiert als früher angenommen. Das Ausmaß der aktivierenden Wirkung von sensorischen Reizen hängt von fast allen in Tabelle 8 aufgeführten Faktoren ab. Je nach Beteiligung dieser Faktoren kann die aktivierende Wirkung inter- oder intraindividuell verstärkt oder abgeschwächt werden.

Die wichtigsten Variablen, nach denen die aktivierende Wirkung verstärkt oder abgeschwächt wird, sind Orientierungs- und Defensivreaktion, Adaptation und Habituation sowie die Aufmerksamkeit. Die Kenntnis dieser Begriffe ist für die Aktivierungstheorie, die Wahrnehmungspsychologie und die Psychologie der Wahrnehmungsstörungen von grundlegender Bedeutung.

Unter *Adaptation* wird die Tatsache verstanden, daß der Organismus auf einen kontinuierlichen Reiz gleichbleibender Intensität allmählich schwächer reagiert. Diese Abschwächung läßt sich bereits auf der Ebene der Receptoren nachweisen. Ihre Stärke und Geschwindigkeit ist in verschiedenen Sinnesmodalitäten verschieden (sehr langsam z.B. bei Schmerz).

Habituation (Gewöhnung) bezeichnet eine Reaktionsschwächung, die bei Wiederholung des Stimulus auftritt. Von manchen Autoren wird Habituation für eine einfache Form des Lernens gehalten (zusammenfassend GLASER, 1968; GROVES, 1972; GROVES u. THOMPSON, 1972). Sie ist von fundamentaler Bedeutung und läßt sich in allen organismischen Teilsystemen nachweisen (VNS, ZNS, endokrines System). Stimulations- und Ausschaltungsexperimente legen nahe, daß die Habituation durch Formatio reticularis und Cortex kontrolliert wird (zusammenfassend

HORN, 1967). Mit Adaptation und Habituation hängen die Begriffe Orientierungs- und Defensivreaktion eng zusammen.

Als *Orientierungsreaktion* (zusammenfassend LYNN, 1966; SOKOLOV, 1971) wird die initiale Reaktion auf *neue* Stimuli (Beginn und Ende) bezeichnet. Sie wird oft als ein reflexartiges Geschehen angesehen (Orientierungsreflex), das durch folgende Veränderungen charakterisiert ist:

a) Augen-, Ohren-, Kopf- und Körperbewegungen in Richtung des neuen Reizes („Explorieren"),
b) Erniedrigung sensorischer Schwellen,
c) vegetatives Arousal (Wach-EEG).

Diese somatischen und psychischen Veränderungen werden als allgemeine und unspezifische Reaktionen angesehen, weil sie unabhängig von der spezifischen Sinnesmodalität sind. Sie treten jedoch nur bei niedrigen bis mittleren Reizintensitäten auf. Bei hohen Reizintensitäten wird die Orientierungsreaktion übersprungen zugunsten der *Defensivreaktion*, die verhaltensmäßig und physiologisch in vielerlei Hinsicht eine Umkehrung der Orientierungsreaktion ist (Wahrnehmungsabwehr).

Das wichtigste Modifikationsprinzip der Wirkung aktivierender Stimuli ist die *Aufmerksamkeit*. Man versteht darunter die Tatsache, daß sensorische Stimuli den Organismus nicht nur in eine erhöhte allgemeine Aktionsbereitschaft setzen, die ihn veranlaßt, beliebige Stimuli aufzunehmen, sondern *selektiv* Informationen auszuwählen und der organismischen Aktivität damit eine bestimmte Richtung zu geben. Allgemeines und spezifisches Arousal stehen hierbei in komplizierten Wechselwirkungen, die neurophysiologisch Ausdruck des reticulo-corticalen Arousalsystems sind. Der Begriff Aufmerksamkeit wird nicht ganz einheitlich gebraucht, sondern für verschiedene Verhaltensweisen, die nur Teilaspekte gemeinsam haben. (Einführungen und Zusammenfassungen in die Psychologie der Aufmerksamkeit bei MORAY, 1969, 1970; BAKAN, 1966; NORMANN, 1969; BROADBENT, 1971, 1958; MILNER, 1970; KORNBLUM, 1973; NEISSER, 1967.) Ihnen allen gemeinsam ist eine erhöhte Aktivität, die sich auf spezifische Reizklassen richtet.

Die verschiedenen Aufmerksamkeitsarten sind am einfachsten durch bestimmte Aufgabenarten zu charakterisieren:

Geistige Konzentration: Das Wesen dieser Aufgabe besteht darin, nur Reize zu beantworten, die zu einer erfolgreichen Durchführung der Aufgabe notwendig sind, und alle anderen auszuklammern. In der Regel wird das fortlaufende Lösen von Aufgaben verlangt (z.B. einfache Rechenaufgaben). Man spricht deshalb auch von Daueraufmerksamkeit.

Vigilanz: Der Beobachter hat die Aufgabe, in einer relativ reizarmen Umgebung bestimmte Signale zu beantworten. Die typische Vigilanzsituation wird durch einen Versuch dargestellt, in dem der Pb einen Zeiger beobachtet, der jede Sekunde *einen* Schritt weiterspringt, sich von Zeit zu Zeit jedoch um 2 Schritte weiterbewegt. Dieser Doppelsprung ist das zu beachtende Signal.

Selektive Aufmerksamkeit: Der Pb erhält gleichzeitig mehrere Informationen. Er hat nur eine davon auszuwählen und zu beantworten.

Wenn von Aufmerksamkeit gesprochen wird, sind häufig nur die Vigilanz und die selektive Aufmerksamkeit gemeint. Da sie die beiden wichtigsten Komponenten darstellen, sollen im folgenden nur sie besprochen werden. Die meisten Untersuchungen zur physiologischen Psychologie der Aufmerksamkeit richten sich auf 2 Fragen: 1. Welche neurophysiologischen Bedingungen sind gegeben, wenn die in Vigilanzaufgaben zu beachtenden Signale entdeckt oder unentdeckt bleiben? 2. Nach welchen neurophysiologischen Prinzipien vollzieht sich die selektive Aufmerksamkeit?

Aspekte der Vigilanz: Die Entdeckungswahrscheinlichkeit von Signalen in einem Vigilanztest ist einmal gebunden an die unspezifische Erregung im reticulo-corticalen System. Läsionen der Formatio reticularis führen zur Reduktion der Vigilanz. Durch Registrierung des EEG oder evozierter Potentiale während der Vigilanzaufgabe konnte gezeigt werden, daß bei entdeckten Signalen überwiegend Desynchronisation des EEG vorlag, nicht aber bei übersehenen Signalen

Aspekte der selektiven Aufmerksamkeit: Es kann kein Zweifel bestehen, daß die Selektion der aufzunehmenden Reize den ersten entscheidenden Schritt eines jeden Wahrnehmungsprozesses darstellt. Zur Erklärung der Funktionsweise wurde eine Reihe von Modellen aufgestellt, die alle als eine Art Filtertheorie der einlaufenden Informationen angesehen werden können. Ausgangspunkt der Modellbildung ist jeweils die Feststellung, daß die auf den Organismus auftreffenden Reize die Verarbeitungs- und Beantwortungskapazität überschreiten, sofern sie alle aufgenommen werden würden. Man postuliert deshalb einen zwischen Receptoren und ZNS liegenden Filter, der nur einen Teil der möglichen Informationen in das ZNS passieren läßt. Die entscheidende Frage ist nun natürlich, welches Prinzip der Filterung zugrunde liegt. Aufgrund psychologischer Experimente muß geschlossen werden, daß die Ausfilterung der „relevanten" Informationen sich z.T. nach physikalischen Reizaspekten richtet, so etwa nach der Intensität. Sicher ist jedoch, daß zusätzlich (u.U. auch anstatt) psychologische Faktoren eine Rolle spielen, insbesondere Neuartigkeit und emotionale Bedeutung der verschiedenen zur Selektion anstehenden Reize. Die physiologischen Mechanismen der Reizselektion sind in den Einzelheiten nicht geklärt. Wahrscheinlich handelt es sich um ein kompliziertes Wechselspiel von Faktoren auf der Ebene der Receptoren und der afferenten Leitungen und der Ebene zentralnervöser Prozesse. Von einigen Autoren wurde angenommen, daß bereits auf der Ebene der Receptoren das Prinzip der Reizselektion nachgewiesen werden könne (z.B. HERNANDEZ-PÉON, 1969). Tatsächlich läßt sich z.B. auch zeigen, daß Reize, die gleichzeitig in 2 Sinnesmodalitäten eintreffen, sich gegenseitig hemmen können, so daß z.B. die Receptorenaktivität im visuellen System durch Erregungen auditiver Receptoren gehemmt wird. Die peripheren Mechanismen können in mindestens zweifacher Weise für eine Reizselektion günstige Veränderungen erfahren: Einmal kann die Erregungsleitung und -ausbreitung des einen sensorischen Systems durch Erregung eines anderen gehemmt werden. Zum anderen aber können modalitätsspezifische Verschiebungen der sensorischen Schwellen auftreten. Experimentelle Untersuchungen zur letztgenannten Möglichkeit legen die Vermutung nahe, daß efferente Fasern von der Formatio reticularis Schwellenverschiebungen induzieren könnten. Allerdings ist damit nicht die Frage beantwortet, nach welchen Prinzipien und warum das

Gehirn derartige Schwellenverschiebungen vornimmt. Der zentrale Anteil des Filtermechanismus ist bislang vollkommen ungeklärt. Die Aufklärung der zentralen Mechanismen wird möglicherweise entscheidende Fortschritte in der Erforschung pathologischer Aufmerksamkeitsstörungen bringen, wie sie etwa bei bestimmten Arten der Schizophrenie vorliegen. Von einer Gruppe von Forschern wird angenommen, daß die beobachteten Aufmerksamkeitsstörungen auf die Unfähigkeit der Patienten zur Ausfilterung irrelevanter Informationen zurückzuführen seien (Psychopharmacologia 1972).

b) ***Aktivation und kognitive Stimuli:*** Vereinfacht ausgedrückt wird unter kognitiven Prozessen das Denken verstanden. Informationstheoretisch betrachtet würde es sich um die Verarbeitung von Informationen (meist sensorischen) handeln (Information processing). Kognitive Stimuli wären solche, die derartige Informationsverarbeitungsprozesse „anregen". Eine Einteilung kognitiver Stimuli ist kaum möglich. In Untersuchungen im Rahmen der Aktivierungsforschung werden in der Regel „Denkaufgaben" vorgegeben und gleichzeitig ablaufende physiologische Prozesse registriert. Eine Darstellung der Ergebnisse der Beziehungen zwischen kognitiven und physiologischen Prozessen ist wegen der Vielfalt und Verschiedenartigkeit der „Reize" nicht möglich. Es sei lediglich festgestellt, daß jeder Denkvorgang verknüpft ist mit zentralem und peripher-physiologischem Arousal (zusammenfassend McGuigan u. Schoonover, 1973).

c) ***Aktivation und motivationale bzw. emotionale Stimuli:*** Reize, die motivationale und emotionale Veränderungen auslösen, sind bereits in niedrigen Intensitäten in aller Regel mit erhöhtem zentralem, vegetativem und muskulärem Arousal sowie mit Erhöhungen der Corticoid- und Catecholaminaktivität verknüpft. Es ist als sicher anzusehen, daß unspezifisches physiologisches Arousal zu den Hauptcharakteristika motivationaler und emotionaler Zustände gehört. Die Hauptergebnisse für die einzelnen Motivationen und Emotionen werden in Teil IV, S. 68 dargestellt.

2.2.3.2 Aktivation und Intensität der Stimuli

Stimulusintensität bzw. Stimulusstärke bestimmen bei sonst gleichen Bedingungen eine Reihe von Aktivitätscharakteristika, so etwa die Latenz, die Stärke, die Dauer und die Generalität der Aktivierung.
Mit steigender Stimulusintensität nimmt im allgemeinen die *Stärke* und *Dauer* der Aktivierung zu, die Latenz hingegen ab. Zwischen Stimulusintensität und *Stärke* des Arousals besteht in der Regel eine monotone, jedoch nicht lineare Beziehung. Die *Dauer* der Aktivierung weist eine ähnliche Beziehung auf. Die *Latenz*, d.h. die Dauer bis zum Beginn der Reaktion, sinkt hingegen mit steigender Stimulusintensität. Sehr wesentlich erscheint, daß intensive Stimuli die *Generalität* der Aktivation erhöhen, d.h. mit Erhöhung der Stimulusstärke sprechen immer mehr organismische Teilsysteme im Sinne einer Erregung an. Bei noxischen Stimuli werden praktisch alle Teilsysteme aktiviert („beansprucht"), wobei Adaptation und Habituation in nur geringem Maße stattfinden (Defensivreaktion). Hohe Stimulusintensitäten induzieren nicht nur allgemeine Aktiviertheit, sondern zugleich spezifische unlustbetonte Emotionen, so daß es kaum möglich ist, im konkreten Fall erzielte physiologische Veränderungen als

unspezifische oder spezifische Erregung zu deuten. Schon früher (vgl. S. 30) wurde darauf hingewiesen, daß der Organismus offensichtlich bestrebt ist, ein für ihn charakteristisches Erregungsniveau zu erreichen und beizubehalten (optimales Aktiviertheitsniveau). Dieses optimale Aktiviertheitsniveau wird offensichtlich entscheidend durch die Intensität sensorischer Reize bestimmt. Zu hohe und zu niedrige Reizintensitäten (durch Entzug aller Reize, sensorische Deprivation) führen zu Streß (s. S. 36).

2.2.3.3 *Aktivation und Dimensionalität der Stimuli*

Die Stimulusdimensionalität bezeichnet die Anzahl der betroffenen spezifischen psychischen Prozesse. Die Feststellung dieser Anzahl ist jedoch meist schwierig. Auch scheint keine eindeutige Beziehung zwischen Aktiviertheit und Dimensionalität vorzuliegen. Trotzdem ist dieser Begriff für die Eindeutigkeit der Interpretation empirischer Befunde wichtig.

2.2.3.4 *Informationsgehalt der Stimuli*

Der Informationsgehalt der Stimuli betrifft das Ausmaß, in dem ein Reiz dem Organismus neue Kenntnisse zuführt. Mit steigendem Informationsgehalt nimmt der Grad des Arousals zu, wobei zunächst Orientierungsreaktionen auftreten. Untersuchungen zur Wirkung verschiedener Informationsgehalte wurden vor allem mit Figuren verschiedener Komplexität durchgeführt (BERLYNE und MCDONNELL 1965).

2.2.3.5 *Aktivation und zeitliche Charakteristik der Stimuli*

Die wichtigsten zeitlichen Charakteristiken aktivierender Stimuli sind Dauer und zeitliche Verteilung (Regelmäßigkeit). Bereits sehr *kurzdauernde* Stimuli, die unter der Wahrnehmungsschwelle liegen, können hinsichtlich ihrer aktivierenden Wirkungen mit empfindlichen Maßen (z.B. EEG, Herzfrequenz) nachgewiesen werden. Mit sich verlängernder Stimulusdauer steigt das Ausmaß der Aktivierung nicht notwendigerweise an, weil Adaptation und Defensivreaktion eine Reduktion der Aktivierung bewirken können. Die genaue Erfassung der maximalen Wirkungsdauer ist nur mit Hilfe mehrerer Maße möglich, weil verschiedene organismische Teilsysteme unterschiedlich schnell adaptieren (Verlaufsdissoziationen, vgl. S. 52). Die Dauer der aktivierenden Wirkung verschiedener Stimuli überschreitet die Dauer der Reizung oft erheblich (reizüberdauernde Wirkung). So z.B. ruft Lärmbelastung von nur wenigen Minuten bei starker Intensität vegetative Wirkungen bis zu Stunden hervor. Solche Nachwirkungen sind von erheblicher Bedeutung für die Psychosomatik. Noch wichtiger ist, das einzelne organismische Teilsysteme erst nach Beendigung des Stimulus ansprechen oder ihre maximale Wirkung entfalten. BRADY und Mitarb. (BRADY et al., 1958) etwa fanden, daß bei Affen, die unter Schockandrohung mehrere Stunden lang reagieren mußten, ein Magensäureanstieg erst nach der Sitzung auftrat. Bedeutsamer als die Dauer ist wahrscheinlich die zeitliche Verteilung aktivierender Stimuli. Unregelmäßig wiederkehrende Reize aktivieren erheblich stärker als regelmäßige. Bei regelmäßig verteilten sensorischen Reizen findet sehr schnell eine Habituation statt. Besteht die Aufgabe eines Probanden in der Beobachtung regelmäßig auftretender Signale (z.B. periodisch aufleuchtende Lampen), so sinkt die Entdeckungswahrscheinlichkeit nach 30—45 min stark ab, es tritt der Zustand der Monotonie auf.

2.2.3.6 *Wirkungsrichtung der Stimuli*

Wenn bislang nur von aktivierenden Stimuli die Rede war, so könnte der Eindruck entstehen, daß der Organismus nur *aktiviert* werden könnte. Dies ist jedoch nicht der Fall. Da der Organismus im Wachzustand im allgemeinen weder maximal aktiviert noch desaktiviert ist, können Reize je nach Ausgangslage desaktivierend *oder* aktivierend wirken.
Häufig benutzt zur Induktion von reduzierter Aktiviertheit wurden etwa monotone Reizsituationen und Entzug sensorischer Informationen.

2.2.3.7 *Motivational-emotionaler Bedeutungsgehalt der Stimuli*

Alle Reize der Außenwelt werden vom Organismus nicht passiv aufgenommen, sondern entsprechend der momentanen emotionalen und motivationalen Lage bewertet. Physikalisch gleich starke Reize können je nach Bewertung zu einer Erhöhung oder Abschwächung der Aktiviertheit führen. Gegenüber neutralen Reizen werden emotional und motivational positiv oder negativ bewertete Reize im allgemeinen zu erhöhter Aktiviertheit führen.

2.3 *Umweltveränderungen und Streß*

2.3.1 Definition von Streß

Bestimmte Charakteristika der Umwelt führen zu Streß (APPLEY u. TRUMBULL, 1967; LAZARUS, 1966; LEVI, 1972; SELYE, 1954). Streß ist heute ein Modewort. Die Verwendung des Begriffes von der Physik über Medizin und Psychologie bis zur Soziologie ist so schillernd, daß man Gefahr läuft, daß keiner den anderen noch versteht. Eine entscheidende Begriffsverwirrung resultiert vor allem, weil einmal unter Streß eine Reaktion des Individuums (abhängige Variable) verstanden wird, zum anderen die diese Reaktion auslösenden Ereignisse (unabhängige Variablen) und schließlich die zwischen den auslösenden Ereignissen und der Reaktion liegenden psychophysischen Prozesse (intervenierende Variablen). Darüberhinaus können unter Streß alle 3 Arten von Variablen verstanden werden. Eine weitere Verwirrung besteht durch Aufteilungen wie physikalischer, physiologischer, psychologischer und sozialer Streß. In den biologischen Wissenschaften wurde der Begriff Streß insbesondere durch Hans SELYE in den Dreißiger Jahren bekannt gemacht. SELYE glaubte aus Beobachtungen bei den verschiedenartigsten Krankheiten erkennen zu können, daß bei jeder Krankheit neben *spezifischen* organismischen Veränderungen *allgemeine*, d.h. *alle* Krankheiten charakterisierende organismische Reaktionen auftreten. Kälte, Hitze, Virusinfektionen, Strahlen führen gleichermaßen dazu, daß das innere organismische Gleichgewicht („Homöostase") gestört wird. Länger wirksame innere und äußere Faktoren, die dieses Gleichgewicht stören, werden als *Stressoren* bezeichnet. Sie lösen ein Geschehen aus, das als Streß bezeichnet wird und nach SELYE durch verschiedene Phasen charakterisiert ist: Diese bilden zusammen das generelle Adaptationssyndrom (general adaptation syndrom, GAS). Die Phasen sind die Alarmreaktion, Stadium des Widerstandes, Stadium der Erschöpfung. Die Phase der Alarmreaktion ist vor allem charakterisiert durch eine sofort einsetzende Erhöhung der Sympathicusaktivität mit

Noradrenalin- bzw. Adrenalinausscheidung und Erregung des Hypophysen-Nebennierenrindensystems (ACTH- und Corticoidmobilisierung). Innerhalb der Alarmreaktionsphase unterscheidet SELYE die initiale Schockphase sowie die darauffolgende „Gegenschockphase", in der die Mobilisierung von Abwehrkräften (defensive reactions) beginnt. Diese setzt sich fort in der Widerstandsphase. Es kommt hier zu einer — bislang eindeutig nur in Tierversuchen nachgewiesenen — Nebennierenrindenhypertrophie. Gelingt es dem Organismus nicht, sich an den Stressor zu adaptieren oder hält dieser zu lange vor, so folgt das Stadium der Erschöpfung, in der der Organismus dem Stressor keinen Widerstand mehr entgegensetzt und evtl. zusammenbricht.

2.3.2 Klassifikation von Stressoren

Im folgenden soll Streß charakterisiert werden als psychophysiologisches Geschehen, das durch Umweltvariationen ausgelöst wird und das auf verschiedenen Bezugsebenen gemessen werden kann.
Die folgende Tabelle 9 verdeutlicht dies. Streß ist nach den aufgeführten Reaktionsaspekten ein psychophysischer Prozeß, der sich insbesondere durch seine stark von der „Norm" abweichende Intensität auszeichnet.

Tabelle 9. Aspekte der Streßreaktion

Allg. Erlebensintensität	Spez. Erlebensqualität	Verhalten	Leistung	Vegetatives Nervensystem	Zentrales Nervensystem	Muskuläres Nervensystem	Endokrines System
Allgemeine subj. Erregung und subj. Spannung	Negative, d.h. unlustbetonte Affekte wie Angst oder Ärger	Abwendung (Flucht) oder Zuwendung (Angriff)	Gestörtheit perceptiver, kognitiver und psychomotorischer Leistungen	Herzfrequenz-, Blutdruckerhöhung, vermehrte Magenkontraktionen etc.	EEG-Arousal	Erhöhte Muskelspannung	Erhöhung der Aktivität von Corticoiden, Catecholaminen, Lipiden

Alle organismische Teilsysteme — VNS, ZNS, muskuläres System, endokrines System und Stoffwechsel — sind gegenüber dem Normalniveau in ihrer Aktivität erhöht. Streß wird normalerweise nicht einfach als unspezifische Aktivierung stärkeren Ausmaßes angesehen. Meist werden für Streßgeschehen weitere Attribute herangezogen, die die spezifischen Besonderheiten gegenüber allgemeiner Aktivierung und auch gegenüber spezifischen Emotionen hervorheben. Solche Attribute sind:

*1. **Streß ist stimulusgebunden:*** Die Literatur spricht überwiegend nur dann von Streß, wenn das psychophysische Reaktionsgeschehen in Abhängigkeit von Variationen der Umwelt gesehen werden kann, wenn ihm also auslösende Faktoren, oft als „Stressoren" bezeichnet, zugeordnet werden können. Diese „Stressoren" müssen jedoch nicht einfache, physikalisch definierbare Stimuli sein, sondern können komplexe Situationen, z.B. „soziale" Stressoren sein, die nur in bestimmten Teilelementen im Sinne von unabhängigen Variablen definiert werden können. Tabelle 10 zeigt einige wichtige mehr oder weniger operational definierte Stressoren, wie sie vorzugsweise in der experimentellen Streßforschung verwendet werden. Die in der Tabelle aufgeführten Stressoren beziehen sich nur auf „negative" Emotionen. Dies ist, obwohl allgemein üblich, nicht ganz richtig. Auch positive Stimuli können grundsätzlich Streß auslösen.

Tabelle 10. Klassifikation von Stressoren

1. Äußere Stressoren
Veränderungen des „sensorischen Inputs" im Sinne von:
a) Überflutung (Lärm, Licht, Vibration)
b) Entzug sensorischer Informationen
(sensorische Deprivation bzw. Restriktion)
Schmerzreize (elektrische, thermische, chemische oder mechanische Reizung oder Läsionen)
Reale oder simulierte Gefahrensituationen (z.B. Fallschirmabsprünge, Unfälle, Operationen, Kampfsituationen)
2. Reize, die zu Deprivation primärer Bedürfnisse führen
a) Nahrung
b) Wasser
c) Schlaf
d) Bewegung und Aktivität
e) Temperaturkonstanz
3. Leistungsstressoren
Leistungsüberforderung (Zeitdruck, Mehrfacharbeit, Ablenkung)
Leistungsunterforderung (monotone, gleichförmige Aufgaben)
Versagen in Leistungssituationen, Kritik an der Arbeit, Prüfungen
4. Soziale Stressoren
Soziale Isolation
Interpersonale Konflikte
Änderung von Lebensgewohnheiten
Verlust von Verwandten
Isolierung von Eltern
5. Konflikt (Entscheidung zwischen mehreren Alternativen)
Ungewißheit über zukünftige Ereignisse (Uncertainty, Unpredictability)

2. *Streß löst Verarbeitungsprozesse aus:* Während geringe Abweichungen vom inneren Gleichgewicht (Homöostase) offensichtlich „toleriert" werden, führen stärkere Abweichungen zur Mobilisierung von Gegenregulationsvorgängen, die letztlich in einer Verminderung der Diskrepanz „Ist—Sollwert" resultieren. Solche Gegenregulationen scheinen sich auf der Ebene einzelner spezifischer organismischer Aktivitäten (z.B. Temperatur-, Blutdruckregulation) wie auch auf der Ebene der Gesamtaktivität im Sinne des Verhaltens zu finden. Man spricht in diesem Sinne im angloamerikanischen Schrifttum von „Behavior Regulation". Pragmatisch gesehen bedeutet dies, daß das von seinem „Sollwert" durch eine Umweltvariation abgebrachte Individuum *aktiv* Verhaltenskonsequenzen zeigt, die dazu angetan sind, das Normalniveau wiederzuerreichen. Derartige Maßnahmen werden oft als Verarbeitungsstrategien (Coping) bezeichnet. Als „Auslöser" für die Ingangsetzung von Coping-Verhalten können auf der Ebene des Verhaltens negative Affekte wie Gefühle der Bedrohung, Angst u.a.m. gesehen werden.

3. ***Streß ist ein zeitlicher Prozeß:*** Diese Adaptations- und Verarbeitungsvorgänge machen klar, daß es *die* Streßreaktionen nicht gibt. Eine vom Organismus registrierte Umweltvariation wird nicht passiv aufgenommen, sondern löst einen in der Zeit ablaufenden komplexen Prozeß aus, der in seinen verschiedenen Stufen in Intensität und Qualität wechselt. Diese verschiedenen Stufen sind wechselseitig voneinander abhängig, indem die psychophysische Reaktion in der einen Stufe die der nächstfolgenden beeinflussen oder bestimmen kann. Abb. 1 zeigt dies.

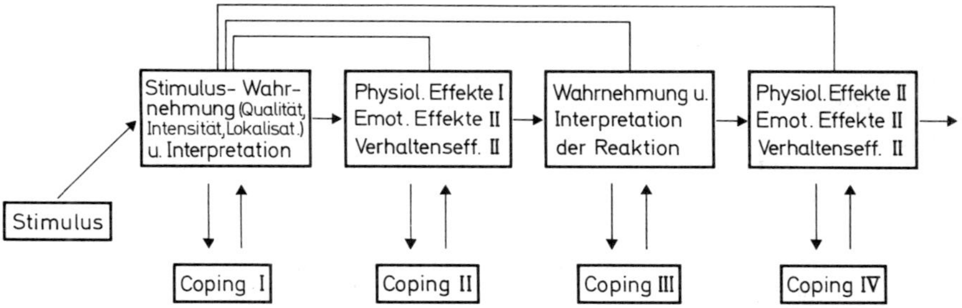

Abb. 1. Streß und Verarbeitungsmechanismen (Coping)

Abb. 1 macht deutlich, daß je nach Zeitpunkt der Messung intensitäts- und qualitätsmäßig unterschiedliche physiologische, verhaltens- und erlebnismäßige Effekte registriert werden können. Bei Einsatz erfolgreicher Verarbeitungsstrategien ist es möglich, daß zu bestimmten Meßzeitpunkten die Stressorenwirkung gar nicht nachweisbar ist.

4. ***Streßinduzierende Stimuli sind zeitlich ausgedehnt oder lösen zeitlich längerdauernde Reaktionen aus:*** Obwohl in der angloamerikanischen Literatur die Tendenz besteht, als Stressoren auch jene kurzdauernden Stimuli zu bezeichnen, die stärkere psychophysiologische Veränderungen auslösen, erscheint es zweckmäßig, nur dort von Streß zu sprechen, wo die organismische Mobilisierung längere Zeit (Stunden bis Tage) anhält, sei es, daß der Stimulus so lange anhält oder daß die Reaktion langfristig ist.

Unter Berücksichtigung aller aufgeführten Merkmale kann Streßgeschehen in folgender Weise umschrieben werden:
Streß ist eine Reaktion des Individuums auf Reize oder Situationen. Diese Reaktion zeichnet sich durch ihre Intensität und/oder Dauer aus. Sie impliziert keine einheitliche spezifische Emotion. Die Anzahl und Art der beteiligten Emotionen stellt kein wesentliches Merkmal von Streß dar. Entscheidend ist lediglich, daß Emotionen stärkerer Intensitäten vorliegen. In den meisten streßinduzierenden Situationen finden sich negative, d.h. unlustbetonte Emotionen. Streß kann auf verschiedenen Beobachtungsebenen in seiner Intensität bestimmt werden: durch Mitteilungen der Intensität und Art erlebter Emotionen, durch Messungen von Leistungen, durch Bestimmung peripher-physiologischer und endokriner Veränderungen.

2.3.3 Möglichkeiten und Problematik der Erfassung von Streßreaktionen

Wie in der Tabelle 9 dargestellt, kann die Streßreaktion von verschiedenen Bezugsebenen aus erfaßt werden. Auf der psychologischen Begriffsebene können wir verbale Mitteilungen über das Erleben von Emotionen, das Ausdrucksverhalten des Individuums, Leistungen in den verschiedensten Bereichen, Interaktionsveränderungen im sozialen Bereich u.a.m. benutzen. Auf der physiologischen Begriffsebene können wir Merkmale des ZNS, des VNS, des muskulären und des endokrin-hormonalen Systems erfassen. Zu einer vollkommenen Kennzeichnung des Streßgeschehens ist es notwendig, einen möglichst umfangreichen Satz abhängiger Variablen heranzuziehen. Dies ist notwendig, weil offensichtlich die verschiedenen Indikatoren das Geschehen von unterschiedlichen Seiten erfassen und nur bis zu einem gewissen Grade austauschbar sind. Insbesondere Daten der psychologischen und der physiologischen Ebene korrelieren nur mäßig miteinander. Auch physiologische Variablen sind nur wenig miteinander korreliert. In vielen Streßsituationen finden wir eine Konfiguration physiologischer Reaktionsmuster. Auch wenn wir mit SELYE feststellen können, daß die Streßreaktion vorwiegend durch eine generelle Sympathicusaktivierung und eine Erregung des Hypophysen-Nebennierenrindensystems ausgezeichnet ist, so sind im Einzelfall die verschiedenen Funktionen, die wir als Indikatoren benutzen, häufig nicht alle diesem generellen Bild der Sympathicus- und Nebennierenrindenaktivierung unterzuordnen. So finden wir beispielsweise bei Nahrungsdeprivation, obwohl sie als unangenehm und erregend erlebt wird, eine Erniedrigung des Cortisonspiegels im Plasma. Trotzdem wird man sich in einem bestimmten Streßexperiment in der Regel darauf verlassen können, daß einheitliche physiologische Veränderungen bei der *Mehrheit* der Probanden sichtbar werden. So konnte in zahlreichen Versuchen gezeigt werden, daß Pulsfrequenz, Atemfrequenz, Blutdruck und vor allem der hautgalvanische Widerstand zwischen Kontroll- und Streßbedingungen (z.B. aufregende Filme, Lärm, Schmerzandrohung, sensorische Restriktion) diskriminieren. Auch ZNS-Merkmale (wie EEG-Alpha-Wellenanteile) und Variablen des motorischen Systems (Mikrovibrationen, Tremor) erwiesen sich als gut differenzierend. Im Bereich endokriner und biochemischer Veränderungen kann es als gesichert angesehen werden, daß die Ausscheidung von Catecholaminen (insbes. Adrenalin) und Corticoiden (z.B. Hydrocortison) regelmäßig bei Streßreaktionen erhöht ist. Sehr wesentlich erscheint, daß mit der Erhöhung der Aktivität von Catecholaminen erhöhte Konzentrationen von Lipiden und Lipoproteinen im Plasma registriert werden können. In zunehmendem Maße zeigt sich, daß die Konzentration verschiedener Lipidfraktionen bereits bei mäßigen Stimulusstärken von kürzerer Dauer erhöht ist. So steigt die Konzentration der freien Fettsäuren, der Triglyceride und des Cholesterins in Streßsituationen an. Eine besondere Bedeutung hat in der letzten Zeit, ausgehend von tierexperimentellen Befunden, der gastrointestinale Bereich gewonnen. Wiederholt wurde gezeigt, daß die Anzahl der Magenkontraktionen und die Magensäurekonzentration in Streßsituationen zunimmt. Eine größere Anzahl von Untersuchungen zeigt, daß starker Streß (z.B. Bewegungsrestriktion) in relativ kurzer Zeit zu Magengeschwüren und Magendurchbrüchen führen kann.

Der besondere Vorteil physiologischer Indikatoren zur Erfassung des Streßgeschehens liegt in der Möglichkeit kontinuierlicher Messungen, die den Versuchsablauf nicht unterbrechen. Ebenso besteht für die Versuchsperson keine Möglichkeit, die Resultate in direkter Weise zu verfälschen, wie das bei Berichten über auftretende Emotionen der Fall sein kann. Die Dynamik des Streßgeschehens — im wesentlichen bedingt durch den Einsatz von Verarbeitungsmechanismen — weist jedoch von vornherein darauf hin, daß die Beschränkung auf physiologische Parameter unzweckmäßig ist. Berichte über die Art der auftretenden Emotionen im Verlaufe des Streßgeschehens sind unentbehrlich, weil eine Interpretation der physiologischen Veränderungen nur im Zusammenhang mit den auftretenden spezifischen Emotionsqualitäten möglich ist. Darüberhinaus erfordert das individualspezifische Prinzip eine besonders kritische Betrachtung physiologischer Veränderungen (vgl. S. 37). Untersuchungen, in denen nur ein oder zwei physiologische Indikatoren zur Kennzeichnung der physiologischen Streßwirkung benutzt werden, sind fragwürdig, weil es so möglich zu sein scheint, daß bestimmte Individuen ihre „maximale" Streßreaktion gar nicht in den ausgewählten physiologischen Variablen erzielen.

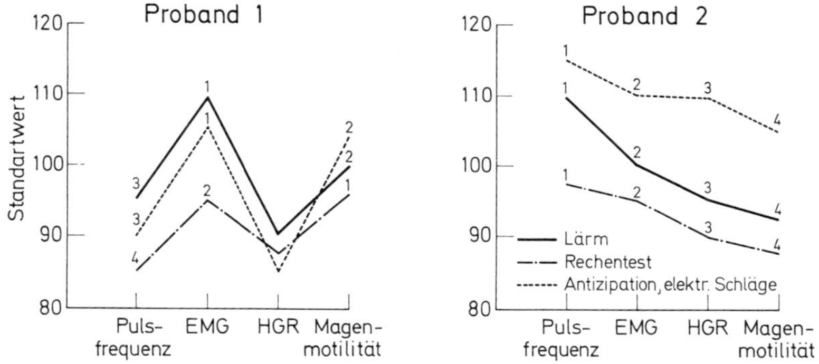

Abb. 2. Individualspezifische Reaktionen zweier Pbn in 4 physiologischen Variablen unter 3 Belastungsbedingungen. Dargestellt sind die Abweichungen von der Ausgangslage nach Standardisierung innerhalb einer jeden physiologischen Variablen über alle Belastungsbedingungen hinweg. Die Zahlen bedeuten den Rangplatz der Reaktionsintensität.

2.3.4 Streß und psychosomatische Störungen

Psychophysiologische Streßforschung kann Hypothesen und Modelle für die Psychosomatik liefern, die als Richtlinien für Untersuchungen in der Medizin dienen können.

Bahnbrechend für die Verknüpfung der Streßforschung mit der Psychosomatik sind vor allem folgende Befunde geworden:

1. Die Untersuchungen von Selye haben gezeigt, daß chronische Belastung durch überstarke Reize zu morphologischen Veränderungen des Nebennierenrindensystems führen im Sinne einer Hypertrophie der Nebennierenrinde.
2. Seit Untersuchungen von Brady und Mitarb. (1958, 1963) an Affen unter mehrtägigem Streß ergeben haben, daß chronische Belastung zu Magenläsionen führen kann, befaßten sich zahlreiche Auroren mit gastrointestinalen Variationen unter chronischer Belastung.

   Brady und Mitarb. trainierten Affen darauf, durch Drücken eines Tasters einen alle 20 sec verabreichten Schock (elektrischer Schlag am Fuß ohne Ankündigung) zu vermeiden. Die Versuchsdauer betrug mehr als 20 Tage. Die Versuche fanden täglich statt. 6 Std lang wurde jeweils das Vermeidungstraining durchgeführt, 6 Std war ein streßfreies Intervall eingeschoben. Ab dem 23. Tag starben mehrere Affen. Autopsien ergaben, daß Perforationen des Duodenums aufgetreten waren. Das Ausmaß und die Schnelligkeit der Bildung von Läsionen hingen davon ab, welche Arbeit-Ruhepauseverhältnisse vorlagen. Die entscheidende Variable war die Dauer der Ruhepause, in der die Magensäureproduktion, die nach Versuchsende stark anstieg, wieder ihre Ruhewerte annehmen konnte.

BRADY und Mitarb. betonen, daß die entscheidende Komponente des Streßgeschehens durch die *psychische* Belastung dargestellt wurde, nicht etwa durch die tatsächlich verabreichten Schläge (nicht jeder elektrischer Schlag konnte von dem Tier vermieden werden). Um diese Hypothese zu sichern, wurde dem Vermeidungsaffen (executive animal) ein Kontrollaffe (yoked animal) zugeordnet. Dieser war mit dem „exekutiven" Affen verbunden in der Weise, daß er genau dann einen elektrischen Schlag erhielt, wenn dies bei dem exekutiven Affen der Fall war. Er hatte jedoch nicht die Möglichkeit, den Schlag durch Hebeldruck zu vermeiden. Auch bei anderen Tierarten wurde mit z.T. anderen Belastungsarten nachgewiesen, daß der gastrointestinale Trakt hochempfindlich auf Streß reagiert. So konnte bei Ratten durch *Bewegungs*restriktion (Aufenthalt in sehr engen körpernahen Käfigen) gezeigt werden, daß bereits 36 Std nach Streßbeginn Perforationen der Magenwände auftraten. Für den Humanbereich wurden die Untersuchungen von BRADY und Mitarb. vielfältig reproduziert, wobei als abhängige Variable in der Regel die Magenbewegungsamplitude und -frequenz benutzt wurde. Die Untersuchungen wurden insbesondere im Zusammenhang mit der Frage durchgeführt, wieweit Kontrollierbarkeit und Vorhersagbarkeit des Stressors streßreduzierend oder -erhöhend wirkt. Während bei BRADY der exekutive Affe ja die Möglichkeit hatte, eine Kontrolle über den Stressor auszuüben und gerade er Magenläsionen zeigte, wurde in einer größeren Anzahl von Untersuchungen nachgewiesen, daß die Streßreaktion durch Fähigkeit des tierischen oder menschlichen Organismus, den Stressor zu kontrollieren bzw. zu glauben, daß der Stressor kontrollierbar sei, reduziert wird. Sowohl in Human- als auch in Animalversuchen konnte darüberhinaus gezeigt werden, daß „Ungewißheit" über den zeitlichen Beginn und das Ende des Stressors Streß in starkem Maße erhöht.

3. Das Konzept der individualspezifischen Reaktion im Sinne von LACEY führte zu Hypothesen und Modellen, die Untersuchungen anregten zur Frage, ob Personen, die individualspezifisch reagieren, häufiger als andere durch Umweltvariationen somato-psychische Störungen entwickeln und ob eine Beziehung zwischen der Art der individualspezifischen Reaktion und der Art der entstehenden Krankheit besteht. Diese Beziehung erscheint sehr wahrscheinlich auf Grund verschiedener Untersuchungen im Labor und Klinik.

   SCHACHTER (1957) konnte etwa nachweisen, daß Angst, Schmerz und Ärger bei hypertonen Personen gleichermaßen vorwiegend Blutdruckerhöhung auslöste, weniger hingegen Temperaturveränderungen, Muskelspannung und Veränderung der Atmung. Untersuchungen zum Problem der Beziehung zwischen „early experience" und „adult behavior" haben auf die Möglichkeit der potentiellen Induktion psychosomatischer Störungen bereits in der frühen Kindheit hingewiesen (einführend

Gray, 1971; zusammenfassend Newton und Levine, 1968; Russell, 1971). Es entsteht hier eine Art von experimenteller biologisch orientierter Entwicklungspsychologie. Während vor einigen Jahren Verhalten in der Regel nur daraufhin diskutiert wurde, ob es angeboren oder erlernt sei, hat die „Early-Experience-Forschung" der letzten Jahre ergeben, daß in der pränatalen, perinatalen und frühkindlichen Phase bestimmte Umweltkonstellationen überdauernde Wirkungen bis in das Erwachsenenalter auslösen können, daß sie das Lebewesen gewissermaßen „prägen". Diese Veränderungen sind nicht einfach im Sinne von gelernten Verhaltensweisen zu sehen, weil wir wissen, daß sie mit mehr oder weniger irreversiblen Veränderungen in morphologisch-anatomischer und funktionell-physiologisch-biochemischer Hinsicht verbunden sind. So führen sensorische Deprivation, Nahrungsdeprivation oder reizstarke Umgebungen prä-, peri- und postnatal zu anatomisch-morphologischen Veränderungen und Veränderungen in der Biochemie des zentralen Nervensystems. Stressoren in der frühen Kindheit können damit die Reagibilität des Individuums auf Stressoren im Erwachsenenalter nachhaltig beeinflussen.

Bei Tierexperimenten wurden Ratten, Hunde und Affen verwendet. Als Stressoren wurden etwa benutzt verschiedene Stärken elektrischer Schläge, Abkühlung des Raumes als *Über*stimulierung, sensorische Restriktion, soziale Isolierung (Aufzucht im Einzelkäfig) als *Unter*stimulierung, frühe Entwöhnung von der Mutter, Nahrungs- und Wasserentzug als *Trieb*deprivation. Die im Erwachsenenalter gemessenen Variablen sind u.a. Ängstlichkeit, allgemeine Emotionalität und andere Verhaltensvariablen, vor allem aber die Reagibilität auf Stressoren. Die Ergebnisse der Early-Experience-Forschung sind sehr kompliziert und z.T. widersprüchlich. Es zeichnen sich jedoch vereinfacht dargestellt folgende Tatbestände ab:

a) Frühkindliche Stimulierung geringer Intensität (z.B. geringe Unterkühlung, leichte elektrische Schläge, „Handling", d.h. In-die-Hand-Nehmen und Streicheln des Tieres) führt zu geringerer Ängstlichkeit und Emotionalität, zu geringerer Streßreaktion nach Elektroschocks (gemessen an der Menge von Corticoiden im Plasma). Die Wahrscheinlichkeit der Entstehung von Magenläsionen ist reduziert.
b) Frühkindliche Stimulierung höherer Intensität führt zum gegenteiligen Effekt, d.h. zu erhöhter Ängstlichkeit und Streßanfälligkeit.
c) Frühe soziale Isolation und früher Entzug der Mutter ist verbunden mit Fehlverhalten (z.B. sozialer Kontakt) und der Tendenz, in Streßsituationen Magenläsionen zu entwickeln.
   Ebenso führt soziale Überstimulierung (Overcrowding) zu erhöhter Streßreagibilität.

5. Medizinisch-soziologische Studien haben gezeigt, daß bestimmte Umweltfaktoren (z.B. Milieu, Stadt/Land), soziologische Merkmale (z.B. Rasse), sowie Veränderungen der Lebensgewohnheiten (persönlichkeitsbedingt oder gesellschaftsbedingt) dazu führen, daß die Wahrscheinlichkeit für das Auftreten von psychosomatischen Störungen erniedrigt oder erhöht wird.

6. Die psychophysiologische Streßforschung im Labor hat seit einigen Jahren in den Mittelpunkt ihrer Forschung die Suche nach Beziehungen zwischen Verarbeitungsmechanismen und Streßreduktion gestellt. Inzwischen konnte gezeigt werden, daß

bestimmte Verarbeitungsstile (z.B. Verdrängung, Bagatellisierung) die Auftretenswahrscheinlichkeit psychosomatischer Störungen verändern. Ebenso hat sich ergeben, daß zahlreiche Persönlichkeitsvariablen, wie sie durch die in der Psychologie verwendeten Tests erfaßt werden können, von Bedeutung sind.

Alle genannten Faktoren sind bei der Diskussion möglicher psychosomatischer Störungen durch Umweltvariationen zu berücksichtigen. Die aufgeführten Aspekte weisen darauf hin, daß die Vorhersage von psychosomatischen Störungen im individuellen Fall außerordentlich kompliziert sein dürfte und mit zahlreichen Fehlerquellen behaftet ist, weil das Ausmaß und der Beitrag einzelner Faktoren in der Regel nicht bekannt sein dürfte. In der folgenden Tabelle 11 sind eine Reihe von Merkmalen aufgeführt, die nach den Befunden der experimentellen physiologisch-psychologischen Streßforschung sowie der sich daran anschließenden Feldforschung bei der Prognose psychosomatischer Störungen von Bedeutung sein dürften.

Tabelle 11. Faktoren, die möglicherweise die Entstehung psychosomatischer Störungen begünstigen

Persönlichkeitsfaktoren	Verarbeitungsfaktoren	Umweltfaktoren
Neurosebereitschaft		Anzahl und Art von Lebenskrisen;
Introversion	Tendenz zu „Verdrängen“	Häufigkeit des Wechsels von äußeren Lebensbedingungen
Geringe Fähigkeit, Ungewißheit und Unklarheit zu ertragen;	Tendenz, unangenehme Ereignisse zu antizipieren;	Mangelnder sozialer Kontakt
Tendenz zu Beobachtung eigener physiologischer Reaktionen	Tendenz, Ärger nicht nach außen (anger out), sondern nach innen (anger in) abzureagieren	Frühkindliche Deprivation und/oder Überstimulierung;
Ich-Beteiligung Geringe Fähigkeit zur Adaptation und Habituation		Negative Umwelt, z.B. Hitze, Lärm, Fehlernährung, Leben oder Arbeiten in zu großen Gruppen („Crowding“)
Neigung zu individualspezifischer Reaktion Geringe Habituation an neue Reize		

Aus der Tabelle 11 ist ersichtlich, daß psychosomatische Störungen multifaktoriell ihrer Genese nach zu bestimmen sind. Danach dürften einfache Modelle der Komplexität des Geschehens nicht Rechnung tragen. Dies gilt für alle im folgenden aufgeführten und kurz charakterisierten Modelle, wie sie von der psychosomatischen Forschung vorgelegt wurden. Sie sollen aber erwähnt werden, weil sie in der Literatur immer wieder diskutiert werden und weil sie einen gewissen heuristischen Wert für weitere Forschungen haben:

1. „Symbolische“ Hypothesen:
   Es handelt sich hier um Modelle, wie sie insbesondere von der Psychoanalyse ent-

wickelt wurden und wonach psychosomatische Störungen im Sinne einer Konversion psychischer Konflikte in somatische Symptome zu sehen sind. Sie haben Symbolcharakter, weil aus der Art der Störung etwas über die Art des zugrunde liegenden psychischen Geschehens ersichtlich sein soll. So wurde etwa behauptet, daß das Magengeschwür die symbolische Internalisierung der überbehutsamen Mutter darstellt.

2. Hypothese von den Persönlichkeitstypen:
   Es wurde angenommen, daß bestimmte Persönlichkeitstypen zu bestimmten psychosomatischen Störungen neigen, etwa zu Kopfschmerzen oder zu Erkrankungen der Coronargefäße. In diesem Sinne hat man von Infarktpersönlichkeiten oder von Ulcuspersönlichkeiten gesprochen (zusammenfassend z.B. bei LANGOSCH, 1973).
3. Hypothese spezifischer Konflikte:
   Diese besondere von ALEXANDER vertretene Hypothese geht von der Beobachtung aus, daß spezifische Emotionen mit spezifischen physiologischen Konfigurationen verknüpft seien (vgl. Tabelle 19, Abschnitt 1.2.2.2). Unabhängig vom Persönlichkeitstyp wird festgestellt, daß Konfliktsituationen zu bestimmten emotionalen Konfigurationen führen, die mit spezifischen physiologischen Konfigurationen verbunden sind und bei hinreichend langem Bestehen zu spezifischen psychosomatischen Störungen führen.
4. Hypothese der Individualspezifität:
   Bereits der Psychosomatikforscher WOLFF stellte fest, daß bestimmte Personen unabhängig von der Art der Konflikte bzw. der Art der Umweltvariationen konsistent mit einem Muster somatischer Reaktionen antworten. Dieses somatische Reaktionsmuster wird als biologisch programmiert angesehen.
5. Regressionshypothese:
   Nach dem Modell vieler Psychoanalytiker stellen psychosomatische Störungen eine physiologische Reaktion im Sinne einer Rückkehr in frühere Stufen der ontogenetischen Entwicklung dar.

3. Variationen des Verhaltens und Erlebens und Beobachtung von Veränderungen somatischer Prozesse

3.1 Allgemeines

Während bei dem in Abschnitt III, 2 besprochenen Untersuchungstyp psychische wie somatische Prozesse als abhängige Variablen dienten, wird bei diesem Untersuchungstyp ein *psychischer* Prozeß als *unabhängige* Variable, ein *somatischer* Prozeß als *abhängige* Variable definiert. Die Unterschiede zwischen diesem Untersuchungstyp und dem vorigen sind jedoch nicht immer eindeutig, weil die psychischen Prozesse, die als unabhängige Variablen dienen sollen, letztlich auch über Umweltvariationen induziert werden müssen. Trotzdem bestehen bei der Interpretation der Ergebnisse beider Untersuchungsansätze gewisse Unterschiede. Diese liegen vor allem darin, daß die Intensität und die Qualität des zu untersuchenden psychischen Prozesses *vor* Beginn des eigentlichen Experiments klar umrissen sein müssen. Dies hat in der Regel in Vorversuchen zu geschehen. Die Unterschiede zwischen den beiden Untersuchungstypen seien an einem Beispiel erläutert:

Angenommen, es soll untersucht werden, ob zwischen dem Ausmaß der erlebten Angst und der Ausscheidung von Adrenalin ein monotoner Zusammenhang besteht. Es wird entschieden, daß Angst mit Hilfe der Androhung schmerzhafter elektrischer Schläge induziert werden soll. In Vorversuchen wäre zunächst zu klären, ob durch bestimmte Abstufungen der Stromstärke elektrischer Schläge unterschiedliche Angstintensitäten induziert werden können. Diese *Angstintensitäten* würden nach den Regeln der Skalierung (mit deren Hilfe es möglich ist, Erlebnisintensitäten zu quantifizieren) als *unabhängige Variablen* definiert. Für den Hauptversuch würden nun mehrere Versuchsgruppen gebildet werden, die sich hinsichtlich des Grades der erlebten Angst unterscheiden. Für jede der Angstgruppen würde nun die abhängige Variable gemessen, z.B. die Ausscheidung von Adrenalin. Die Schlußfolgerung würde lauten: Das Ausmaß der Catecholaminausscheidung ist abhängig vom Ausmaß der Angst. Der physikalisch definierbare Stimulus „elektrischer Schlag“ bleibt in diesem Zusammenhang außer Betracht. Er wird lediglich als Induktionsmethode benutzt, zugleich dient er jedoch auch zur operationalen Definition der in dieser Untersuchung realisierten Angst, da man annehmen muß, daß es unterschiedliche Angstformen gibt (je nach Induktionsmethode).
Vereinfacht geht es bei dem hier besprochenen Untersuchungstyp um zwei Grundfragen:

1. In welcher Weise variieren somatische Vorgänge, wenn die *Intensitäten* quantifizierter Variablen des Verhaltens und Erlebens variiert werden?
2. In welcher Weise differenzieren somatische Prozesse Verhaltens- und Erlebens*qualitäten?*

In den folgenden Tabellen 12 und 13 sind für beide Fälle einige Beispiele aufgeführt. Die Auswahl betrifft gegenwärtig häufig untersuchte Problembereiche.

Tabelle 12. Beispiele für Untersuchungen zur Abbildung von Intensitäten psychischer Prozesse durch somatische Variablen

Funktionsbereich	Psychischer Prozeß	Physiologische Variablen
Wahrnehmung	Helligkeit, Lautheit	Evozierte Potentiale
Emotion	Ausprägungsgrade von Emotionen (z.B. Angst, Ärger, Freude oder Hungergefühl)	Alle peripheren VNS-Maße (insbes. Herzfrequenz, Blutdruck, Hautleitfähigkeit); muskuläre Maße (EMG, Mikrovibration), Catecholamine, Corticoide und Lipide im Plasma oder Urin
Motivation	Ausprägungsgrade skalierter Aufmerksamkeit oder Wachheit	Wie vorherige Zeile, zusätzlich EEG, CNV, evozierte Potentiale
Lernen und Gedächtnis	Grad des Behaltens aufgenommener Informationen	Konzentration von Ribonucleinsäure im Gehirn

Tabelle 13. Beispiele für Untersuchungen zur Abbildung von Qualitäten psychischer Prozesse auf somatische Variablen

Qualitäten psychischer Prozesse	Physiologische Variablen (Beispiele)
Angst/Ärger	Konfiguration von Veränderungen. Verwendet werden können alle peripheren VNS-Maße (insbesondere Blutdruck, Herzfrequenz, Leitfähigkeit der Haut), muskuläre Maße (EMG, Mikrovibration). Noradrenalin- und Adrenalin im Plasma oder Urin
Nach „außen" / nach „innen" gerichteter Ärger	Wie bei 1
Aufmerksamkeit nach „innen" oder „außen"	Herzfrequenz, Blutdruck, Leitfähigkeit der Haut
Physische/psychische Anspannung	Herzfrequenz, O_2-Verbrauch
Behalten spezifischer Informationen	Konzentration von Ribonucleinsäuren
Wahrnehmung der Modalität A (z. B. visuell) vs. Wahrnehmung der Modalität B (z. B. auditiv)	Evozierte Potentiale in verschiedenen Regionen des Gyrus postcentralis

3.2 Intensitätsvariationen von Verhalten und Erleben

3.2.1 Systematische Variationen im Experiment

Quantitative Beziehungen zwischen Verhaltens- oder Erlebensintensitäten und somatischen Prozessen wurden vorwiegend im Bereich der Wahrnehmung sowie bei emotionalen und motivationalen Zuständen untersucht. Während bei Wahrnehmungsprozessen (etwa Tonhöhe und subjektive Lautheit, erlebte Helligkeit) vorwiegend Maße des ZNS wie EEG oder evozierte Potentiale als abhängige Variablen verwendet wurden, waren es im Bereich der Emotion und Motivation fast ausschließlich Maße des peripheren vegetativen Nervensystems, insbesondere Kreislaufvariablen und hautelektrische Erscheinungen. Relativ viel benutzt wurde auch das Elektromyogramm mit Oberflächenelektroden. Allerdings liegen nur wenig Untersuchungen vor, in denen eine bestimmte psychische Funktion in einer Vielzahl von intensitätsmäßigen Abstufungen variiert wurde. Darüberhinaus wurden in der Regel nur Gruppenmittelwerte miteinander verglichen. Im individuellen Fall bestehen jedoch häufig Abweichungen. Insgesamt können die Ergebnisse global charakterisiert werden:

Mit Veränderung der Verhaltensintensität verändern sich in reproduzierbarer Weise die Intensitäten bestimmter organismischer Prozesse. Im Bereich des motivationalen und emotionalen Geschehens werden häufig signifikante monotone, oft sogar lineare Beziehungen, zwischen psychischen und somatischen Prozessen gefunden. So besteht eine monotone Beziehung zwischen Angsterleben und der Ausscheidung von Adrenalin im Urin. Mit vergrößerter subjektiver Anspannung bei der Durchführung psychischer Leistungstests geht ein Anstieg der Herzfrequenz einher. Wie Bartenwerfer zeigen konnte, besteht zwischen Anspannung und Herzfrequenz sogar eine lineare Beziehung. Traxel hat für den elektrischen Widerstand der Haut und der erlebten Gefühlsintensität (die durch verbale und bildliche Stimuli induziert wurde) eine Wurzelfunktion

$E = \sqrt{\frac{\triangle R}{R}}$ empirisch für bestimmte Bedingungen erprobt.[1)]

Bezüglich der Erlebnisintensitäten von Emotionen kann festgestellt werden, daß eine klare psychophysische Beziehung zwischen Erlebnisintensitäten und Variablen des VNS und des Katecholamin- und Kortikoidsystems besteht. Diese Verknüpfungen haben zum Entwurf der sog. Aktivierungstheorie der Emotionen Anlaß gegeben (vgl. S. 78).

3.2.2 Nicht-experimentelle Variationen

3.2.2.1 Allgemeines

Nicht alle Variationen von Verhaltensintensitäten werden im Experiment induziert. Wir alle wissen aus eigener Erfahrung, daß die organismische Aktivität nicht völlig abhängig von der Außenwelt ist, sondern zu einem größeren Teil von inneren Reizgebern. Entsprechend inneren Reizen befindet man sich in einem ständigen Wechsel von Aktiviertheit und Desaktiviertheit. Die augenfälligsten Veränderungen finden sich synchron mit dem Nacht-Tag-Zyklus im sog. Wach-Schlafrhythmus. Daneben existieren offensichtlich noch andere Rhythmen mit kürzerer oder längerer Periodendauer, so möglicherweise in Abhängigkeit von den Jahreszeiten als Beispiel für einen Zyklus mit längerer und in Abhängigkeit von den Tageszeiten (Morgen-Mittag-Nachmittag-Abend) als Beispiel für einen Zyklus mit kürzerer Dauer (Circadianer Rhythmus).

Periodizitäten im Schlaf-Wach-Wechsel haben ihre Ursache vorwiegend in inneren Faktoren. Sie lassen sich durch äußere Reize zwar wesentlich beeinflussen, nicht jedoch ganz aufheben (zusammenfassend zur Periodizität biologischer Vorgänge SOLLBERGER, 1972).

3.2.2.2 Inneres Gleichgewicht (Homöostase)

Es wird angenommen, daß die Gesamtheit der inneren Reize den Organismus in einem für ihn günstigen Gleichgewicht hält. Dieses Gleichgewicht ist jedoch intraindividuell nicht absolut konstant, sondern variiert rhythmisch, und zwar in allen organismischen Teilsystemen.

Das für einen bestimmten Organismus zu einem bestimmten Zeitpunkt günstige „innere Milieu" (CLAUDE BERNARD) wird seit W. CANNON als Homöostase bezeichnet (einführend CANNON, 1939; COFER u. APPLEY, 1967).

Homöostase meint ein inneres Gleichgewicht, das sowohl für den Gesamtorganismus, wie auch für die einzelnen organismischen Teilsysteme (z. B. Kreislauf) gegeben sein muß. Störungen der Homöostase führen zu spezifischen Aktivitäten, die darauf abzielen, das Gleichgewicht wieder herzustellen.

Psychologie wie auch Physiologie benutzen zur Veranschaulichung des homöostatischen Prinzips meist Regelkreismodelle aus der Kybernetik.

[1)] In dieser Gleichung bedeutet R den Grundwiderstand der Haut, $\triangle R$ die Differenz zwischen Hautwiderstand vor und nach Auftreten des Gefühlserlebnisses, E die Gefühlsintensität.

Das Entscheidende eines Regelkreises ist zunächst der Vergleich eines Soll-Wertes mit einem Ist-Wert. Der Sollwert charakterisiert den für einen bestimmten Zeitpunkt optimalen Wert einer physiologischen oder Verhaltensvariable, z. B. eine Körperkerntemperatur von 37° C. Der Ist-Wert gibt den augenblicklichen Zustand an. Nach der Vorstellung der Kybernetik wird der in einem System vorhandene Ist-Wert laufend über Meßfühler registriert und einer „Zentrale" gemeldet. Eine durch Einwirkung innerer oder äußerer Reize induzierte Abweichung des Ist- vom Sollwert wird von der „Zentrale" registriert und bestimmten „Stellgliedern" (z. B. Blutgefäße) der Befehl zu Maßnahmen erteilt, die die Diskrepanz Soll-Ist-Wert beseitigen. Die „Zentrale" kann z. B. eine bestimmte Struktur im Zwischenhirn sein.
Die bekanntesten intraorganismischen Regelkreise betreffen Temperatur- und Blutdruckregulation (einführend in die Prinzipien biologischer Regelung Keidel, 1967; Hiltmann, 1971). Sie sind Beispiele für Systeme, die eine besonders feine Regelung erfahren, die weitgehend außerhalb unseres Bewußtseins liegt. Das Beispiel der Temperaturregulation zeigt jedoch, daß eine autonome innere Regelung durch „Verhaltensweisen" des Organismus, die biologisch zweckmäßig sind, ohne daß der Zweck dem Individuum bewußt wird, unterstützt werden kann: Beispielsweise unterstützen wir die autonome Temperaturregulation durch die Art der Kleidung, Erhöhung oder Erniedrigung der Nahrungsaufnahme, der motorischen Aktivität und der Körperhaltung (einführend Hensel, 1967).
Der Begriff Homöostase spielt für die Psychologie der Motivation, wie bereits erwähnt, eine zentrale Rolle in der Theorienbildung. Für die in diesem Abschnitt diskutierten Bezeichnungen zwischen inneren Reizen und Aktivierung ist er zentral, weil ein Großteil derjenigen inneren Reize, die zu Störungen der Homöostase im ZNS, VNS, endokrinen und muskulären System führt, auch Veränderungen der Aktivität des reticulo-corticalen Systems und damit der allgemeinen Aktiviertheit bewirkt.

3.2.2.3 Schlaf und Traum

Der Schlaf-Wach-Rhythmus ist das eindrucksvollste Beispiel dafür, daß Homöostase nicht bedeutet, daß die Aktivitäten des Gesamtorganismus und der organismischen Teilsysteme absolut konstant sind. Vielmehr verändern sich im Schlaf praktisch alle Soll-Werte in systematischer Weise, etwa die Temperatur, der Blutdruck und der Muskeltonus.
Der Erforschung des Schlafes wird seit etwa 20 Jahren erhebliches Interesse gewidmet. Eine Fülle von Untersuchungen wurde durch die Entdeckung angeregt, daß neben Wach- und Schlafzustand ein dritter Funktionszustand des Nervensystems, der Traum, existiert.
In diesem Abschnitt können nur einige Aspekte des Schlafes skizziert werden, insbesondere solche von Bedeutung für die Aktivationsforschung (einführende Literatur zum Schlaf: Cofer und Appley, 1967; zusammenfassend: Baust, 1971).

Schlaf als spezifischer Verhaltenszustand: Schlaf kann als periodische Unterbrechung des Wachzustandes gekennzeichnet werden. Das auffälligste Merkmal gegenüber dem Wachzustand ist der Verlust des Kontaktes zur Umwelt, deren Reize in geringerem Maße beantwortet werden. Die sensorischen Schwellen sind stark erhöht. Sofern die Intensität der Reize einen gewissen Wert überschreitet, erwacht der Mensch (Weckreize). Die notwendige Intensität der Weckreize kann als Maß für die Schlaftiefe benutzt werden. Außer durch Reduktion der Reizaufnahme wird der Umweltkontakt durch Einschränkung der Willkürmotorik unterbrochen. Auch die Intensität der Willkürmotorik kann zur Schlaftiefenmessung herangezogen werden (Aktograph).

Ein weiteres Kennzeichen von Schlaf ist der Verlust „bewußten" Erlebens, wie wir es im Wachzustand finden. Während im Wachzustand alle Handlungen, Gedanken, Wahrnehmungen und Gefühle über die Introspektion als verbale Mitteilungen kommuniziert werden können, sind Bewußtseinsprozesse während des Schlafes — sofern sie existieren — kaum der Selbstbeobachtung im Sinne der Mitteilung zugänglich. Als Methode ist nur die Retrospektion nach dem Aufwachen möglich, wobei die Validität der verbalen Mitteilungen jedoch fraglich ist.

Schlaf als spezifischer zentralnervöser und peripher-physiologischer Zustand: Die Reduktion der verhaltensmäßigen allgemeinen Aktiviertheit im Schlaf ist Ausdruck einer tiefgreifenden zentralnervösen, vegetativen und endokrinen Umschaltung des Organismus.
Der wichtigste Indikator der *zentralnervösen* Umschaltung während des Schlafes ist das Elektroencephalogramm. In Tabelle 7 war bereits angedeutet, daß das EEG Einschlaf-, Leichtschlaf- und Tiefschlafstadium zu differenzieren vermag. Tabelle 14 verdeutlicht die Charakteristika verschiedener Schlafphasen nochmals.

Tabelle 14. EEG und Schlafstadien

Bezeichnung des Schlafstadiums	Abkürzung	EEG-Merkmale
Vorschlafstadium (Entspannung)	A	Zunahme des Alpha-Rhythmus
Einschlafstadium	B	Rückgang von Alpha-Wellen, Auftreten von flachen Theta-Wellen (5—7 Hz)
Leichtschlafstadium	C	Vermehrtes Auftreten langsamer und höheramplitudiger Theta-Wellen. Auftreten von Delta-Wellen (2—4 Hz). Unterbrechung der langsamen Wellen durch gelegentlich auftretende Schlafspindeln (Gruppen von Beta-Wellen)
Mitteltiefes Schlafstadium	D	Vorwiegend 1—3 Hz-Deltawellen mit Einstreuung von Theta-Wellen
Tiefschlafstadium	E	Langsame Delta-Wellen mit hoher Amplitude

Obwohl das EEG eindrucksvoll verdeutlicht, daß Schlaf eine zentralnervöse Umschaltung gegenüber dem Wachzustand bedeutet, sind die verursachenden inneren Faktoren für den Wach-Schlaf-Rhythmus nicht bekannt. Auch das EEG hilft zur Aufklärung nur relativ wenig, da es wegen seiner Unspezifität letztlich nur ein grobes Maß ist. Man nimmt heute an, daß Schlaf nicht einfach ein „weniger" an corticaler und retikulärer Aktivität bedeutet, sondern eine Umverteilung neuronaler Erregungen in zeitlicher und räumlicher Hinsicht darstellt. An dieser Umverteilung ist in besonderem Maße die Formatio reticularis beteiligt, deren Erregung zu Wachheit und Ausschaltung zu Schlaf führt. Reiz- und Ausschaltungsversuche weisen jedoch darauf hin, daß andere subcorticale Strukturen, insbesondere Hypothalamus und Hippocampus beteiligt sind (Zusammenfassend Berlucci, 1972). Die Beteiligung des Hypothalamus ist auch verständlich, wenn wir die Veränderungen von Funktionen, die der VNS-Kontrolle unterliegen, betrachten. VNS und Schlaf hängen insofern engstens zusammen, wie 1. sich im Schlaf insgesamt eine trophotrope Schaltung mit Überwiegen der Aktivität des Parasympathicus nachweisen läßt und 2. die Aktivität VNS-kontrollierter Organsysteme die der zentralnervösen „Schlafzentren" beeinflußt. Das Überwiegen der parasympathischen Schaltung im Schlaf läßt sich in praktisch allen Organsystemen nachweisen (zusammenfassend BAUST, 1972).

Schlaf als uneinheitliches Phänomen: Orthodoxer und paradoxer Schlaf: Die organismische Tätigkeit während eines Nachtschlafes ist nur scheinbar ein einheitlicher Vorgang. In Wirklichkeit kommt es jedoch im Verlauf eines Nachtschlafes zu zyklischen Schlaftiefeschwankungen. In der Regel tritt 3- bis 4mal während der Nacht eine Schlafvertiefung mit anschließender Schlafverflachung auf. Diese Schlafstadien werden unterbrochen vom sog. paradoxen Schlaf, einem eigenartigen Zustand, in dem wir träumen. Viele Autoren bezeichnen die Traumtätigkeit neben Wachheit und orthodoxem Schlafzustand als dritten Funktionszustand des Nervensystems.

Wesentliche Charakteristika des paradoxen Schlafes sind:

1. Paradoxer Schlaf zeichnet sich dadurch aus, daß das Gehirn offensichtlich wach ist. Die für den Wachzustand charakteristischen Beta-Wellen treten auf. Das entscheidende Merkmal sind schnelle Bewegungen des Augenapfels (Rapid Eye Movement = REM). Andere Wachheitsindikatoren auf physiologischer Ebene zeigen jedoch das Gegenteil an. Die Muskulatur ist vollkommen erschlafft. Das Individuum ist während des paradoxen Schlafes nur wenig durch sensorische Stimuli beeinflußbar.

2. Ontogenetisch gesehen tritt der paradoxe Schlaf bei Säugetieren unmittelbar nach der Geburt auf. 80—90% des Schlafes beim Neugeborenen bestehen aus paradoxen Schlafpausen. Im Verlauf der Reifung tritt der Anteil des paradoxen Schlafes ständig zurück. Beim Kind besteht nur noch 50% der Zeit aus paradoxem Schlaf. Beim Erwachsenen besteht ein Anteil von etwa 20%.

3. Paradoxer Schlaf wurde bis jetzt nicht nachgewiesen bei Amphibien und Reptilien. Bei Vögeln scheint lediglich ein Anteil von 0,1% zu bestehen. Auch innerhalb der Säugetiergruppen bestehen erhebliche Unterschiede.

4. Paradoxer Schlaf kann unterdrückt werden, indem das Lebewesen unmittelbar nach Beginn der Traumperiode geweckt wird. Es zeigt sich, daß bei ständiger Unterdrükkung der paradoxen Schlafphasen der Organismus versucht, diese nachzuholen. Nach Traumunterdrückung werden wesentlich mehr paradoxe Schlafphasen produziert. Klinisch sehr bedeutsam ist, daß die meisten Psychopharmaka den Anteil paradoxer Schlafphasen unterdrücken. Dies gilt auch für Schlafmittel, die damit einen unphysiologischen Schlaf induzieren.

5. Die neurophysiologischen Substrate für den paradoxen Schlaf scheinen im Hirnstamm zu liegen. Versuche an Tieren zeigen, daß nach Läsionen in der pontinen retikulären Formatio paradoxe Schlafpausen reduziert oder verschwunden sind.

3.2.3 Probleme und begrenzende Faktoren bei der Untersuchung somatischer Prozesse in Abhängigkeit von der Intensität psychischer Prozesse

An der Tatsache, daß zwischen bestimmten psychischen und physischen Prozessen enge Beziehungen bestehen, ist nicht zu zweifeln. Bei der Untersuchung und Interpretation der Beziehungen zwischen psychischen und somatischen Intensitäten sind eine Reihe von grundsätzlichen Problemen zu beachten, die möglicherweise gewisse Einschränkungen bei der Interpretation bedingen.

3.2.3.1 Intensitätsvariationen und Qualität psychischer Prozesse

Während wir einen Stimulus in der Außenwelt in der Regel eindeutig intensitätsmäßig variieren können, ist es oft fraglich, ob wir dies auch bezüglich der psychischen Prozesse tun können. Die meisten der Verhaltens- und Erlebensvariablen, mit denen der Psychologe zu tun hat, sind relativ komplex. Selbst einem so scheinbar einfachen Phänomen wie einer Helligkeitsempfindung müssen wir einen hohen Komplexitätsgrad unterstellen. Es wurde bereits darauf hingewiesen, daß jeder psychische Prozeß sowohl spezifische als auch unspezifische Komponenten enthält. Vor allem aber ist daran zu denken, daß wir bei scheinbar intensitätsmäßiger Variation u. U. auch die Qualität der psychischen Prozesse verändern. Wollen wir z. B. den Zusammenhang zwischen der erlebnismäßig gegebenen Wachheit und dem Alphawellen-Anteil im EEG untersuchen und variieren die Wachheit von sehr niedriger bis sehr hoher Intensität, müssen wir damit rechnen, daß sowohl bei sehr niedriger als auch bei sehr hoher Wachheit nicht nur intensitätsmäßige Unterschiede gegenüber einem mittleren Wachheitszustand bestehen, sondern in den Extrembereichen auch negative Affekte wie Ärger oder Angst. Wesentlich ist auch, daß der Organismus Intensitätsveränderungen der psychischen Prozesse nicht passiv beantwortet, sondern versucht, eine Rückführung zum Adaptationsniveau zu erreichen (Gegenregulation).

3.2.3.2 Dissoziation physiologischer Variablen

In den vorigen Abschnitten wurde dargestellt, daß verhaltensmäßiger Aktivierung zahlreiche somatische Veränderungen entsprechen. Dies ist jedoch nur begrenzt richtig. Viele Untersuchungen zeigen, daß verschiedene Variablen durchaus unterschiedlich ansprechen können, und zwar sowohl der Intensität als auch der Richtung nach. Man spricht in diesem Fall von einer *Dissoziation physiologischer* Variablen. Solche Dissoziationen betreffen nicht nur Variablen in unterschiedlichen physiologischen Systemen, etwa zwischen EEG und hautgalvanischem Widerstand, sondern auch ein und dasselbe System. So kann der Muskeltonus in einer Extremität zunehmen, in der anderen hingegen abnehmen. Solche Dissoziationen zwischen verschiedenen physiologischen Variablen treten besonders im Bereich geringer Erlebnisintensitäten auf. Bei stärkerer Ausprägung scheinen immer mehr physiologische Teilsysteme in gleicher Richtung anzusprechen, wenn auch nicht unbedingt in gleicher Größenordnung.

Dissoziationen zwischen verschiedenen organismischen Prozessen treten nicht immer sofort nach Induktion eines psychischen Prozesses in Erscheinung, sondern erst im Verlaufe einer Messung. Verschiedene physiologische Indikatoren weisen also u. U. unterschiedliche Zeitcharakteristika auf. Die Ursache für Verlaufsdissoziationen liegt vor allem darin, daß bei jeder physiologischen Veränderung sofort ganz spezifische gegenregulatorische Prozesse, die zur Homöostase zurückführen, in Gang gesetzt werden. Solche Feedback-Mechanismen haben jedoch je nach der Art des betroffenen organismischen Systems unterschiedliche Zeitcharakteristika. So fand Eason (1965) beispielsweise während eines einstündigen Vigilanztests Erhöhung der Muskelspannung bei gleichbleibender Herzfrequenz und Abnahme der Leitfähigkeit der Haut. Derartige *Verlaufsdissoziationen* bedeuten, daß verschiedene physiologische Maße unterschiedliche Verlaufsintensitäten des zu untersuchenden psychischen Prozesses anzeigen, ohne daß man im konkreten Fall weiß, welches der verwandten Maße das richtige ist. Noch bedeutsamer sind *Dissoziationen zwischen Verhalten und somatischen Prozessen*. Das bekannteste Beispiel dafür ist der paradoxe Schlaf (Traum). Im Traum sind wir einerseits verhaltensmäßig besonders desaktiviert (hohe Weckschwellen), andererseits spricht im EEG ein erhöhter Betawellen-Anteil für höhere Aktiviertheit (vgl. S. 50). Auch unter Einwirkung von Pharmaka finden wir Dissoziationen zwischen Verhalten und physiologischen Prozessen. So zeigten Atropin z.B. und andere anticholinergische Substanzen im EEG „Schlafwellen". Das Verhalten von Versuchstieren ist dagegen aktiviert. Solche Dissoziationen sind intensitätsabhängig, d.h. sie treten u.U. nur in bestimmten Intensitätsbereichen auf. Damit ist es denkbar, daß die Validität einer physiologischen Variablen von der Intensität des psychischen Prozesses abhängt.

3.3 Variation der Qualität psychischer Prozesse und somatische Veränderungen

3.3.1 Allgemeiner Untersuchungsansatz

Verhalten und Erleben wechseln nicht nur in ihrer Intensität. Jedem ist unmittelbar gewiß, daß wir Qualitäten von Verhaltens- und Erlebensweisen unterscheiden können. Dieser Unterscheidbarkeit entsprechend benutzt die Psychologie Kategorien wie Wahrnehmung, Kognition (Denken), Emotion (Gefühl), Motivation u.a.m. Innerhalb der genannten groben Kategorien lassen sich phänomenal-erlebnismäßig Unterklassen bilden. So können wir im Bereich der Wahrnehmung nach den Sinnesmodalitäten (z.B. auditiv, visuell, taktil) differenzieren. Die Klassifikation von Wahrnehmungen wird meist unmittelbar akzeptiert, weil den subjektiven Wahrnehmungsqualitäten insgesamt unterschiedliche Stimulusqualitäten, Receptoren und sensorisch-afferente Bahnen entsprechen. Im Bereich der Emotionen und Motivationen sind Klassifikationen weitaus unverbindlicher. Ebenso sind Unterklassen im Bereich der Denkvorgänge unverbindlich in dem Sinne, daß die psychologische Literatur außerordentlich unterschiedlich verfährt. Trotzdem wird man im Bereich der Emotionen introspektiv Klassifikationen vornehmen können, etwa in Angst, Ärger, Neid, etc. Die auf S. 47 aufgeführte Tabelle 13 läßt für gegenwärtig im Vordergrund der Forschung stehende Problembereiche zur Differenzierung psychischer Qualitäten an Hand physiologischer Variablen einige interessante Aspekte erkennen:

1. *Die verwendeten physiologischen Variablen sind unterschiedlich distal:* Während bei der Differenzierung von Wahrnehmungsqualitäten angenommen werden kann, daß mit der Verwendung von evozierten Potentialen wir gleichsam an der „Endstrecke" der sensorischen Informationsverarbeitung „messen", ist dies bei der Differenzie-

rung emotionaler Qualitäten an Hand von peripheren VNS-Maßen sicherlich nicht der Fall.

Änderungen der Herzfrequenz oder der Hautleitfähigkeit bei Manipulation von Emotionsqualitäten sind indirekte oder direkte Auswirkungen von Interaktionen verschiedener ZNS-Strukturen (Formatio reticularis, Zwischenhirn, limbisches System, Cortex) sowie des endokrinen Systems.

2. Emotionale und motivationale Prozesse sind in der Regel auf einer Mehrzahl von vegetativen Variablen abzubilden. Eine Differenzierung von Emotionsqualitäten erscheint aus dem „Zueinander" der verschiedenen Variablen („Konfigurationen") möglich, nicht aber mit einer einzigen Variablen.

3.3.2 Probleme der Differenzierung von Qualitäten psychischer Prozesse durch physiologische Variablen

3.3.2.1 Induktion von verschiedenen Qualitäten

Sollen Qualitäten psychischer Prozesse miteinander verglichen werden, so sind zwei entscheidende Probleme zu beachten:

Einmal ist es außerordentlich schwierig, eine reine „Qualität" zu induzieren. Stimuli, die z.B. nur Angst oder nur Ärger induzieren, gibt es nicht. In der Regel werden „Gemische" aus verschiedenen Qualitäten erzielt, so daß es fraglich ist, ob auftretende Unterschiede zwischen den zu vergleichenden Bedingungen *nur* auf die angenommenen Qualitäten zurückzuführen sind.

Zum anderen besteht beim Vergleich von Qualitäten die Gefahr, daß zugleich auch Intensitätsunterschiede gegeben sind. Soll z.B. Angst mit Freude verglichen werden, so ist es sehr schwierig, beide Qualitäten von vergleichbarer Intensität experimentell zu induzieren. Viele „physiologische" Unterschiede zwischen Emotionsqualitäten, über die in der Literatur berichtet wird, spiegeln evtl. mehr Intensitäts- als Qualitätsunterschiede wider.

3.3.2.2 Individualspezifität

Bei Verwendung von peripheren vegetativen endokrinen Kriterien und Maßen wie EEG und EMG als abhängige Variablen zum Zwecke der Trennung von Stimulusarten (z.B. Lärm vs. Hitzebelastung) oder emotionaler Qualitäten (z.B. Angst vs. Ärger) taucht ein Problem auf, das den ganzen Ansatz fragwürdig macht, nämlich die sog. *individualspezifische Reaktion (ISR)*.

Dieses ISR-Prinzip besagt folgendes:

LACEY (1950) und MALMO und SHAGASS (1949) haben auf Grund von Untersuchungen an Normalen und Patienten festgestellt, daß bestimmte Personen *unabhängig* davon, welcher Belastungsqualität (Umweltvariation) sie ausgesetzt sind, dazu neigen, mit bestimmten Reaktionen zu antworten. Dabei tritt evtl. nur in *einer* Variablen eine Reaktion auf, in anderen aber nicht. Bei manchen Personen besteht eine Art von Reaktionshierarchie. Bei einer Person tritt z.B. die stärkste Veränderung bezüglich des Muskeltonus auf, am schwächsten mag die Veränderung der Hautleitfähigkeit sein. Bei einer anderen Person mögen die Reaktionen umgekehrt sein. Diese individuel-

len Reaktionsmuster (Konfigurationen oder Patterns) sind bei Vorliegen einer individualspezifischen Reaktion *konstant* über verschiedene Belastungsarten und Emotionszustände hinweg.
Welche Konsequenz hat die individualspezifische Reaktion für die Differenzierung von Emotionsqualitäten? Im Falle, daß jede Person individualspezifisch reagierte, wäre eine Trennung von Emotionen an Hand peripherer-physiologischer Muster unmöglich. Das ist leicht einzusehen, wenn wir überlegen, daß eine Mittelung über alle Pbn für jede emotionale Qualität ein mehr oder weniger nichtssagendes Profil ergeben würde. Das Prinzip der Individualspezifität hat weitere Konsequenzen, vor allem für die Vorhersage der Streßreagibilität (vgl. S. 37) und für die Entstehung psychosomatischer Erkrankungen unter dem Einfluß von Stressoren. Allerdings ist das Prinzip der ISR bislang noch nicht hinreichend gesichert.

4. Variation physiologischer Prozesse und Beobachtung von Verhaltensveränderungen

4.1 Allgemeines

Die Variation physiologischer Prozesse und die Beobachtung des sich damit verändernden Verhaltens erscheint zunächst als derjenige Untersuchungstyp, der uns dem Verständnis somatopsychischer Beziehungen am meisten näherbringt. So scheint die unabhängige Variable bei Veränderungen physiologischer Prozesse klarer gekennzeichnet werden zu können als etwa bei Verhaltensänderungen. Weiterhin scheinen bestimmte Ergebnisse nahezulegen, daß physiologische Variationen *hinreichende* und *notwendige* Bedingungen für Verhaltensänderungen sind. Es ist jedoch zweckmäßig, von vorneherein darauf hinzuweisen, daß auch bei diesem Untersuchungstyp eine grundsätzliche Schwierigkeit besteht: Wir streben die Variation eines physiologischen Prozesses an, ohne jemals ganz sicher die entscheidenden Aspekte des physiologischen Prozesses zu kennen. Wir müssen uns darüber klar sein, daß unsere Eingriffe zwar auf der physikalischen Seite genau beschrieben werden können, daß wir jedoch nie sicher sein können, ob wir *nur* und *genau* das angezielte System verändert haben. Der Organismus ist ein Ganzes. Indem wir einen Teil verändern, verändern wir auch das Ganze. So kann beispielsweise eine Verhaltensänderung bei elektrischer Reizung letztlich nicht auf Veränderung der elektrischen Aktivität in bestimmten Neuronenaggregaten zurückzuführen sein, sondern auf biochemische Veränderungen, evtl. sogar in einem ganz anderen System als demjenigen, das wird angezielt haben.
Ihrer Wirkungsrichtung in den angezielten Strukturen nach können die uns zur Verfügung stehenden Methoden in solche unterteilt werden, die auf die *Ausschaltung* von Funktionen oder auf die *Anregung* von Funktionen ausgerichtet sind (Einführungen GUTTMANN, 1972; MYERS, 1971).
Die Tabelle 15 stellt einige Techniken, die in der modernen physiologischen Psychologie häufig angewendet werden, zusammen. Eine Reihe dieser Techniken sind für die in den nächsten Abschnitten zu besprechenden Phänomene von Bedeutung.

Tabelle 15. Beispiele für Variationen physiologischer Funktionen

Allgemeine Zielsetzung	Art der Manipulation	Technik	Untersuchungsbeispiele
Anregung von Funktionen	Elektrische Stimulation (Fremd- und Selbstreizung)	Oberflächen- oder Tiefenelektroden mit Mikro- oder Makroelektroden	Reizung des lateralen Hypothalamus. Reizung des motorischen (präzentralen) Cortex
	Lokale chemische Stimulation	Lokale Verabreichung chemischer Substanzen	Verabreichung adrenerger und cholinerger Substanzen im lateralen Hypothalamus Chemische Selbstreizung
	„Allgemeine" chemische Stimulation	Verabreichung (intra- oder extracerebral) chemischer Substanzen	Verabreichung von zentralen Stimulantien
Ausschaltung von Funktionen	Läsionen von Neuronenaggregaten und Leitungsbahnen	Durchschneidung, Koagulation (Zerstörung durch Hitze), Unterkühlung	Split-brain (Trennung der Hemisphären durch Durchschneidung des Balkens) Leukotomie (Lobotomie)
	Abtragungen	Operative Entfernung oder Isolation von Hirnstrukturen	KLÜVER-BUCY-Syndrom
	Lokale chemische Blockierung	Lokale Verabreichung von Substanzen	Spreading Depression (Blockade der corticalen Erregungsausbreitung durch KCL auf Dura Mater).
	Allgemeine chemische Hemmung	Verabreichung (intra- oder extracerebral) chemischer Substanzen	Verabreichung von Schlafmitteln, Sedativa und Narkotica

4.2 Ausschaltung von Funktionen

4.2.1 Läsionen und Abtragungen

Zu den ältesten Methoden der physiologischen Psychologie gehören Abtragungen, Verletzungen und Durchschneidungen von Leitungsbahnen bestimmter Strukturen des Nervensystems (MYERS, 1971). Zielsetzung dabei ist es, diese Strukturen in ihrer Funktion zu inaktivieren. Die benutzten Techniken können in diesem Zusammenhang nicht dargestellt werden. Es sei lediglich darauf hingewiesen, daß die erwünschten Eingriffe mechanisch (Schneiden), elektrisch oder thermisch (Koagulation) vorgenommen werden können. Besonders wichtig ist die Möglichkeit, kurzfristige, reversible Blockierungen vorzunehmen. Dies ist z. B. durch Unterkühlung oder durch lokale Verabreichung chemischer Substanzen möglich. Diese Manipulationen sind nicht unbedingt artifiziell im Sinne experimenteller Eingriffe. Bei Menschen ist dies in der Regel nicht der Fall. Hier stammen die wichtigsten Ergebnisse aus der Neurochirurgie und der Neurologie, etwa bei Tumoren des ZNS. Beide Disziplinen liefern Ausgangsbefunde für viele Erörterungen der physiologischen Psychologie bzw. Neuropsychologie. Gezielte Läsionen sind heute relativ exakt durch die Verwendung stereotaktischer Methoden möglich. Stereotaktische Methoden wurden seit etwa Anfang des Jahrhunderts benutzt. Der Schädel wird dabei in einer standardisierten Position fixiert. Das Arbeitsinstrument (z. B. Koagulationselektroden) kann bei Vorliegen eines hirnanatomischen Atlas genau in die gewünschte Position gebracht werden.

Gehirnverletzungen, Gehirnabtragungen und Durchschneidungen von Leitungsbahnen haben erheblich zum Verständnis der Beziehungen zwischen Verhalten und physiologischen Prozessen beigetragen. Einige „klassische" Versuche seien erwähnt:

1. In systematischer Weise wurde versucht, die einzelnen Funktionssysteme des Nervensystems abzutragen. Die danach verbleibenden Verhaltensweisen geben uns Auskunft, in welcher Weise die abgetragenen Strukturen für die jeweilige Verhaltensweise von Bedeutung sind. Eine Kategorisierung der verschiedenen Manipulationen ist nach zahlreichen Aspekten möglich. Die gebräuchlichste Einteilung bezieht sich auf die jeweils abgetragenen Strukturen. So spricht man von Decortikation (Abtragung der Großhirnrinde), Decerebration (Abtragung des gesamten Gehirns), Decerebellation (Abtragung des Kleinhirns), Hemisphärektomie (Abtragung einer Großhirnhemisphäre) u.a. Eine andere Einteilungsmöglichkeit ergibt sich, wenn man die noch verbleibenden „intakten" Funktionssysteme heranzieht. So wird als Spinaltier ein Lebewesen bezeichnet, das nur über ein intaktes Rückenmark verfügt. Für die Psychologie außerordentlich wichtige Untersuchungen wurden von LASHLEY durchgeführt. LASHLEY trug bei Ratten alle möglichen Hirnstrukturen ab. Als abhängige Variable fungierte vor allem die Lernfähigkeit. Es ergab sich, daß zwischen Lernfähigkeit und der Intaktheit bestimmter corticaler Areale kaum eine Beziehung bestand. Insgesamt schien es weniger auf die Lokalisation als auf das Ausmaß der Läsion anzukommen.

2. KLÜVER-BUCY-Syndrom und Abtragungen im limbischen System.
   In klassischen Untersuchungen führten KLÜVER und BUCY Ausschaltungen im Bereich des frontalen Cortex (sog. Riechhirn) durch. Heute werden die von KLÜVER und BUCY erforschten Strukturen als limbisches System bezeichnet. Rhesusaffen wiesen nach Abtragung des frontalen Systems ein völlig verändertes Verhalten auf. Die Tiere erschienen hinsichtlich ihrer Sexualität und ihres Freßverhaltens enthemmt (KLÜVER-BUCY-Syndrom). Dieses KLÜVER-BUCY-Syndrom wurde auch bei Menschen beobachtet. Weitere Untersuchungen ergaben bei Läsionen und Abtragungen im limbischen System radikale Veränderungen im Bereich der Emotionalität. Entfernung des Nucleus amygdalae (Mandelkern) führte beispielsweise bei Löwen und Rhesusaffen zur Zahmheit.

3. Hypothalamusläsionen und Abtragungen: Für die Theorienbildung zum Freßverhalten wurden Abtragungsversuche im lateralen und ventro-medialen Teil des Hypothalamus von entscheidender Bedeutung, nachdem sich zeigte, daß Ausschaltungen des lateralen Hypothalamus zu vermindertem Fressen und des ventromedialen Hypothalamus zu erhöhter Freßtätigkeit bei Ratten und anderen Species führten.

4. Die cerebralen Hemisphären sind über im Balken (Corpus callosum) verlaufende große Faserbündel, die Commissuren, miteinander verbunden. Seit 1950 führte

SPERRY (1967) mit seinen Mitarbeitern zahlreiche Experimente mit Katzen und Affen durch, in denen der Balken durchgetrennt wurde. Das Phänomen wurde als Split-Brain bezeichnet. Die Versuchstiere mit Split-Brain können rein äußerlich von normalen Tieren kaum unterschieden werden. Die von SPERRY durchgeführten Versuche waren von weitreichender Bedeutung für die Wahrnehmungs- und Lernforschung. Es konnte gezeigt werden, daß die beiden Hirnhälften gleichsam getrennt für sich lernten. Was die eine Hirnhälfte gelernt hatte, wurde zunächst nicht auf die andere übertragen. Verwendet wurden visuelle und taktile Diskriminationsaufgaben. Bei den visuellen Aufgaben wurden zusätzlich noch Durchtrennungen des Chiasma opticum, in dem die Sehbahnen kreuzen, vorgenommen. Die Technik bestand darin, daß das eine Auge, bzw. die eine Hand zu lernen hatte und danach eine Prüfung auf der entgegengesetzten Hand bzw. Auge erfolgte.

5. Leukotomie: Seit Mitte der Dreißiger Jahre wurden zahlreiche Patienten mit Angst- und Erregungszuständen „gedämpft", indem Verbindungsbahnen von subcorticalen Strukturen zum Frontallappen durchtrennt wurden. Neben affektiver Dämpfung ergaben sich jedoch schwerwiegende Persönlichkeitsveränderungen, insbesondere Verlust aller Initiative.

Obwohl Experimente mit Läsionen des Nervensystems für die Verhaltensforschung zahlreiche Hinweise gebracht haben, muß einer Verallgemeinerung der erhobenen Befunde skeptisch begegnet werden:
Das Gehirn ist funktionell ein Ganzes. Mit der Ausschaltung einer Struktur wird auch die Tätigkeit anderer Strukturen beeinflußt. Wird beispielsweise die Formatio reticularis ausgeschaltet, so ist davon nicht nur sie, sondern eine Reihe anderer Systeme, insbesondere der Cortex, betroffen, da zwischen Cortex und Formatio reticularis ein Regelkreissystem mit zum Teil negativer, zum Teil auch positiver Rückkopplung besteht. Auch andere Informationssysteme als das Nervensystem werden u. U. beeinflußt. Bei Läsionen im Hypothalamus ist zugleich auch das endokrine System betroffen, da heute bekannt ist, daß Hypothalamus, Hypophyse, Cortex und periphere Hormondrüsen ein kompliziertes Regelsystem bilden. Eine zweite wichtige Einschränkung ergibt sich aus der Tatsache, daß ein Ausfall bestimmter Verhaltenweisen nach Zerstörung bestimmter Strukturen nicht bedeutet, daß die Intaktheit dieser Struktur für diese Verhaltensweisen absolut notwendig ist. Es ist bekannt, daß bestimmte Funktionen nach Zerstörung von anderen Strukturen übernommen werden können. Weiterhin ist zu beachten, daß viele Verhaltensweisen, die zunächst ausfallen, nach einer gewissen Zeit wieder mehr oder weniger ungestört ablaufen können. Es ist daher notwendig, Längsschnittstudien nach Läsionen vorzunehmen. Die wichtigste Einschränkung bei der Interpretation von Läsionen ergibt sich schließlich daraus, daß eine Verhaltensänderung, die bei der Läsion einer Struktur regelmäßig auftritt, keinesfalls so gedeutet werden darf, daß das zerstörte Areal das „Zentrum" für das jeweilige Verhalten ist. Die Schlußfolgerung kann nur lauten: Ein bestimmtes Verhalten ist durch die Läsion eines Systems störbar. Daraus folgt nicht, daß das in Frage stehende Verhalten nicht auch von anderen Strukturen aus gestört werden kann. Es ist denkbar, daß eine bestimmte Verhaltensänderung auch nach Läsionen in anderen Strukturen erzielt werden kann. In der Regel kann die Schlußfolgerung bei Läsionen im ZNS nur lauten: Die Zerstörung von Struktur A ist eine hinreichende Bedingung für die Verhaltensänderung B. Eventuell kann auch geschlossen werden, daß die Intaktheit der Struktur A eine

notwendige Bedingung für Verhalten B ist. In aller Regel kann jedoch nicht abgeleitet werden, daß die Intaktheit der Struktur A eine notwendige und hinreichende Bedingung für Verhalten B ist.

4.2.2 Chemische Blockierung und Hemmung

Da Läsionen des Nervensystems im allgemeinen irreversibel sind, wurde schon sehr früh begonnen, reversible Änderungen organismischer Prozesse mit nachfolgender Beobachtung des Verhaltens mit Hilfe chemischer Substanzen zu induzieren. Funktionsblockaden nervöser Strukturen (ZNS, VNS, peripheres NS) sind möglich über spezifisch-lokalisierte oder nicht-lokalisierte (allgemeine) Verabreichungen (jeweils auf die Zielstruktur bezogen).

Eine lokalisierte Verabreichung chemischer Substanzen wird im Rahmen der chemischen Psychologie über implantierte Kanülen vorwiegend in Gehirnstrukturen durchgeführt (einführend Myers, 1971). So wurden etwa Blockaden hypothalamischer, thalamischer oder limbischer Aktivitäten vorgenommen. Das sich bei lokaler Verabreichung chemischer Substanzen ergebende Bild ist außerordentlich komplex (zusammenfassend etwa Miller, 1965). Bis jetzt läßt sich kaum mehr sagen, als daß die lokale chemische Verabreichung wahrscheinlich eine fruchtbare Forschungsstrategie ist, die „physiologischer" als die Läsionstechnik ist. Vor allem eröffnet sich die Möglichkeit, gewissermaßen „am Ort" gezielt die Wirkung endogener Substanzen (biogene Amine, Transmitter) zu blockieren.

Eine forschungsstrategisch bedeutsame Technik der Funktionsblockierung ist die Methode der corticalen Spreading Depression (CSD) (zusammenfassend Schneider, 1973). Im wesentlichen besteht die Methode in der lokalen Applikation von KCL auf der Dura mater einer Hemisphäre, wodurch eine vorübergehende Hemmung der elektrocorticalen Aktivität unter dem betreffenden Areal erzeugt wird, die sich allmählich über die ganze Hemisphäre ausbreitet, ohne jedoch die andere zu blockieren. CSD ist eine effiziente Technik zur Erforschung von Lern- und Gedächtnisvorgängen. So konnte etwa gezeigt werden, daß „Lernmaterial" in der „blockierten" Hemisphäre nicht gespeichert wird.

Allgemeine Verabreichung chemischer Substanzen (z. B. oral, intravenös) ist gegenüber lokaler Verabreichung die weitaus häufigere Technik, vor allem im Humanbereich. Eine Reihe von Teildisziplinen der Neuropsychopharmakologie beschäftigt sich damit, so etwa die Pharmakopsychiatrie (Wirkung von Pharmaka auf das krankhaft veränderte Verhalten), Pharmakopsychologie (Wirkung von Pharmaka auf das Verhalten gesunder Personen) und die Verhaltenspharmakologie (Wirkung auf das Verhalten von Tieren).

Die folgende Tabelle 16 führt einige wichtige Substanzen sowie einige verhaltensrelevante Hauptwirkungen auf. Die aufgeführten Beispiele für physiologische und psychologische Wirkungen sollten in dem Sinne verstanden werden, daß sie bei geeigneten Dosierungen, Applikationsart, Untersuchungsbedingungen und Probanden auftreten können. Bei allen Wirkungen ist zu beachten, daß Pharmaka in der Regel mehrere organismische Systeme beeinflussen, und zwar u. U. in gegensätzlichem Sinne. Eine Kennzeichnung „funktionsblockierend" ist nie generell möglich, sondern bezieht sich jeweils auf ein spezifisches System. Andere Systeme können sogar im Sinne einer Anregung betroffen sein.

Tabelle 16. Wichtige Pharmaka mit funktionshemmenden Wirkungen

Substanzen Klasse	Beispiele von Einzelsubstanzen	Physiologische Wirkungen (nur verhaltensrelevante)	Wirkungen auf Verhalten (Beispiele)
Schlafmittel Sedativa Narkotica	Barbitursäurederivate (z.B. Cyclobarbital) Äther, Lachgas	Hemmung der Formatio reticularis und des Cortex	Leistungsbeeinträchtigung, Müdigkeit, Schlaf Schlaf, Narkose
Neuroleptica	Phenothiazinderivate (z.B. Chlorpromazin) Butyrophenonderivate (z.B. Haloperidol) Rauwolfiaalkaloide (z.B. Reserpin)	Hemmung sympatischer und parasympathischer Erregung, Dämpfung der Formatio reticularis	Dämpfung emotionaler und motorischer Erregung, Müdigkeit, Leistungsbeeinträchtigung
Tranquilizer	Benzodiazepinderivate (z.B. Chlordiazepoxyd) Propandiolderivate (z.B. Meprobamat)	Hemmung limbischer und hypothalamischer Strukturen	Dämpfung emotionaler Erregung
Sympathikolytica	Beta-Blocker (z.B. DCI)	Hemmung des Sympathicus (Beta-Receptoren)	Dämpfung emotionaler Erregung, Hemmung von Leistungen
Parasympathikolytica	Anticholinergica (z.B. Atropin)	Hemmung parasympathischer Aktivität	Gedächtnishemmend, Erregung
Antitransmitter-Substanzen	Zahlreiche Stoffe mit völlig verschiedenen Wirkungsmechanismen (z.B. p-Chlorphenylalanin)	Hemmung der Biosynthese von Transmittern, Verdrängung der Transmitter von den Wirkungsorten, zu schneller Abbau der Transmitter	Verschieden, je nach blockiertem Mechanismus
Antibiotica	Puromycin	Hemmung der Proteinsynthese	Gedächtnishemmend

4.3 Anregung von Funktionen

4.3.1 Elektrische Stimulation

Elektrische Stimulationen wurden bereits im letzten Jahrhundert sowohl in Human- als auch in Animaluntersuchungen durchgeführt. So wurden etwa von SHERRINGTON und PENFIELD Versuche an Anthropoiden und Menschen zur funktionellen Topographie des Gyrus postcentralis und praecentralis durchgeführt, bei denen sich ergab, daß Bewegungen spezifischer Muskeln durch Reizung umschriebener Areale im Gyrus praecentralis ausgelöst werden konnten. Elektrische Reizungen sind mit Hilfe von Oberflächen- und Tiefenelektroden möglich. (Zusammenfassend zur Technik: ERVIN u. KENNEY, 1971.) Mit Hilfe der stereotaktischen Technik können Mikroelektroden auch in subcorticale Strukturen eingeführt werden. Außerordentlich bedeutsam ist die chronische Implantation von Mikroelektroden, die Reizversuche über viele Monate hinweg ermöglichen. In neuerer Zeit wurden Techniken zur drahtlosen Stimulation mit Hilfe der sog. Radiostimulation von Gehirnstruk-

turen entwickelt (DELGADO, 1971), womit es möglich ist, das Versuchssubjekt in der natürlichen Umgebung zu beobachten. Je nachdem, ob der Experimentator dem Versuchssubjekt die Reizung verabreicht, oder ob das Versuchstier es selbst tut, spricht man von Hetero- oder Autostimulation (Fremd- oder Selbstreizung). Die Methode der *Selbstreizung* (Self-Stimulation) besteht darin, daß das Versuchstier selbst durch Hebeldruck einen Stromkreis schließen kann, womit entsprechend der Lokalisation einer chronisch implantierten Elektrode Strom in einer Gehirnstruktur fließen kann (OLDS). Es zeigte sich, daß bei bestimmten Lokalisationen der Hebel unter- oder überzufällig bedient wurde (bis zu 7000 Reizungen pro Std), so daß der Eindruck besteht, eine Reizung wirke entsprechend der Elektrodenlage lust- oder unlustbetont. Die Technik der Selbstreizung wird heute insbesondere zur Erforschung sog. Motivationszentren, d.h. zentralnervöser Strukturen, die von besonderer Bedeutung für spezifische Motivationen sind, angewendet (vgl. S. 76).
Auch die Lernforschung konnte wesentliche Erkenntnisse gewinnen, da Selbstreizung als negativer oder positiver Verstärker die Schnelligkeit des Lernens beeinflussen kann (zusammenfassend etwa GALLISTEL, 1973). Unter bestimmten Bedingungen scheint der „Belohnungscharakter“ der Selbstreizung so vorrangig zu sein, daß natürliche positive (z.B. Futter) oder negative Verstärker (z.B. Schmerz) unbeachtet bleiben. Auch beim Menschen wurden inzwischen Selbstreizungsversuche durchgeführt, jedoch mit uneinheitlichen Ergebnissen (HEATH, 1964).
Fremdreizung wird seit den Versuchen von HESS (1968) in aller Welt als Routinetechnik beim Tier angewandt. Bei Menschen ist sie ebenfalls möglich und wurde durch DELGADO (1971) bei zahlreichen Patientengruppen benutzt (zusammenfassend DELGADO, 1971; ERVIN et al., 1969). Ein Großteil der Untersuchungen ist mit Affen durchgeführt worden. Während R. HESS durch Reizung des Zwischenhirns an Katzen vorwiegend vegetative (z.B. Defäkation, Erbrechen), motorische und affektive (z.B. Wut- und Fluchtreaktionen) Reaktionen auslöste, konnten spätere Forschungsgruppen die Beeinflußbarkeit vieler anderer Verhaltensweisen, so etwa von Lernvorgängen und sozialem Verhalten nachweisen. Eine Fülle von Untersuchungen wies nach, daß eine Reizung des lateralen Hypothalamus Freßverhalten, von Teilstrukturen des limbischen Systems aggressives Verhalten auslöst, was zum Postulat sog. Motivationszentren führte. Auf ihre Problematik wird auf S. 76 eingegangen werden.

4.3.2 Chemische Stimulation

Wie im Abschnitt über Blockierung von Funktionen bereits besprochen wurde, ist eine Beeinflussung sowohl über eine lokale als auch allgemeine Verabreichung chemischer Substanzen möglich. Ebenso wie die Funktionsblockierung kann auch die Anregung mehr oder weniger allgemein sein. Der Idealfall einer Kontrollierbarkeit der Art und des Grades der betroffenen Strukturen und Funktionssysteme ist selten gegeben. Eine *lokalisierte Verabreichung* chemischer Substanzen betrifft häufig das Zwischenhirn als Zielstruktur, oft zum Zwecke der Wirkungsverstärkung von ZNS-Transmittern (Noradrenalin, Acetylcholin). Die sich ergebenden Befunde demonstrieren u.a. (zusammenfassend z.B. MILLER, 1965):

a) Je nach *Verabreichungsort* löst *ein- und dieselbe Substanz* unterschiedliches Verhalten aus. So induziert Acetylcholin je nach Verabreichungsort im Katzenhirn Wut, Anzeichen von Wohlbefinden, motorischen Reaktionen u.a.m.

b) Verschiedene Substanzen lösen bei Verabreichung an ein- und demselben Wirkungsort unterschiedliches Verhalten aus. So konnte GROSSMANN (1960) zeigen, daß Injektion von Noradrenalin zu Freßverhalten, von Carbazol (eine cholinerge Substanz) zu Trinkverhalten führte, wobei beide Substanzen in den lateralen Hypothalamus verabreicht wurden. Derartige Ergebnisse sind von erheblicher Bedeutung für eine Zentrentheorie von Motivationen (vgl. S. 76), weil offensichtlich die zentralnervösen Korrelate von Verhalten eher funktionell-biochemisch als anatomisch-strukturell zu sehen sind.

Eine Anregung von psychophysischen Funktionen durch *allgemeine Verabreichung* kann durch zahlreiche chemische Stoffe erzielt werden. Sofern sich die Anregung direkt auf das Verhalten bezieht, stehen viele Psychopharmaka, insbesondere zentrale Stimulantien, zur Verfügung. Bei herabgesetzter Stimmungslage, wie sie in der Depression vorliegt, werden Antidepressiva benutzt. Auch Hormone können je nach individueller Ausgangslage verhaltensanregend sein (z.B. Catecholamine, Schilddrüsenhormone). Daneben können durch orale, intravenöse oder andere Verabreichungsformen spezieller Stoffgruppen mehr oder weniger spezifisch organismische Teilsysteme aktiviert werden, so der sympathische oder parasympathische Zweig des VNS oder spezifische endokrine Drüsen.
Tabelle 17 gibt einige Beispiele für häufig verwandte Stoffe zur Funktionsanregung. (Einführungen in die Pharmakopsychologie: CLARK u. DEL GIUDICE, 1970; CLARIDGE, 1970; JANKE, 1971; STROEBEL, 1972.)

Tabelle 17. Wichtige Pharmaka mit funktionsanregenden Wirkungen

Substanzen Klasse	Beispiele von Einzelsubstanzen	Physiologische Wirkungen (nur verhaltensrelevante)	Wirkungen auf Verhalten (Beispiele)
Zentrale Stimulantien	Amphetamine (z.B. Methamphetamin), Xanthinderivate (z.B. Coffein)	EEG-Arousal Catecholaminmobilisierung	Erhöhte Wachheit, Steigerung von Leistungen
Sympathicomimetica	Adrenalin	Erhöhung der Sympathicusaktivität	Gefühl allgemeiner Erregung
Antidepressiva	Heterocyclische A. (z.B. Imipramin)	Erhöhung der Konzentrationen von Catecholaminen	Verbesserung der Stimmungslage
	Monoaminooxidasehemmer (z.B. Iproniazid)	Hemmung des Abbaus von Catecholaminen	
Parasympathicomimetica	Acetylcholin und Cholinergica	Erhöhung der Parasympathicusaktivität (z.B. Erniedrigung der Herzfrequenz, Erhöhung von Magenkontraktionen)	Dämpfung allg. Aktiviertheit (?)
Hormone	Adrenalin, Keimdrüsen-, Schilddrüsenhormone, Nebennierenrindenhormone (z.B. Cortison)	Beeinflussung des spezifischen Hormonsystems	Entsprechend dem angezielten System

IV. Physiologische Aspekte psychischer Prozesse

In den folgenden Abschnitten sollen ausgewählte organismische Aspekte einiger Verhaltensklassen besprochen werden. Die Auswahl und der Darstellungsumfang erfolgte im Hinblick auf diejenigen Verhaltensklassen, die für die allgemeine Medizin besonders bedeutsam sind. Ebenso wurden innerhalb der einzelnen Abschnitte Akzentuierungen bezüglich der Medizin-Relevanz vorgenommen.

1. Motivation und Emotion

1.1 Allgemeines

1.1.1 Kennzeichnung motivationaler Prozesse

Der Begriff Motivation hat seinen Ursprung in der Überzeugung, daß Handlungen nicht zufällig ablaufen, sondern abhängig von bestimmten inneren und äußeren Faktoren oder allgemein ausgedrückt von bestimmten *Ursachen* (einführend COFER u. APPLEY, 1967). Als Gegenstand der Motivationspsychologie wird demgemäß die Untersuchung derjenigen Bedingungen angesehen, die einer Handlung zugrunde liegen. Die Handlung *selbst* wird nur insoweit untersucht, wie uns dadurch Hinweise auf die zugrunde liegenden Bedingungen gegeben werden. Die Erforschung der Wahrnehmung z. B. fällt in die sog. Wahrnehmungspsychologie, des Denkens in die Denkpsychologie etc.
Welche Bedingungsfaktoren können Handlungen zugunde liegen?
Grobklassifiziert können Handlungen ausgelöst werden durch

1. Organismische Faktoren (z. B. sexuelles Verhalten durch hormonelle Veränderungen, Defäkation durch Überfüllung des Darmes)
2. Variation der Umwelt (z. B. Flucht durch sensorische Überstimulierung)
3. „Psychische" Faktoren (z. B. Eßverhalten durch „Hunger")

Die aufgeführten Bedingungsfaktoren kennzeichnen die Untersuchungsansätze der empirischen Motivationspsychologie. Durch Variation der Intensitäten und Qualitäten der genannten Bedingungen und Beobachtung der damit verbundenen Handlungsintensitäten und -qualitäten lassen sich gesetzesartige Beziehungen aufstellen, die es ermöglichen, Vorhersagen zu treffen.
Wüßten wir beispielsweise, daß zwischen der Konzentration bestimmter Hormone und dem sexuellem Verhalten eine gesicherte Beziehung besteht, so könnte im individuellen Fall aus der Kenntnis der Hormonkonzentration die Vorhersage abgeleitet werden, daß sexuelles Verhalten auftritt. Umgekehrt könnte bei Vorliegen sexuellen Verhaltens geschlossen werden, daß die Hormonsekretion erhöht ist. Ähnliche Überlegungen sind für die Beziehungsfaktoren „Umwelt" und „psychische Faktoren" möglich.

Die moderne Motivationspsychologie beschäftigt sich mit allen drei Bedingungsfaktoren. Eine Vielzahl von Untersuchungen zeigt, daß zwischen jeder der Bedingungen und Handlungen gesicherte Beziehungen nachgewiesen werden können. Es wäre daher falsch, zu behaupten, daß eine Bedingung wichtiger wäre als die andere. Darüber hin-

aus zeigt die Forschung eindrucksvoll, daß an einer Handlung in der Regel alle drei Faktoren in komplizierten Wechselwirkungen beteiligt sind. Allerdings beziehen sich die meisten Untersuchungen jeweils nur auf einen Faktor. Das gleiche gilt für viele Motivationstheorien, die entweder Umweltfaktoren, psychische oder organismische Faktoren in den Vordergrund stellen.
Zunächst seien die drei Bedingungsfaktoren näher erläutert.

Organismische Faktoren: Man nimmt an, daß jeder Organismus, um sich erfolgreich an die Umwelt anpassen zu können, ein gewisses Gleichgewicht (Homöostase) der ablaufenden somatischen Prozesse benötigt. In der Tat können wir beobachten, daß alle physiologischen Prozesse nur innerhalb enger Grenzen schwanken, und daß stärkere Abweichungen zu Störungen bzw. Krankheit führen. Die meisten Prozesse werden im Gleichgewicht gehalten, ohne daß wir dies wahrnehmen oder etwas dazu tun müssen (z. B. Zusammensetzung der Körperflüssigkeiten, Blutdruck und Herzfrequenz). Die Regulation solcher homöostatischer Prozesse vollzieht sich über das vegetative und das endokrine System, die jedoch beide vom zentralen Nervensystem kontrolliert werden. Die Regulation des inneren Gleichgewichts wird offensichtlich durch das Verhalten des Organismus unterstützt. Wir wissen z. B., daß ohne die „Verhaltensweise" Nahrungs- und Wasseraufnahme das Gleichgewicht einzelner physiologischer Systeme und letztlich des gesamten Organismus gestört wird. Derartige Störungen werden uns z. T. auch bewußt. Wir erleben sie als Erregung, Unwohlsein, Unlust, Hunger, Durst etc. Mit dem Auftreten intraorganismischer Gleichgewichtsstörungen können also allgemeine Handlungsbereitschaften verbunden sein. Die klassische Motivationspsychologie nimmt an, daß die wesentlichen Ursachen von Handlungen in Störungen des inneren Gleichgewichts (Homöostase) zu sehen sind (homöostatische Theorie der Motivation). Störungen des inneren Gleichgewichts führen zu *Bedürfnissen* (needs). Sie sind im Sinne der klassischen Motivationspsychologie die „letzte" Ursache von Handlungen. Sie signalisieren das Ausmaß der Störung der Homöostase. Ihre wesentlichen Charakteristika sind: a) Sie sind angeboren, b) sie sichern die Überlebenschance des Organismus, c) sie haben Informationswert, d. h. sie informieren den Organismus über homöostatische Störungen.
Allgemein anerkannt sind Bedürfnisse nach Nahrung, Flüssigkeit, Sauerstoff, Konstanz der Temperatur und Leerung von Magen und Darm. Darüberhinaus gibt es sicherlich noch mehr „Bedürfnisse". So führt HULL zusätzlich noch an: Ruhe (nach Anstrengung), Aktivität (nach Inaktivität), Schlaf (nach Wachheit), sexueller Kontakt, Nestbau und Brutpflege, Vermeidung oder Beseitigung von Körperschäden (Schmerzvermeidung).
Im Vordergrund der Theorienbildung in der Motivationspsychologie stehen sowohl Bedürfnisse als auch Triebe (Drives, abgekürzt mit dem Symbol D). Trieb wird als Handlungsbereitschaft angesehen. Ein erhöhter Trieb (D) ist charakterisiert auf der Verhaltensebene durch erhöhte Aktivität, physiologisch durch erhöhte Aktivität des ZNS und VNS („Arousal", vgl. S. 67), erlebnismäßig durch das Gefühl des „Dranges". Der Begriff des „need" spielt eine geringere Rolle und zwar im wesentlichen aus 3 Gründen: 1. Bestimmte Mangelzustände wie z. B. Sauerstoffmangel führen nur mittelbar zu Handlungen. So führt nicht O_2-Mangel, sondern CO_2-Übersättigung in der Luft zur Handlung „Luftschnappen", so daß als unmittelbare Handlungsursache im Sinne eines Triebes CO_2-Mangel, als Bedürfnis (need) jedoch O_2-Mangel postuliert

wird. 2. Andere Mangelzustände (z.B. Vitaminmangel) führen überhaupt nicht zu Handlungen. 3. Mit steigender Deprivationsdauer wird im allgemeinen die Störung des inneren Gleichgewichts größer, ohne daß die Handlungsbereitschaft in gleicher Weise ansteigt. So erhöht sich z.B. bei Nahrungsentzug die Eßbereitschaft zunächst, um bei steigender Dauer wieder abzufallen.
Triebe, denen organismische Bedürfnisse zugeordnet werden können, werden als primäre oder biogene bezeichnet.
Davon abgehoben werden *sekundäre* Triebe oder Motivationen, die nicht an spezifische organismische Mangelzustände geknüpft sind. Nach der klassischen Auffassung amerikanischer Lern- und Motivationstheoretiker handelt es sich dabei um erlernte Aktionsbereitschaften. Sie wurden deshalb gelernt, weil sie irgendwann in der individuellen Lebensgeschichte in zeitlicher und/oder räumlicher Nähe zum primären Triebgeschehen gestanden haben. So ist nach Ansicht einiger Theoretiker (z.B. MILLER), Angst ein sekundärer Trieb (Vermeidung des primären Triebes Schmerz). Die Frage, wieweit spezifische Motivationen bzw. Triebe gelernt oder angeboren sind, hat die Psychologie seit vielen Jahren immer wieder beschäftigt, ohne daß eine Einigkeit über irgend einen Motivationszustand erzielt werden konnte.

Umweltfaktoren: Variationen der Umwelt bilden in vielen Fällen unmittelbar erkennbare Handlungsauslöser. In unserem Beispiel stellte der Entzug der Nahrung eine derartige Umweltvariation dar. Eine Gruppe von Umweltfaktoren wird also dargestellt durch Reize, deren Wirkung in einer unmittelbaren Störung der Homöostase zu sehen ist. Zu ihnen gehören etwa Nahrungs- und Wasserdeprivation, Entzug von Schlaf und Aktivität (Schlaf- und Aktivitätsdeprivation), Klimaveränderungen (Hitze, Kälte, Luftfeuchtigkeit), noxische Stimuli (Organschädigungen wie z.B. Verbrennungen). Eine weitere Gruppe von Reizen könnte als spezifische „Auslöser" bezeichnet werden, weil sie scheinbar spezifische Handlungen auslösen, z.B. Brutpflegeverhalten, sexuelles Verhalten, Fluchtverhalten. Die hierzu gehörenden Reize wären etwa ein junges Lebewesen, andersgeschlechtlicher Partner mit bestimmten Charakeristika, drohendes Subjekt. Derartige handlungsauslösende Reize wurden vor allem in der Ethologie untersucht. Da sie z. T. angeboren sein sollen, spricht man auch von angeborenen Auslösermechanismen (AAM). Mit steigender phylogenetischer Entwicklung spielen AAM wahrscheinlich eine geringerwerdende Rolle und treten zugunsten konditionierter, also gelernter, Stimuli zurück. Weitere Reizklassen beziehen sich auf Veränderungen der physischen und sozialen Umwelt. Letztlich löst jede Umweltveränderung mehr oder weniger deutlich erkennbare Handlungen aus. Derartige Einwirkungen sind meist sehr komplex und in ihren genauen Anteilen schwer zu untersuchen. In diesem Zusammenhang erscheint sehr wesentlich, daß sie nicht unmittelbar eintreten müssen, sondern zu langfristigen Verschiebungen von Handlungsbereitschaften führen können.

Psychische Faktoren: Die meisten psychologischen Motivationsuntersuchungen, insbes. in der Humanpsychologie, beschäftigen sich mit psychischen Faktoren als Handlungsursachen. Einige Beispiele sollen das verdeutlichen:

a) Welcher Zusammenhang besteht zwischen Mißerfolgserlebnissen und Leistung?
b) Welcher Zusammenhang besteht zwischen Hungergefühl und Menge und Art der aufgenommenen Nahrung?

c) Welcher Zusammenhang besteht zwischen Stimmungslage und der Häufigkeit sozialer Kontaktaufnahme?
d) Welcher Zusammenhang besteht zwischen dem Ausmaß erlebter Erregung und Leistung?

Die Beispiele verdeutlichen, daß ein Verhaltensmerkmal als unabhängige Variable (UV) definiert wird, die zeitlich später folgende Handlung stellt die abhängige Variable (AV) dar. Damit wird als Handlungsursache ein bestimmter Verhaltens- oder Erlebensprozeß gesehen. Mit diesem Prozeß verbundene physiologische Veränderungen werden nicht in Betracht gezogen. Sie werden eventuell als sog. intervenierende Variablen bei der Interpretation berücksichtigt, sind jedoch nicht kennzeichnend für die Art des Vorgehens, genau wie bei der Betrachtung von Umweltveränderungen als Handlungsursachen.

1.1.2 Kennzeichnung emotionaler Prozesse

Die Beobachtung unseres Erlebens führt zu der unmittelbaren Gewißheit, daß Störungen des organismischen Gleichgewichts stärkeren Ausmaßes verbunden sind mit Bewußtseinsqualitäten, die wir als Gefühle oder Emotionen bezeichnen. Ein starker Sinnesreiz etwa ist mit dem Gefühl der Unangenehmheit, ein drohendes Tier mit Angst usw. verbunden. Viele Gefühle, deren wir unmittelbar gewiß sind, können wir jedoch nicht mit äußeren oder inneren Faktoren verknüpfen. Sie werden oft als Stimmungen bezeichnet.

Gefühle gehören zu denjenigen Begriffen der Psychologie, die ihren Ursprung in der Selbstbeobachtungsmethode haben (Beobachtungen des eigenen Erlebens). Ohne die Selbstbeobachtung würde es Begriffe wie Angst, Ärger, Liebe, Neid usw. nicht geben. Obwohl diese Erlebensqualitäten individuell gebunden und damit von „außen“ nicht zugänglich sind, verbinden verschiedene Personen mit einem bestimmten Gefühlsbegriff ähnliche Vorstellungen. Dies läßt sich leicht zeigen mit Hilfe des Polaritätsprofils (vgl. Kap. C). Bei den Einstufungen einer größeren Menge von Emotionen zeigt sich, daß die Polaritätsprofile verschiedener Personen eine sehr gute Übereinstimmung zeigen, und daß verschiedene erlebnismäßig differente Qualitäten gut getrennt werden können. Werden die für alle Pbn gemittelten Profile über alle eingestuften Emotionen interkorreliert und die Interkorrelationen einer Faktorenanalyse unterzogen, so ergeben sich Grunddimensionen, in die sich alle Emotionen einordnen lassen. Am häufigsten wurden drei Dimensionen gefunden, so etwa von Traxel (1961) eine erste, die den Grad der Aktivierung ausdrückt, eine zweite, die die Angenehmheit oder Unangenehmheit charakterisiert, und schließlich eine dritte, die als Dominanz-Submission bezeichnet wird. Sie spiegelt die soziale Komponente von Emotionen wider. Diese drei Dimensionen konnten von mehreren Autoren z.T. auch mit anderen Methoden bestätigt werden (z.B. Ertel, 1964) und durch experimentell induzierte Emotionen gestützt werden (z.B. Traxel, 1966). Einige Autoren fanden allerdings auch mehr Dimensionen (z.B. Kristof, 1974; Ekman, 1955), jedoch mit anderer Methodik. Besonders eindeutig sind die Dimensionen Aktivierung und Unangenehmheit vs. Angenehmheit, die von zahlreichen Autoren identifiziert wurden (z.B. Block, 1957).

Die Kennzeichnung spezifischer Emotionen nur auf Basis der mitgeteilten Erlebnisse führt zwar zu einem differenzierten System spezifischer Qualitäten (Fillenbaum u. Rappoport, 1971; Plutchik, 1962; Davitz, 1969), wird jedoch von der modernen

Psychologie nicht als ausreichend erachtet, vor allem wegen der mangelhaften Intersubjektivität. Relativ übereinstimmend werden daher weitere Bestimmungsstücke herangezogen. Einmal wurden die Situationen bzw. die Stimuli, die zu emotionalen Reaktionen führen, herangezogen. Auf Emotionen schließen wir, wenn Reize oder Situationen zu stärkeren Verschiebungen des inneren Milieus führen, also zu Störungen der Homöostase, was sich durch bestimmte psycho-physische Reaktionen erfassen läßt.

Von den *Reaktionen* her schließen wir auf Emotionen dann, a) wenn von den Individuen über Erleben im Sinne der üblichen emotionalen Begriffe berichtet wird, b) wenn bestimmte physiologische Veränderungen im ZNS, VNS und endokrinen System auftreten und c) wenn spezifische Verhaltensweisen auftreten. Als weiterer Aspekt auf der Reaktionsseite werden beim Menschen oft Ausdruckserscheinungen herangezogen (Zusammenfassungen z.B. bei IZARD, 1971; KNAPP, 1963). Folgen wir diesem Ansatz und beziehen Stimulusintensität und -qualität sowie das ganze Spektrum der Reaktionen in die Definition ein, so ist eine Emotion nicht etwas unmittelbar empirisch Gegebenes, sondern eine erschlossene Größe, ein *hypothetisches Konstrukt*. In diesem Sinne wird der Begriff heute von der Mehrheit der Psychologen verwendet.

Die Tabelle 18 charakterisiert einige mögliche Stimulus- und Reaktionsaspekte spezifischer Emotionen.

Tabelle 18. Reaktionen bei verschiedenen Emotionen

Stimulus (Situation)	Mögliche Ausdrucks-erscheinungen	Mitgeteiltes Erleben (Mensch)	Verhalten	Physiologische Veränderungen
Schmerzreize	Sträuben des Haars, Stocken der Sprache	Furcht, Angst	Flucht, Rückzug	Arousal (Adrenalinmuster), Defäkation (Ratte)
Bedrohung	Erhöhte Lautstärke der Stimme	Ärger, Wut	Angriff	Arousal (Noradrenalinmuster)
Wegnahme einer vertrauten Person	Verlangsamung der Stimme	Trauer	Kontaktabwehr	Arousal oder Desarousal
Erreichen eines Zielobjektes	Lachen	Freude	Kontaktbereitschaft	Arousal oder Desarousal
Neuartige Reize	Stoppen	Ungewißheit	Explorieren, Tasten, Orientieren	Arousal

Obwohl durch die Kennzeichnung von Emotionen auf der Basis mehrerer Beobachtungsebenen das Dilemma umgangen wird, die Diagnostik emotionaler Zustände auf die Introspektion aufbauen zu müssen, erhebt sich eine Reihe von Fragen.

Alle Beschreibungsebenen mit einer Ausnahme (vgl. Tabelle 18) vom Stimulus bis zu Veränderungen physiologischer Prozesse sind auch auf motivationale Zustände anwendbar. Diese Ausnahme ist die Ebene des mitgeteilten Erlebens. Wir erkennen damit, daß der Begriff des Gefühls letztlich, wie schon erwähnt, introspektiv begründet ist. Aus diesem Grunde lehnen viele Psychologen Begriffe wie Angst, Ärger, Trauer ab. Andere weisen, sofern sie derartige Begriffe benutzen, ausdrücklich auf eine operationale Definition durch Stimulus und verhaltensmäßige Reaktionen und physiologische Korrelate hin.

Die Mehrheit der „Humanpsychologen“ kennzeichnet Emotionen als spezifische Bewußtseinszustände (Konstrukte), auf die wir schließen über verbale, verhaltensmäßige und physiologische Reaktionen. Es wird dabei unterstellt, daß der spezifische Bewußtseinszustand tatsächlich existiert.

1.1.3 Beziehungen zwischen motivationalen und emotionalen Prozessen

Wenn wir davon ausgehen, daß Emotionen letztlich als Zustände des Bewußtseins anzusehen sind, auf die wir durch verbale, verhaltensmäßige und physiologische Reaktionen schließen, so ergeben sich für den Zusammenhang von Emotion und Motivation folgende Aspekte:

1. Bestimmte Reize (innere und äußere) führen zu Veränderungen des Erregungszustandes im ZNS, VNS und endokrinen System, also zu Abweichungen von der Homöostase. Ein Teil dieser Abweichungen geht mit Veränderungen des Bewußtseins einher und wird begrifflich als Gefühl beschrieben, so z.B. als Angst, Ärger, Ekel, Freude, Hunger oder Durst.
2. Allen vom Pb beschriebenen Gefühlen lassen sich bestimmte Erlebnisqualitäten zuordnen: a) Der Grad unspezifischer Erregung (Aspekt: Aktivierung), b) der Grad, in dem das betreffende Gefühl als angenehm oder unangenehm erlebt wird (Aspekt: Lust/Unlust) und c) eine spezifische Handlungsbereitschaft (Aspekt: Richtung).
3. Die Komponenten 1. und 2. besagen, daß Gefühle als erlebte spezifische Handlungsbereitschaften bezeichnet werden können. Die Handlungsbereitschaft läßt sich unschwer erkennen bei Angst (Furcht), Ärger (Aggression), Ekel (Abwehr), Hunger (Essen), Durst (Trinken).
4. Punkt 3. macht die Beziehung zwischen Motivation und Emotion deutlich: Gefühle sind die erlebnismäßigen Komponenten einer Handlungsbereitschaft. Zusammen mit physiologischen Prozessen bilden sie jene Handlungsbereitschaft, die als Motivation bezeichnet wird.

Abb. 3 soll an Hand eines Schemas die wichtigsten Elemente des motivationalen Geschehens und die Beziehung zur Emotion nochmals verdeutlichen und ergänzen.

Die wesentlichen Aspekte, die Abb. 3 entnommen werden sollten, sind folgende:

1. Handlungsbereitschaft ist synonym zu Motivation zu sehen. Sie wird aufgefaßt als die Gesamtheit der psychophysischen Prozesse, die einer Handlung zugrunde liegen bzw. als die Handlung verursachend angesehen werden.
2. Eine Handlungsbereitschaft führt nicht notwendigerweise zu einer Handlung. Dies hängt von den angeborenen und erworbenen somatopsychischen Programmen ab, insbesondere von Lernfaktoren.
3. Die Handlungsbereitschaft ist ein nicht direkt beobachtbares Merkmal (hypothetisches Konstrukt). Sie wird vielmehr aus Teilaspekten organismischer Aktivitäten erschlossen. Diese Teilaspekte (z.B. ZNS-Erregung, sympathicotone vegetative und

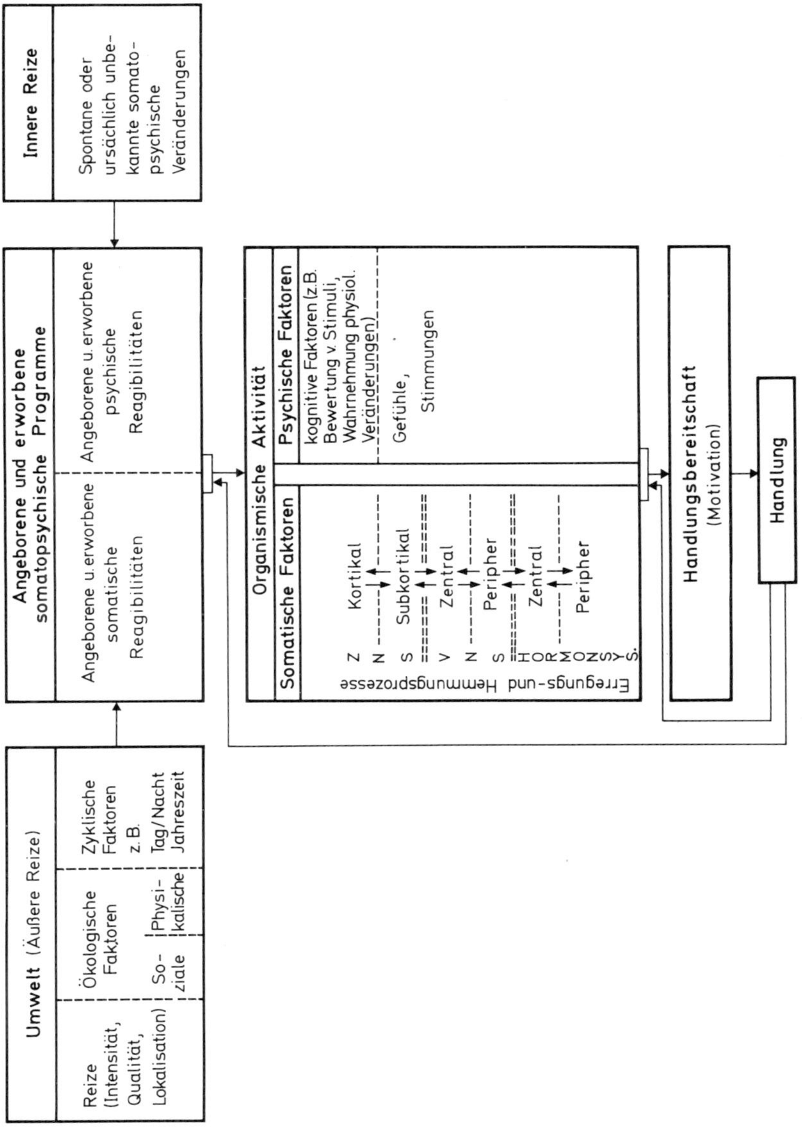

Abb. 3. Die wichtigsten Elemente des motivationalen Geschehens und die Beziehung zur Emotion

endokrine Veränderungen, mitgeteilte Gefühle) werden als Indikatoren der Handlungsbereitschaft betrachtet. Sie werden gemessen *vor* Eintritt der Handlung. Darüberhinaus können jedoch auch bestimmte meßbare Parameter der Handlung (z.B. Schnelligkeit, Genauigkeit, Qualität und Richtung) als Hinweise auf die Motivationsstärke verwertet werden.

4. Die die Handlungsbereitschaft darstellende organismische Aktivität ist somatopsychisch. Dies ist eine selbstverständliche Konsequenz aus der in der Einleitung gekennzeichneten Auffassung von somatischen und psychischen Prozessen.
5. Handlungsbereitschaften bzw. Handlungen können ausgelöst werden durch Umweltveränderungen. Die Intensität und Qualität der dadurch induzierten Motivation hängt ab von der Beschaffenheit des Organismus. Diese Beschaffenheit ist z.T. durch genetische Faktoren, z.T. durch im Verlaufe der Entwicklung gemachten „Erfahrungen" (vor allem durch Lernen) bestimmt.
6. Handlungsbereitschaften können nicht nur durch äußere Reize, sondern auch durch innere Reize bestimmt werden. Spontane somatische und psychische Variationen, bei denen eine Umweltabhängigkeit nicht nachgewiesen wurde oder nachweisbar ist, sind beim gegenwärtigen Stand der Forschung für eine Vielzahl von Handlungsbereitschaften als Ursachen anzunehmen.

1.2 Physiologische Aspekte zur Differenzierung von Motivations- und Emotionsqualitäten und -Intensitäten

1.2.1 Allgemeines

Seit frühester Zeit wurde angenommen, daß die auf der Ebene des Verhaltens und Erlebens differenzierbaren Motivations- und Emotionsqualitäten sich auch in physiologischen Parametern widerspiegeln müssen (Black, 1970).
Physiologische Motivations- und Emotionsforschung kann unter mindestens zwei Aspekten betrieben werden:

1. Welche somatischen Prozesse können zur Messung der Intensität und Qualität motivationaler und emotionaler Qualitäten und Intensitäten herangezogen werden?
2. Welche somatischen Prozesse führen zur Auslösung von Handlungen und in welcher Weise hängt der Handlungsablauf von somatischen Prozessen ab?

1.2.2 Somatische Prozesse als Indikatoren motivationaler und emotionaler Intensitäten und Qualitäten

Bereits im vorigen Abschnitt und im Zusammenhang mit der Besprechung der Aktiviertheit (vgl. S. 69) wurde darauf hingewiesen, daß Handlungen und Emotionen nicht nur durch Verhalten und Erleben charakterisiert werden können, sondern auch durch somatische Veränderungen. Damit ist es möglich, diese als Indikatoren für motivationale und emotionale Prozesse heranzuziehen.

Die damit verbundenen Vorteile sind u.a. folgende:

1. Physiologische Prozesse sind nicht an Mitteilungen von seiten des Individuums gebunden. Sie können nicht absichtlich oder unabsichtlich wie introspektive Daten verfälscht werden.
2. Physiologische Prozesse erfordern keine Fähigkeit zur Selbstbeobachtung. Dies ist besonders wichtig bei bestimmten Personengruppen (Kinder, psychiatrische Patienten).

3. Physiologische Messungen verlangen keine Unterbrechung des motivationalen und emotionalen Geschehens zum Zwecke der Selbstbeobachtung.

Die physiologische Messung von motivationalen und emotionalen Prozessen richtet sich sowohl auf ihre Intensität als auch auf ihre Qualität.

1.2.2.1 Motivationale und emotionale Intensitäten

Die *intensitätsmäßige* Abbildung von motivationalen und emotionalen Prozessen durch physiologische Parameter wurde bereits in mehreren Abschnitten in ihren Grundsätzen besprochen.
Sofern wir Verhaltens- und Erlebensintensitäten nach verschiedenen Graden quantifizieren und ihnen physiologische Veränderungen gegenüberstellen, finden wir in der Regel signifikante monotone oder sogar lineare Beziehungen. Für bestimmte Verhaltensformen ergeben sich jedoch auch manchmal kurvilineare Beziehungen, insbesondere zwischen Leistungen und vegetativen Prozessen. So nimmt normalerweise mit steigendem vegetativem Arousal die Leistung zu, um nach Erreichen des Gipfels wieder abzufallen (sog. umgekehrt u-förmige Beziehung zwischen Leistung und Arousal).

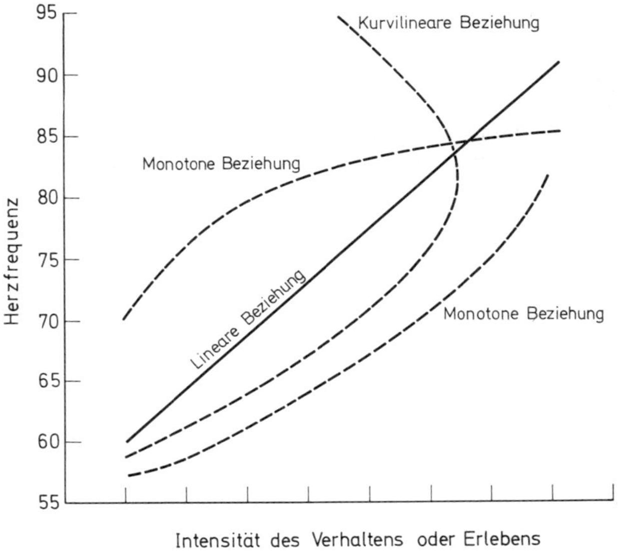

Abb. 4. Beziehungen zwischen Herzfrequenz und Intensität des Verhaltens oder Erlebens

Abb. 4 verdeutlicht modellhaft einige in der Literatur gefundene Beziehungen zwischen Herzfrequenz und Verhaltens- und Erlebensintensität. Die dabei benutzten Verhaltensklassen sind beliebig (z. B. Angst, Ärger, Hunger, sexuelles Verhalten), jedoch sind bestimmte auf der Introspektionsebene differenzierbare Qualitäten bislang kaum untersucht worden (insbes. sog. „höhere“ Gefühle wie z. B. Demut, Neid, Liebe). Für viele Emotionen und Motivationen können physiologische Parameter als gute Intensitätsindikatoren betrachtet werden. Allerdings ist diese Aussage zu spezifizieren. Die aufgefundenen Beziehungen gelten nur für Gruppen. Korrelieren wir die individuellen Meßwerte der somatischen und Verhaltensebene, so erhalten wir in der Regel Korrelationskoeffizienten zwischen $r = 0{,}2$ und $0{,}5$. Dies bedeutet, daß wir mit einer einzigen physiologischen Variable in aller Regel für den individuellen Fall keine hinreichend gültigen Aussagen machen können.

1.2.2.2 Motivationale und emotionale Qualitäten

Während viele Kennwerte des peripheren vegetativen und des zentralen Nervensystems sowie des endokrinen Systems als gute Indikatoren emotionaler und motivationaler *Intensitäten* anzusehen sind, ist es bislang nicht gelungen, mit Hilfe solcher Maße auch Qualitäten zu differenzieren.

Am häufigsten wurden Maße des peripheren vegetativen Nervensystems benutzt, in den letzten Jahren auch endokrine, insbesondere die Ausscheidung von Catecholaminen und Corticoiden. Bereits in Abschnitt II wurde auf einige grundlegende Probleme der Verwendung von Maßen des zentralen, vegetativen und endokrinen Systems hingewiesen. Derartige Maße sind nur isolierte Äußerungen eines differenzierten organismischen Geschehens, das zentral-nervöse, vegetativ-nervöse und endokrin-humorale Systeme in komplizierten Verschaltungen impliziert, die bislang im einzelnen nicht bekannt sind. Sicherlich kann nicht bezweifelt werden, daß jede auf der Ebene des Verhaltens und Erlebens differenzierbare Qualität letztlich einer eigenen Konfiguration organismischer Teilaktivitäten im Sinne physiologischer Prozesse entspricht. Die entscheidende Frage jedoch ist, ob es möglich ist, nur auf Grund der Konfiguration einiger weniger Variablen des VNS eine Differenzierung vorzunehmen. Die Beziehung zwischen vegetativen Vorgängen und motivationalen und emotionalen Zuständen erscheint außerordentlich ausdrucksvoll. Sie ist deutlich vom Subjekt selbst wahrnehmbar. Unterschiedliche emotionale Qualitäten werden von einer Reihe von Personen mit unterschiedlichen körperlichen Begleiterscheinungen verknüpft (z.B. FAHRENBERG, 1965). Es ist deshalb nicht verwunderlich, daß Theorien entwickelt wurden, die emotionale und motivationale Qualitäten auf Prozesse des VNS abzubilden versuchen (zusammenfassend z.B. GOLDSTEIN, 1968).

Zu den ältesten Theorien, die bestimmte physiologische Veränderungen mit bestimmten Emotionen verknüpfen, gehört die Theorie des Amerikaners JAMES und des Dänen LANGE, die JAMES-LANGE-*Gefühlstheorie*. Sie wurde bereits Ende des letzten Jahrhunderts entwickelt. Gefühle sind nach JAMES-LANGE Ausdruck spezifischer peripherer Reaktionen, die durch äußere Stimuli ausgelöst werden. Die Wahrnehmungen dieser peripheren, meist visceralen Reaktionen, sind Gefühle. Schlagwortartig wurde die Theorie gekennzeichnet mit dem Satz: „Wir sind traurig, weil wir weinen". Nach JAMES-LANGE ist jede Emotion mit einem bestimmten wahrnehmbaren physiologischen Zustand verknüpft. CANNON (1927, 1931) hat bereits 1927 die wichtigsten Argumente gegen diese Theorie vorgebracht.

1. Die totale Trennung visceraler Systeme vom zentralen Nervensystem ändert das emotionale Verhalten nicht.
2. Dieselben visceralen Veränderungen finden sich bei sehr verschiedenen emotionalen Zuständen und zum Teil auch bei nicht-emotionalem Geschehen.
3. Viscerale Veränderungen sind zu langsam, um als Ursache für Emotionen in Frage zu kommen.

4. Viscerale Vorgänge sind in keiner Weise sensitiv genug, um die Vielfalt emotionalen Geschehens differenzieren zu können.
5. Experimentell induzierte viscerale Veränderungen, die denen entsprechen, die wir bei Emotionen finden, produzieren diese Emotionen nicht.

Die Gefühlstheorie von JAMES und LANGE unterstellt, daß ein *bestimmter* Emotionszustand mit einer *bestimmten* physiologischen Variable verknüpft ist. Dies ist die entscheidende Schwäche der JAMES-LANGE-Theorie (zusammenfassend FEHR u. STERN, 1970). Wichtig ist jedoch nach wie vor die Betonung der Wahrnehmung und Rückkopplung peripher-physiologischer Vorgänge. Diese besitzt heute für die sog. Verhaltenstherapie eine zentrale Bedeutung (ANDREW, 1973). Allerdings betrifft diese Bedeutung die intensitätsmäßige und nicht die qualitätsmäßige Abbildung von psychischen Prozessen auf physiologische Parameter.
Erfolgversprechender für Trennung von Qualitäten sind Ansätze, die die *Konfiguration* von physiologischen Veränderungen bei verschiedenen motivationalen Zuständen betrachten. Diese Ansätze finden wir insbesondere in der Psychosomatik. So stellt ALEXANDER (1951, S. 44) beispielsweise fest: „Jeder emotionale Zustand hat sein eigenes physiologisches Syndrom". Seit einer klassischen Untersuchung von AX (1953), in der experimentell Furcht und Ärger induziert wurden und hinsichtlich einer Reihe von physiologischen Variablen (Kreislauf, Temperatur, Hautwiderstand, Muskelpotentiale) miteinander verglichen wurden, sind zahlreiche Befunde zur Differenzierung von Emotionen vorgelegt worden (AVERILL, 1969; FUNKENSTEIN, 1956; SCHACHTER, 1957; zusammenfassend FAHRENBERG, 1967; STERNBACH, 1966; LACEY, 1967). Danach zeigen Furcht und Ärger unterschiedliche physiologische Profile. Die folgende Tabelle 19 zeigt global und in vereinfachter Form die Untersuchungsergebnisse einiger Arbeitsgruppen zur Differenzierung von Furcht und Ärger.

Tabelle 19. Trennung von Angst und Ärger an Hand physiologischer Konfigurationen

	Ärger	Angst
Herzfrequenz	++	+
Blutdruck (systolisch)	++	++
Blutdruck (diastolisch)	++	0/−
Amplitude des Blutdrucks	0	+
Noradrenalinausscheidung	++	+
Adrenalinausscheidung	+	++

0 kein Effekt
\+ bzw. − Erhöhung bzw. Erniedrigung
++ bzw. −− starke Erhöhung bzw. Erniedrigung

AX (1953), SCHACHTER (1957) u.a. deuten die unterschiedlichen Konfigurationen in dem Sinne, daß bei Ärger ein noradrenalinähnliches Wirkungsmuster und bei Angst ein adrenalinähnliches Wirkungsmuster entstehen soll. In einer Reihe von Untersuchungen wurde diese Ansicht gestützt, es gibt jedoch auch zahlreiche Gegenbefunde. Möglicherweise würde eine differenziertere Betrachtung der emotionalen Qualitäten, etwa nach der Art des Ärgers, gewisse Widersprüche auflösen (FUNKENSTEIN et. al., 1954).
Erhebliche Einschränkungen konfigurationsanalytischer Ansätze ergeben sich aus

einer Reihe von Gründen. Dies sind insbesondere das Prinzip der Individualspezifität (vgl. S. 54) und die Komplexität der vegetativ-physiologischen Indikatoren sowie die Distalität aller praktisch anwendbaren vegetativen Variablen. Vegetative Indikatoren emotionalen Geschehens sind hinsichtlich der zugrundeliegenden Substrate und in Bezug auf ihre Interaktion mit anderen physiologischen Vorgängen außerordentlich kompliziert. Die im Humanversuch in vivo anwendbaren physiologischen Variablen sind nur mittelbar Ausdruck von Veränderungen im zentralen Nervensystem. Die Primärsubstrate sind Variationen in hypothalamischen, thalamischen, limbischen, retikulären und corticalen Strukturen. Alle praktisch genutzten physiologischen Indikatoren spiegeln gleichsam nur winzige Teile des Geschehens in diesen Primärsubstraten wider.

1.2.3 Somatische Prozesse als Bedingungsfaktoren für die Auslösung von Motivationen und Emotionen

1.2.3.1 Allgemeines

In Abschnitt 1.1 wurde dargestellt, daß die klassische Motivationspsychologie annimmt, daß Störungen der Homöostase zur Auslösung, ihre Beseitigung zur Beendigung von Handlungen führt.
Als Ausgangsmodell jener Theorien, die die Ursachen von Handlungen und Gefühlen in inneren Faktoren (psychische und organismische) sehen, dienen zwei Hypothesen:

1. Jeder Motivation und Emotion kann ein für sie charakteristisches psychophysiologisches Geschehen zugeordnet werden (spezifischer Aspekt der Motivation und Emotion).
2. Alle Motivationen und Emotionen sind gleichermaßen durch eine generelle Aktiviertheit charakterisiert (unspezifischer Aspekt der Motivation und Emotion).

Die Aspekte der Spezialität und Unspezifität werden mehr oder weniger explizit von allen neueren Motivations- und Emotionstheorien einbezogen.
Was versteht man unter der spezifischen und unspezifischen Komponente? Dazu ein Beispiel: Als Paradigma für eine *motivierte* Handlung mag das Laufen einer nahrungsdeprivierten Ratte in einem Laufgang (Labyrith), an dessen Ende ein Futternapf steht, dienen. Wir können beobachten, daß die Ratte in Abhängigkeit von der Dauer des Nahrungsentzuges eine erhöhte allgemeine Aktiviertheit zeigt, die sich in verschiedenen Parametern nachweisen läßt, z.B. in erhöhter Aktivität im Laufrad, in erhöhter corticaler Aktivität und erhöhtem Sympathicotonus. Diese Aktivitätserhöhung bezieht sich offensichtlich auf zahlreiche organismische Teilsysteme. Sie wird als unspezifisch angesehen, weil sie auch bei anderen Handlungen auftritt, z.B. bei Wasserentzug oder bei einem Signal, das einen elektrischen Schlag ankündigt. Neben dieser unspezifischen Komponente kann in unserem Beispiel aber auch ein spezifischer Handlungsanteil in zweifacher Weise gesehen werden:
Die Ratte ist offensichtlich auf das Futter „*ausgerichtet*“. Sie läuft ohne sog. „konkurrierende“ Verhaltensweisen, d.h. sie unterläßt etwa Beschnuppern der Wände des Labyrinths, was sie normalerweise tut, und andere „unnötigen“ Bewegungen. Die spezifische Komponente wird auch erkenntlich, wenn wir ihr Wasser, einen Ge-

schlechtspartner etc. oder Futter zur „Auswahl“ anbieten. Nach Nahrungsdeprivation wird sie Futter präferieren, nach sexueller Deprivation den Geschlechtspartner usw.

Die spezifische Komponente charakterisiert also *eine* ganz bestimmte Motivationslage. Sie zeichnet sich daher durch *Selektivität* aus.
Auch bei Gefühlen können wir sowohl *Spezifität* als auch *Unspezifität* unterscheiden. Nehmen wir als typisches Beispiel der Emotionsforschung einen *Angst*zustand, der durch Ankündigung elektrischer Schläge hervorgerufen wird. Die Pbn berichten, *allgemein erregt*, aufgeregt, aktiviert zu sein; *zusätzlich* jedoch beschreiben sie sich als „unangenehm berührt“ oder noch genauer als *ängstlich*. Während die ersten Attribute auch in ganz anderen Situationen berichtet werden, z. B. nach einem guten Examen, beim Ansehen eines Films über abstoßende Hautkrankheiten, wird die Beschreibung „ängstlich“ nur in spezifischen Situationen gegeben.
Wir erkennen, daß auch bei Emotionen spezifische und unspezifische Komponenten unterscheidbar sind. Wie wir sehen werden, ist diese Unspezifität und Spezifität auf verschiedenen Verhaltensebenen nachweisbar.
Die Untersuchungen zur Frage, wieweit motivationale und emotionale Prozesse durch somatische Faktoren gesteuert werden, benutzt vor allem die in Abschnitt III, 4 beschriebene Strategie „Veränderung physiologischer Prozesse und Beobachtung des sich verändernden Verhaltens“. Dabei werden nicht nur experimentelle Daten einbezogen, sondern auch „spontan“ auftretende physiologische Veränderungen (z. B. hormonelle Störungen und sexuelles Verhalten). Als ergänzende Strategie ist die Variation von Umweltreizen und die darauf folgende gleichzeitige Beobachtung physiologischer und psychischer Prozesse zu betrachten.
Die Variation physiologischer Prozesse und die nachfolgende Beobachtung des Verhaltens bezieht sich in der Motivations- und Emotionsphysiologie auf 2 Arten:

1. Variation von peripher-physiologischen Prozessen.
2. Variation von zentralnervösen Prozessen.

1.2.3.2 Variation peripher-physiologischer Prozesse

Als peripher-physiologische Variationen werden solche bezeichnet, bei denen nicht eine direkte und kontrollierbare Wirkung auf Strukturen des Gehirns erzielt wird oder werden kann. Dies gilt z. B. für alle Arten von Pharmaka oder Hormonen, wenn sie nicht lokal im Gehirn verabreicht werden. Die Wirkungen solcher Stimuli sind in der Regel sehr allgemein, d.h. es werden nicht die spezifischen Anteile von Motivationen und Emotionen betroffen, sondern meist nur unspezifische Veränderungen erzielt, etwa im Sinne einer Reduktion oder Erhöhung der allgemeinen Aktiviertheit. So etwa wird durch Tranquilizer nicht nur die Intensität von Angst vermindert, sondern zugleich von vielen anderen Emotionen.
Die Suche nach Stimuli, die außerhalb des Gehirns verabreicht werden können und die trotzdem spezifische Verhaltensqualitäten betreffen, ist ein sehr wichtiges Forschungsgebiet. Besondere Hoffnungen erwecken die Ergebnisse der Pharmakopsychologie und Pharmakopsychiatrie (JANKE, 1971). Viele Untersuchungen zeigen, daß wahrscheinlich durch bestimmte Psychopharmaka und Hormone spezifische Motivations- und Emotionszustände beeinflußt werden können. Allerdings sind die Befunde im klinischen Bereich bislang eindeutiger als im normalpsychologischen Bereich.

1.2.3.3 Variation zentralnervöser Prozesse

Die Theorienbildung in der physiologisch orientierten Motivations- und Emotionsforschung erstreckt sich heute vor allem auf subcorticale Strukturen des Gehirns. Die bedeutsamsten dieser Strukturen sind Thalamus, Hypothalamus, limbisches System und Formatio reticularis.

Jedes dieser Systeme wurde im Laufe der Geschichte der Motivationspsychologie als besonders bedeutsam betrachtet und zum Ausgangspunkt einer Theorie gemacht. So betont CANNON die Bedeutung des Thalamus, BARD und andere die des Hypothalamus, PAPEZ und MCLEAN die des limbischen Systems, LINDSLEY die des retikulären Systems (zusammenfassend GOLDSTEIN, 1968).

Es kann heute als sicher gelten, daß alle genannten Systeme an der Regulation des motivationalen Geschehens beteiligt sind. Die Schwierigkeit ist jedoch die, daß sie alle in bis heute in den Einzelheiten noch nicht geklärten Wechselbeziehungen stehen. Diese Wechselbeziehungen sind zu betrachten, wenn im Folgenden einige Ergebnisse zur Veränderung von motivationalen und emotionalen Prozessen durch Eingriffe in die genannten Strukturen geschildert werden.

Die verwendeten Techniken sind im Abschnitt III geschildert worden. Am meisten untersucht sind die zentralnervösen Korrelate von Hunger, Durst, Angst, Aggression, sexuellem Verhalten und Stimmungen. Eine Reihe von Forschern nahm an, daß jeder Emotion und Motivation spezifische Areale im Hypothalamus und limbischen System entsprechen. Man stützt sich dabei vor allem auf Reiz- und Ausschaltungsversuche, in denen eine erhebliche Spezifität von Verhaltensänderungen aufzutreten schien, z.B. Flucht- oder Angstverhalten, Eß- oder Trinkverhalten, sexuelles Verhalten u.a.m. Diese Verhaltensweisen waren überdies mit vegetativen Reaktionen gekoppelt, wie sie auch bei „natürlichen" Emotionen auftreten.

Derartige Reiz- und Ausschaltungsversuche führten zur Erstellung von „Landkarten", d.h. topographisch genau lokalisierbaren Zonen bestimmter Motivations- und Emotionsqualitäten. Dabei scheint es so zu sein, daß jeder Motivationsqualität sowohl ein Erregungs- wie auch ein Hemmungszentrum zuzuordnen ist. Hemmungs- und Erregungszentren arbeiten antagonistisch. Erregung des einen Teils hemmt die des anderen Teils, was durch Mikroelektroden etwa im Falle eines sog. Hunger- und Sättigungszentrums nachgewiesen wurde.

Die funktionelle Bedeutung von Motivations- und Emotionszentren wird von verschiedenen Autoren unterschiedlich gesehen. So wird etwa angenommen, daß sie integrative Funktionen besitzen, indem sie in Rückkopplungskreisen mit peripher- vegetativen oder endokrinen Teilsystemen in Verbindung stehen und die Gesamtheit der physiologischen Vorgänge integrieren. Andere Autoren vertreten die Meinung, daß zentrale Motivationsareale die unmittelbaren Auslöser von motivationalen und emotionalen Vorgängen sind, wobei peripher-physiologische Erregungen nur unterstützende Funktionen besitzen. Man spricht in diesem Zusammenhang im angloamerikanischen Schrifttum von central motive states.

„Zentrentheorien" werden insbesondere von seiten der Ethologie vertreten. Dabei wird unterstellt, daß es in den spezifischen zentralnervösen Strukturen (z.B. Angst-, Aggressionszentrum) zu spontanen periodischen Erregungsproduktionen kommt, und damit automatisch die entsprechenden Verhaltensmerkmale auftreten.

Inzwischen haben viele Untersuchungen ergeben, daß eine simple Topographie von

motivationalen Zuordnungen nicht existiert. Eine Revision der motivationalen Zentrentheorien wird vor allem durch folgende Befunde erzwungen: 1. Werden Hypothalamus und limbisches System systematisch „punktweise“ gereizt, so stellt sich heraus, daß ein- und dasselbe Verhalten von zahlreichen, weit auseinanderliegenden Arealen ausgelöst werden kann. Dabei ist allerdings eine gewisse „Häufung“ bestimmter Verhaltensweisen bei Reizung bestimmter Areale nicht zu übersehen. 2. Bei Reizversuchen *eines* festgelegten Areals im Hypothalamus können bei geeigneten Umweltbedingungen *unterschiedliche* Verhaltensmuster ausgelöst werden. So konnten VALENSTEIN und Mitarb. (1969, 1970) bei Ratten von ein und derselben Zone des Hypothalamus aus sowohl Fressen als auch Trinken auslösen. Ob das eine oder das andere Verhalten resultiert, hängt von der Situation ab. Wenn kein Futter, sondern Wasser zur Verfügung steht, wird das Tier bei elektrischer Reizung trinken. Unter Umständen entsteht weder das eine noch das andere, sondern eine nicht-zielgerichtete, scheinbar nichtmotivierte und emotional getönte Handlung, die lediglich als komplexes motorisches Reaktionsmuster angesehen werden kann. Auch HOLST und ST. PAUL (1969) führten bei Hühnern Untersuchungen durch, die eine derartige Absicht stützen. 3. Die bei Reizung eines spezifischen Areals resultierende Motivationsqualität wechselt u. U. je nach Reizstärke.
4. Untersuchungen von GROSSMANN (1960) legen nahe, daß die resultierende spezifische Motivationsqualität möglicherweise vorwiegend nicht abhängt vom *Ort* der Reizung, sondern vom beteiligten *neurochemischen* System. Durch direkte Applikation von Adrenalin und Acetylcholin in der gleichen Hypothalamuszone konnte GROSSMANN Trink- oder Freßverhalten bei der Ratte auslösen (Adrenalin = Freßverhalten, Acetylcholin = Trinkverhalten).

Obwohl nach den bislang dargestellten Befunden streng lokalisierte Motivationszentren im Gehirn — jedenfalls im Stammhirn — unwahrscheinlich sind, haben die Untersuchungen zu diesem Problemkreis erkennen lassen, daß wir einen Befund als Tatsache hinstellen können: Die Existenz von zwei Systemen, die man als Bestrafungs- und Belohnungssystem bezeichnet hat (zusammenfassend STEIN, 1969; HEATH, 1964).

Bereits OLDS (vgl. S. 61) war aufgefallen, daß die Selbstreizungsfrequenz bei bestimmter Lokalisation der Elektroden stark zunahm, bei anderer hingegen abnahm. Zonen, deren Stimulation das Tier vermeidet, wurden als Bestrafungszentren bezeichnet. Zonen, die zu erhöhter Stimulationsfrequenz führen, wurden als Belohnungszentren bezeichnet. Die Bezeichnungen wurden gewählt in Anlehnung an die motivations- und lerntheoretische Begriffsbildung, nachdem gezeigt werden konnte, daß durch elektrische Stimulation wie durch „natürliche“ Belohnungen (Reward) und Bestrafungen (Punishment) Verhalten kontrolliert werden kann (vgl. jedoch dazu: LENZER, 1972). Selbstreizversuche wurden sowohl bei Infraprimaten als auch bei Primaten, auch beim Menschen, durchgeführt. Während bei Ratten eine sehr deutliche morphologisch-anatomische Differenzierung von Belohnungs- und Bestrafungsarealen nachweisbar ist, ist dies bei Primaten nicht so deutlich. Ein entscheidender Faktor scheint die Stromstärke zu sein, da die Stimulationsrate bei niedrigen Stärken erhöht, bei höheren erniedrigt sein kann. Bei Ratten wird als *Belohnungssystem* das „mediale Vorderhirnbündel“, als *Bestrafungssystem* das periventriculäre System des Zwischen- und Mittelhirns angesehen.
Das mediale Vorderhirnbündel ist ein phylogenetisch altes multisynaptisches System,

das limbische und corticale Teilstrukturen des Vorderhirns mit einer umschriebenen paramedialen Struktur des Mittelhirns verbindet. Dabei passieren die Fasern die laterale Zone des Hypothalamus und der präoptischen Region. Insgesamt gesehen handelt es sich um ein System reziproker Verbindungen zwischen limbischen Vorderhirnstrukturen, limbischen Mittelhirnstrukturen und lateralem Hypothalamus.

Das periventriculäre System verbindet mediale Regionen des Hypothalamus und Thalamus und Teile des limbischen Systems. Zwischen medialem Vorderhirnbündel und periventriculärem System bestehen zahlreiche Verbindungen.

1.3 Motivation und Emotion als Resultat der Interaktion von somatischen und psychischen Faktoren mit der Umwelt

Die in Abschnitt 1.2 besprochenen Ansätze haben deutlich gemacht, daß bestimmten motivationalen und emotionalen Qualitäten bestimmte vegetative, zentralnervöse und endokrine Qualitäten zugeordnet werden können. Damit ist dreierlei möglich geworden: Wir können eine somatopsychische Theorienbildung in der Motivations- und Emotionsforschung auf emprisches Material stützen, wir können bestimmte Modifikationen des motivationalen und emotionalen Verhaltens induzieren und sie etwa therapeutisch ausnützen, und schließlich können wir die Diagnostik motivationaler und emotionaler Qualitäten auf Verhaltens- und Erlebensniveau durch psychophysiologische Methoden stützen.
Viele Befunde — sowohl auf der peripher-physiologischen als auch auf der zentralnervösen Ebene — haben jedoch deutlich gemacht, daß eine 1:1-Beziehung zwischen somatischen und Verhaltensprozessen bis heute nicht nachweisbar ist. Auch wenn postuliert wird, daß letztlich alle psychischen Prozesse ihre somatischen „Korrelate" besitzen, hilft uns dies in der Praxis nicht weiter. Für „praktische" Belange müssen wir vielmehr feststellen:

1. Peripher-physiologische und psychische Prozesse korrelieren im individuellen Fall wegen des Prinzips der Individualspezifität nicht.
2. Die Verknüpfung der Aktivität zentralnervöser Substrate des Hypothalamus, des Thalamus und des limbischen Systems mit spezifischen motivationalen und emotionalen Prozessen ist nicht situationsinvariant. Entsprechend der Situation (Umwelt) können mit den *gleichen* zentralnervösen Prozessen *verschiedene* motivationale Qualitäten verbunden sein. Für peripher-physiologische Prozesse gilt diese Situationsvariabilität offensichtlich in noch stärkerem Maße.

Die Erkenntnis der Bedeutung der Umweltsituation für die spezifische Qualifizierung von Verhaltensprozessen und die Art der somatopsychischen Beziehungen hat zur Entwicklung sogenannter kognitiv-physiologischer Emotions- und Motivationstheorien geführt.
Eine Pionier-Untersuchung dazu wurde von SCHACHTER und SINGER (1962, 1966) veröffentlicht.
SCHACHTER und SINGER gehen von 3 Annahmen aus:

1. Bei gegebenem und subjektiv wahrgenommenem physiologischem Arousal, für das ein Individuum keine unmittelbare Erklärung hat, wird die aktuelle Befindlichkeit

gedeutet im Sinne der durch die Situation gegebenen Erfahrungen. Beispielsweise würde das Gefühl des Ärgers entstehen, wenn in einer Diskussion der Pb etwa angegriffen wird, oder Freude, wenn er sich auf einer lustigen Party befindet. Daß *überhaupt* ein Gefühl entsteht, hängt mit „evaluative needs" zusammen, d.h. das Individuum hat das Bedürfnis, sein momentanes physiologisches Arousal im Sinne von Gefühlen zu deuten, weil erfahrungsgemäß Arousal und Gefühl simultan gegeben sind.

2. Bei gegebenem und subjektiv wahrgenommenem Arousal, für das das Individuum eine vollkommene Erklärung hat, entstehen keine „evaluative needs". Die Befindlichkeit wird daher nicht im Sinne zur Verfügung stehender Kognitionen gedeutet.
3. Ein Individuum beschreibt seine Befindlichkeit nur dann im Sinne von Emotionen, wenn es sich in einem physiologischen Erregungszustand befindet.

Zur Prüfung der Annahme wurde folgender Versuch durchgeführt:

Gruppe 1 (Adrenalin-informiert):	Die Tatsache der Verabreichung von Adrenalin und dessen Wirkungen waren bekannt
Gruppe 2 (Adrenalin-nicht-informiert):	Applikation und Wirkungen von Adrenalin waren nicht bekannt. Als Versuchsziel wurde die Verabreichung von Vitaminen angegeben. Es wurde der Hinweis gegeben, daß körperliche Wirkungen nicht auftreten würden.
Gruppe 3:	Placebo

Jeder Pb machte den Versuch in Gegenwart einer als Pb getarnten Person, die entweder Freude durch lustiges Verhalten oder Ärger durch unverschämte Fragen während des Ausfüllens eines Fragebogens induzieren sollte.

Das Ergebnis zeigt, daß die nicht-informierte Gruppe die stärksten affektiven Veränderungen aufwies, gemessen an einer Stimmungsskala, und diese Gruppe je nach situativem Kontext (je nach Verhalten der getarnten Pb) ärgerlich oder besserer Stimmung als die Placebogruppe oder die informierte Adrenalingruppe war. Die SCHACHTER-SINGER-Befunde zeigen, daß *ein-* und *derselbe peripher-physiologische Zustand*, der durch Adrenalin induziert wurde, je nach situativem Kontext (Umwelt) mit unterschiedlichen Emotionsqualitäten verknüpft sein kann.

Die Ergebnisse verdeutlichen eindrucksvoll, daß Emotions- und Motivationsqualitäten deutlich bestimmt werden durch situativ bestimmte kognitive Elemente. Zugleich belegen sie die Unspezifität des durch Adrenalin induzierten physiologischen Zustandes. Damit in Übereinstimmung stehen Befunde, wonach der Adrenalinspiegel in Urin oder Plasma bei *allen* Motivations- und Emotionsqualitäten, z.B. Freude, Angst, Trauer etc. erhöht zu sein scheint.

Die Befunde von SCHACHTER und SINGER haben nicht nur für die Theorienbildung eine große Bedeutung, sondern auch für viele klinisch-psychologisch-medizinische Fragen, die jedoch bislang nur wenig systematisch untersucht wurden. Einige Beispiele sollen Anwendungsmöglichkeiten verdeutlichen:

1. Psychopharmaka sind in ihren Wirkungen außerordentlich variabel, sowohl bei verschiedenen Individuen als auch in verschiedenen Situationen bei demselben Individuum. Beispielsweise können Stimulantien mit verbesserten als auch ver-

schlechterten Stimmungslagen einhergehen. Es kann vermutet werden, daß auch die Wirkungsqualität abhängt von den situativen Kontexten, in denen sie eingenommen werden. Ähnliches gilt

2. für die Therapie mit Corticoiden, von denen in der Literatur berichtet wird, daß sie je nach individueller Ausgangslage Euphorie oder Dysphorie induzieren.
3. In der Literatur wird berichtet, daß Diätkuren zur Gewichtsreduktion z.T. mit positiven, z.T. mit negativen emotionalen Reaktionen einhergehen. Da Nahrungsdeprivation mindestens zunächst eine erhöhte Sympathicusaktivierung induziert, wären unterschiedliche Emotionsqualitäten zu erklären als situative Kontexteffekte.

Die Untersuchungen von SCHACHTER und SINGER zeigen die Interaktion von peripherphysiologischen und Umweltfaktoren. Vergleichbare Interaktionen finden sich offensichtlich bei zentralnervösen Prozessen, wie die Befunde von VALENSTEIN und v. HOLST und ST. PAUL (vgl. S. 77) zeigen.
Damit wird erkennbar, daß jegliche Motivations- und Emotionstheorie nicht entweder physiologisch oder psychologisch sein kann, sondern beides zugleich sein muß und zusätzlich die Interaktion dieser „inneren" Faktoren mit der Umwelt zu berücksichtigen hat.

2. Wahrnehmung

Wahrnehmungsprozesse werden sowohl innerhalb der Physiologie als auch Psychologie besprochen. Dieser Abschnitt soll sich daher nur auf einige wenige Aspekte beschränken. Einführungen in die Wahrnehmungspsychologie finden sich bei NEISSER (1967) und CORSO (1967), in physiologische Aspekte der Wahrnehmung bei GUTTMANN (1972) und KEIDEL (1971).
Die besprochenen Aspekte sollen sich nur auf allgemeine zentralnervöse und vegetativphysiologische Korrelate beschränken. Eine Besprechung spezifischer Wahrnehmungsmodalitäten und -qualitäten kann nicht erfolgen. Während die Prozesse bei Reizaufnahme und Reizleitung bei allen Sinnesmodalitäten auf der Receptorenebene relativ gut aufgeklärt sind, sind die zentralnervösen Korrelate der Reizverarbeitung und der Transformation in bewußte Erlebnisqualitäten weitgehend unbekannt. Augenblicklich befindet sich die neuropsychologische Erforschung der Wahrnehmung in einem besonders intensiven Stadium. Im Mittelpunkt stehen dabei 1. die zentralnervösen Funktionsprinzipien der Informationsverarbeitung und 2. die elektrophysiologischen Korrelate des bewußten Wahrnehmungserlebnisses.
Am Beginn der Kommunikation mit der Außenwelt steht die Aufnahme von Informationen. Für viele physikalisch definierbare Reize stehen Receptoren der verschiedenen Sinnesmodalitäten zur Verfügung. Die von den Reizen ausgelösten Erregungen werden als Informationen in das Gehirn geleitet und führen zum Teil zu Wahrnehmungserlebnissen und zu Handlungen.
In Abschnitt III wurde bereits dargestellt, daß jede sensorische Information zu Arousal des ZNS und VNS führt. Jedoch führt offensichtlich nicht jeder Reiz zu einem Wahrnehmungserlebnis. Der Organismus arbeitet vielmehr nach dem Reizselektionsprinzip, indem nur bestimmte Reize aufgenommen werden. Dieser selektierende Prozeß ist für den Wahrnehmungsvorgang von zentraler Bedeutung. Er wird als Aufmerksamkeit bezeichnet.

In Abschnitt III wurden bereits die wesentlichen physiologischen Aspekte des Aufmerksamkeitsphänomens besprochen. Es wurde dargestellt (vgl. S. 33), daß bisher kaum bekannt ist, nach welchen Prinzipien bestimmte Reize zu Wahrnehmungserlebnissen führen und andere nicht. Zwar konnten im Tierversuch für verschiedene sensorische Systeme bestimmte Funktionsprinzipien auf der Ebene der sensorischen Bahnen nachgewiesen werden, welche Prozesse in der Hirnrinde zu Wahrnehmungserlebnissen führen, ist jedoch noch offen.
Die humanpsychologische Wahrnehmungsforschung hat in den letzten Jahren kräftige Impulse durch die Untersuchung von Beziehungen zwischen sensorischen Reizen (Sinnesmodalität, Reizintensität und -qualität) einerseits und hirnelektrischen Phänomenen andererseits erhalten.
Die bedeutsamsten Phänomene sind die aus dem Elektroencephalogramm herausgefilterten evozierten Potentiale (vgl. S. 14).
In vielen Untersuchungen hat sich ergeben, daß die evozierten Potentiale mit großer Wahrscheinlichkeit modalitäts-, qualitäts- und intensitätsspezifisch sind (einführend GUTTMANN, 1972). Diese Spezifität drückt sich z. B. aus in der räumlichen Verteilung, der Verlaufsform und der Amplitude. Wesentlich erscheint, daß bestimmte Charakteristika der evozierten Potentiale eng korreliert sind mit den von der Versuchsperson berichteten spezifischen Wahrnehmungserlebnissen.

3. Gedächtnis

3.1 Allgemeine Aspekte des Vergessens

Das Phänomen des Gedächtnisses gehört zu den Grundeigenschaften des Lebens. Das Verhalten der meisten Lebewesen ist bei der Geburt nur „bruchstückhaft" vorhanden. Es muß durch Vorgänge, die wir als Lernen bezeichnen, ausgeformt werden. Dies geschieht in der Regel durch Wiederholung, wobei die Prinzipien, nach denen gelernt wird, offenbar unterschiedlich sind: Lernen von Signalen nach dem Prinzip der klassischen Konditionierung, Lernen am Erfolg nach dem Prinzip der instrumentellen (operanten) Konditionierung, Lernen durch Nachahmung und Lernen durch Einsicht, um nur einige wenige Lernformen zu nennen.
In jedem Fall wird bei Verhaltensveränderungen, die wir auf Lernen zurückführen, die Auftretenswahrscheinlichkeit eines Verhaltensmerkmals langfristig erhöht oder erniedrigt. Kurzfristige und reversible Änderungen des Verhaltens, die z. B. auf veränderte Motivationszustände oder spontane Schwankungen zurückgehen, sind keine Lernvorgänge. Die Langfristigkeit ist jedoch nur relativ. Fast alle aufgenommenen Informationen stehen in der Regel bereits nach kurzer Zeit nicht mehr vollständig zur Verfügung. Mit dem sich vergrößernden Zeitintervall zwischen Informationsaufnahme und Reproduktion wird die Wahrscheinlichkeit der Informationsreduktion größer. Diese Informationsreduktion in Abhängigkeit von der Zeit zwischen Informationsaufnahme (Lernen) und Informationswiedergabe (Reproduktion) bezeichnet man als *Vergessen* (ADAMS, 1967; HOWE, 1970; KINTSCH, 1970; FOPPA, 1965; NORMAN, 1970; TULVING u. DONALDSON, 1972). Das Ausmaß des Vergessens scheint also eine Funktion der Zeit zu sein.

Das Gedächtnis gehört zu den in der modernen Psychologie am meisten untersuchten Phänomenen. Die biologisch orientierte Psychologie beschäftigt sich augenblicklich mit den organismischen Grundlagen des Gedächtnisses (Einführungen und Monographien: DEUTSCH, 1973; MAGGIO, 1971; JOHN, 1967; PRIBRAM, 1969; GUTTMANN, 1972).
Sie tut dies nicht zuletzt wegen der Bedeutung, die Lernen und Gedächtnis für die Medizin besitzen. Lern- und Behaltensstörungen sind für eine große Zahl von neurologischen Erkrankungen charakteristisch. Andere wichtige Anwendungen liegen in der Gerontopsychologie bzw. Geriatrie (Einführungen und Monographien zu Gedächtnisstörungen: BARBIZET, 1970; TALLAND, 1968; TALLAND, u. WAUGH, 1969; WHITTY u. ZANGWILL, 1966).
Es ist zweckmäßig beim Lern- und Vergessensprozeß folgende Stadien zu unterscheiden: Informationsaufnahme (Lernen), Informationsspeicherung (Behalten), Informationswiedergabe (Reproduktion). Im Englischen werden diese Stadien oft als *R*egistration, *R*etention und *R*etrieval bezeichnet. Man spricht von den drei „Rs". Die Unterscheidung ist sehr wichtig für die bei zahlreichen Erkrankungen (insbes. bei hirnorganischen) nachweisbaren „Gedächtnisstörungen". Was in der Klinik als Gedächtnisstörung bezeichnet wird, kann sowohl eine Lernstörung (Einprägungsstörung), Speicherstörung oder Reproduktionsstörung sein. Häufig liegen aber Kombinationen vor.

3.2 Die Aufnahme von Informationen

Zu lernendes Material muß zunächst über die Sinnesorgane aufgenommen werden. Die Zeit, in der uns diese Informationen unmittelbar präsent sind, wurde bereits von W. STERN als Präsenzzeit bezeichnet. Obwohl sie von einigen Autoren als Gedächtnis angesehen wird (z.B. sensorisches Register, sensorisches Gedächtnis, Ultrakurzzeitgedächtnis), rechnet man sie meist nicht zu den Gedächtniserscheinungen, sondern eher zu den Aufmerksamkeitsprozessen. Die Zeitdauer, die für das sensorische Register angenommen wird, reicht von Sekundenbruchteilen bis maximal 1 sec (Zusammenfassungen: NEISSER, 1967; KINTSCH, 1970).
Das sensorische Register hat — wie man mit tachistoskopischen Versuchen nachweisen konnte — eine vergleichsweise große Aufnahmekapazität. Nur Bruchteile der aufgenommenen Informationen werden beachtet und zur Übernahme in den Kurzzeitspeicher (vgl. S. 83) ausgewählt. Man hat daher postuliert, daß zwischen sensorischem Register und Kurzzeitspeicher ein „Filter" eingeschaltet sei.

3.3 Die Speicherung von Informationen

Nach der heute vorherrschenden Auffassung werden die vom sensorischen Register aufgenommenen Informationen in die Gedächtnisspeicher überführt. Die meisten Autoren unterscheiden mindestens zwei, den Kurzzeitspeicher (KZS) und den Langzeitspeicher (LZS). Entsprechend wird ein Kurzzeitgedächtnis (KZG; Short Term Memory — STM) und ein Langzeitgedächtnis (LZG; Long Term Memory — LTM) unterschieden. Das Kurzzeitgedächtnis soll einen Bereich von 10—20 sec umfassen, danach sollen die aufgenommenen Informationen in das Langzeitgedächtnis übernommen werden. Häufig wird zwischen KZS und LZS ein weiterer sog. Zwischenspeicher (Intermedial Term Memory — ITM) angesetzt. Entsprechend der Anzahl der angenommenen Speicher spricht man von Singletrace-, Dualtrace- und Multitracetheorien des Gedächtnisses. Im folgenden soll von 3 Speichern ausgegangen werden (vgl. Abb. 5).

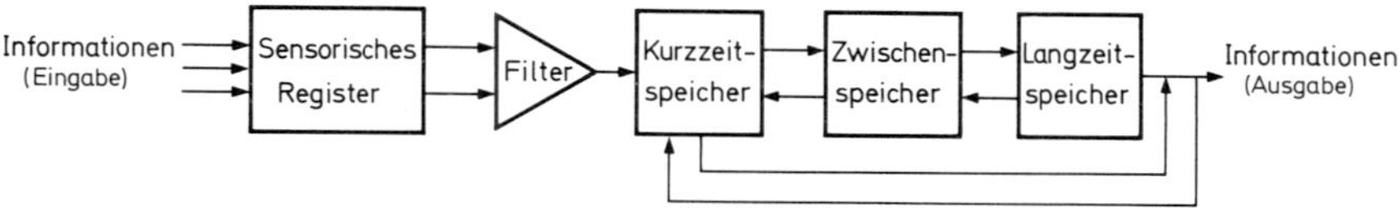

Abb. 5. Modell der Gedächtnisspeicherung

Es wird angenommen, daß die drei Speicher zeitlich ineinander übergehen, und daß ihre organismischen Korrelate unterschiedlich sind. So soll die Kurzzeitspeicherung vorwiegend auf elektrophysiologischen, die Zwischenzeitspeicherung auf elektrochemischen und die Langzeitspeicherung auf makromolekularen Veränderungen beruhen.

3.3.1 Kurzzeitgedächtnis

Das Postulat eines Kurzzeitgedächtnisses erscheint sowohl vom psychologischen als auch vom physiologischen Blickpunkt aus gerechtfertigt. Die *physiologisch* bezogene Argumentation stützt sich vor allem auf Beobachtungen des Anatomen Lorente de No (1938), die insbesondere von Hebb (1949) für Gedächtnisphänomene gedeutet wurden. Hebb nimmt an, daß alle Informationen, bevor sie im Langzeitspeicher auf struktureller Basis (biochemisch) kodiert werden, in Neuronenkreisen als elektrische Erregungen nachweisbar sind. Diese umlaufenden neuronalen Erregungen wurden als „reverberatory circuits" bezeichnet. Das Modell von Hebb ist nicht mehr als ein Modell, wenn es auch durch verschiedene Untersuchungen wahrscheinlich geworden ist, daß Erregungskreise existieren.

So konnte Burns (1954) bei winzigen Cortex-Arealen, die vom übrigen Cortex chirurgisch isoliert worden waren (wobei die Blutversorgung des isolierten Miniaturnervensystems sichergestellt war), zeigen, daß ein einziger elektrischer Reiz elektrische Erregungen von mehr als 30 min Dauer auslöste, die tatsächlich auf Grund von Mikroelektrodenableitungen kreisförmig zu verlaufen schienen. Mit dieser Untersuchung ist nicht viel bewiesen, mindestens nicht die Notwendigkeit von Erregungskreisen für die Gedächtnisspeicherung. Es ist denkbar, daß sich in den Erregungskreisen nichts Gedächtnisspezifisches, sondern einfach eine unspezifische reizinduzierte Erregung ausdrückt. Trotzdem ist das Modell heuristisch wertvoll, weil angenommen werden muß, daß überdauernde strukturelle makromolekulare Veränderungen Stunden oder Tage erfordern. Die „reverberatory circuits" dienen daher einer Art von vorübergehender Speicherung (temporary holding), bis die Dauerabspeicherung vollzogen worden ist. Über die Dauer der Kurzzeitgedächtnisspeicherung besteht von den physiologischen Befunden aus gesehen keine Eindeutigkeit. *Psychologische* Befunde hingegen lassen eine Zeitspanne von 10—30 sec als möglich erscheinen.

Viele Untersuchungen zum sog. *unmittelbaren Behalten* weisen auf ein Verschwinden aufgenommener Informationen in dem genannten Zeitraum hin.
Der Behaltensabfall innerhalb weniger Sekunden ist so stark, daß eine Dauerspeicherung innerhalb eines so kurzen Zeitraumes nicht vorstellbar ist. Um diese zu erzielen, ist es notwendig, den Reiz nochmals zu wiederholen (repetitive Reizung) oder die Pbn zu veranlassen, ihn „innerlich" zu wiederholen (sog. rehearsal). Man stellt sich vor, daß repetitive Reizung oder Rehearsal eine für die Dauerabspeicherung notwendige langdauernde Erregung in spezifischen Neuronenaggregaten zu induzieren vermag.

Zur Deutung des schnellen Behaltensabfalles bei einmaliger Präsentation von Reizmaterial sind von psychologischer Seite viele Experimente durchgeführt worden. Dabei ergab sich, daß der Vergessensverlauf in stärkstem Maße bestimmt wird von der Art der Aktivität, die zwischen Reizdarbietung und -reproduktion verlangt wird. Das Ausmaß des Vergessens ist proportional der Beanspruchung bzw. Aktivierung, die die interpolierte Tätigkeit erfordert.

3.3.2 Stadium zwischen Kurz- und Langzeitgedächtnis (Zwischenzeitspeicher = ZZS)

Wenn man unterstellt, daß die Langzeitspeicherung von Informationen vorwiegend strukturell-biochemisch, das Kurzzeitgedächtnis hingegen funktionell-elektrophysiologisch im Bereich von Sekunden zu sehen ist, so taucht sofort die Frage auf, in welcher Weise und in welcher Zeit die aufgenommenen Informationen vom Kurzzeit- in den Langzeitspeicher übertragen werden.
Einige Autoren haben nun, ausgehend von der Vorstellung, daß strukturell-biochemische Veränderungen einer gewissen Zeit bedürfen, einen Zwischenspeicher postuliert. Über die physiologische Natur dieses Zwischenspeichers wurden zahlreiche Spekulationen angestellt. In Anbetracht der Unklarheit über die organismischen Korrelate des „Zwischenspeichers" könnte man im Grunde darauf verzichten. Daß dies nicht geschieht, hat seinen Grund in der durch experimentelle Beobachtungen gestützten Störbarkeit neu aufgenommener Informationen. Während vor langer Zeit aufgenommene Informationen nur durch schwerwiegende Läsionen des ZNS unzugänglich werden, können hingegen solche, die vor Minuten bis zu einigen Stunden aufgenommen wurden, durch alle möglichen Bedingungen, z. B. Pharmaka oder mangelnde Versorgung des Gehirns mit Sauerstoff, nicht mehr „abrufbar" werden. Man hat daraus geschlossen, daß sie nicht in den Langzeitspeicher übernommen werden. Der Zwischenspeicher ist also durch seine Labilität gekennzeichnet. Der zeitliche Bereich, in dem er wirksam ist, wird als labile Phase des Gedächtnisses oder auch als Konsolidierungsperiode bezeichnet. Von Konsolidierung wird gesprochen, weil sich in dieser Periode eine Fixierung der aufgenommenen Informationen vollziehen soll. Die Labilität der Informationsspeicherung in den ersten Minuten ist seit langem bekannt. Bereits 1900 haben MÜLLER und PILZECKER auf Grund ihrer Untersuchungen zur retroaktiven Hemmung postuliert, daß bestimmte corticale Erregungen nach Lernen für einige Minuten anhalten. Diese physiologischen Prozesse sind nach MÜLLER und PILZECKER notwendig, um eine dauerhafte Speicherung zu gewährleisten (Perseverationstheorie des Gedächtnisses). Werden sie unterbrochen, so sollten Behaltensverschlecherungen resultieren. Weiterhin erscheint es denkbar, daß durch eine Verstärkung und/oder Verlängerung der neuronalen Aktivität eine Verbesserung des Behaltens erzielt wird. Tatsächlich konnten sowohl Behaltensverbesserungen als auch -ver-

schlechterungen durch unmittelbar nach der Informationsaufnahme (Lernen) applizierte Stimuli erzielt werden.
Die folgende Tabelle 20 zeigt einige Stimuli, die relativ häufig benutzt werden. (Zusammenfassend und kritische Sammelreferate bei GLICKMAN, 1961; DEUTSCH, 1969; LEWIS, 1969; SPEVACK u. SUBOSKI, 1969; DAWSON, 1971; MCGAUGH u. HERZ, 1972.)

Tabelle 20

Stimulus	Wirkung
Elektrokonvulsiver Schock (ECS)	Behaltensbeeinträchtigend
Lokale elektrische Stimulation, insbes. der Formatio reticularis und des limbischen Systems	Behaltensfördernd oder -verschlechternd
Spreading depression	Behaltensbeeinträchtigend
Hypothermie	Behaltensbeeinträchtigend
Hypoxie	Behaltensbeeinträchtigend
Pharmaka	
Zentral erregende Pharmaka (z. B. Picrotoxin, Pentylentetrazol, Strychnin)	Behaltensverbesserungen in niedrigen Dosen, Behaltensverschlechterungen in hohen Dosen
Zentral hemmende Pharmaka (insbes. Narkotica und Hyponotica)	Behaltensverbesserungen oder -verschlechterungen je nach Zeitpunkt und Dosis
Anticholinergica (z. B. Physostigmin)	Behaltensverbesserungen oder -verschlechterungen je nach Zeitpunkt und Dosis
Cholinesterasehemmer (z. B. DFP)	Behaltensverbesserungen oder -verschlechterungen je nach Zeitpunkt und Dosis
Antibiotica (z. B. Puromycin, Actinomycin, 8-Azaguanin)	Behaltensverschlechterungen
Psychisch beanspruchende Tätigkeit	
Lernaufgaben	Behaltensverschlechterungen in Abhängigkeit von der Art der Aufgaben
Konzentrationstests	Behaltensverschlechterungen in Abhängigkeit von der Art der Aufgaben

Die Versuche mit Verabreichung der aufgeführten Postlernstimuli stützen sich bedauerlicherweise meist auf Tiere, in der Regel Ratten oder Mäuse. Für den Humanversuch liegen nur wenige, noch dazu meist schlecht kontrollierte Untersuchungen vor. Eine Ausnahme bildet die Einschaltung von lern-irrelevanten Tätigkeiten. Hierzu liegen jedoch nur wenig tierexperimentelle Daten vor. Die Untersuchungsergebnisse sind nicht immer einheitlich. Vor allem die Gruppe der zentral erregenden und hemmenden Pharmaka zeigt widersprüchliche Befunde. Offensichtlich bestehen zeit- und dosisabhängige Beziehungen zur Richtung der Behaltensveränderungen: Niedrige Dosierungen zentral erregender Stoffe, etwa von Picrotoxin oder Pentylentetrazol, führen sogar zu Behaltensverbesserungen. Auch zentral hemmende Stoffe führen, sofern sie mit einer gewissen zeitlichen Verzögerung nach dem Lernen verabreicht werden, zu Verhaltensverbesserungen, was als Folge der Reduktion von interferierenden Tätigkeiten oder Aktivitäten gedeutet wurde.
Insgesamt gesehen läßt sich aber für die genannten Stimuli folgende Tendenz erkennen: Je länger die Zeit zwischen Lernen und Stimulusverabreichung ist, desto geringer werden die Reproduktionsverschlechterungen oder -verbesserungen. Je nach Stimulus

und Lernart wird mit wachsendem Intervall ein Zeitpunkt erreicht, nach dem keine Veränderungen mehr auftreten. Die kritischen Zeiten liegen zwischen 10 sec und 24 Std, vereinzelt auch länger. Wenn man von Antibiotica absieht, läßt sich folgern, daß am wenigsten widersprüchliche Befunde resultieren, wenn man ca. $1^1/_2$ Std nach dem Lernen als zeitliche Störbarkeitsgrenze ansetzt.
Diese Zeitabhängigkeit wird als wichtigster Hinweis für die Labilität des gelernten Materials in einer Zwischenphase angesehen. Allerdings werden von den verschiedenen Autoren sehr unterschiedliche Zeiten berichtet, so daß insgesamt über die Dauer der Konsolidierungsphase noch wenig Einigkeit herrscht. Vor allem für die Gruppe der Antibiotica wurden von verschiedenen Forschungsgruppen Störungen von Stunden bis zu 5 Tagen berichtet. Außerdem liegen in neuerer Zeit zunehmend Hinweise darauf vor, daß es sich nicht um „echte" Speicherungsveränderungen handelt, sondern um Reproduktionsveränderungen (vgl. S. 91).
Sofern unterstellt wird, daß durch die verabreichten Stimuli echte Speicherungsveränderungen induziert werden, stellt sich als wichtigste Frage, welche neurophysiologischen und neurochemischen Bedingungen in welchen Substraten diesen Veränderungen zugrunde liegen. Eine befriedigende Antwort läßt sich darauf nicht geben, weil die verwendeten Stimuli außerordentlich verschiedenartige Wirkungen entfalten. Die wahrscheinlichste Interpretationsmöglichkeit für Speicherstörungen ist die, daß alle stärkeren neurophysiologischen und neurochemischen Einflüsse auf die an der Speicherung beteiligten Neuronenstrukturen während der Konsolidierungsphase sich auf das Behalten negativ auswirken. Zum Teil handelt es sich bei diesen Variationen um krampfartige Übererregungen, z.T. um Reduktionen der Erregung in corticalen und subcorticalen Strukturen.
Auch die Deutung von Verbesserungen der Reproduktionsleistung durch Pharmaka im Sinne verbesserter Speicherung ist bis jetzt kaum möglich. Alle behaltensfördernden Agentien produzieren in höheren Dosen bei bestimmten Verabreichungszeiten Behaltensverschlechterungen. Dies ist sehr bedeutsam, weil man deshalb annehmen kann, daß sie ihre Wirkung in gedächtnisrelevanten nervösen Strukturen entfalten. Wahrscheinlich liegen den durch verschiedene Stimuli bewirkten Behaltensverbesserungen unterschiedliche Mechanismen zugrunde: Solche Mechanismen mögen etwa sein: Erhöhung des allgemeinen Arousals (bei Stimulantien vom Typ Picrotoxin), Erniedrigung der Interferenz (z.B. bei Sedativa) oder Erhöhung der RNS-Synthese (evtl. beim zentralen Stimulans Pemolin).
Welche Strukturen für die Konsolidierung bedeutsam sind, ist bislang nicht definitiv zu beantworten. Es wird jedoch vermutet, daß in dieser ersten Speicherphase das limbische System, speziell der Hippocampus, eine Rolle spielt. Darauf weisen Störungen des unmittelbaren Behaltens nach Hippocampusverletzungen hin, die von Milner (1967) eingehend beobachtet und beschrieben wurden. Derartige Patienten können zwar Informationen aufnehmen und kurzfristig behalten, vergessen sie aber außerordentlich schnell wieder. „Alte" Gedächtnisinhalte sind dagegen kaum beeinträchtigt. Sensorisches Register, Kurzzeitspeicher und Langzeitspeicher scheinen also bei diesen Patienten ungestört zu sein.

3.3.3 Langzeitspeicherung

Auch die Theorien zur Langzeitspeicherung sind bislang noch in höchstem Maße spekulativ. Die Hauptfragen konzentrieren sich auf folgende Aspekte:

1. Welche Strukturen sind am Lernen und Gedächtnis beteiligt?
2. Welche funktionellen Veränderungen in organischen Substanzen korrelieren mit dem Langzeitbehalten aufgenommener Informationen?

Die wichtigsten Ansätze zur Beantwortung dieser Fragen werden im Folgenden skizziert.

3.3.3.1 Entwicklungsbiologische Aspekte des Langzeitgedächtnisses

Langzeitbehalten ist nicht bereits unmittelbar nach der Geburt möglich, sondern bedarf der „Reifung". Psychologische Untersuchungen zeigen, daß das Behalten von Ereignissen in der frühen Kindheit langfristig sehr schlecht ist. Bei Kindern ist ein längeres Behalten (über Jahre) erst nach dem 4. Lebensjahr, oft erst nach dem 6. und 7. Jahr möglich. In neuerer Zeit wurde bei vielen Species im Rahmen einer sog. experimentell-biologischen Entwicklungspsychologie die Entwicklung des Langzeitgedächtnisses parallel zur Reifung bestimmter organismischer Prozesse untersucht (zusammenfassend CAMPBELL u. SPEAR, 1972; CAMPBELL, 1967; NEWTON u. LEVINE, 1967; HIMWICH, 1970). Mit Herausbildung von Langzeitbehalten in der Ontogenese ergeben sich vor allem folgende organismische Veränderungen: Myelinisierung der Neuronen und Erhöhung der Leistungsgeschwindigkeit von Aktionspotentialen, Herausbildung dendritischer Verzweigungen und synaptischer Verbindungen zwischen den Neuronen, Entwicklung der elektrischen Aktivität des Gehirns, Biosynthese und Metabolismus von Neurohormonen (Acetylcholin, Serotonin, Catecholamine). Eine klare Altersabhängigkeit besteht schließlich in bezug auf den RNS-Gehalt der Nervenzellen, ohne daß jedoch die Beziehungen zum Gedächtnis im einzelnen erklärt wären.

3.3.3.2 Nucleinsäuren, Proteine und Gedächtnis

Seit etwa 20 Jahren finden sich in der Literatur Vermutungen, daß die Dauerabspeicherung von Informationen gebunden ist an chemische Substanzen innerhalb und außerhalb der Nervenzelle. Eine entscheidende Rolle nehmen heute Ribonucleinsäuren und Proteine im Rahmen aller biochemischen Gedächtnistheorien ein. (Einführungen: DEUTSCH, 1973; GAITO, 1969; GUTTMANN, 1972.)
Während der Gehalt an DNS (Desoxyribonucleinsäure) in den Nervenzellen intraindividuell konstant ist, variiert die RNS (Ribonucleinsäure) nach Befunden, die bereits Anfang der Fünfziger Jahre erhoben wurden, in Abhängigkeit von äußeren Reizen sowie vom Verhalten.
Der erste Forschungsansatz bezieht sich auf die Untersuchung des *RNS-Gehalts des Gehirns in Abhängigkeit von Lernvorgängen.*
Bahnbrechend waren Untersuchungen des Schweden HYDEN, der den Gehalt einzelner Neuronen in Abhängigkeit von Lernvorgängen mit eigens von ihm entwickelten Methoden bestimmte. Die RNS-Gehalte der Neuronen konnten mit einer Genauigkeit von 20 Pikogramm bestimmt werden. Zugleich war es möglich, die Zusammensetzung der Nucleotide aus den Purin- und Pyrimidinbasen Adenin, Guanin, Uracil und Cytosin zu quantifizieren. Ausgangspunkt von HYDEN waren Experimente der folgenden Art: Junge Ratten mußten einen 1 m langen Draht mit einer Neigung von 45° hochkrabbeln, um zum Futter zu gelangen. Lerndurchgänge wurden jeweils $^1/_2$ Std lang an 4 verschiedenen Tagen durchgeführt. Es ergab sich eine Vermehrung von 12% RNS im Deiterschen Kern.

In vielen weiteren Experimenten konnte seitdem gezeigt werden, daß Lernen zu einer RNS-Vermehrung in den Neuronen des Gehirns führt. Unklar bleibt jedoch in diesen Experimenten weiterhin, ob die RNS nur als Zwischenglied in einer Kette biochemischer Reaktionen fungiert, insbesondere bei der Biosynthese spezifischer Proteine, von denen einige Autoren annehmen, daß sie die „Träger" von Informationen sind.

Ein weiterer Forschungsansatz bezieht sich auf die Übertragung von RNS von „trainierten" Spendertieren auf „naive" Tiere (zusammenfassend BYRNE, 1970). MCCONELL und Mitarb. begannen Mitte der Fünfziger Jahre mit einer Serie Aufsehen erregender Experimente mit Planarien (Plattwürmer). Die Tiere wurden auf einen Lichtreiz von 2 sec konditioniert, dem ein elektrischer Schlag folgte. Die Tiere lernten, bereits auf den Lichtreiz mit einer Längskontraktion sowie Abbiegen des Kopfes zu reagieren oder sich in einem T-Labyrinth jeweils nur für eine bestimmte Seite zu entscheiden. Der eigentliche Versuch bestand nur darin, daß untrainierte Tiere die zerkleinerten trainierten Artgenossen zu fressen hatten. Die vorher „naiven" Tiere benahmen sich nunmehr nach einem kurzen Orientierungsversuch so, als ob sie die betreffenden Lernversuche selbst durchgeführt hätten. Gedächtnis schien damit übertragen worden zu sein.

Die Technik von Transferuntersuchungen ist inzwischen erheblich verbessert worden. Üblicherweise wird heute so vorgegangen, daß den Spendertieren nach dem Lernen das Gehirn entnommen wird, danach homogenisiert und evtl. fraktioniert wird. Die Empfängertiere erhalten möglichst purifizierte RNS intracranial injiziert. Positive Übertragungsversuche wurden u.a. mit Ratten, Mäusen, Hühnern und Goldfischen durchgeführt. Neben vielen negativen Befunden wurden insgesamt überwiegend positive berichtet.

Die Unklarheit derartiger Experimente hängt eng mit methodischen Problemen (z.B. Extraktion, Injektion) zusammen.

Sofern Lernen und Gedächtnis tatsächlich von der Entstehung von RNS und Proteinen abhängen, müssen Substanzen, die die Synthese dieser Stoffe fördern oder hemmen, positive oder negative Einflüsse auf die Behaltensleistung ausüben. Die Verabreichung solcher Substanzen stellt die dritte Forschungsstrategie zur Untersuchung der Beziehung zwischen Gedächtnis und Nucleinsäuren bzw. Proteinen dar. Am meisten benutzt wurden inhibitorische Stoffe wie Puromycin und Acetoxycyloheximid, die die Proteinsynthese hemmen, sowie Actinomycin, das die RNS-Biosynthese hemmt. Verabreichung dieser Substanzen nach dem Lernen führte (insbes. bei Goldfischen) zu verschlechtertem Behalten. Diese Blockaden ergaben sich z.T. noch bei Verabreichung der Substanzen 6 Tage nach dem Lernen.

Förderungen des Behaltens durch Substanzen, die die RNS- und Proteinbiosynthese beeinflussen, sind nicht gesichert, obwohl in aller Welt augenblicklich nach solchen Stoffen geforscht wird.

Während in den Anfängen der biochemischen Gedächtnisforschung angenommen wurde, daß die RNS *die* Gedächtnissubstanz sei (diese Meinung wurde insbesondere jahrelang von HYDEN vertreten), ist man heute skeptischer geworden.

Welche Bedeutung die RNS letzlich für das Gedächtnis besitzt, muß die zukünftige Forschung abklären. Alternativmöglichkeiten sind etwa (GAITO, 1969):

1. RNS hat eine spezifische Bedeutung, die über die normale Proteinsynthese hinausgeht.

2. RNS hat eine spezifische Bedeutung lediglich als Zwischenglied in der Proteinsynthese sowohl beim Lernen als auch beim Behalten.
3. RNS hat eine spezifische Bedeutung als Zwischenglied in der Proteinsynthese beim Behalten, nicht aber beim Lernen.
4. RNS hat keine spezifische Bedeutung beim Lernen und Behalten.

Für jede der 4 Alternativen liegen positive und negative Befunde vor. Es ist jedoch zu erwarten, daß die zukünftige Forschung zeigen wird, daß Alternative 1. am wenigsten wahrscheinlich ist. Vermutlich wird sich die Alternative 3., vielleicht auch 2., durch weitere Experimente sichern lassen. Allerdings ist damit noch nicht das Problem des Gedächtnisses geklärt. Die wesentlichen Fragen betreffen die Mechanismen der Reaktivierung gespeicherter Informationen sowie den „Ort" der Speicherung.

3.3.3.3 Langzeitgedächtnis und Synapsen

Bereits Eccles hat Anfang der Fünfziger Jahre angenommen, daß Lernen und Gedächtnis etwas zu tun hat mit synaptischen Übertragungsmechanismen, nachdem Ableitungen mit Mikroelektroden von Einzelzellen ergaben, daß die excitatorischen postsynaptischen Potentiale durch repetitive Reizung über die Reizzeit hinaus eine erhöhte Erregbarkeit aufwiesen. Es wird heute angenommen, daß Lernen und Gedächtnis wesentlich darauf beruhen, daß zwischen bestimmten Neuronen bzw. Neuronenaggregaten über die Synapse neue Verbindungen geschaffen werden. Neben den bekannten Transmittersubstanzen, insbesondere Acetylcholin, sollen dabei Proteine oder Polypeptide an der Entstehung neuer neuronaler Verknüpfungen beteiligt sein (sog. connectors nach Ungar, 1968). Besonders eingehend wurde die Bedeutung von Acetylcholin diskutiert. Die Ergebnisse von Untersuchungen mit Verabreichung cholinerger und anticholinerger Substanzen sprechen dafür, daß die Speicherung von Informationen mit einer erhöhten Sensibilität der Synapsen für Acetylcholin einhergeht.

3.3.3.4 Langzeitgedächtnis und Lokalisation von Gedächtnisspuren

Zu den ältesten Gedächtnistheorien gehört die Annahme, daß lernbedingte Verhaltensänderungen zu strukturellen Veränderungen in bestimmten Hirnstrukturen führen. Die Suche nach „Engrammen" hat sich auf fast alle Gehirnstrukturen erstreckt (vgl. John, 1967), vor allem auf das Großhirn und das limbische System (Hippocampus).

Die hierbei benutzten Techniken sind: Ablationen und Reizungen umschriebener Strukturen, Hirnverletzungen, Spreading depression, Split-Brain-Versuche und Untersuchung elektrophysiologischer Ableitungen von Einzelneuronen oder Neuronenaggregaten während und nach dem Lernen.
Die wohl umfangreichsten Experimente wurden von dem Amerikaner Karl Lashley (1950) durchgeführt. Lashley untersuchte bei verschiedenen Species die Lern- und „Gedächtnis"-Fähigkeit nach Zerstörung bzw. Abtragung der verschiedenartigsten ZNS-Strukturen. Bei der Untersuchung von Lernvorgängen (insbes. im Labyrinth) wurde die Ablation *vor*, bei Gedächtnisprozessen *nach* dem Lernversuch vorgenommen. Wenn man von einigen Einzelheiten absieht, stützen die Versuche die „Lokalisationstheorie des Gedächtnisses" nicht, jedenfalls beim Versuchssubjekt Ratte. Entscheidend für das Ausmaß des Lern- und Behaltensdefizites war vorwiegend der Umfang

der abgetragenen oder zerstörten Strukturen. Die LASHLEY-Versuche können vereinfacht in 4 Punkten zusammengefaßt werden:

1. Die Behaltensleistung hängt nur in geringem Maße von spezifischen Gehirnstrukturen ab (Prinzip der Äquipotenz, equipotentiality). Sofern Lokalisationen bestehen, betreffen diese eher die Informationsaufnahme (z.B. Ausfall visueller Funktionen).
2. Das Ausmaß des Behaltensdefizites ist proportional zum Umfang der zerstörten Strukturen (Prinzip der Massenwirkung, Mass action).
3. Die Korrelation zwischen Behaltensdefizit und Umfang der zerstörten Struktur ist um so größer, je komplizierter die Lernaufgabe ist.
4. Ablationen führen im allgemeinen zu stärkeren Ausfällen bei bereits gelernten als bei neu zu lernendem Verhalten.

Die Befunde von LASHLEY sprechen dafür, daß Gedächtnis nicht lokalisierbar ist, oder daß das Gehirn als Ganzes für die Aufnahme, Kodierung, Speicherung und Abruf von Informationen verantwortlich ist. Dies gilt weitgehend auch für den Menschen. Obwohl jeder Lokalisationstheorie des Gedächtnisses mit größtmöglicher Skepsis begegnet werden sollte, kann nicht behauptet werden, daß keinerlei Beziehungen zwischen gelernten Verhaltensweisen und Strukturen des Gehirns bestehen. Praktisch kann keine Struktur als unumgänglich notwendig betrachtet werden, weil bei Ausfällen bestimmter Strukturen andere deren Funktionen übernehmen können. Dennoch scheint es so zu sein, daß bestimmte Strukturen wichtiger als andere für den Gesamtprozeß Lernen, Behalten und Reproduktion sind. Darauf weisen lokalisierte Hirnverletzungen, elektrische Reizversuche des Gehirns und die Registrierung elektrophysiologischer Veränderungen während des Lernens hin. Das Prinzip der ,,Massenwirkung" gilt im Humanbereich nur mit gewissen Einschränkungen. Die Proportionalität gilt nur, wenn wir innerhalb der *gleichen* Struktur bleiben. Einige bedeutsame Strukturen sind:

Temporallappen: PENFIELD und Mitarb. (PENFIELD u. ROBERTS, 1959) beobachteten bei elektrischer Reizung des oberen und lateralen Teils des Temporallappens während neurochirurgischer Operationen, daß die Patienten deutlich Szenen aus ihrer Vergangenheit berichteten, die im Normalzustand völlig vergessen zu sein schienen. (Kritisch dazu MAHL et al., 1964.) Vielfach wird angenommen, daß Störungen der Funktion des Temporallappen eine Langzeitspeicherung verhindern (BADDEY u. WARRINGTON, 1970).

Frontallappen: Eine spezifische Bedeutung für das Behalten scheint nicht zu bestehen, obwohl sie früher als gesichert angesehen wurde. Studien an Primaten (Affen und Menschen) legen nahe, daß scheinbare Störungen des Kurzzeitgedächtnisses ihre Ursache in mangelhaften Organisationsprozessen bei der Informationsaufnahme haben (PRIBRAM u. TUBBS, 1967). Diese hängen nicht zuletzt zusammen mit einer allgemeinen Beeinträchtigung kognitiver Funktionen (zusammenfassend IVERSEN, 1973.) Eine weitere Beobachtung bezieht sich auf die Störbarkeit von Vermeidungslernen bei Frontallappenläsionen. Sie sind wahrscheinlich Folge einer veränderten Affektivität, die ihrerseits mit den engen Beziehungen des Frontalcortex zum limbischen System zusammenhängt (zusammenfassend IVERSEN, 1973).

Subcorticale Strukturen: Während früher vor allem der Cortex für wesentlich erachtet wurde, wird in zunehmendem Maße die Beteiligung subcorticaler Strukturen an der Informationsspeicherung erkannt. Limbisches und retikuläres System sowie Thalamus und Hypothalamus sind mindestens insofern entscheidend im Lern- und Gedächtnisprozeß involviert, wie sie als motivational-aktivatorische und emotionale Steuerzentren die Lernvorgänge regulieren.

3.4 Abruf von Informationen (Retrieval)

Gespeicherte Informationen sind nicht jederzeit wieder abrufbar. Mangelnde Reproduktionsleistung ist also nicht gleichzusetzen mit Vergessen. Welches sind die wichtigsten Befunde für diese Behauptung?

a) Abhängigkeit des Behaltenspunktwertes von der Reproduktionsmethode: Die wichtigsten Prüfmethoden wurden bereits Ende des letzten und Anfang dieses Jahrhunderts durch H. EBBINGHAUS und G.E. MÜLLER entwickelt. Die wichtigsten Methoden sind die Ersparnismethode, die Wiedererkennungsmethode (Method of recognition) und die Reproduktionsmethode (Method of reproduction). Bei der *Ersparnismethode* ist bis zu einem bestimmten Kriterium zu lernen, danach nach einer bestimmten Zeit wiederzulernen. Als Behaltensmaß dient die Ersparnis beim Wiederlernen gegenüber dem Originallernen. Diese Differenz wird ausgedrückt in Prozent des Originallernens. Als Einheit dient dabei die benötigte Zeit oder die Anzahl der notwendigen Durchgänge bis zum Erreichen des Kriteriums. Die Wiedererkennungsmethode präsentiert das gelernte Material im Kontext von nicht gelerntem Material mit der Aufgabe, das gelernte zu benennen. Als Maß dient in der Regel die Anzahl der richtig erkannten Elemente minus der Anzahl der falsch erkannten.
Die *Reproduktionsmethode* verlangt die Reproduktion des Gelernten in freier Form.

Die *Vergessenskurven*, die wir mit den einzelnen Methoden erzielen, deuten vollkommen unterschiedliche Ausmaße des Behaltens an. Die klassischen Untersuchungen wurden bereits 1922 von LUH durchgeführt und von vielen anderen bestätigt. Danach ist die Wiedererkennungsmethode diejenige, die am engsten und besten „Spuren" des gelernten Materials wiedergibt, d.h. die Vergessenskurve verläuft flacher und langsamer. Während man früher annahm, daß die verschiedenen Methoden nur unterschiedlich gut sind, wird heute von vielen Autoren angenommen, daß Reproduktionsmethode einerseits und Wiedererkennungsmethode andererseits auf völlig unterschiedlichen Mechanismen beruhen, d.h. unterschiedliche psychologische und neurophysiologische Korrelate besitzen.

b) Reproduzierbarkeit scheinbar vergessenen Materials bei Reizung bestimmter Strukturen des ZNS: Insbesondere die Gruppe um den Neurochirurgen PENFIELD (1959) konnte bei Reizung des Schläfenlappens bei epileptischen Patienten im Rahmen von neurochirurgischen Eingriffen zeigen, daß Erinnerungen aus der Kindheit reproduziert werden konnten.

c) Reproduzierbarkeit scheinbar vergessenen Materials in Hypnose: Besonders aus der Frühzeit der Psychoanalyse liegen zahlreiche Berichte über Erinnerungen aus der frühen Kindheit vor.

d) Zustandsabhängiges Lernen und Reproduzierbarkeit: McIntyre und Reichert (1971) ließen 2 Gruppen von Ratten Links-rechts-Diskriminationen in einem T-Labyrinth lernen, und zwar kurz nachdem durch Mandelkernreizung induzierte Konvulsionen abgeklungen waren. Die eine Gruppe mußte einen Tag später im „Normalzustand" reproduzieren, die zweite hingegen wie beim Lernen nach Mandelkernstimulation. Diese letzte Gruppe wies wesentlich bessere Reproduktionsleistungen als die erste auf. Dieses Phänomen wird als zustandsabhängiges Lernen bezeichnet. Das Wesentliche daran in diesem Zusammenhang ist, daß scheinbar Vergessenes wieder reproduziert werden kann, wenn zur Zeit der Reproduktion der gleiche Zustand des Organismus vorliegt wie beim Lernen bzw. wie zur Zeit unmittelbar nach dem Lernen, also zu jener Zeit, die als die Speicherungsphase angesehen wird. Auch Untersuchungen mit Psychopharmaka (z.B. Stimulantien, Sedativa) ergaben, daß die Reproduktionsleistungen am höchsten sind, wenn zur Zeit des Lernens und der Reproduktion der gleiche organismische Zustand gegeben ist. (Zusammenfassend zum zustandsabhängigen Lernen: Overton, 1968.)

Die aufgeführten Ergebnisse sind von grundsätzlicher Bedeutung für die Praxis von Gedächtnisprüfungen. Sie weisen darauf hin, daß im konkreten Fall nicht entschieden werden kann, ob eine bestimmte mangelhafte Reproduktionsleistung zu Lasten mangelhafter Speicherung oder Reproduktion geht. Meist ist sogar noch zusätzlich die Möglichkeit einer gestörten Informationsaufnahme in Betracht zu ziehen. Besonders eindrucksvoll tritt diese Problematik bei klinischen Gedächtnisstörungen auf (vgl. Kap. D). Viele Autoren (zusammenfassend Warrington und Weiskrantz, 1973) konnten zeigen, daß bei posttraumatischen Amnesien und bei Korsakoff-Erkrankungen bestimmte Reproduktionstechniken zu fast ungestörten Behaltensleistungen (Langzeitgedächtnis) führen. Hieraus kann geschlossen werden, daß bestimmte *Gedächtnisstörungen* gar keine sind, sondern nur *Reproduktionsstörungen*.

Die physiologischen Korrelate des Reproduktionsprozesses sind bis jetzt noch weitgehend unbekannt. Dabei ist zu bedenken, daß der Retrieval-Prozeß von einer erheblichen Komplexität ist. Mindestens im Humanbereich besteht ja Erinnern in einem aktiven *Such*vorgang. Man kann sicher sein, daß viele Gedächtnisstörungen im Zusammenhang mit Hirnverletzungen lediglich Folge gestörter Reproduktionsmechanismen sind.

4. Denken und Intelligenz

4.1 Allgemeines

In Kap. D werden einige psychologische Grundzüge des Denkens und der Intelligenz besprochen und dargestellt, daß bestimmte Störungen des zentralen Nervensystems, insbesondere des Gehirns, zu Ausfällen oder Behinderungen von Denkprozessen führen können.
Die Untersuchung organismischer Aspekte des Denkens im Bereich des „Normalen" ist vor allem ein Anliegen der Neuropsychologie. Der Untersuchungstechnik nach lassen sich zwei Ansätze unterscheiden:

1. Welche physiologischen und physiologisch-chemischen Prozesse lassen sich während des Denkvorganges feststellen? (Funktionell-physiologischer Ansatz)
2. An welche organismischen Substrate ist der erfolgreiche Ablauf von Denkvorgängen gebunden? (Anatomisch-lokalisatorischer Aspekt)

Die Erforschung des Denkens wirft bei beiden Ansätzen von vornherein ein grundsätzliches Problem auf, das mit der Komplexität des Begriffes „Denken" zusammenhängt.
Häufig wird Denken als derjenige psychische Vorgang bezeichnet, bei dem zwischen Gegenständen oder Vorstellungen von Gegenständen Beziehungen bzw. Ordnungen nach bestimmten Regeln (z. B. Gemeinsamkeiten und Unterschiede zwischen Objekten bzw. Attributen von Objekten erkennen) hergestellt werden. Diese Herstellung von Beziehungen baut in der Regel bereits auf individuell und überindividuell hergestellte Ordnungen in Form von sprachlich gebundenen Begriffen auf.

Diese Kennzeichnung des Denkens zeigt sofort die Problematik bei der Untersuchung organismischer Korrelate von Denkvorgängen: In einer konkreten Untersuchung, in der wir etwa einen Denkvorgang durch die Vorgabe einer Rätselaufgabe auslösen wollen, haben wir nicht nur das „Denken" selbst (als unabhängige oder abhängige Variable), sondern eine Vielfalt anderer psychischer Phänomene. In diesem Sinne hat man Denken auch als einen „zusammengesetzten" psychischen Vorgang (im Gegensatz zu einem Elementarvorgang) bezeichnet.
Vereinfachend können folgende Teilvorgänge am „Denkprozeß" bei einer beliebigen Problemlösungsaufgabe unterschieden werden: 1. Allgemeine Aktiviertheit im Sinne einer erhöhten Handlungsbereitschaft, 2. Aufmerksamkeit als spezifischer selektiver Prozeß bei der Aufnahme von Informationen aus der Umwelt, 3. Aufmerksamkeit als konzentrativer Prozeß zum Zwecke der kontinuierlichen Beachtung von Teilaspekten der Aufgabe, 4. Kurzzeitspeicherung von Teilergebnissen (Kurzzeitgedächtnis), 5. Abruf von früher gelernten sprachlichen und nicht-sprachlichen Informationen (Langzeitgedächtnis, Vorstellungen, Sprache), 6. Vergleich von Einzelelementen der Aufgabe zum Zwecke der Gemeinsamkeiten und Unterschiede (Denken).

Die in den Punkten 1.—6. aufgeführten Elemente verdeutlichen, daß „Denken" nicht nur aus „Denkvorgängen" besteht. Vom Denken im engeren Sinne sind kaum unterscheidbar Wahrnehmungs- und Gedächtnisprozesse, weshalb alle 3 Aspekte zusammen in der Literatur auch oft als kognitive (erkennende) Vorgänge bezeichnet werden. Hinzu kommen jedoch motivationale Prozesse unter dem Aspekt der unspezifischen und spezifischen Aktivierung (Aufmerksamkeit).
Fast alle Untersuchungen über organismische Aspekte des Denkens lassen eine Trennung der genannten Elemente nicht zu. Dies ist zu beachten, wenn im folgenden einige Ergebnisse der auf S. 94, 95 angeführten Untersuchungsansätze dargestellt werden.

4.2 Funktioneller Ansatz

Innerhalb dieses Ansatzes können wie bei der Untersuchung anderer psychischer Phänomene zwei Untersuchungsstrategien benutzt werden: 1. Induktion von Denkprozessen und Beobachtung physiologischer Veränderungen und 2. Induktion physiologischer Veränderungen und Beobachtung des Denkens.

4.2.1 Physiologische Korrelate des Denkens

Während des Lösens beliebiger Problemaufgaben finden sich regelmäßig Erhöhungen der verhaltens-, erlebnismäßigen und physiologischen Aktiviertheit. So lassen sich in Abhängigkeit von der Aufgabenschwierigkeit und -dauer Veränderungen des peripher-vegetativen Arousals im Sinne eines Sympathicotonus, im EEG Desynchronisation (Beta-Wellen) und subjektiv Erhöhungen des inneren Angespanntseins nachweisen. Das simultane Auftreten dieser Veränderungen weist darauf hin, daß es sich dabei nicht um denkspezifische Veränderungen handelt, sondern um eine unspezifische Aktivierung, die die Intensität mentaler Beanspruchung widerspiegelt. Diese Aktivierung muß nicht das Resultat von Aufmerksamkeit auf Umweltreize sein, da sich zeigen läßt, daß sie auch auftritt, wenn die Aufgabe nicht die Aufnahme von Umweltinformationen verlangt.
Es wurde früher angenommen, daß Denkvorgänge sich hinsichtlich der begleitenden physiologischen Veränderungen durch eine Selektivität auszeichnen, indem vor allem EEG-Merkmale Korrelationen zu Denkprozessen aufweisen. Dies ist jedoch nicht der Fall. Autonome, biochemische und EEG-Merkmale lassen sich bei geeigneter Auswertung gleichermaßen als Intensitätsindikatoren verwenden. Dem Spontan-EEG kommt damit keine einzigartige Stellung zu. Diese besitzt jedoch möglicherweise die Methode der evozierten Potentiale (EP). EP scheinen nicht nur die Intensitäten mentaler Aktivität zu differenzieren, sondern auch die spezifischen Abhängigkeiten von der Aufgabenart wiedergeben zu können (z.B. verbal — nicht verbal). Die Forschung steht hier jedoch noch ganz am Anfang. (Zusammenfassung der physiologischen Korrelate des Denkens bei McGuigan und Schoonover, 1973.)

4.2.2 Veränderungen von Denkprozessen bei Variation physiologischer Prozesse

Elektrische, chemische und thermische Stimulationen und Blockierungen von zentralnervösen Strukturen haben keine einheitlichen bzw. reproduzierbaren Veränderungen erbracht, die als „denkspezifisch“ anzusehen wären. In den meisten Fällen lassen sich die Ergebnisse deuten als Wahrnehmungs-, Gedächtnis- oder Aufmerksamkeitsveränderungen, vor allem aber als Veränderungen der allgemeinen Aktiviertheit.

Wie bei den meisten Variablen steigt bei experimentell induziertem Arousal (Pharmaka, sensorische Reizung, elektrische Reizung der Formatio reticularis) mit wachsender Intensität die Leistung an, um dann wieder abzufallen (umgekehrt U-förmige Beziehung zwischen Arousal und Leistung). Zu niedriges und zu hohes Arousal würde daher die „Denkleistung“ beeinträchtigen. Bestimmte psychiatrische Denkstörungen wurden als Folge zu niedrigen oder zu hohen Arousals gedeutet. So nehmen einige Untersucher an, daß bestimmte Denkstörungen (von Schizophrenen) als Folge eines pathologisch erhöhten Arousals zu deuten sind (zusammenfassend Broen, 1968).

4.3 Anatomisch-lokalisatorischer Ansatz

Die Beobachtung bestimmter Leistungsausfälle nach Gehirnverletzungen führte zu der Suche nach Zentren innerhalb der Großhirnrinde, denen bestimmte kognitive Leistungen zugeordnet werden können (vgl. auch S. 6 und S. 57).

In der Tat werden in der Neurologie seit dem vorigen Jahrhundert verschieden lokalisierte Zentren für Agnosien (Störungen beim Erkennen und Einordnen von Objekten), sensorische Aphasien (Störungen beim Zuordnen von Bedeutungen zu Objekten), motorische Aphasien (Störungen beim Ausdrücken von Bedeutungen in Schrift und Sprache) und Apraxien (Störungen bei Bewegungen) angenommen. All diesen Störungen gemeinsam ist, daß sie sich nicht erklären lassen durch Störungen des peripheren Apparates (z.B. Auge, Motorik), sondern durch Ausfälle in der Hirnrinde.

Trotz des Vorliegens vieler Befunde aus der Neurologie ist es bislang nicht gelungen, eindeutige Zuordnungen von spezifischen Strukturen in der Hirnrinde und umschriebenen Denkprozessen vorzunehmen (Einführungen: KINSBOURNE, 1971; HOPF, 1964; GLONING u. HOPF, 1969; BENTON, 1969.) Dies hängt vor allem mit folgenden Problemen zusammen: 1. Die beschriebenen Leistungsstörungen sind meist nicht mit Hilfe von objektiven Tests erhoben; 2. sofern verschiedenartige Tests benutzt wurden, zeigt sich, daß die Ausfälle meist genereller sind als angenommen, indem auch motivationale und emotionale neben kognitiven Störungen nachweisbar sind; 3. bei krankhaften Störungen der Hirnrinde sind meist nicht nur eng umschriebene Areale betroffen; 4. die Art und das Ausmaß der Denkstörungen ist bei gleicher Lokalisation der Störung individuell stark unterschiedlich; 5. Störungen des Denkens verschwinden oft nach einer gewissen Zeit, möglicherweise deshalb, weil andere Strukturen die Funktion der ausgefallenen übernommen haben.

Auch experimentelle Läsionen (Einführend: MILNER u. GLICKMAN, 1965) haben, obwohl sie eine sorgfältige Kontrolle der Lokalisation ermöglichen, nicht viel mehr als spezifische Zuordnungen für einfache sensorische Funktionen erbracht.

Die Mehrzahl der Untersucher vertritt heute den Standpunkt, daß eine spezifische Zuordnung von Hirnstrukturen und Denkprozessen nicht möglich ist. Dieser Standpunkt kann allein von der Tatsache der Vielfalt der an einem Denkprozeß beteiligten Einzelfunktionen unterstützt werden. Trotz fehlender Lokalisierbarkeit lehnen die meisten Autoren die von LASHLEY formulierten Prinzipien der Massenwirkung und der Äquipotenz in ihrer rigorosen Form mindestens für den Menschen ab. Diese Prinzipien besagen, daß das Ausmaß kognitiver Störungen allein vom Umfang zerstörter Strukturen abhängt (Massenwirkung) und daß die verschiedenen Strukturen der Hirnrinde ohne Bedeutung für die Art der Denkstörung seien (Äquipotenz).

Literaturverzeichnis

ADAMS, J.A.: Human memory. New York: McGraw-Hill 1967.

ALEXANDER, F.: Psychosomatische Medizin. Berlin: de Gruyter 1951.

ANDREW, N.: Biofeedback. Stuttgart: DVA 1973.

APPLEY, M.H., TRUMBULL, R.: Psychological stress. New York: Appleton-Century Crofts 1967.

AVERILL, J.R.: Automatic response pattern during sadness and mirth. Psychophysiology **5**, 399–415 (1969).

AX, A.F.: The physiological differentiation between fear and anger in humans. Psychosom. Med. **15**, 433–442 (1953).

BADDEY, A.D., WARRINGTON, E.K.: Amnesia and the distinction between long and short-term memory. J. Verbal Learning and verbal Behavior **9,** 176–189 (1970).

BAKAN, P.: Attention. Princeton: Nostrand 1966.

BARBIZET, J.: Human memory and its pathology. S. Francisco: Freeman 1970.

BARTENWERFER, H.: Herzrhythmikmerkmale als Indikatoren psychischer Anspannung. Psychol. Beitr. **4,** 7–25 (1960).

BARTENWERFER, H.: Einige praktische Konsequenzen der Aktivierungstheorie. Z. exp. angew. Psychol. **16,** 195–222 (1969).

BARTENWERFER, H., KÖTTER, L., SICKEL, W.: Beiträge zum Problem der psychischen Beanspruchung. Köln; Westdeutscher Verlag 1963.

BAUST, W.: Die Phänomenologie des Schlafens. In: W. Baust: Ermüdung, Schlaf und Traum. Stuttgart: Fischer 1971.

BENTON, A.L.: Contribution to clinical neuropsychology. Chicago: Aldine 1969.

BERLYNE, D.E., MCDONNELL, P.: Effects of stimuluscomplexity and incongruity on duration of EEG-desynchronization. Elektroenceph. clin. Neurophysiol. **18,** 156–164 (1965).

BLACK, P.: Physiological correlates of emotion. New York: Academic Press 1970.

BLOCK, J.: Studies in the phenomenology of emotion. J. abnorm. soc. Psychol. **54,** 359–363 (1957).

BRADY, J.V.: Further comments on the gastro-intestinal system and avoidance behavior. Psychol. Reports **12,** 742 (1963).

BRADY, J.V., PORTER, R.W., CONRAD, D., MASON, J.W.: Avoidance behavior and development of gastro-duodenal ulcers. J. exp. Anal. Behav. **1,** 69–72 (1958).

BROADBENT, D.: Perception and communication. London: Pergamon Press 1958.

BROADBENT, D.: Decision and stress. London: Academic Press 1971.

BROEN, W.E.: Schizophrenia. Research and theory. New York: Academic Press 1968.

BROWN, C.C.: Methods in psychophysiology. Baltimore: Williams and Wilkins 1967.

BRUMLICK, J., YAP, C.-B.: Normal tremor. Springfield: Ch.C. Thomas 1970.

BURNS, B.D.: The production of afterbursts in isolated unanaesthetized cerebral cortex. J. Physiol. (Lond.) **125,** 427–446 (1954).

BYRNE, W.L.: Molecular approaches to learning and memory. New York: Academic Press 1970.

CANNON, W.B.: Against the James-Lange-theorie and the Thalamic theory of emotion. Psychol. Rev. **38,** 281–295 (1931).

CANNON, W.B.: The James-Lange-Theory of emotion: a critical examination and alternate theory. Amer. J. Psychol. **33,** 106–124 (1927).

CANNON, W.B.: The wisdom of the body. New York: Norton 1939.

CARLSON, L.A., LEVI, L., ORÖ, L.: Stressor-induced changes in plasma lipids and urinary excretion of catecholamines and their modification by nicotine acid. In: Levi, L.: Stress and distress in response to psychosocial stimuli, Kap. 5. Stockholm: Almqvist and Wiksell 1972.

CLARIDGE, G.: Drugs and human behavior. New York: Praeger 1970.

CLARK, W.G., DEL GIUDICE: Principles of psychopharmacology. New York: Academic Press 1970.

COFER, C.N., APPLEY, M.H.: Motivation, S. 157–174. New York: Wiley 1967.

COOPER, R.: Recording changes in electrical properties in the brain: the EEG. In: R.D. Myers: Methods in psychobiology, Kap. 6. London: Academic Press 1971.

CORSO, J.F.: The experimental psychology of sensory behavior. New York: Holt, Rinehart & Winston 1967.

DAVITZ, J.R.: The language of emotion. New York: Academic Press 1969.

DAWSON, R.G.: Retrograde amnesia and conditioned emotional response incubation reexamined. Psychol. Bull. **75,** 278–285 (1971).

DELGADO, J.M.: Gehirnschrittmacher. Frankfurt: Ullstein 1971.

DEUTSCH, J.A.: The physiological basis of memory. Ann. Rev. Psychol. **20,** 85–104 (1969).
DEUTSCH, J.A.: The physiological basis of memory. New York: Academic Press 1973.
DUFFY, E.: Activation and behavior. New York: Wiley 1962.
EASON, R.G., BEARDSHALL, A., JAFFEE, S.: Performance and physiological indicants of activation in a vigilance situation. Percept. Motor Skills **20,** 3–13 (1965).
EBBINGHAUS, H.: Über das Gedächtnis. Leipzig: Dunker 1885.
EDELBERG, R.: Electrical properties of the skin. In: Brown C.C.: Methods of psychophysiology, Kap. 1. Baltimore: Williams and Wilkins 1967.
EKMAN, G.: Dimensions of emotion. Acta psychol. (Amst.) **11,** 279–288 (1955).
ERTEL, S.: Die emotionale Natur des semantischen Raumes. Psychol. Forsch. **28,** 1–32 1964.
ERVIN, F.R., MARK, V.H., STEVENS, J.: Behavioral and affective responses to brain stimulation in man. In: Zubin, J., Shagass, C.: Neurobiological aspects of psychopathology. New York: Grune and Stratton 1969.
ERVIN, F.R., KENNEY, G.J.: Electrical stimulation of the brain. In: Myers, R.D.: Methods in psychobiology, Kap. 7. New York: Academic Press 1971.
FAHRENBERG, J.: Psychophysiologische Persönlichkeitsforschung. Göttingen: Hogrefe 1967.
FAHRENBERG, J.: Zur Frage einer differentiellen Physiologie der Affekte. Psychol. Forsch. **28,** 422–438 (1965).
FILLENBAUM, S., RAPPOPORT, A.: Structures in the subjective lexicon. New York: Academic Press 1971.
FOPPA, K.: Lernen, Gedächtnis, Verhalten. Köln: Kiepenheuer u. Witsch 1965.
FRANKENHAEUSER, M.: Biochemische Indikatoren der Aktiviertheit: Die Ausscheidung von Katecholaminen. In: Schönpflug: Methoden der Aktivierungsforschung, Kap. 6. Bern: Huber 1969.
FRANKENHAEUSER, M., KAREBY, S.: Effect of meprobamate on catecholamine excretion during neutral stress. Percept. Motor. Skills **15,** 571–577 (1962).
FUNKENSTEIN, D.H., MEADE, L.W.: Nor-epinephrinelike and epinephrine-like substances and the elevation of bloodpressure during acute stress. J. nerv. ment. Dis. 119–138 (1954).
FUSTER, J.M.: Effects of stimulation of brains tem on tachistoscopy perception. Science **12,** 150 (1958).
GAITO, J.: Macromolecules and learning. In: Bourne, J.H.: The structure and function of nervous tissue. New York: Academic Press 1969.
GALLISTEL, C.R.: Self-stimulation: The neurophysiology of reward and motivation. In: Deutsch, J.A.: The physiological basis of memory. New York: Academic Press 1973.
GLASER, E.M.: Die physiologischen Grundlagen der Gewöhnung. Stuttgart: Thieme 1968.
GLICKMAN, S.E.: Perseverative neural processes and consolidation of the memory trace. Psychol. Bull. **58,** 218–233 (1961).
GLONING, K., HOFF, H.: Cerebral localisation of disorders of higher nervous activity. In: P.J. Vinken, G.W. Bruyn: Handbook of clinical neurology, Bd. 3. Amsterdam: North-Holland Publish 1969.
GOLDSTEIN, L.B.: Electromyogramm. In: N.S. Greenfield, R.A. Sternbach: Handbook of Psychophysiology, Kap. 8. New York: Holt 1972.
GOLDSTEIN, M.L.: Physiological theories of emotion: a critical historical review from the standpoint of behavior theory. Psychol. Bull. **69,** 23–40 (1968).
GRAHAM, F.K., CLIFTON, R.K.: Heart-rate change as a component of the orienting response. Psychol. Bull. **65,** 305–320 (1966).
GRAY, S.: Angst und Stress. München: Kindler 1971.
GREENFIELD, N.S., STERNBACH, R.A.: Handbook of psychophysiology. New York: Holt 1972.
GROSSMAN, J.P.: Eating or drinking elicted by adrenergic or cholinergic stimulation of hypothalamus. Science **132,** 301–302 (1960).
GROSSMAN, S.: Physiologische Psychologie. New York: Academic Press 1973.

Groves, P.M., Thompson, R.F.: Habituation: A dual-process theory. Psychol. Rev. **77,** 419–450 (1970).

Guttmann, G.: Einführung in die Neuropsychologie. Neuropsychologie der Wahrnehmung. Bern: Huber 1972.

Haider, M.: Elektrophysiologische Indikatoren der Aktiviertheit. In: W. Schönpflug: Methoden der Aktivierungsforschung. Bern: Huber 1968.

Heath, R.G.: The role of pleasure in behavior. New York: Hoeber 1964.

Hebb, D.O.: The organization of behavior. New York: Wiley 1949.

Hensel, H.: Temperaturregulation. In: W.D. Keidel: Kurzgefaßtes Lehrbuch der Physiologie. Stuttgart: Thieme 1967.

Hérnandez-Péon, R.: Neurophysiologic aspects of attention. In: P.S. Vinken, G.W. Bruyn: Handbook of clinical neurology, Bd 3. Amsterdam: North-Holland Publish. 1969.

Hiltmann, W.D.: Prinzipien von Regelung und Steuerung. In: W. Baust: Ermüdung, Schlaf und Traum. Stuttgart: Fischer 1971.

v. Holst, E., v. Saint Paul, U.: Vom Wirkungsgefüge der Triebe. In: E. v. Holst: Zur Verhaltensphysiologie bei Tieren und Menschen, Bd. 1. München: Piper 1969.

Hopf, A.: Localization in the cerebral cortex from the anatomical point of view. In: Schaltenbrand, G., Woolsey, C.N.: Cerebral localization and organization. Madison: Univ. Wisconsin Press 1964.

Horn, G.: Neuronal mechanisms of habituation. Nature **215,** 707–711 (1967).

Howe, M.J.A.: Introduction to human memory. New York: Harper 1970.

Huber, H.P.: Mikrovibration als Stressindikator bei Neurotikern und Gesunden. Arch. ges. Psychol. **117,** 166–187 (1965).

Hull, C.L.: A behavior system. New Haven: Yale Univ. Press 1952.

Isaacson, R.L., Douglas, R.J., Lubar, J.F., Schmaltz, L.W.: A primer of physiological psychology. New York: Harper 1971.

Izard, C.E.: The face of emotion. New York: Appleton-Century-Crofts 1971.

Janke, W.: Das Experiment in der Psychologie. In: Enzyklopädie der geisteswissenschaftlichen Arbeitsmethoden. München: Oldenbourg 1968.

Janke, W.: Hormone. In: Lexikon der Psychologie. Freiburg: Herder 1971.

Janke, W.: Methoden der Induktion von Aktiviertheit. In: W. Schönpflug: Methoden der Aktivierungsforschung, Kap. II. Bern: Huber 1969.

John, E.R.: Mechanisms of memory. New York: Academic Press 1967.

Johnson, L.C., Lubin, A.: Experimental design and methods. In: Greenfield, N.S., Sternbach, R.A.: Handbook of psychophysiology. New York: Holt, Rinehart and Winston 1972.

Keidel, W.: Prinzipien biologischer Regelung. In: W.D. Keidel: Kurzgefaßtes Lehrbuch der Physiologie. Stuttgart: Thieme 1967.

Keidel, W.: Sinnesphysiologie, Teil I: Allgemeine Sinnesphysiologie und visuelles System. Berlin–Heidelberg–New York: Springer 1971.

Kinsbourne, M.: Cognitive deficit: experimental analysis. In: J.L. McGaugh: Psychobiology, Kap. 7. New York: Academic Press 1971.

Kintsch, W.: Learning, memory and conceptual processes. New York: Wiley 1970.

Knapp, P.H.: Expression of the emotions in man. New York: Int. Univ. Press 1963.

Kornblum, S.: Attention and performance. New York: Academic Press 1973.

Kristof, W.: Eine empirische Untersuchung zur Klassifikation der Gefühle. Psychol. Forsch. **28,** 46–63 (1964).

Kuna, H., Golenhofen, K., Lienert, G.: Zuverlässigkeit und Gültigkeit der Mikrovibrationsamplitude als Aktivierungsindikator. Z. exp. angew. Psychol. **11,** 455–479 (1964).

Lacey, J.I.: Individual differences in somatic response patterns. J. comp. Psychol. **43,** 338–350 (1950).

Langosch, W.: Psychische Aspekte des Herzinfarkts. Sexualmedizin **4,** 192–197 (1973).

LASHLEY, K.: In search of the engram. In: Damielli, J.F., Brown, R. (Hrsg.): Physiological mechanisms of animal behavior. New York: Wiley 1950.
LAZARUS, R.S.: Psychological stress and the coping process. New York: McGraw-Hill 1966.
LEGEWIE, H.: Indikatoren von Kreislauf, Atmung und Energieumsatz. In: W. Schönpflug: Methoden der Aktivierungsforschung, Kap. 5. Bern: Huber 1969.
LENZER, I.L.: Differences between behavior reinforced by electrical stimulation of the brain and conventinally reinforced behavior. Psychol. Bull. **78,** 103–118 (1972).
LEVI, L.: Stress and distress in response to psychosocial stimuli. Acta med. scand. Suppl. 528 (1972).
LEVINE, S.: Hormones and behavior. New York: Academic Press 1972.
LEWIS, D.J.: Sources of experimental amnesia. Psychol. Rev. **76,** 461–472 (1969).
LIENERT, G.: Testaufbau und Testanalyse. Weinheim: Beltz 1969.
LINDSLEY, D.M.: Emotion. In: S.S. Stevens: Handbook of experimental psychology. New York: Wiley 1950.
LIPPOLD, O.C.J.: Electromyography. In: P.H. Venables, I. Martin: Manual of psychophysiological methods. New York: Wiley 1967.
LORENTE DE NO, R.: Analysis of the activity of chains of internuncial neurons. J. Neurophysiol. **1,** 207–244 (1938).
LYNN, R.: Attention, arousal and the orientation reaction. Oxford: Pergamon Press 1966.
MAGGIO, E.: Psychophysiology of learning and memory. Springfield: Ch. C. Thomas 1971.
MALMO, R.B., SHAGASS, C.: Physiological study of symptom mechanisms in psychiatric patients under stress. Psychosom. Med. **11,** 25–29 (1949).
MASON, J.W.: A review of psychoendocrine research on the pitnitary-adrenal cortical system. Psychosom. Med. **30,** 576–607 (1968).
MCGAUGH, J.L., HERZ, M.J.: Memory consolidation. San Francisco: Albion 1972.
MCGUIGAN, F.J., SCHOONOVER, R.A.: The psychobiology of thinking. New York: Academic Press 1973.
MILLER, N.E.: Chemical coding of behavior in the brain. Science **148,** 328–338 (1965).
MILLER, N.E.: Studies of fear as an acquired drive. J. exp. Psychol. **38,** 90–98 (1948).
MILLNER, P., GLICKMAN, S.: Cognitive processes and the brain. Princeton: Van Nostrand 1965.
MILNER, B.: Amnesia following operations in the temporal lobes. In: Zangwill, O.L., Whitty, C.M.W.: Amnesia. London: Butterworths 1967.
MILNER, P.M.: Physiological Psychology. London: Holt 1970.
MORAY, N.: Attention. New York: Academic Press 1970.
MORAY, N.: Listening and attention. Harmondsworth: Penguin Books 1969.
MYERS, R.D.: Methods in Psychobiology: Laboratory techniques in neuropsychology and neurobiology. London: Academic Press 1971.
MYERS, R.D.: Methods in psychobiology, Kap. 8. New York: Academic Press 1971.
NEISSER, U.: Cognitive psychology. New York: Appleton-Century-Crofts 1967.
NORMAN, D.A.: Models of human memory. New York: Academic Press 1970.
NORMAN, D.A.: Memory and attention. New York: Wiley 1969.
OLDS, J.: Hypothalamic substrates of reward. Physiol. Rev. **42,** 554–604 (1962).
OVERTON, D.A.: Dissociated learning in drug states (state dependent learning). In: Efron, D.H. (Hrsg.): Psychopharmacology. Westington: U.S. Government Printing Office 1968.
PENFIELD, W.: The interpretative cortex. Science **129,** 1719–1725 (1959).
PENFIELD, W., ROBERTS, L.: Speech and brain mechanisms. Princeton: University Press 1959.
PLUTCHIK, R.: The emotion: facts, theories, and a new model. New York: Random 1962.
PRIBRAM, K.H.: Memory mechanisms. Middlesex: Penguin 1969.
PRIBRAM, K.H., TUBBS, W.E.: Short term memory, sparsing, and the primate frontal cortex. Science **156,** 1765–1767 (1967).

RAPPAPORT, H., KATKIN, E.S.: Relationship among manifest anxiety, response to stress, and the perception of autonomic activity. J. cons. clin. Psychol. **38,** 219–224 (1972).

REGAN, D.: Evoked potentials in psychology, sensory physiology and clinical medicine. London: Chapman and Hall 1972.

ROHRACHER, H.: Comments on „a resonance theory of microvibration". Psychol. Rev. **71,** 524–525 (1964).

ROUTTENBERG, A.: The two-arousal hypothesis: reticular formation and limbic system. Psychol. Rev. **75,** 51–79 (1968).

RUSSELL, P.A.: Infantile stimulation in rodents: A consideration of possible mechanismus. Psychol. Bull. **75,** 192–202 (1971).

SCHACHTER, S., SINGER, J.E.: Cognitive, social and physiological determinants of emotional state. Psychol. Rev. **69,** 379–399 (1962).

SCHNEIDER, A.M.: Spreading depression: a behavioral analysis. In: Deutsch: The physiological basis of memory, Kap. 8. New York: Academic Press 1973.

SCHÖNPFLUG, J.: Methoden der Aktivierungsforschung. Bern: Huber 1969.

SELYE, H.: Stress beherrscht unser Leben. Düsseldorf: Econ 1954.

SHAGASS, SH.: Electrical activity of the brain. In: N.S. Greenfield, R.A. Sternbach: Handbook of psychophysiology, Kap. 7. New York: Holt 1972.

SHAPIRO, A.P.: Psychophysiologic mechanisms in hypertensive vascular disease. Ann. intern. Med. **53,** 64–83 (1960).

SOLLBERGER, A.: Biologische Rhythmusforschung. In: H.G. Gadamer, P. Vogler: Biologische Anthropologie, Teil I. Stuttgart: Thieme 1972.

SPERRY, R.W.: The great celebral commissure. In: J.L. McGaugh, N.M. Wineberger, R.E. Whalen: Psychobiology. San Francisco: Freeman 1967.

SPEVACK, A.A., SUBOSKI, M.D.: Retrograde effects of electro-convulsive shock on learned responses. Psychol. Bull. **72,** 66–76 (1969).

STEIN, L.: Chemistry of purpose behavior. In: J.T. Tapp: Reinforcement and behavior. New York: Academic Press 1969.

STEIN, M., LUPARELLO, J.: The measurement of respiration. In C.C. Brown: Methods in psychophysiology, Kap. 3. Baltimore: Williams and Wilkins 1967.

STERNBACH, R.A.: Principles of psychophysiology. New York: Academic Press 1966.

STROEBEL, C.F.: Psychophysiological pharmacology. In: N.S. Greenfield, R.A. Sternbach: Handbook of psychophysiology. New York: Holt 1972.

TALLAND, G.A.: Disorders of memory and learning. Middlesex: Penguin 1968.

TALLAND, G.A., WAUGH, N.C.: The pathology of memory. New York: Academic Press 1969.

TECCE, J.J.: Contingent negative variation (CNV) and psychological processes. Psychol. Bull. **77,** 73–108 (1972).

THAYER, R.: Measurement of activation through self-report. Psych. Rep. **20,** 663–678 (1967).

THAYER, R.: Activation states as assessed by verbal report and four psychophysiological variables. Psychophysiology **7,** 86–94 (1970).

THOMPSON, R.F., PATTERSON, M.M.: Bioelectric recording techniques. New York: Academic Press 1973.

THOMPSON, R.: Foundations of physiological psychology. London: Harper 1967.

TRAXEL, W.: Über Dimensionen und Dynamik der Motivierung. Z. exp. angew. Psychol. **8,** 418–428 (1961).

TRAXEL, W.: Ein Erkundungsexperiment zum System der Motivierungen. Psychol. Beiträge **9,** 309–322 (1966).

TRAXEL, W.: Einführung in die Methodik der Psychologie. Bern: Huber 1972.

TULVING, E., DONALDSON, W.: Organization of memory. New York: Academic Press 1972.

VALENSTEIN, E.S., COX, V.C., KAKOLEWSKI, J.W.: Reexamination of the role of the hypothalamus in motivation. Psychol. Rev. **77,** 16–31 (1970).

VALENSTEIN, E.S., COX, V.C., KAKOLEWSKI, J.W.: The hypothalamus and motivated behavior. In: J.T. Trapp: Reinforcement and behavior. New York: Academic Press 1969.

VENABLES, P., MARTIN, I.: A manual of psychophysiological methods. Amsterdam: North-Holland Publish. 1967.

VENABLES, P.H., MARTIN, I.: Skin resistance and skin potential. In: Venables, P.H., Martin, I.: A manual of psychophysiological methods, Kap. 2. Amsterdam: North-Holland Publish. 1967.

WARRINGTON, E.K., WEISKRANTZ: An analysis of short-term and long-term memory defects in man. In: J.A. Deutsch: The physiological basis of memory. New York: Academic Press 1973.

WHITTY, C.W.M., ZANGWILL, O.L.: Amnesia. London: Butterworths 1966.

WILDER, J.: Stimulus and response. The law of initial values. Bristol: Wright 1967.

ZIMMERMANN, E.: Das Experiment in den Sozialwissenschaften. Stuttgart: Teubner 1972.

B. ENTWICKLUNG AUS BIOLOGISCHER UND SOZIALER SICHT

K. GROSSMANN

1. Psychologie und Entwicklungspsychologie

Psychologie versteht sich heute als die Wissenschaft vom Verhalten und Erleben. Vielfach wird diese Definition nur auf den Menschen angewandt, um dadurch anzudeuten, daß es sich bei der Psychologie um ein Gebiet handelt, in dessen Mittelpunkt der Mensch steht.

Allerdings ist auch von Tieren verhältnismäßig oft die Rede; Untersuchungen und Beobachtungen beschränken sich doch nahezu ausschließlich auf die höheren Säugetiere. An ihnen kann man, quasi modellhaft, manche Erkenntnis gewinnen, die man dann am Menschen überprüft. Tiere bieten sich aus vielerlei Gründen für den psychologischen Forscher an: Sie sind leicht zu halten, haben in der Regel eine verhältnismäßig kurze Generationenfolge, sind billig, und sie sind vor allem immer für Versuche verfügbar, vor allem für solche, die sich beim Menschen aus ethischen Gründen verbieten. Bei Tier-Mensch-Vergleichen sind aber die verhaltensbiologischen Erkenntnisse, die vor allem auf der Evolutionstheorie basieren, zu berücksichtigen.

Die Entwicklungspsychologie widmet sich einem speziellen Aspekt von Verhalten und Erleben: Nämlich ihren Veränderungen im Laufe der Zeit. Sie versucht, solche Veränderungen beschreibend zu erfassen, und untersucht sodann die Bedingungen, Ursachen und Gesetzmäßigkeiten, unter denen sich die beobachteten Veränderungen vollziehen. Die Veränderung von Lebewesen erfolgt prinzipiell auf zweierlei Weise. Entweder handelt es sich um die Verwirklichung genetischer Information, oder es handelt sich um Einwirkungen auf den individuellen Organismus von außen. Während man im ersten Fall von „Reifung“ oder „Entfaltung von Erbanlagen“ spricht, sind es im letzteren Falle Ereignisse wie Verletzungen, Milieueinflüsse, Vernachlässigungen und Lernen im weitesten Sinne.

Nun lassen sich diese beiden Informationsquellen — die ererbte artspezifische Information und die individuell erworbene Information — bei der menschlichen Entwicklung keineswegs klar voneinander trennen. Im Gegenteil: Eines der Hauptprobleme der Entwicklungspsychologie ist die Frage nach der Beziehung zwischen Anlage und Umwelt. In letzter Zeit hat dieses Problem auch in verstärktem Maße zahlreiche Wissenschaftler anderer Disziplinen beschäftigt. Im Zusammenhang mit der menschlichen Begabung etwa stellen sich Fragen wie: Ist Begabung angeboren? Ist Begabung milieubedingt? Ist Begabung eine Wechselwirkung von beiden? Wenn ja, welchen Anteil haben die Erbfaktoren und welchen die Umwelt?

Dabei sind wir auf ein sorgfältiges Abwägen der vorliegenden Beobachtungen angewiesen. Die Forschung konzentriert sich in der Hauptsache auf die Einflußmög-

lichkeiten während der Individualentwicklung (Ontogenese), weil sich nur hier Möglichkeiten für eine Beeinflussung abzeichnen.
Ein im Rahmen der menschlichen Entwicklung hervorspringendes Merkmal ist die Lernfähigkeit, die ein Zusammenwirken von bestimmten, genetisch bedingten Bereitschaften und darauf abgestimmten äußeren Gegebenheiten darstellt. Dieser Wechselbeziehung wollen wir uns als dem wichtigsten Prinzip der menschlichen Entwicklung widmen.

1.1 Die zeitliche Dimension

Ein weiterer Gesichtspunkt, mit dem wir uns vertraut machen müssen, ist die zeitliche Dimension der Entwicklung. Der längstmögliche denkbare Zeitraum ist die Stammesgeschichte oder Phylogenese von Lebewesen. Diesem Zeitraum widmen sich vor allem die vergleichenden Verhaltensforscher (Ethologen). Die Ethologen versuchen, angeborene, komplexe, artspezifische Verhaltensweisen auf stammesgeschichtlich frühere einfachere Verhaltensformen zurückzuführen. Während sich die Ethologen der Stammesgeschichte aller Lebewesen widmen und sie miteinander vergleichend in Beziehung setzen, ist ein anderer, spezieller Aspekt dieser phylogenetischen Dimension die Anthropogenese, also die Konzentration auf die Menschheitsentwicklung, so wie sie HEBERER (1973) betreibt.
Die Ontogenese des Menschen, seine Entwicklung von der Geburt bzw. der Empfängnis bis zu seinem Tode, wäre der nächstkürzere Zeitraum. Er umfaßt die Psychologie des Kleinkindes, das Schulalter, das Jugendalter, das Erwachsenenalter und das Greisenalter. Im Vergleich zum Kleinkind und zum Kind sind die vorliegenden Daten der Jugendpsychologie und des Erwachsenenalters weit spärlicher. Die Gerontologie, die Wissenschaft vom Altern, hat sich weithin als ein eigenes Gebiet etabliert, das kaum in einem der klassischen Lehrbücher der Entwicklungspsychologie vertreten ist (U. LEHR, 1972).

1.2 Definition

Die Entwicklungspsychologie untersucht die Veränderungen des Verhaltens und Erlebens von Menschen und Tieren im Laufe der Zeit; sie versucht, solche Veränderungen messend zu erfassen und untersucht sie hinsichtlich ihrer Bedingungen, Ursachen und Gesetzmäßigkeiten (vgl. H.D. SCHMIDT, 1970). Eine solche Veränderung von Verhaltens- und Erlebnisweisen des Menschen im Verlaufe der Zeit ist gekennzeichnet durch eine Wechselbeziehung zwischen einer biologischen Bereitschaft und einer passenden Umwelt. Entwicklungspsychologie untersucht also die artspezifischen Verhaltensveränderungen und ihre Beziehungen zu äußeren Gegebenheiten. In der Folge werden wir uns mit drei Bereichen zu beschäftigen haben: 1. Mit den biologischen Grundlagen des Verhaltens einschließlich der phylogenetischen und der vergleichenden Aspekte; 2. mit den Lernbereitschaften, den Lerngegebenheiten und den Lernmechanismen, die einem Kind im Laufe der ersten Lebensjahre in unterschiedlicher Weise zur Verfügung stehen, und schließlich 3. mit der psychischen und sozialen Entwicklung, dem Werden und Entstehen des Kulturwesens Mensch. Zum Schluß sollen einige Aspekte des menschlichen Alterns dargestellt werden.

2. Biologische Grundlagen des Verhaltens

Ansätze zu einer Entwicklungspsychologie finden sich 1887 in TIEDMANNS Tagebuch einer kindlichen Entwicklung und 1882 in dem Buch von PREYER „Die Seele des Kindes“ (ELFRIEDE HÖHN, 1959). Den wichtigsten Impuls erhielten die Forscher, die sich um biologische Entwicklungsprozesse bemühten, natürlich durch CHARLES DARWIN, der 1859 sein berühmtes Buch veröffentlichte: „Über den Ursprung der Arten durch natürliche Auslese oder die Bewahrung begünstigter Rassen im Kampf ums Dasein“. Zahlreiche Forscher suchten in der Folge tierische Merkmale im Menschen, andere wiederum menschliche in Tieren. Die Sonderstellung des Menschen war aufgehoben, die Verbindung zum Tierreich theoretisch hergestellt.

2.1 Das extrauterine Frühjahr

Bei der menschlichen Geburt finden sich gegenüber der Geburt anderer Lebewesen einige Eigentümlichkeiten. Sie ergeben sich aus dem speziellen Körperbau, der sich dem aufrechten Gang angepaßt hat, und aus der hochentwickelten Grundausstattung des Neugeborenen. Zunächst zum aufrechten Gang: Durch ihn wurden die Hände frei zum Greifen und zum Manipulieren. Der Kopf braucht trotz seiner relativen Größe nicht mehr von einer starken Nackenmuskulatur getragen zu werden. Er sitzt aufrecht auf dem oberen Halswirbel und bietet dadurch die Voraussetzung für eine Zunahme des Gewichtes, die wiederum der Encephalisation, dem Hirnwachstum, zugute kam. Von dieser Ausdehnung der Hirnmasse war wiederum vor allem das Neuhirn, die Hirnrinde, betroffen. Besonders viele Hirnzellen stehen der Repräsentation der Hände in den motorischen Regionen zur Verfügung. Diese starke Repräsentanz der Hand in der vorderen Zentralwindung der Hirnrinde ist die Voraussetzung für die Entwicklung der Hand als äußerst wirkungsvolles Instrument. Es handelt sich um das Zusammenwirken eines motorisch höchst komplizierten Ausführungsorganes und einer höchst komplexen Steuerungsinstanz im zentralen Nervensystem. In diesem Zusammenspiel von Hand und Gehirn sehen einige Forscher die wesentlichen Voraussetzungen für das planende Handeln, das im Laufe der Stammesgeschichte des Menschen die Instinktgebundenheit gelockert hat.
Aus dem aufrechten Gang ergeben sich für den Geburtsakt einige Schwierigkeiten. Das menschliche Becken muß wie eine Schüssel die weichen und empfindlichen Organe des Unterleibes tragen. Die Durchtrittsöffnung für den Geburtskanal ist dadurch recht eng. Hinzu kommt, daß der Schädel des Kindes bereits alle Hirnzellen enthält und bereits über 60% seiner endgültigen Größe hat. Der Fetus muß den Körper der Mutter verlassen, bevor er zu groß wird. Der Nutzen, der sich durch den aufrechten Gang für die Evolution des Menschen ergeben hat, muß wohl größer gewesen sein als der Schaden, der durch ein erhöhtes Sterberisiko bei der Geburt für Mutter und Kind bestand. Die natürliche Auslese wirkt sich nur auf den durchschnittlichen Nutzen für die Erhaltung der Art, des Menschen, insgesamt aus (RENSCH, 1965). Was ist dieser Nutzen?
Beobachtet man ein neugeborenes Kind und vergleicht es mit neugeborenen Tieren verschiedener Arten, so fällt besonders seine Hilflosigkeit auf. Der schweizerische Biologe Adolf PORTMANN spricht von einem extrauterinen Frühjahr des Kindes,

weil es, im Vergleich zu den übrigen Primaten unreifer ist als andere Primatenkinder. Andererseits zeichnet sich das Menschenkind trotz dieser Unreife durch ein relativ großes Geburtsgewicht von ca. 5—10% des Gewichtes der Mutter aus. PORTMANN sieht für die im Vergleich zum physiologischen Reifezustand frühe Geburt verschiedene Vorteile, die sich im Zusammenspiel mit der Tatsache, daß der Fetus wegen der bestehenden Größenverhältnisse den Mutterleib verlassen muß, ergeben haben können. Der wichtigste Gesichtspunkt dabei ist, daß die Ausstattung auf einen reichen Erfahrungsschatz hin vorgebildet ist. Trotz der physiologischen Unreife baut das Kind während des ersten Lebensjahres bereits eine Fülle von Erfahrungen ein, die aus dem sozialen Bereich stammen. Sie sind die grundlegenden Erfahrungen für die gesamte weitere Entwicklung. Sie sind individualisiert, weil die Fülle möglicher Beziehungen, die dem Menschen zur Verfügung stehen, nicht genetisch vorprogrammiert werden können. Vorprogrammiert dagegen ist die absolute Notwendigkeit des Aufbaues von Beziehungsstrukturen im sozialen Rahmen.

2.2 Die Gefahren der Geburt

Die Gefahren während der Geburt sind vielfältig. Am nachteiligsten für das Kind wirken sich Sauerstoffmangel und Instrumentengeburten aus. Erst relativ neu und in Deutschland noch nicht weit verbreitet ist die perinatale Medizin, die solchen Problemen ihre besondere Aufmerksamkeit schenkt. Es wurde in diesem Zusammenhang festgestellt, daß das Kind während des Geburtsvorganges nahezu die gesamte Blutmenge aus den Gefäßen der Placenta und der Nabelschnur erhält, wenn die Geburt in Hockstellung erfolgt. Bei der bei uns üblichen Rückenlage der Gebärenden bleibt ca. 25% dieser Blutmenge zurück, wenn die Nabelschnur vor der Nachgeburt durchtrennt wird. Dies kann gleichbedeutend sein mit massivem Blutverlust, was wiederum Hirnschädigungen subtiler Art durch Sauerstoffmangel zur Folge haben kann (WINDLE, 1969). In Anbetracht seiner Ergebnisse von perinatalen Untersuchungen an Rhesusaffen kommt WINDLE sogar zu dem Schluß, daß das Ausmaß minimaler Hirnschäden weit verbreitet sei und durch eine genaue Analyse der perinatalen Vorgänge stark vermindert werden könne. (So würde beispielsweise durch Hockstellung oder Seitenlage der Gebärenden die ebenfalls gefährliche Kompression der Blutgefäße, die die Placenta versorgen, vermindert.)

Es ist schon mehrfach nachgewiesen worden, daß mit Hilfe von Instrumenten geborene Kinder häufiger als normal geborene folgende Symptome zeigen: Allgemeine Hyperaktivität, Rastlosigkeit, Nervosität, leichte Ablenkbarkeit, Ängstlichkeit, Sprachstörungen, Stottern und geringe Konzentrationsfähigkeit. Andererseits ist bekannt, daß „Kaiserschnitt-Babies“ die ruhigsten sind (PEIPER, 1961).

2.3 Biologisch determinierte Tendenzen zur Brutpflege

Vergleicht man einen neugeborenen Säugling mit dem Bild der drallen, lächelnden Kleinkinder auf Anzeigen für Babynahrung, so fallen besonders zwei Dinge auf: Einmal fehlt das verführerische Lächeln mit den so recht herzigen Grübchen, zum anderen fehlen die dicken Pausbäckchen, die wiederum einen uns alle berührenden

Aufforderungscharakter haben. Mancher Vater hat aus diesem Grunde schon enttäuscht vor dem Schaufenster in der Neugeborenenabteilung gestanden und konnte sich nicht recht zu dem manchmal roten, faltigen und schreienden oder schlafenden Wesen hingezogen fühlen. Dieses Schicksal teilen auch manche Mütter. Eine Beziehungslosigkeit kann durch mangelnde Kontaktmöglichkeiten während der ersten Tage nach der Geburt noch verstärkt werden. Ohne körperlichen Kontakt, Nahrung einer bestimmten Zusammensetzung und einer bestimmten regelmäßigen Säuberung würde der Säugling nur wenige Stunden überleben. Die Mutter befindet sich nach der Geburt in einem Zustand der Bereitschaft, diese lebensnotwendige Pflege durchzuführen, wenn keine besonderen Störungen vorliegen. Sie lernt dabei ihr Kind individuell kennen. Hat sie diese Gelegenheit während der ersten Tage nicht, so hat das u.U. später weniger intensive Beziehungen zur Folge (KENNELL u.a., 1973). Manche Verhaltensbiologen und Tiefenpsychologen sprechen in diesem Zusammenhang von einer Mutter-Kind-Bindung, die sich auf individueller Basis aufzubauen beginnt. Dem Säugling fehlen während dieser Zeit noch die Reize, die später im sogenannten „Kindchenschema" gewährleisten, daß man sich instinktiv zu ihm hingezogen fühlt. Während der ersten Wochen würde sich kaum ein anderer Mensch freiwillig — ohne moralischen Zwang — um das Kind kümmern.
Das erste Lächeln tritt mit ungefähr 6 Wochen auf, und mit etwa 2—3 Monaten entwickeln sich auch die Pausbäckchen, von denen der Verhaltensbiologe Konrad LORENZ behauptet, sie seien eine Erfindung der Natur eigens zu dem Zweck, Liebkosungen und Beschützen bei anderen auszulösen. Sie sind also Signale zum Auslösen von Betreuungs- und Zuwendungsreaktionen. Solche anatomischen Signale sind im Tierreich weit verbreitet. Um die Komplexität der Funktion solcher angeborener Auslöser würdigen zu können, muß man bedenken, daß sie nur dann eine bestimmte Wirkung zeigen, wenn sie von anderen Mitgliedern der Art verstanden und entsprechend beantwortet werden. So wirkt der rote Punkt auf der Unterseite des Schnabels einer Silbermöwe als Auslöser für die eben geschlüpften Möwenküken: Sie picken darauf und verbessern innerhalb weniger Tage die Treffsicherheit beträchtlich. Genauso wie die Küken angeborenerweise picken, würgt dann das Elterntier das Futter hervor, um die Küken zu füttern. Ohne diesen Kommunikationsprozeß würde die Übergabe des Futters nicht gelingen. Während aber selbst bei hochentwickelten Wirbeltieren der angeborene Auslöser eine angeborene artspezifische Reaktion hervorruft, ist der Spielraum des Zuwendungsverhaltens beim Menschen wesentlich größer. Er ist von Mutter zu Mutter verschieden, und es ist genau diese Verschiedenheit, die das Kind kennen und vorhersagen lernen muß.

2.4 Schlüsselreiz, AAM und Kindchenschema

Je erfolgreicher die vergleichende Verhaltensforschung angeborene Signal- und Auslöserfunktionen erforschte, desto intensiver suchte man nach entsprechenden Parallelen bei der Mutter-Kind-Beziehung. Warum, beispielsweise, entwickeln sich einige der typischen Kleinkindreize erst einige Wochen nach der Geburt? Konrad LORENZ hat das „Kindchenschema" als einen solchen „Schlüsselreiz" vorgestellt, der sich im Dienst der Signalfunktion entwickelt hat. Er besteht im Falle des Kleinkindes aus folgenden Merkmalen (EIBL-EIBESFELD, 1972, S. 445ff.):

1. Ein im Verhältnis zum Rumpf großer Kopf,
2. ein im Verhältnis zum Gesichtsschädel stark überwiegender Hirnschädel mit vorgewölbter Stirn,
3. tief bis unter die Mitte des Gesamtschädels liegende große Augen,
4. kurze dicke Extremitäten,
5. rundliche Körperformen,
6. weich-elastische Oberflächenbeschaffenheit,
7. runde, vorspringende Pausbacken,
8. Tollpatschigkeit.

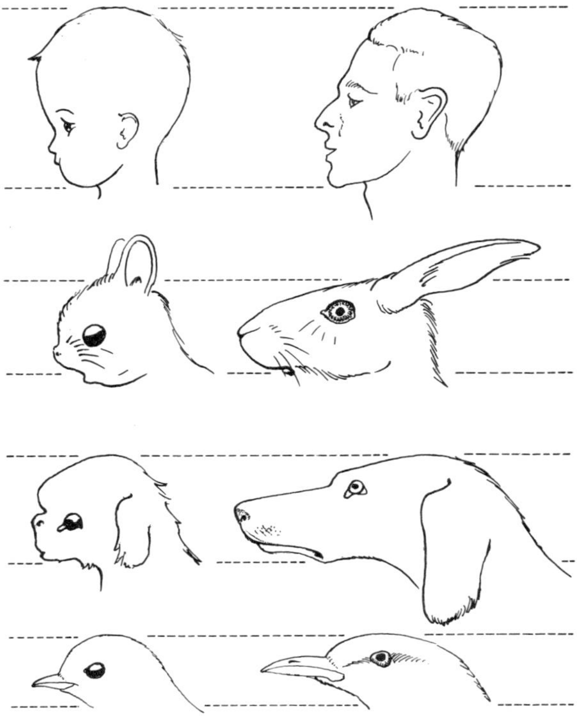

Abb. 1. Das „Kindchenschema". Links: Kleinkind- und Jungtierattrappen, die als Schlüsselreize unseren Pflegetrieb bzw. unsere Zuwendung auslösen. Rechts: Erwachsenenattrappe und Attrappen von ausgewachsenen Tieren, bei denen eine solche Zuwendung nicht ausgelöst wird (LORENZ, 1943)

Der Schlüsselreiz trifft auf einen angeborenen Auslösemechanismus, auf angeborenes Erkennen. Daraufhin gibt diese angenommene afferente Apparatur den zentralen Impulsen die Bahnen zu den Erfolgsorganen frei.

Im Falle des Kindchenschemas handelt es sich um Gefühle und Appetenz (Zuwendung). Eine wirkungsvolle Betreuung des Säuglings wird dagegen gelernt und mit der instinktiv ausgelösten Bereitschaft verknüpft. Die freigegebenen Impulse können aber auch Instinkthandlungen aktivieren, wie in dem folgenden Beispiel.

Der rote Punkt auf dem Schnabel der Silbermöwe ist ein Schlüsselreiz, die ausgelöste Instinkthandlung ist das Bepicken dieses Punktes durch die Küken; dies wiederum ist ein Schlüsselreiz für das instinktive Hervorwürgen des Futters beim Elterntier. Zahlreiche Schlüsselreize und ihre Auslösequalitäten sind in Attrappenversuchen untersucht worden. So lösen rote Attrappen selbst bei nur geringfügiger Ähnlichkeit mit Stichlingen bei einem revierverteidigenden Stichlingsmännchen Kampfverhalten aus, während ein normaler Stichling ohne Rotfärbung das nicht tut (TINBERGEN, 1952).

Auch bei Säuglingen hat man untersucht, ob sie auf Schlüsselreize reagieren. Die Überlegungen knüpfen an unsere Frage an, wo denn die größten Gewinne für die Sozialisierung des Neugeborenen zu suchen sind. Es wurde bereits erwähnt, daß sie im Bereich des Aufbaus einer Beziehung zwischen dem Kind und seiner Mutter liegen können. Nach allem, was bisher beobachtet wurde, gibt es keine Kultur, in der Kleinkinder nicht eine Beziehung zunächst mit *einer* Bezugsperson aufbauen. Das trifft sogar für die Kinder verschiedener israelischer Kibbuzim zu, die eine solche Beziehung zu ihren Müttern aufbauten, obwohl sie die meiste Zeit des Tages und fast immer während der Nacht in kleinen Gruppen Gleichaltriger von ausgebildeten Pflegerinnen betreut wurden (BETTELHEIM, 1971). EINO KAILA hat Attrappenversuche mit menschlichen Gesichtern durchgeführt, die in ausführlicherer und detaillierterer Form später von anderen Forschern weitergeführt wurden (vgl. SCHENK-DANZINGER, 1972). Danach ist nicht daran zu zweifeln, daß bestimmte Partien des menschlichen Gesichtes, vor allem die Augen, die Qualität von Schlüsselreizen haben. Die Kinder reagieren mit Lächeln. Viel wichtiger aber ist das Zusammenspiel, das sich zwischen einer inzwischen vertrauten Mutter oder Betreuerin und einem Säugling herausbildet. Der wesentliche Unterschied des sozialen Miteinanders des Menschen gegenüber dem relativ starren, instinktgesteuerten Wechselspiel von Schlüsselreiz und AAM beim Tier ist ja gerade die Tatsache, daß hier, im extrauterinen Frühjahr, die biologische Bereitschaft und Notwendigkeit für soziale Interaktion im Dienste des Aufbaus höchst individueller Kommunikationsprozesse steht. Dieses Prinzip bedeutet für das weitere menschliche Lernen die Grundlage seines weiteren Hineinwachsens in eine Welt, die mit kulturellen Normen die artspezifischen Bereitschaften ausfüllt. Bei einer solchen Interaktion ergibt sich aber die jeglicher weiterer Sozialisation zugrunde liegende Gemeinsamkeit nur dann, wenn das „Zusammentun" gelingt (Charlotte BÜHLER, 1962).

2.5 Bindung und Prägung

Wir sind davon ausgegangen, daß eine Fülle biologisch vorgegebener, artspezifischer Verhaltensweisen im Dienste des Aufbaus sozialer Beziehungen stehen. Die Richtung ist genetisch vorgegeben. Das Ziel ist die „Sozialisation", d.h. die Übernahme aller Formen der Kommunikation mit anderen Sozialpartnern der eigenen Gruppe, die eine aktive Teilnahme gewährleisten. Dazu gehören zu Beginn diffizile, nicht-verbale soziale Signale (HINDE, 1972), später die Sprache, besonders ihr Dialog-Charakter (HÖRMANN, 1972; WYGOTSKY, 1936). Grundbedingung ist das Ineinandergreifen der unterschiedlichen, aber aufeinander abgestimmten Bedürfnissysteme der verschiedenen Partner. Einfachste Bestandteile solcher Verhaltensdispositionen sind Appetenz

(Annäherung) an einen Gegenstand oder Ereignis mit einer großen Bedeutung für das Überleben des Individuums wie z.B. das menschliche Gesicht, Orientierungsreaktionen auf neue Ereignisse hin (PAWLOW: „Was-ist-das-Reflex"), sowie das Vermögen, durch ganz bestimmte Ereignisse in seinem Verhalten bekräftigt werden zu können. Die Tatsache, daß ein Kind durch leichtes Streicheln etwa bei seinem ersten Lallen bekräftigt wird und danach evtl. häufiger lallt, beim dröhnenden Lachen des Vaters dagegen nicht, hat mit dem „Wissen" des Kindes um die richtigen Ereignisse in seiner Umwelt zu tun. Man kann also sagen, daß Kinder mit einem sehr großen Lernpotential auf die Welt kommen. Sie „wissen" aber bereits, welche Ereignisse in der Umwelt, in die sie hineingeboren werden, als Verstärker oder Bekräftiger für eine bestimmte Verhaltenstendenz wirken und welche nicht.

Zusammen mit den unterschiedlichen Motivzuständen und Motivkonflikten bietet das eine verwirrende Fülle von Möglichkeiten für den sozialen Lernprozeß. Er ist beim Menschen wegen der großen Unterschiede nur durch das individuelle Zusammenspiel von Partnern gewährleistet, die genügend Zeit und Fähigkeit haben, die Signale des anderen in all ihren Erscheinungsformen erkennen und deuten zu lernen und darauf „richtig" zu reagieren. Dies erfordert eine so enge Bindung, daß manche Autoren selbst beim Menschen von „Prägung" sprechen. Prägung im engeren Sinne ist eine spezielle Lerndisposition bei manchen Tierarten, z.B. bei Enten und Graugänsen, die sie befähigt, innerhalb einer auf 16—18 Std nach dem Schlüpfen begrenzten Lernzeit dem Muttertier und dann nur ihm zu folgen. In experimentellen Situationen kann das Muttertier durch andere bewegliche Gegenstände ersetzt werden. Aus dieser Nachfolgeprägung ergeben sich die weiteren Konsequenzen der sozialen Beziehung zwischen den jungen und den alten Tieren. Beim Menschen ist ein anderer Zusammenhang in der Entwicklung der Mutter-Kind-Bindung zu erkennen: Die enge Bindung ist das *Ergebnis* einer langen Einübungsperiode, während der das Kind, falls sie nicht gelingt, sehr gefährdet ist.

Das Gelingen kann beeinträchtigt werden durch Abwesenheit der Mutter, durch verschiedene Pflege wie in Kinderheimen, durch ambivalente Mütter und anderes. Eine gute Mutter-Kind-Bindung erlaubt dem Kind die unbeschränkte Ausweitung seiner Erfahrungsmöglichkeiten ohne ein Überhandnehmen der jeden sozialen Kontakt verhindernden Angst.

2.6 Soziale Signale beim Aufbau von Wechselbeziehungen

Das Zusammenspiel zwischen einem Erwachsenen und einem Kind hat in der letzten Zeit die besondere Aufmerksamkeit einer Reihe von Forschern gefunden. Man vermutet hier, wohl mit Recht, entscheidende Mechanismen für die weitere Entwicklung des Kindes im Sinne einer Sozialisation. Im folgenden sollen einige der Grundlagen einer solchen Wechselbeziehung aus verhaltensbiologischer Sicht dargestellt werden. Dabei wenden wir uns den Überlegungen des Ehepaares E.A. und N. TINBERGEN (1972) zu. Diese wenden, was zunächst kurios klingen muß, ihre vor allem bei Seemöwen gewonnenen Erkenntnisse auf die Mutter-Kind-Beziehung an. Sie versuchen dabei eine Analyse des Motivationszustandes der jeweiligen Interaktionspartner (Ethologische Motivationsanalyse).

Schaut ein Beobachter ein fremdes Kind an, so sind dessen Reaktionen sehr verschieden: Sie reichen von einem ungehemmten Lächeln oder einer Annäherung und freundlicher Kontaktaufnahme bis hin zu einer Blickvermeidung, dem Wegdrehen des Kopfes oder sogar des ganzen Körpers. Zuweilen drückt sich das Kind an die Mutter oder lutscht am Daumen. Abb. 2 zeigt den typischen freundlichen Augenkontakt eines sechs Wochen alten Mädchens, das von einer ihr unbekannten Frau gehalten wird. Abb. 3 zeigt die Geste einer leichten Zurückweisung eines zwölf Monate alten Buben.

Abb. 2. Das übliche freundliche Anblicken (Augenkontakt) eines sechs Wochen alten Kindes, das von einer ihm unbekannten Frau gehalten wird (TINBERGEN u. TINBERGEN, 1972)

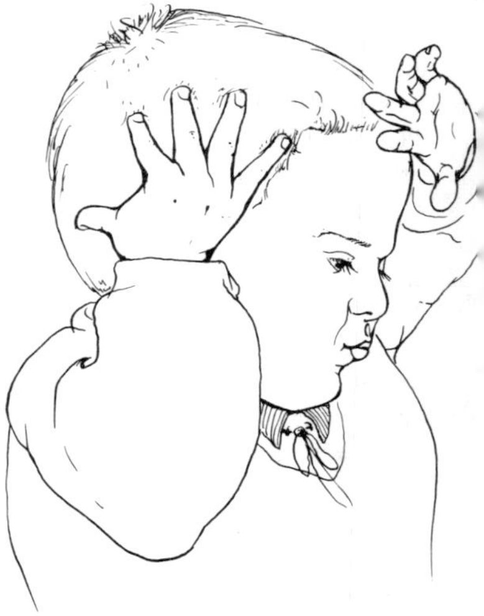

Abb. 3. Typische leichte Abwehrreaktion eines zwölf Monate alten Jungen, von seinem ihm wenig bekannten Großvater im eigenen Haus in Gegenwart seiner Mutter fotografiert. Die Haltung der linken Hand wird für charakteristisch gehalten. Der Junge ist Rechtshänder (TINBERGEN u. TINBERGEN, 1972)

Die anfängliche Kontaktaufnahme kann also prinzipiell einen von zwei Wegen einschlagen. Im ersten Falle reagiert das Kind auf den Fremden mit einer Reihe sozial positiver Verhaltensweisen: Freie Augen- und Körperbewegungen, die man als interessiert oder freundlich erkennt. Sie führen oft zu einem strahlenden Lächeln, zu räumlicher Annäherung und schließlich zu einer Vielzahl von entspannten, freundlichen und spielerischen Kontakten mit dem Beobachter.
Bei anderen Kindern wiederum kann dem anfänglichen Blickkontakt ein sozial negatives Verhaltensmuster folgen: Ein leerer, abweisender Blick, ausdruckslos, der leicht am Beobachter vorbeigeht. Die Autoren meinen nun, daß die Reaktion des

Erwachsenen in diesem Stadium einen starken Einfluß auf das Kind hat: Blickt er das Kind weiterhin an, so wird die Angst des Kindes stärker, und es wird seine Augen teilweise oder ganz schließen. Dabei sind die Augenlider ganz glatt und nicht etwa gepreßt, faltig oder zerknittert wie beim Vortäuschen des Schlafes.

2.7 Motivationskonflikte und Erlernen sozialer Signale

Die beiden unterschiedlichen Reaktionen 4 Monate alter Säuglinge lassen zwei Motivzustände erkennen; oder, um präzise zu sein, die Reaktionen signalisieren dem Betrachter unterschiedliche Zustände des Kindes. TINBERGEN und TINBERGEN gehen nun in ihrer Analyse von folgender Tatsache aus: Eine jede in einer bestimmten Sozialordnung miteinander lebende Tierart hat bestimmte Signalsysteme der innerartlichen Kommukikation entwickelt. Sie dienen der Verhaltenssteuerung von Mitgliedern eines Verbandes, wie z.B. bei Wölfen (SCHENKEL), Löwen (SCHALLER) oder Schimpansen (GOODALL; vgl. EIBL-EIBESFELDT, 1972). Detaillierte Untersuchungen an Graugänsen haben übereinstimmend mit Laboruntersuchungen an Rhesusaffen (H. HARLOW, 1966) ergeben, daß die jungen Tiere in der Regel diese sozialen Signale lernen müssen, weil sie sonst während der Geschlechtsreife nicht in der Lage sind, einen Geschlechtspartner zu finden. Darüber hinaus ist es ihnen nahezu unmöglich, sich einen entsprechenden Platz in der größeren Gemeinschaft aufzubauen. Sie sind sozial „taktlos" und werden zurückgewiesen (H. FISCHER, 1965). Bei Rhesusaffen gelangen nicht einmal mehr die zur Kopulation erforderlichen Orientierungs- und Koordinationsleistungen. Die jungen Rhesusmännchen versuchten, die Weibchen von vorne oder von der Seite zu besteigen. Eine Begattung gelang, auch wegen der Widerspenstigkeit der Weibchen, praktisch nie. In wenigen Fällen gelang es sozial nicht geschädigten, starken und erfahrenen Rhesusmännchen solche Weibchen zu begatten. Diese weiblichen Tiere waren nach der Geburt ihrer Kinder völlig unfähig, die sozialen Kommunikationsmuster ihrer Kinder zu interpretieren und auf diese Art und Weise das erforderliche soziale Zusammenspiel herzustellen. Die Kinder wurden von den Müttern abgewiesen, mißhandelt und hatten keinerlei Chancen, mit Hilfe des ihnen zur Verfügung stehenden Signalrepertoires den Müttern ihr Bedürfnis nach den biologisch notwendigen Pflege-, Schutz- und Fütterreaktionen mitzuteilen (HARLOW, 1971). Solche Signale werden nämlich selbst bei phylogenetisch so hochstehenden Tieren wie Rhesusaffen ohne Erfahrung verstanden: SACKETT hat junge Rhesusäffchen in Isolation aufgezogen. Sie konnten sich mittels eines Hebels (s. Abschn. 3, Lernen) ein einmal vom Versuchsleiter gegen die Projektionsfläche an der Käfigwand projiziertes Diapositiv, so oft sie wollten, selbst projizieren. Folgende Motive standen ihnen dabei zur Verfügung: Das Bild eines drohenden Artgenossen, das Bild eines jungen Affen, das Bild anderer Affen und Kontrollbilder (Sonnenuntergang, Landschaften usw.). Nach zweieinhalb Monaten ging die Anzahl der Projektionen des drohenden Affen gegenüber denen der anderen Bilder stark zurück. Die Versuchstiere zeigten deutliche Angstreaktionen. Nach einem Minimum zwischen dem 3. und 4. Monat, bis zum $5^1/_2$. Monat stieg die Zahl der selbstgewählten Projektionen wieder stark an und erreichte die Häufigkeit der Projektion von Bildern, auf denen junge Affen zu sehen waren (vgl. EIBL-EIBESFELD, 1972, S. 98).

Dies könnte bedeuten, daß der AAM für den Schlüsselreiz „drohender Affe" erst mit 2,5 Monaten ausgereift ist und dann auch ohne individuelle Erfahrung wirkt.
Soziale Signale sind geeignet, bestimmte Erregungszustände und Verhaltensweisen im Empfänger des Signals zu erzeugen. So veranlaßt etwa die Drohgeste eines Paschas in einer Gruppe von Pavianen das rangniedrigere Männchen dazu, sein rotes Hinterteil zu präsentieren und dadurch den Zorn des Paschas zu beschwichtigen. Auch das Locken der Glucke, die ihre Küken zusammenruft, wenn eine gewisse Distanz überschritten ist, mag als Illustration dienen. Viele Bewegungen mit einer kommunikativen oder signalisierenden Funktion sind verursacht durch Motivationskonflikte im Sender, also vom Interaktionspartner, von dem die Signale ausgehen. Um diesen Vorgang zu verstehen, soll der Prozeß der „Bindung" beschrieben werden, und zwar der einer Paarbindung bei monogamen Arten.

2.8 Paarbindung als Ergebnis einander widersprechender Motive

Bei einer Reihe von Tieren gibt es eine individuelle Bindung zwischen einem Weibchen und einem Männchen. Dieser Prozeß wird üblicherweise eingeleitet durch die Balz, das Werben um einen Partner mit einem Anstieg innerartlicher Aggression bei den Männchen. Häufig steht diese Aggressivität in Verbindung mit der Entwicklung einer Vorliebe für einen bestimmten Platz oder ein bestimmtes Territorium. Beide Triebe zusammen: Aggressivität und Vorliebe für einen bestimmten Platz haben die Besetzung und Verteidigung eines Brutplatzes zur Folge. Bei manchen Möwen, gut untersucht bei der Silbermöwe und der Lachmöwe, findet die Bindung lange vor der Kopulation statt; beide Partner bleiben mehrere Jahre zusammen. Jeder der beiden Partner ist nun während des Prozesses der Partnerfindung durch mindestens zwei einander widersprechende Motivzustände gekennzeichnet. Beiden ist die soziale Motivation, sich einander zu nähern, eigen. Beim Männchen existiert darüber hinaus eine gewisse Aggressivität aus dem Funktionsbereich der Revierverteidigung. Diese sind auf das Weibchen gerichtet, da es teilweise dem Männchen ähnelt. Beim Weibchen verbindet sich mit der Tendenz der sozialen Annäherung eine gewisse Fluchttendenz. Die Aggression des Männchens ist nun gepaart mit der Annäherungstendenz und gleichzeitig mit der Tendenz, die Annäherung des Weibchens zuzulassen. Beim Weibchen dagegen ist die Tendenz, sich anzunähern, gepaart mit der Tendenz, sich zurückzuziehen, zu fliehen. Das Weibchen reagiert nun außerordentlich empfindlich auf die Ausdrucksbewegungen des Männchens, die ein guter Indikator seines jeweiligen Motivzustandes sind. Beim Weibchen sind also die Annäherungstendenzen in stärkerem Maße mit Zeichen von Furcht und Angst verbunden, und weniger mit Aggression wie beim Männchen (TINBERGEN u. TINBERGEN, S. 22/23).
Zwei Aspekte sind bei der sozialen Motivation von Tieren wichtig, wobei die Autoren vor allem das Verhalten des Weibchens interessiert:

1. Der augenblickliche fluktuierende motivationale Zustand der Tiere, und
2. die Art und Weise, wie das Verhalten jedes einzelnen Tieres durch das Verhalten des jeweils anderen Kommunikationspartners beeinflußt wird.

Die Signalfunktionen der wechselseitigen Verhaltensweisen bestimmen zusammen, was das Weibchen tut. Eine Bewegung des Männchens auf das Weibchen zu — oder auch nur ein direktes Anschauen — mag sie zur Flucht veranlassen. Wegblicken dagegen vermindert ihre Angst, und Lockbewegungen — und Rufe — veranlassen sie, sich zu nähern.
Aber auch andere Ereignisse in der Umgebung können das Verhalten beeinflussen. Der Warnruf eines Räubers (zwischenartliche Kommunikation) oder ein rivalisierendes Weibchen können die noch sehr labilen Bindungsstrukturen zerstören. Erst allmählich verlieren sich die Vermeidungstendenzen; das Weibchen nähert sich schließlich ungehemmt bis zur gegenseitigen Berührung und zur schließlichen Kopulation. Gesteuert wird der ganze Verhaltensablauf durch die sich aus dem Motivationskonflikt des Männchens herrührenden Signale.[1])

2.9 Gelingen und Mißlingen sozialer Interaktion

Das Ehepaar TINBERGEN formuliert folgende Hypothese: Beim gesunden Kind stehen die inneren Motivzustände für „Kontaktbedürfnis“ und „Furcht“, so wie bei den Seemöwenweibchen, in einem ausgewogenen Verhältnis zueinander. Ein Gelingen der sozialen Beziehungen liegt nun vor allen Dingen darin, daß die Mutter die Stärke des jeweils dominierenden Motivs erkennt und entsprechend mit einer Bindungsverstärkung reagiert (vgl. Abschn. 3, Lernen). Über die eingangs erwähnten Unterschiede zwischen Neugeborenen unterscheiden sich Kinder auch stark voneinander hinsichtlich ihrer motivationalen Ausgangssituation. Es kann z.B. kürzere oder längere Phasen im Leben eines Kindes, z.B. während der Zeit des Fremdelns, Angst vor Fremden, die in der Regel mit 8 Monaten auftritt (vgl. Abschnitt 4.1.7), geben, in denen wesentlich mehr Signale in der sozialen oder physikalischen Umwelt vom Kind als angstauslösend interpretiert werden. Dies kann erfahrungsbedingt sein oder auch aufgrund einer größeren Erregbarkeit erfolgen. In dem Maße, in dem nun z.B. Fremde einen Kontakt — wenn auch in freundlicher Absicht — erzwingen wollen, etwa durch aufdringlichen Augenkontakt oder aufgezwungenes Lächeln, kann die Angst beim Kinde ansteigen. Wenn es nun aber keine Möglichkeit hat zu fliehen, um wie das Möwenweibchen auf diese Weise die Angst zu vermindern, „schaltet es ab“; es zeigt die Symptome, die bereits erwähnt wurden: sich zurückziehen, leeres Vorsichhinstarren, abweisende Mimik usw.

---

[1]) Es gibt Motivationskonflikte, die nicht im Dienste eines so diffizilen, wechselseitigen Sozialverhaltens stehen wie bei der Herstellung einer individuellen Partnerbindung. In solchen Konfliktsituationen kommt es zu Bewegungen, die keinem der beiden Motive zuzuordnen sind: Kämpfende Hähne picken im Konflikt zwischen Flucht und Angriff auf den Boden; viele Säuger putzen oder kratzen sich in Kampfpausen. Man nennt solche Bewegungen „Übersprungsbewegungen“ und geht dabei von der Vorstellung aus, daß die Bewegungen von den Erregungsquellen, den in ihrem Ablauf gehemmten Verhaltensweisen aktiviert werden. Auch ein Referent vor einem großen Publikum neigt, im Konflikt zwischen Isolation und Fluchttendenz, zu einer Reihe von Übersprungsbewegungen. Solche, aus Motivkonflikten resultierenden Signale, haben auch eine Bedeutung in der zwischenmenschlichen Beziehung (s. unten).

2.10 Motivationsanalyse und menschliche Sozialisation

Mit einer ethologischen Motivationsanalyse, wie wir sie bei TINBERGEN kennengelernt haben, lassen sich auch die Wechselbeziehungen zwischen Kindern und Betreuern analysieren. Ein Merkmal der Selektion während der Stammesgeschichte ist es, daß eine Auslese für bestimmte Lebensbereiche stattgefunden hat. Man kann davon ausgehen, daß ein individueller Organismus um so besser überlebt, je besser er genetisch für die Umwelt vorbereitet ist, in die er hineingeboren wird. Für die meisten heute lebenden Tierarten sind die Umweltbedingungen über einen im Laufe der Evolution langen Zeitraum relativ konstant geblieben. Daher sind die meisten Mitglieder einer Population Träger einer bestimmten erbgenetischen Information, die planvoll für eben diese Umwelt, in die ein Individuum hineingeboren wird, aussieht und es im Grunde auch ist. Eine solche Denkweise ist nicht teleologisch, finalistisch und damit irrational, wie oft irrtümlich behauptet wird. Selbstverständlich kennt der neugeborene Organismus noch nicht seine individuelle Umwelt, in die er hineingeboren wird. Er ist jedoch ausgestattet mit zahlreichen Strukturen und Mechanismen des Gehirns, der Wahrnehmung und des Verhaltens, die ihn besonders geeignet erscheinen lassen für einen Lebensraum, in dem er seine Anpassungsfähigkeiten am besten entwickeln kann. Diese Art von Selektion arbeitet sehr differenziert. Bei einem Kamel bilden sich z. B. die Schwielen, die einen direkten Hautkontakt mit dem heißen Wüstensand verhindern, bereits im Uterus des Muttertieres.
Lernende Lebewesen unterscheiden sich nun von ausschließlich instinktgebundenen dadurch, daß bei ihnen die durch Schlüsselreize ausgelösten AAMs nicht starr mit den Wahrnehmungs- und Interpretationsinstanzen verkoppelt sind. Es besteht zwar hier und da eine Tendenz, auf bestimmte Schlüsselreize in einer bestimmten Weise zu reagieren, jedoch handelt es sich nicht im Instinkthandlungen, um genetisch festgelegte Bewegungsabläufe, die nach dem Auslösen automatisch ablaufen wie etwa die höchst komplizierten Vorgänge im Funktionskreis der Brutpflege bei Vögeln. Andererseits ist die Anzahl der Freiheitsgrade nicht unbeschränkt. Es besteht ein Rahmen, ein Spielraum, in dem individuelle Erfahrungen hineingelernt werden. Mit solchen Lerndispositionen oder Lernbereitschaften kommt auch das Kind auf die Welt.

2.11 Zusammenfassung

Aus dem bisher Gesagten ergibt sich folgendes Bild: Der menschliche Organismus wird in einem physiologischen Frühzustand geboren. Er holt außerhalb des Mutterleibes Reifungsvorgänge nach, die bei anderen Tieren bereits im Mutterleib erfolgen. Der Grund ergibt sich aus der Notwendigkeit, die Frucht aus dem Mutterleib abzustoßen, bevor die Geburtskanäle für einen Durchtritt zu eng werden; andererseits bedarf es wegen der enormen Lernnotwendigkeiten eines außerordentlich hoch entwickelten Gehirns, so daß durch die Kopfgröße der Reifung im Mutterleib Grenzen gesetzt sind. Während des Anfangs des sogenannten extrauterinen Frühjahrs lernt der Organismus eine individuelle Liebesbeziehung zu einer Bezugsperson aufzubauen. Diesem Interaktionsprozeß liegen Lerndispositionen beim Kinde zugrunde und bei der Betreuerin Bereitschaften, solche engen Verbindungen einzugehen. Die Kommunikation erfolgt mit Hilfe von Signalen, die im Dienste des Funktionsbereichs der Herstellung sozialer Interaktionen stehen. Die Signale stehen in einem engen Zusammenhang mit den inneren Motivzuständen der interagierenden Partner. Diese Ausgangsbasis ist das Ergebnis der Evolution des Menschen; der biologische Spielraum läßt die Entstehung individueller Beziehungsmuster zu; andererseits führt ein Verzicht auf den Aufbau solcher Beziehungsstrukturen zum psychischen Verfall. Als naheliegendes Fazit ergibt sich ein Überwiegen der Vermeidungstendenzen beim Säugling mit der daraus resultierenden Unfähigkeit, sich aktiv seiner sozialen und physischen Umwelt zuzuwenden (vgl. SCHMALOHR, 1971).

2.12 Gemeinsamkeiten und Unterschiede zwischen Mensch und Tier

Es ist unmittelbar einsichtig, daß zwischen Tier und Mensch ein Sprung besteht, der in einem gewissen Widerspruch zu der in der Evolutionstheorie enthaltenen Kontinuität zwischen den einfachsten Lebensformen und dem menschlichen Dasein steht. Keinerlei Versuche, diese Tatsache durch Feststellungen der Art: „Der Mensch ist nichts als ..." werden dieser Tatsache gerecht.
Für eine Vielzahl menschlicher Verhaltensweisen gibt es Parallelen auch im übrigen Tierreich: Verwendung von Signalen zur Kommunikation, Werkzeuggebrauch, gegenseitige Hilfe und manches mehr. Zusammen gibt es sie aber nur beim Menschen. Nach RENSCH (1965) ist die Fähigkeit, etwas visuell Wahrgenommenes mit der Hand nachzubilden, ein besonderes Anthropinon: Kein Tier ist dazu in der Lage. In der Entwicklung kindlicher Zeichnungen zeigt sich das in augenfälliger Weise. Darstellungen für die gefühlsmäßig schwer erfaßbaren Beziehungen zu einzelnen Mitmenschen im besonderen und den Beziehungen zu anderen im allgemeinen sind in Kinderzeichnungen zu erkennen. Ebenso ist der Mensch im körperlichen Bereich in besonderer Weise ausgestattet: Er kann ein hervorragender Läufer, Schwimmer, Kletterer und Springer sein. Seine Stärke liegt in der Vielseitigkeit, durch die er sich an die jeweiligen Bedingungen seines Lebensraumes anpassen kann. Allerdings muß er die dazu erforderliche Geschicklichkeit lernen, z.T. auf mühevolle Weise. Auch die Ausdauer muß trainiert werden; beides ist jedoch potentiell vorhanden.[1])

Es ist gelegentlich gesagt worden, durch die gesteigerte Lernfähigkeit des Menschen seien Instinkte verlorengegangen, um der Erfahrung Platz zu machen. Dies ist so sicher nicht haltbar. Allerdings besteht auf diesem komplizierten Gebiet auch noch keine Klarheit über die Zusammenhänge von Instinkt und Lernen.

Vielleicht nützt die folgende Ansicht zu einer vorläufigen Klärung: Bei einem Instinkt geht man in der Regel davon aus, daß zu einer bestimmten Appetenz auch eine angeborene Endhandlung gehört, welche die der Appetenz zugrunde liegende Motivation oder Bereitschaft reduziert. Wenn also ein territoriales Tier auf seinem Gebiet bedroht wird, dann geht es in der Regel zum Angriff über; wenn ein Männchen in Balzstimmung auf ein kopulationsbereites Weibchen trifft, dann findet

---

[1]) Vgl. EIBL-EIBESFELDT, 1972, S. 534—539 über die unterschiedlichen Ansichten von A. GEHLEN, der den Menschen als Mängelwesen bezeichnet, und K. LORENZ, der seine Vielseitigkeit unterstreicht.

in der Regel eine Begattung statt, die nach einem bestimmten, angeborenen Verhaltensmuster abläuft und durch diese Handlung die Bereitschaft zumindest für eine Weile reduziert. Beim Menschen können wir davon ausgehen, daß in beiden Fällen innere Zustände auftreten, die eine Folge seiner Wahrnehmung und Interpretation der jeweiligen Situation sind; beides ist in starkem Maße erfahrungsabhängig. Die Veränderungen im Gefühlsbereich des Menschen lassen sich durchaus mit Instinktkategorien in Einklang bringen, die Konsequenzen für sein Verhalten jedoch müssen nicht unbedingt einem solchen Modell folgen. Man kann sogar sagen, daß der Erfolg einer menschlichen Gesellschaft mit davon abhängt, ob es ihr gelingt, die biologischen Verhaltenstendenzen ihrer Mitglieder so abzuwandeln, daß für die Gesellschaft schädliche Folgen ausgeschaltet, zumindest aber reduziert werden.

3. Lernen

3.1 Anfänge der Lernpsychologie

Psychologen beschäftigen sich seit nahezu 100 Jahren mit dem Lernen. Die erste wissenschaftliche Arbeit hat der Breslauer Psychologe HERMANN EBBINGHAUS geleistet. Seine Methoden (z. B. sinnlose Silben) und Kurven (Behaltenskurve, Vergessenskurve usw.) sind noch heute Bestandteil eines jeden psychologischen Lehrbuchs. Man kann sagen: Lernen in der auf EBBINGHAUS aufbauenden Tradition meint vor allem den Erwerb und die Speicherung von Information. Sie wurde später in einen engen Zusammenhang mit den Kategorien der Wahrnehmung gebracht. Dabei standen vor allem die spezifisch menschlichen Lernleistungen, wie das schöpferische Problemlösen und originelle, einmalige, kreative Leistung sowie das Denken im Mittelpunkt des Interesses. Es ging dabei aber in erster Linie um das Lernen und Behalten und um das Anwenden gelernter Inhalte selbst; der entwicklungspsychologische Gesichtspunkt spielte dabei keine besondere Rolle. Gerade aber für den Bereich des Denkens und Lernens ist durch die monumentale Arbeit des Genfer Psychologen JEAN PIAGET der entwicklungspsychologische Gesichtspunkt wieder interessant geworden.

3.2 Zwei Bedeutungen des Lernens

Während man sich in Deutschland hauptsächlich mit der Speicherung und dem Behalten von Informationen beschäftigte, verband man in den angelsächsischen Ländern und vor allem in den USA einen anderen Forschungsansatz mit dem Begriff Lernen. Es ging hier in erster Linie um die Erfahrungen, die jemand macht, wenn er in einer bestimmten Weise *handelt*. Die Konsequenzen seines Handelns haben bestimmte Auswirkungen auf die zukünftigen Verhaltensweisen des Handelnden. Daher kommt es, daß in der Psychologie der Begriff Lernen einmal im engeren Sinne gebraucht wird und in Verbindung steht zum formalen Lernen, wie es in Schulen, auf Lehrgängen und in Kursen praktiziert wird. Andererseits wird der Begriff Lernen in einem viel weiteren Sinne gebraucht und bezieht sich auf den gesamten Bereich der Übernahme von Information durch ein Individuum aus den

Speichern anderer Individuen sowie auf die Verhaltensänderung, die sich aus den Bewertungen der Rückmeldungen und aus den Konsequenzen des eigenen Tuns durch das Individuum selbst ergeben (Verstärkung oder Bekräftigung).

Wir müssen uns, bevor wir verschiedene Lernleistungen kennenlernen, den biologischen Zusammenhang in Erinnerung rufen, in dem das Lernen für die Entwicklung des Säuglings, des Kindes und des späteren Jugendlichen eine prominente Rolle spielt. Für den Säugling steht das Überleben im Vordergrund. Einige der ihm zu diesem Zweck zur Verfügung stehenden Verhaltensweisen wurden bereits besprochen: Dazu gehören Nahrungs- und Schutzreflexe, Orientierungsreaktionen und die Verhaltensgrundlagen zum Aufbau des individuellen Bezugssystems (vgl. Teil 2). Zum anderen ist das Verhalten des Säuglings und Kleinkindes auf Informationserwerb ausgerichtet (Jones, 1972). „Phylogenetische Anpassung" und „adaptive Modifikation" sind aufs engste miteinander verschränkt (Lorenz, 1961).

3.3 Evolution und Tradition

Beim Menschen ergibt sich für die biologische und für die gelehrte und gelernte Weitergabe von Information noch folgender beachtenswerter Gesichtspunkt: Unvorteilhafte Eigenschaften können nur dann durch natürliche Auslese ausgemerzt werden und vorteilhafte nur dann genetisch weitergegeben werden, wenn dieser Auslesevorgang vor und während der Fortpflanzungszeit stattfindet (Rensch, 1965). Die Lebensdauer des Menschen reicht allerdings weit über die reproduktive Phase hinaus. Der dadurch mögliche Zuwachs an Erfahrungen kommt der Traditionsbildung zugute und ist eine Voraussetzung für die Zivilisation. So ist es auch biologisch unmittelbar einsichtig, daß die erfahrungsbedingten Traditionen nicht vererbt, sondern gelernt werden. Die Phase intensivster Lernbereitschaft beim Kind reicht dazu nicht mehr aus. Die Formalisierung fakultativen Lernens ist — in der Bildungsdiskussion — von großer gesellschaftlicher Bedeutung.

3.4 Lernen und Entwicklung

Lernen spielt sich zunächst im engen, biologisch vorgegebenen Rahmen ab und steht anfangs ganz im Dienste der sozialen Hinwendung des Kindes. Lernen betrifft also keineswegs nur die intellektuellen Funktionen, sondern, vor allem beim Kleinkind, in starkem Maße seine Gefühle, Affekte, Bedürfnisse, Motive und Wahrnehmungsprozesse. Erst später, nachdem die obligatorischen Lernleistungen mehr oder weniger gut geleistet oder in die Wege geleitet sind, kommt es zur Ausweitung des sozialen Bezugs, dem Miteinander-Sprechen, dem Herausbilden gewisser Selbstverständlichkeiten des Verhaltens in einer primären Sozialisationsgemeinschaft wie der Familie usw. Erst dann beginnen die fakultativen Lernleistungen immer mehr in den Vordergrund zu treten und die für unsere eigene Kultur so wichtige Ausbildung intellektueller Fähigkeiten das Primat zu übernehmen. Aber selbst dabei ist eine bestimmte Sequenz der geistigen Leistungen vorgegeben (Piaget). Diese Sequenz kann nach dem heutigen Wissen, wenn überhaupt, nur im beschränkten Maße beschleunigt werden (Rauh, 1972).

3.4.1 Der bedingte Reflex

Alle Menschen verfügen über natürliche, ungelernte Reaktionen auf bestimmte Reize: Sie schließen die Augen vor einem herannahenden Gegenstand, die Pupille erweitert sich bei Lichtabnahme, das Kind erschrickt vor einem plötzlichen lauten Ton, und Speichel beginnt zu fließen, wenn sich Speise im Mund befindet. Man nennt diese ungelernten Reaktionen *unbedingte* Reflexe, da sie ohne Bedingungen auf der Grundlage der angeborenen Ausstattung auftreten.

Ein *bedingter* Reflex kommt nun dadurch zustande, daß ein bestimmtes Ereignis einem ungelernten Reiz oder Auslöser zeitlich vorausgeht und dadurch Signalfunktion er-

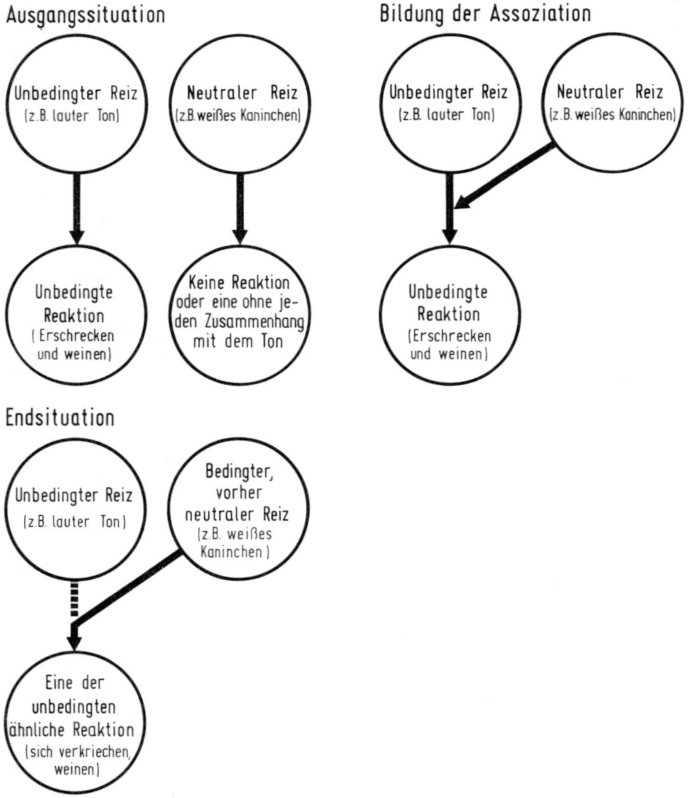

Abb. 4. Ausgangs- und Endbedingung beim unbedingten und bedingten Reflex. Ursprünglich bestehen zwei Reize ohne einen Zusammenhang nebeneinander. Ein lauter Ton löst bei einem Kind Erschrecken und Weinen aus; gleichzeitig spielt es mit einem Tier, das keine negativen Reaktionen auslöst. Nach mehrfachen Wiederholungen der Situation entsteht eine Assoziation zwischen dem ersten (unbedingten) und dem zweiten (neutralen) Reiz. In der Endsituation erfolgt eine dem Erschrecken und Weinen ähnliche Reaktion (bedingte Reaktion) bereits beim Anblick des ehemals neutralen, jetzt bedingten Reizes und löst Verhalten aus, das den Jungen auf den unbedingten Reiz vorbereitet (GROSSMANN, 1968)

wirbt. Das Kind kann sich somit auf das Ereignis vorbereiten, das eine ungelernte Reaktion unbedingt auslöst. Der amerikanische Psychologe WATSON hat zum Beispiel einen dreijährigen Knaben immer dann mit einem lauten Gong erschreckt, wenn dieser im Begriff war, nach einem Angorakaninchen zu greifen. Schließlich wimmerte das Kind schon beim Anblick des Kaninchens und zeigt alle Anzeichen von Angst vor dem schreckauslösenden Gong. Diese Angst blieb nicht nur auf das Kaninchen beschränkt. Sie übertrug sich auch auf andere Gegenstände, die mit dem Kaninchen das Fell gemeinsam hatten. So wimmerte das Kind z.B. auch beim Anblick einer Nikolausmaske. Man nennt diese Ausweitung der gelernten Signalwirkung Reizgeneralisation. Abb. 4 gibt den Vorgang in vereinfachter diagrammatischer Form wieder.

Aus dem Beispiel der konditionierten Angst vor einem Kaninchen können wir die zweite Voraussetzung entnehmen, die einen lernfähigen Organismus auszeichnet. Es handelt sich um die potentielle Fähigkeit, die angeborene Reaktionsbereitschaft auch auf andere als die natürlichen Auslöser zu übertragen. Wenn man also den auf das Auge zukommenden Reiz mit einem Glockenton ankündigt, so reagiert die betroffene Versuchsperson auch mit einem Schließen der Augen auf den Glockenton hin. Allerdings unterscheidet sich die Qualität des Lidschlusses nach dem Glockenton von der durch den ungelernten Reiz ausgelösten Lidschlußreaktion. Das Nervensystem gibt die Bahnen vor, die für das Erlernen spezieller Bedeutungsträger (Signale) erforderlich sind. Mit Veränderungen im zentralen Nervensystem sind folglich auch Veränderungen in der Konditionierbarkeit zu erwarten. Zwischen Kleinkindern und Erwachsenen gibt es solche Unterschiede hinsichtlich ihrer Konditionierbarkeit.

Wenn man z.B. ein Zeitintervall als neutralen Reiz verwendet, um damit die Veränderung der Beleuchtung zu signalisieren, so lernen Kleinkinder im Alter zwischen 26 und 86 Tagen schnell und gleichförmig, darauf mit Erweiterungen bzw. Verengungen ihrer Pupillen zu reagieren. Mit Erwachsenen ist dagegen eine solche Konditionierung schwierig. Nimmt man dagegen einen Ton als Signal, so gelingt es nicht, bei Kleinkindern eine Assoziation zwischen Ton und Pupillenreaktion zu erzielen; bei Erwachsenen dagegen gelingt das wesentlich eher (BRACKBILL, 1967). Ein anderer Forscher (VALENTINE, 1930) erschreckte Kinder mit dem lauten Ton einer Trillerpfeife. Er versuchte sodann verschiedene Objekte als Signale für den lauten Pfeifenton zu etablieren. Dies gelang ihm, wenn er eine Schmetterlingsraupe benutzte. Es gelang ihm nicht, wenn er unbelebte Gegenstände wie z.B. Bauklötze oder ein Opernglas verwendete.

Sowohl der Zeitpunkt als auch die Art des Reizes, der mit einem ungelernten Auslöser in Verbindung gebracht wird, ist also für die Konditionierung von Bedeutung. Warum reagiert das Kleinkind auf den einen, nicht aber auf den anderen Reiz? Und wie kommt es, daß sich die Lernbereitschaft auf die gleichen potentiellen Signale mit dem Alter verändert? Solche Fragen sind auch heute noch nicht ausreichend geklärt.

Das Prinzip der bedingten Reaktion wurde intensiv von dem sowjetischen Physiologen I.P. PAWLOW untersucht. Es besteht, wie wir gesehen haben, im wesentlichen darin, daß nach wiederholter Darbietung eines „neutralen" Reizes vor oder auch zusammen mit einem ungelernten Reiz der vormals neutrale Reiz nunmehr eine Signalwirkung erwirbt und eine der ungelernten Reaktion ähnliche Reaktion auslöst. In der Literatur wird in diesem Zusammenhang häufig von unbedingtem und bedingtem

Reflex gesprochen, obwohl es sich nicht um einen Reflex im streng biologischen Sinne handelt; die ungelernte Reaktion wird häufig mit U.R. abgekürzt. Der ungelernte Auslöser heißt auch Unbedingter Reiz und wird häufig mit U.S. (unbedingter Stimulus) bezeichnet. Ein neutraler Reiz, nachdem er mit dem U.S. assoziiert ist, heißt Bedingter Reiz (C.S. = Conditioning Stimulus vor dem Bedingen; Conditioned Stimulus nach dem Bedingen). Das Kleinkind lernt so ein reiches Repertoire von Signalen kennen, die im Dienste der physischen und psychischen Fürsorge stehen, aber auch aversiver Natur sein können. Sie spielen auch beim Erlernen der Sprache eine große Rolle (vgl. A. PEIPER, 1961, S. 540—569).

Eine besondere Reaktion, mit der ebenfalls die meisten lernenden Organismen ausgerüstet sind, ist die Orientierungsreaktion. Das Kind fixiert den Erwachsenen, später folgt es ihm mit den Augen. Man kann diese Reaktion durch Konditionieren verstärken oder abschwächen. Benutzt man in Versuchen mit der Orientierungsreaktion denselben Reiz immer wieder, so erlischt allmählich das Interesse des Kindes, und der Reiz, der ursprünglich die Orientierungsreaktion ausgelöst hat, beginnt nun, keine oder gar ablehnende Reaktionen auszulösen. Erscheint aber ein neuer Reiz, dann ist die Orientierungsreaktion wieder voll da; bei wiederholter Darbietung allerdings schwächt auch sie sich ab. Der wirkungsvollste Bekräftiger ist ein neuer und ständig wechselnder Reiz. Vor allem im Hinblick auf das in Teil 2 Gesagte wird deutlich, daß einer der stärksten sozialen Bekräftiger für die Orientierungsreaktion im Verhalten der Mutter liegt. Im lernpsychologischen Sinne wirkt die Mutter durch den Aufbau eines engen Bezugssystems als Bekräftiger für die immer umfangreicher werdende Orientierungsreaktion ihres Kindes. Bereits wenige Wochen nach der Geburt verfügt der Säugling über ein sehr reiches Repertoire von Bedeutungen verschiedener Signale in seiner sozialen und physischen Umwelt.

Die bedingte Reaktion zeichnete sich dadurch aus, daß der Organismus eine Reihe unterschiedlicher Signale für angeborene Verhaltensweisen erlernt; er erweitert also die Möglichkeiten der angeborenen Auslöser.

3.4.2 Lernen am Erfolg und bedingte Aktion

Die amerikanische Lernpsychologie hat vor allem das Verhalten untersucht, das sich aus den Konsequenzen des eigenen Handelns ergibt. Dabei unterscheidet man bei Erforschung des sogenannten *Lernens am Erfolg* (trial and error learning) zwischen dem sogenannten *operant conditioning* oder, wie es hier übersetzt werden soll, von der bedingten Aktion, und dem instrumentellen Lernen.

Die Grundprinzipien sind einfach zu verstehen und zu handhaben. Ein lebendiger Organismus zeichnet sich dadurch aus, daß er handelt. Zwischen Kindern gibt es, wie wir gesehen haben, beträchtliche Unterschiede hinsichtlich ihrer Aktivität. Diese Unterschiede können einmal auf die unterschiedlichen Zustände Neugeborener zurückgeführt werden, zum anderen aber auf die unterschiedlichen Folgen, die bestimmte Handlungen für verschiedene Kinder haben.

Eine bestimmte Verhaltensweise hat entweder keinerlei Folgen, oder sie hat negative oder positive Folgen. Bleiben Folgen des Handelns immer aus, so nimmt die Häufigkeit der Aktion allmählich ab. Hat die Aktion dagegen Folgen, so verändert sich in Zukunft die Häufigkeit des Verhaltens in charakteristischer Weise. Wenn sie sich in Zukunft vermindert, so bezeichnet man die Folgen als einen negativen Verstärker.

Tritt dagegen eine bestimmte Verhaltensweise als Folge dieses Ereignisses in der Zukunft häufiger auf, so spricht man von einem positiven Verstärker. Verändert sich dagegen nichts, so wird von einem neutralen Ereignis bzw. Verstärker gesprochen. Abb. 5 gibt eine diagrammatische Darstellung der Zusammenhänge.

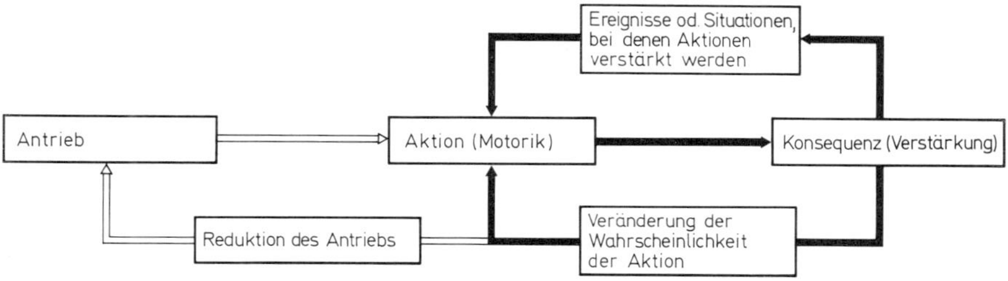

Abb. 5. Schematische Darstellung der bedingten Aktion. Folgen bestimmten Aktionen ganz bestimmte Konsequenzen, etwa Nahrung, dann verändert sich das Verhalten in der Folge: Steigt es in der Häufigkeit an, so nennt man die dem Verhalten folgenden Konsequenzen positive Verstärker oder Bekräftiger (reinforcement). Ist die Konsequenz nicht positiv, dann bleibt die Verhaltenshäufigkeit unverändert (neutrale Konsequenz), oder die Wahrscheinlichkeit des Verhaltens wird geringer (negative Bekräftigung). Manche negativen Bekräftiger (z.B. elektrische Schläge in Tierversuchen) führen zu einer völligen Unterdrückung der *un*bedingten Aktion. Dem Verhalten liegt ein Antrieb zugrunde. Im Gegensatz zur bedingten Reaktion ist die bedingte Aktion von äußeren Auslösern unabhängig und läßt die Modifikation spontanen Verhaltens zu.
Die schwarzen Linien zeigen die im Verhaltensexperiment beobachtbaren Tatsachen, die grauen die hypothetischen Annahmen (GROSSMANN, 1968)

In dieser einfachsten Darstellung ist jedoch nur eine Momentaufnahme des lernenden Organismus erfaßt, die uns noch keine ausreichende Information über den Lernprozeß liefert. Normalerweise wirkt z.B. eine angenehm schmeckende Speise als positiver Verstärker. Tut sie das aber einmal nicht, so kann das mindestens zwei Ursachen haben: Entweder ist der Organismus nicht entsprechend motiviert, d.h. er hat kein Bedürfnis nach der Speise, oder mit der Speise verbindet sich eine Verstärkungsqualität, die für diesen betreffenden Organismus, vielleicht auf der Grundlage vorangegangener Erfahrung, eben keine verstärkende Funktion besitzt. Streng genommen müssen also, um die Wirkungsweise von Verstärkern erfassen zu können, auch die Bedürfniszustände und die vorausgegangenen Erfahrungen untersucht werden. Verfolgt man nun diesen Prozeß rückwärts bis zum Zeitpunkt der Geburt, so muß es Verstärker geben, die das neugeborene Kind aufgrund seiner angeborenen Bewertungsinstanzen entweder als positiv, neutral oder als negativ bewertet und sein Handeln danach einstellt. Ein Beispiel: Streicht man einem Säugling bei bestimmten Lautgebungen leicht über den Bauch, so vokalisiert er in der Folge häufiger und intensiver als ohne dieses Streicheln. Hört man mit dem Streicheln auf, so läßt auch die Lautgebung nach. Würde man als Folge der Vokalisation auf einer lauten Trillerpfeife blasen, so kann man sicher sein, daß die Häufigkeit der Vokalisation in der Zukunft abnimmt (vgl. S. 109).

3.4.3 Unterschied zwischen bedingter Reaktion und Lernen am Erfolg

Der Unterschied zwischen der bedingten Reaktion und dem Lernen am Erfolg besteht in der Umkehrung der zeitlichen Verhältnisse. Bei der bedingten Reaktion löst ein Signal eine der ungelernten Reaktion ähnliche Reaktion aus. Der Reiz geht dem Verhalten zeitlich voraus. Beim Lernen am Erfolg dagegen tritt das Verhalten zuerst auf und wird von einem Ereignis gefolgt. Der bekräftigende Reiz folgt also dem Verhalten und verändert die Wahrscheinlichkeit für das Auftreten von Handlungen, die zur gleichen Verhaltensklasse gehören (SKINNER, 1938). Ob es sich beim Lernen am Erfolg um spontane Verhaltensweisen handelt oder ebenfalls um ausgelöste wie bei der bedingten Reaktion, deren Auslöser lediglich der Aufmerksamkeit des Versuchsleiters entgangen sind, ist eine offene Frage, spielt aber für unsere Überlegungen keine Rolle.

3.4.4 Instrumentelles Lernen und bedingte Aktion

Der Unterschied zwischen dem instrumentellen Lernen am Erfolg und der bedingten Aktion besteht in folgendem: Beim instrumentellen Lernen löst das lernende Tier oder der lernende Mensch Aufgaben, meist in Form von Entweder-Oder-Entscheidungen, zu denen er keine neuen Verhaltensweisen braucht. Eine Ratte muß den richtigen Weg in einem Labyrinth finden. Läuft sie in einen toten Arm, so ist das ein Fehler; kommt sie zum Ziel, so findet sie — sie ist hungrig — dort Futter. Sie lernt nun in einer Reihe von Versuchen den richtigen Weg allmählich fehlerfrei zu laufen. Laufen konnte sie schon vorher; gelernt hat sie, die richtigen Entscheidungen an den Wahlpunkten zu treffen. Bereits vorhandene Verhaltensmuster werden zum Lösen bestimmter Aufgaben instrumentell eingesetzt.

Bei der bedingten Aktion handelt es sich zwar ebenfalls um angeborene Verhaltensweisen. Aus der Fülle der mehr oder weniger wahrscheinlichen Verhaltensäußerungen kann aber eine bestimmte ganz gezielt verstärkt werden. Je intensiver das aber geschieht, um so geringer wird die Wahrscheinlichkeit des Auftretens anderer Verhaltensweisen. Wenn ein kleines Kind nach seiner Mutter ruft und diese darauf nicht reagiert, so sind zwei mögliche Konsequenzen denkbar: Entweder hört das Kind auf zu rufen, seine Kontaktlaute werden durch die ausbleibende Verstärkung abgeschwächt, oder es wird in seinem Rufen intensiver und fängt schließlich an zu brüllen. Wenn die Mutter dann schließlich auf lautes Brüllen hört, dann lernt das Kind, daß nur lautes Brüllen, nicht aber leises Rufen bei seiner Mutter Erfolg hat. Durch das Kommen der Mutter wurde es ja schließlich dafür belohnt, laut und kräftig zu brüllen. Aus der Menge der möglichen Verhaltensweisen, die dem Kind zum Zweck der Kontaktaufnahme zur Verfügung stehen, wird das Brüllen selektiv verstärkt.

Während das instrumentelle Lernen mit Hilfe von Apparaten untersucht wird, in denen Probleme gelöst werden müssen (Labyrinth, Sprungstand, Merkmalunterscheidung, Problemkäfig usw.), konzentriert sich die Erforschung der bedingten Aktion auf die Veränderung des Verhaltens durch selektives Verstärken und findet bereits weite Anwendung in der Verhaltenstherapie (vgl. KUHLEN, 1972).

3.4.5 Schwächung (extinction)[1])

Im Zusammenhang mit allen drei bisher besprochenen Lernmöglichkeiten ist die Schwächung von Verhaltensweisen untersucht worden. Man versteht darunter das allmähliche Absinken der Häufigkeit bestimmter gelernter Verhaltensweisen durch Ausbleiben von Bekräftigungen. Sowohl beim bedingten Reflex, als auch beim instrumentellen Lernen und bei der bedingten Aktion nimmt ein einmal verstärktes Verhalten ab, wenn die Verstärkung ausbleibt. Vor dieser Abnahme der Verhaltenshäufigkeit zeigt sich allerdings besonders im Falle der bedingten Aktion ein zum Teil intensiver Anstieg des Verhaltens. Man hat dies gelegentlich Frustrationseffekt genannt; es ist vergleichbar mit der Reaktion eines Erwachsenen, dem ein Automat nach Einwurf eines 2-DM-Stückes seine Schachtel Zigaretten verwehrt und dessen Erregung daraufhin ansteigt. Die Abnahme der Verhaltenshäufigkeit ist aber für die drei genannten Lernparadigma nicht gleich. Während bei der bedingten Reaktion die Assoziationsstärke unmittelbar davon abhängt, ob ein Signal zuverlässig ist, und den ungelernten Reiz immer dann ankündigt, wenn er auftritt, sind die Zusammenhänge beim instrumentellen Lernen und bei der bedingten Aktion komplizierter. Das Ausbleiben der Verstärkung hat unterschiedliche Folgen, je nachdem, auf welche Weise die Aktion erlernt wurde. Wenn z.B. in der Vergangenheit nicht jede Aktion verstärkt wurde, sondern nur gelegentlich, so erfolgt die Abschwächung langsamer als wenn in der Vergangenheit jede Aktion regelmäßig verstärkt wurde. Neben solchen Verstärkungsplänen, die in vielerlei Variationen experimentell untersucht worden sind, spielen die Menge der Belohnung, der Bedürfniszustand, das Zeitintervall zwischen Handlung und Verstärkung und viele andere Parameter eine Rolle.

3.4.6 Unterschiedliche Verstärkungsfolgen

Unterschiedliche Verstärkungsfolgen haben auch unterschiedliche Auswirkungen auf die Fortdauer von Verhaltensweisen nach der Beendigung der Verstärkung. Solche Verhaltensweisen, die nur gelegentlich verstärkt und trotzdem nicht abgeschwächt wurden, haben auch nach völligem Einstellen aller positiven Konsequenzen eine lange Überlebensdauer. Solche Verhaltensweisen dauern viel länger fort als solche, die in der Vergangenheit immer und von einem bestimmten Zeitpunkt an nicht verstärkt wurden. Ein Kind, das seine Mutter nur noch durch Brüllen zum Kommen veranlassen kann, welches aber auch damit nur gelegentlich Erfolg hat, wird sein nervenstrapazierendes Verhalten wesentlich länger behalten als ein Kind, das damit zwar immer Erfolg hatte, von einem bestimmten Zeitpunkt an aber konsequent nicht mehr (vgl. BANDURA, 1969).

3.5 Der Aufbau von Bedeutungszusammenhängen

Bedingte Reaktion und bedingte Aktion sind die beiden Erfahrungsprinzipien, die für das junge Kind zunächst am bedeutsamsten sind. BOWER hat Wahrnehmungsver-

---

[1]) An Stelle des amerikanischen Begriffs „extinction“ = Auslöschen, Aussterben, Vernichtung, Tilgung wird hier der Begriff „Schwächung“ verwendet. Nicht mehr verstärkte Verhaltensweisen werden nämlich in der Regel nicht getilgt, sondern sind, etwa durch schnelleres Wiedererlernen, noch lange nachweisbar.

suche, in denen er Tiefenwahrnehmung, Formkonstanz und Erwartungen über Bewegungsgeschwindigkeiten untersuchte, vor allem durch die konsequente Anwendung von Konditionierungsmethoden erfolgreich durchführen können. Soziale Verstärker, mit einem gewissen Überraschungseffekt wie beim „Kuckuck-Da"-Spiel waren dabei besonders wirksam (vgl. Abschnitt 4.1.5: Frühe Wahrnehmungsfähigkeiten). Zahlreiche Psychologen vertreten die Meinung, daß soziale Verstärker die wichtigste Rolle beim Aufbau sogenannter Assoziationsnetzwerke, Schemata oder auch kognitiver Strukturen spielen. (Diese Ausdrücke bezeichnen den Aufbau innerer Bedeutungsstrukturen von Erfahrungszusammenhängen beim Kind.) Ganz im Einklang mit dieser Interpretation steht die empirische Feststellung, daß die Spielintensität einjähriger Kinder in direktem Zusammenhang steht mit der Aufmerksamkeit ihrer Mütter auf Signale ihrer Kinder. In einer anderen Untersuchung wurden Unterschiede zwischen Kindern der „Working class" und der „Middle class" vor allem in folgenden Bereichen gefunden: Die Häufigkeit der Interaktion zwischen Mutter und Kind, das Sprechen der Mutter nahe beim Kind, das Sprechen der Mutter in einer gewissen Entfernung vom Kind, Sprechen der Mutter während sie das Kind anschaut und Sprechdialoge zwischen Müttern und Kindern. Keine statistisch signifikanten Unterschiede waren dagegen festzustellen in der Art der körperlichen Kontakte wie Küssen, Tragen, Halten usw. (Tulkin u. Kagan, 1972). Diese Ergebnisse stehen ganz im Einklang mit den in Teil 2 dargelegten lernpsychologischen Zusammenhängen. Der englische Psychologe Millar (1972) hat herausgefunden, daß solche Verstärkungen innerhalb von etwa zwei bis drei Sekunden nach der Aktion des Kindes erfolgen müssen, um wirksam zu sein, obwohl die Gedächtnisspanne bei Säuglingen länger als drei Sekunden ist. Millar meint, daß das Zeitintervall, in dem ein Ereignis als Verstärker wirksam ist, um so kürzer ist, je komplexer das verstärkende Ereignis ist.

Abschließend sei festgehalten: Auch die Konditionierungsforschung am Kleinkind zeigt, ebenso wie die verhaltensbiologischen Analysen, eine höchst spezifische Ausrichtung des Kleinkindes auf soziale Wechselbeziehungen als Basis für die weiteren sozialen und intellektuellen Erfahrungen.

3.6 Lernen durch Beobachtung – Identifikation

Ein Beispiel: Ein Bewerber um eine Stelle wird von seinem zukünftigen Vorgesetzten an der Eingangstür abgeholt. Er hat seine zweijährige Tochter bei sich. Der Vorgesetzte geht einen langen Gang mit forschem Schritt und weit ausladenden Armbewegungen entlang, um mit seinen Gästen in das Besprechungszimmer zu gelangen. Seine Bewegungen machen einen betont forschen Eindruck. Auch die Tochter ist davon fasziniert: Sie holt auf und imitiert in gekonnter Weise (vom Vater allerdings mit gemischten Gefühlen registriert) den für sie neuen Laufstil.

Ein anderes Mädchen, 5 Jahre alt, fühlt sich von ihrem jüngeren Bruder belästigt, weil er, wie sie sagt, immer gerade das machen will, was sie auch tut. Die Eltern erklären ihr, daß kleine Kinder versuchen, ihre Vorbilder nachzumachen, weil sie dadurch so viel lernen. Der Gedanke fasziniert sie, und sie beginnt zu experimentieren: Sie fegt Blätter mit einem Zweig, und der kleine Bub greift mit tapsigen Bewegungen nach dem Zweig; sie kratzt mit einem Zweig auf dem Erdboden, er tut das gleiche;

sie entfaltet eine Zeitung, er zerknüllt sie mit sichtlicher Freude. Das Nachahmen gelingt dem kleinen Bruder immer besser. Das Mädchen fühlt sich als Lehrer und ist stolz darauf. Der kleine Bub hat ein Vorbild, das auf ihn eingeht, und beide sind höchst erfreut über ihr neues Spiel.

Die Forscher A. BANDURA und R.H. WALTERS (1963) haben dem Lernen durch Beobachtung besondere Aufmerksamkeit geschenkt. A. BANDURA (1969) hat diesem Aspekt in einer fundierten Theorie sozialen Lernens einen wichtigen Platz eingeräumt. Dabei geht es nicht nur um die vordergründigen Übernahmen beobachteter Verhaltensweisen durch Kinder, sondern auch und vor allem um die Übernahme von Werthaltungen, um die Auswahl von Vorbildern und die damit verbundenen Auswahlkriterien, um das Formen von Einstellungen, von Vorurteilen, um die Ausbildung von individuellen Beurteilungskategorien sowie um symbolische Determinanten von Verhaltensveränderungen und vieles mehr.

Unter Psychologen herrscht einige begriffliche Unklarheit darüber, ob Identifikation und Imitation identisch seien. Verhaltenspsychologisch eingestellte Forscher meinen, daß für eine Unterscheidung zwischen den beiden Begriffen kein Anlaß bestehe. Andere, tiefenpsychologisch oder ethologisch orientierte meinen, das Bestehen einer engen Beziehung zwischen dem Kind und den Vorbildern, die es nachahmt, sei eine unerläßliche Voraussetzung für die Übernahme komplexer sozialer Verhaltensweisen auf dem Wege der Imitation. In diesem Sinne schließt der Begriff Identifikation die sozialen Bindungsprozesse ein, von denen in den vorausgegangenen Abschnitten die Rede war. Tatsächlich finden sich in zahlreichen Forschungsberichten über dieses Gebiet immer wieder Hinweise darauf, daß Kinder sehr wählerisch sind bei der Annahme von Vorbildern oder Modellen. Ranghohe oder starke Personen werden eher und erfolgreicher nachgeahmt als solche ohne großes Ansehen. Die Eltern sind natürlich, besonders beim Bestehen einer guten Beziehung, konkurrenzlos als Vorbilder. In der Regel ändert sich das erst in der ersten Grundschulklasse, wenn auch der Lehrer als wichtiges Vorbild angenommen wird.

Während die Fähigkeit zum Nachahmen artspezifisch ist, wird die Qualität des Nachahmens als Lernprozeß angesehen. Die intensivste Phase des Lernens durch Imitation findet während des sogenannten „*sozio-dramatischen Spiels*“ (SMILANSKY, 1968) statt, in dem man sich als „eins sieht mit einer anderen Person und entsprechend handelt“ (MURPHY, zit. in SMILANSKY, 1968). Das Kind lernt im soziodramatischen Spiel sein Verhalten in verschiedener Hinsicht zu organisieren:

1. Durch Auswahl dessen, worauf es überhaupt reagiert.
2. Durch eigenständiges und spontanes Handeln.
3. Durch adäquates Reagieren auf das Verhalten anderer.
4. Durch das Bedürfnis, daß seine eigenen Reaktionen durch andere akzeptiert werden.
5. Im sozialen Spiel die ganz unterschiedlichen Wirkungen der eigenen Reaktionen auch bei den einzelnen Spielpartnern kennenzulernen.
6. Durch das Vorhandensein von Vorbildern für neue Verhaltensweisen.

Lernen durch Nachahmen von Vorbildern hat drei Auswirkungen:

1. Das nachahmende Kind lernt neue Verhaltensweisen kennen und sie auszuführen.
2. Am Verhalten von Vorbildern lernt das Kind abzuschätzen, ob es Verhaltens-

weisen, die es bereits beherrscht, selbst ausführt oder nicht. Hat ein Vorbild z.B. *Erfolg* oder wird für ein Verhalten belohnt, das das Kind auch beherrscht, so wird es diese Verhaltensweisen in Zukunft ebenfalls gebrauchen. Hat ein Vorbild dagegen Mißerfolg oder wird es für eine Verhaltensweise bestraft, die auch das Kind bereits beherrscht, so wird es in Zukunft mit der Anwendung dieser Verhaltensweise vorsichtig sein.

3. Modelle können einen Auslösereffekt haben, so zum Beispiel, wenn Speisen von einem geschätzten Vorbild gegessen werden, die normalerweise vom Kind gemieden werden; oder wenn ein Erwachsener in eine Gegend zurückkehrt, in der ein Dialekt gesprochen wird, den er seit seiner Kindheit nicht mehr gesprochen hat.

In Wirklichkeit lassen sich die einzelnen Lernprozesse natürlich nicht voneinander trennen; nur für den Zweck einer wissenschaftlichen Analyse werden sie so behandelt, als existierten sie unabhängig voneinander. Ganz allgemein ist zu sagen: Bleiben die Imitationsleistungen eines Kindes unbeachtet, so ist damit zu rechnen, daß sie als Quelle der Erfahrung für das Kind von untergeordneter Bedeutung werden. Das trifft für alle Verhaltensbereiche zu: die Erkundung, Neugier, sein Leistungsstreben, das von Erfolg gekrönt sein muß, um zu einem positiv motivierten Streben nach Erfüllung eines bestimmten Anspruches an sich selber zu gelangen (HECKHAUSEN, 1972), und sein Streben nach einer gewissen Eigenständigkeit, nach einer Kompetenz, nach einem Zutrauen, bestimmte Situationen erfolgreich meistern zu können (WHITE, 1959). Alle diese Fähigkeiten hängen ab von dem Erfolg, mit dem das Kind für sein Streben nach sozialer Anerkennung durch das Zusammenspiel mit vertrauten Erwachsenen und Spielgefährten verstärkt und ermutigt wird. Es sind diese Erfahrungen, mit denen es sich schließlich von den Eltern löst, selbständig wird und zu einer „Internalisierung“ sozialer Werte und zu einer Selbststeuerung seines Verhaltens gelangt. Ohne diese Voraussetzungen bleibt es aber asozial und verwahrlost. Die Erfahrung hat gezeigt, daß der Ausfall oder der Mangel sozialer Lernprozesse später kaum nachzuholen ist (vgl. SMILANSKY, 1968).

3.7 Aggression und Konfliktbewältigung

Es seien einige elementare Gesichtspunkte aus dem Bereich des Konfliktverhaltens auf der Grundlage lernpsychologischer Überlegungen angeführt. Dabei sollte deutlich sein, daß es sich um eine einfache, paradigmatische Darstellung handelt, die der Vielschichtigkeit menschlicher Konflikte keineswegs gerecht werden kann. Aus der Fülle der Möglichkeiten wird das Thema der kindlichen Aggression beispielhaft erwähnt.

Unter Aggression soll verstanden werden Gewalttätigkeit oder das Androhen von Gewalt, mit dem man sich Besitz, Eigentum oder das Verhalten anderer verfügbar macht oder es versucht. Aggression in Form von Gewaltanwendung ist ein wesentlicher Bestandteil kindlichen Verhaltens. Diese Gewalt ist jedoch in keiner Weise irgendeine Form von Bösartigkeit, Destruktionslust oder ähnliches. Sie ist zunächst nur ein unerprobtes Mittel zur Durchsetzung eigener Wünsche. Eine strategische Zielvorstellung ist noch nicht vorhanden. Der sozial akzeptable Rahmen ist dem kleinen Kind noch unbekannt; er muß erst erfahren und gelernt werden. Wenn sich ein Kind nun aggressiv verhält, so wird es in der Regel auf Widerstand stoßen, der ihm von seinen Eltern entgegengesetzt wird. Dieser Widerstand ist für das soziale Lernen des Kindes notwendig. Ohne einen solchen Widerstand könnte das Kind nämlich nicht erfahren, daß Ansprüche an andere, im Sinne einer Kontrolle über ihr Verhalten durch Zwang und Gewalt in jedweder Form, bei diesen Gegenaggressionen erzeugt. Damit ist aber eine typische soziale Konfliktsituation gegeben. Der Weg der Kontrolle anderer durch Gewalt erweist sich als nicht praktikabel, wenn nicht die Macht und Einflußmöglichkeiten einseitig beim Aggressor liegen. Aber auch in diesem Falle muß damit gerechnet werden, daß der Unterdrückte einen Weg zur Befreiung aus der Zwangssituation findet. Für alle Fälle des sozialen Miteinanders müssen andere Wege als die des aggressiven Verhaltens gefunden werden.

Der Begriff der Aggression ist heterogen, d.h. er stellt sich weder vom Verhalten, noch von einer Theorie her einheitlich dar. Zudem sind wir in unserem sozialen Alltag geneigt, zahlreiche Verhaltensweisen anderer immer dann als aggressiv zu bezeichnen, wenn wir uns selbst durch sie am Erreichen unserer eigenen Wünsche gehindert fühlen. Aus psychoanalytischer Sicht und in der Sicht der biologischen Verhaltensforscher ist Aggression ein Trieb, der wie eine Instinkthandlung abläuft. Bei einem gewissen Triebdruck, der mit der Zeit ansteigt — so wird gesagt — muß sich der Organismus abreagieren (LORENZ, 1963). Nun ist aber gerade diese Behauptung für den Menschen unbewiesen und lediglich durch eine Reihe von Anekdoten belegt. Außerdem bestehen keine *mit einem Trieb verkoppelten* genetisch determinierten Endhandlungen. Solche Endhandlungen sind bei Tieren ein ritualisiertes Droh- und Kampfrepertoire. Ansätze zu einem solchen Droh- und Kampfverhalten sind auch beim Menschen vorhanden, wie man bei der aufmerksamen Beobachtung von Rangordnungsauseinandersetzungen von Knaben und männlichen Jugendlichen selbst erkennen kann. Das mit einem möglichen Aggressionstrieb zu verbindende Verhalten ist also Lernvorgängen zugänglich. Wäre das nicht so, so könnte das Kind nicht lernen, seine gegen andere gerichtete und von diesem negativ bewerteten Impulse den allgemeinen sozialen Erwartungen anzupassen. Allerdings ist der Lernaufwand bei der Vermittlung nicht aggressiver Verhaltensmuster größer als bei der Bekräftigung von aggressionsgetragenem Imponier- und Kampfverhalten. Die Ansicht, daß sich aus Aggression resultierende Konflikte durch Abreaktion und eine versagungsfreie Erziehung vermeiden ließen, hat sich dagegen als irrig herausgestellt. Aggression tritt zwar häufig nach Versagungen auf, wird aber auch genauso häufig zweckgerichtet zum Erreichen bestimmter Ziele eingesetzt.

3.7.1 Aggression nach Versagung

Hat ein Kind ein Ziel, etwa beim Spielen und wird daran gehindert, so reagiert es häufig mit als aggressiv interpretierten körperlichen und verbalen Ausfällen. Es tritt sowohl gegen das Tischbein, wenn es sich daran stört, als auch gegen die Mutter, wenn diese es am Spiel hindert. Solche Reaktionen sind zwar zielgerichtet, aber, wie wir gesehen haben, noch ohne soziale Absicht. Sie sind darüber hinaus nicht unausweichlich. Nach einer Versagung können auch andere Verhaltensweisen auftreten: z.B. das Zurückgehen auf eine frühere Verhaltensweise (Regression), sich Zurückziehen, Ungeschehen-Machen, Verleugnen, Verlegenheit und Unsicherheit und manches mehr. Der Lernprozeß setzt erst ein bei der Bekräftigung der kindlichen

Reaktionen. Erwünscht ist die Vermittlung der konstruktiven Bewältigung des durch Aggression erzeugten sozialen Konfliktes. Nach dem Lernmodell der bedingten Aktion kann man voraussagen, daß positive Bekräftigung von Wutausbrüchen beispielsweise einen in der Zukunft häufigeren Einsatz dieses Verhaltens zur Folge hat. Erst die Nichtbekräftigung solcher Verhaltensweisen oder die selektive Bekräftigung von Verhaltensweisen, die mit aggressivem Verhalten unvereinbar sind, zeigt einen gewünschten Lernerfolg.

3.7.2 Aggression und Identifikation

Noch wichtiger aber ist der Grad der Identifikation mit den Eltern und deren Verhalten in ähnlichen Situationen. Das Kind lernt, sich in dieser Hinsicht vor allem am gleichgeschlechtlichen Elternteil zu orientieren. Es ahmt ihn nach und übernimmt von ihm wie von einem Modell die Verhaltensweisen, die er zum Lösen sozialer Konflikte einsetzt. Dagegen tritt die denkende Bewältigung sozialer Konfliktsituationen erst später auf. Sie bedarf einer vorausgegangenen intakten Identifikation und einer darauf aufbauenden Gewissensbildung: Die Verinnerlichung der moralischen Prinzipien und der Verhaltensnormen der sozialen Gruppe, der das Kind angehört.

3.7.3 Zweckgerichtete Aggression

Aggressives Verhalten kann auch auf Erfolge zurückgeführt werden. Es handelt sich dann nicht um das Ergebnis eines Konflikts oder um sozialen Druck, sondern um eine intellektuell determinierte Handlung mit dem Ziel der Durchsetzung, Bereicherung, Unterdrückung anderer usw. Die Ätiologie zweckgerichteter Aggression (oder instrumenteller Aggression, wie sie von Bandura (1969) genannt wird) ist natürlich eine andere als die der trieb- oder konfliktbedingten. Demgemäß gelten hierfür auch andere Beziehungszusammenhänge. Wie weit z.B. verhaltenstherapeutische Methoden bei der zweckgerichteten Aggression erfolgreich sein können, dürfte u.a. abhängig sein von der Kooperationsbereitschaft eines Menschen mit einer solchen Persönlichkeitsstruktur.

4. Schwerpunkte der individuellen Entwicklung (Ontogenese)

Den verhaltensbiologischen und lernpsychologischen Grundlagen wurde im vorliegenden Kapitel ein breiter Raum gewidmet. Dies geschah vor allem, weil die aus verhaltensbiologischer und lernpsychologischer Sicht dargestellten Beziehungsstrukturen des Kindes die Grundlagen des weiteren Miteinanders im Verlaufe der Entwicklung darstellen.
Im Rahmen eines Kapitels ist es natürlich undenkbar, einen auch nur annähernd überzeugenden Überblick über die Ontogenese des Menschen zu geben. Die Literatur ist zu umfangreich, und die gegenwärtigen Forschungsaktivitäten auf diesem Gebiet sind außerordentlich groß. Im folgenden Abschnitt kann deshalb nur ein kursorischer Überblick über einige typische entwicklungspsychologische Fragestellungen und Ergebnisse gegeben werden. Auch diese kursorischen Angaben sind jedoch nur dann richtig zu verstehen, wenn sie nicht statisch, sondern dynamisch als Ausdruck der Wechselbeziehung zwischen einem biologisch bereiten Organismus und seiner Umwelt

im weitesten Sinne gesehen werden. Zu einem vertieften Studium mögen, neben bereits erwähnten Schriften, einführende Lehrbücher dienen wie MUSSEN, CONGER und KAGAN (1969); H.D. SCHMIDT (1970); R. OERTER (1971); SCHENK-DANZINGER (1972); V.H. NICKEL (1972) und für das Erwachsenenalter und den Prozeß des Alterns U. LEHR (1972).

Wir haben bereits folgendes gesehen: In der ersten Phase der kindlichen Entwicklung entscheidet sich viel für sein weiteres Schicksal. Nach dem heutigen Stand des Wissens sind die schädigenden Auswirkungen unvollkommener zwischenmenschlicher Beziehungen und Erfahrungen diejenigen, die prophylaktisch am leichtesten verhindert werden könnten, weil sie am besten verstanden werden. Gleichzeitig sind sie diejenigen, die konkret am schwersten zu beheben sind, weil gestörten Familien nur mit großem Aufwand zu helfen ist (RICHTER, 1967). Die folgenden Ausführungen sind im wesentlichen zu verstehen als Entwicklungsnormen, die bei intakten sozialen Beziehungen mehr oder weniger genau altersmäßig festlegbar auftreten.

4.1 Stationen der Entwicklung in den beiden ersten Lebensjahren

Alle Kinder sind bei der Geburt als Angehörige der Art HOMO SAPIENS erkennbar. Es bestehen jedoch große individuelle Unterschiede in der Größe, im Gewicht, beim Muskelbau, der Behaarung, der Zahnentwicklung usw. Viele Unterschiede bleiben bestehen, manche ändern sich, andere entwickeln sich. Für nahezu alles Meßbare sind Normen aufgestellt worden. Dabei handelt es sich um statistische Mittelwerte und Streuungsmaße. Die meisten Kinder liegen über oder unter einem solchen Mittelwert. In der Regel sind es immer ganz individuelle Muster, die ein einzelnes Kind gegenüber allen anderen Kindern auszeichnen. Bei vergleichenden Untersuchungen über verschiedene Einflüsse auf das Wachstum sind Normwerte allerdings von großem Nutzen. So kann man z.B. Unterernährung, Unterentwicklung, Entwicklungshemmungen und anderes erst feststellen, wenn es einen Bezugswert gibt. In diesem Sinne ist die folgende Aufstellung der motorischen und sprachlichen Entwicklung während der ersten beiden Jahre zu verstehen.

4.1.1 Motorik und Sprache[1)]

12 Wochen: Das Kind trägt seinen Kopf, wenn es auf dem Bauch liegt. Der Greifreflex ist verschwunden. Die Hände sind meistens offen. Das Schreien hat gegenüber 8 Wochen nachgelassen; es lächelt, wenn man es anspricht, gurgelt und gurrt als Reaktion und beginnt mit Serien von Lautäußerungen im Wechselspiel mit der Mutter und dem Vater.

16 Wochen: Das Kind spielt mit einer Klapper und kann seinen Kopf tragen. Die Reaktionen auf menschliche Laute sind endgültig. Durch Kopfdrehen und Augenbewegungen sucht es den Sprecher; es äußert von Zeit zu Zeit glucksende, nach Lachen klingende Laute.

20 Wochen: Das Kind sitzt mit Unterstützung. Die Vokallaute werden durch Konsonanten erweitert. Akustisch sind die Laute verschieden von der gesprochenen

1) In Anlehnung an LENNEBERG, 1972.

Kultursprache. Alle Säuglinge der verschiedenen Kulturen haben eine vergleichbare Lautentwicklung.

6 Monate: Das Kind sitzt. Es beugt sich vorwärts und gebraucht seine Hände, um sich abzustützen. Es trägt sein Gewicht, wenn es hingestellt wird, kann aber noch nicht stehenbleiben. Beim Greifen opponiert der Daumen noch nicht. Es läßt einen Gegenstand fallen, wenn man ihm einen anderen reicht. Die gurrenden Laute weichen dem Babbeln und Lallen. Weder Vokale noch Konsonanten zeigen ein festes Wiederholungsmuster.

8 Monate: Das Kind kann sich selber stehend halten. Der Daumen opponiert. Es kann eine Perle mit Daumen und Fingerspitzen aufheben. Sprachliche Wiederholungen werden häufiger, die sprachliche Intonation wird erkennbar. Gewisse Äußerungen können bereits Gefühle und Hingebung ausdrücken.

10 Monate: Das Kind kriecht gewandt und zieht sich zum Stand hoch. Lautäußerungen sind mit Klangspielereien wie Gurgeln und Prusten durchsetzt. Nachahmungsversuche sind erkennbar, aber noch nicht sehr erfolgreich. Das Kind reagiert bereits unterschiedlich auf verschiedene Werte.

12 Monate: Das Kind kann laufen, wenn man es an einer Hand führt. Es krabbelt auf Händen und Füßen. Gegenstände werden nicht mehr in jedem Fall in den Mund genommen. Es setzt sich auf den Fußboden. Gleiche Lautäußerungen werden häufiger wiederholt. Worte wie „Mama" und manchmal auch schon „Papa" sind zu erkennen. Klare Anzeichen für das Verstehen einiger Wörter und einfacher Sätze („Wo sind deine Augen?") sind vorhanden.

18. Monate: Greifen, Festhalten und Gehenlassen sind voll entwickelt. Der Gang ist steif, vorwärtsdrängend und überstürzt. Es kriecht rückwärts Treppen hinunter und baut mit Anstrengung einen Turm mit drei Klötzen. Es besitzt bereits einen Wortschatz bis zu 50 Ausdrücken; einige Silben haben bereits ein besonderes Intonationsmuster. Das Kind versucht noch nicht zu kommunizieren und zeigt auch keine Ungeduld, wenn es nicht verstanden wird. Einzelne Ausdrücke können noch nicht zu spontanen Zweiwortsätzen verbunden werden. Das Verstehen der in der Familie verwendeten Sprachformen wächst von nun an schnell.

24 Monate: Das Kind rennt, es fällt beim plötzlichen Kehren. Es kann schnell zwischen Sitzen und Stehen wechseln und klettert Treppen herauf und herunter. Der Wortschatz überschreitet 50 Begriffe; es beginnt spontan Zweiwortsätze zu bilden. Alle Sätze machen den Eindruck eigener Schöpfungen. Der Wunsch nach sprachlicher Unterhaltung wächst, ebenso das sprachliche Interesse.

4.1.2 Unterschiede im Verhalten

Verhaltensunterschiede bezüglich Motorik, Trink- und Schlafverhalten bei Neugeborenen sind ausgeprägt.

Die Unterschiede zwischen Neugeborenen zeigen sich auch in ihrer Bereitschaft, Kontakt mit der Umwelt aufzunehmen. Während man noch vor etwa 10 Jahren annahm, daß Neugeborene praktisch noch keinen Kontakt zur Außenwelt mittels ihrer Sinnesorgane haben, liegen inzwischen eine Reihe von Untersuchungen vor, die das Gegenteil beweisen. So hat der amerikanische Psychologe FANTZ festgestellt, daß Säuglinge bereits im Alter von 4 Wochen verschiedene Muster unterschiedlich lange anschauen. Diese individuellen Unterschiede in der Fixierungszeit, während der sich der Reizgegenstand für den Beobachter in einer oder in beiden Pupillen des Säuglings spiegelte, ließen sich zuverlässig wiederholen. Im Anschluß an die Untersuchungen von FANTZ wurden die Blickreaktionen von Säuglingen auf verschiedene komplexe Schachbrettmuster, Gesichtsattrappen, Farbkreise, konzentrische Ringe und manches mehr gemessen. Bei FANTZ lagen die Säuglinge auf dem Rücken und schauten von unten in einen Kasten hinein, an dessen Decke die jeweiligen Reizgegenstände angebracht waren. PRECHTL meint allerdings, daß die Aufmerksamkeit eines Kindes, auch eines Neugeborenen, wesentlich größer ist, wenn es aufrecht an der Mutter getragen wird und beispielsweise mit seiner Wange an der Wange der Mutter lehnt, das Köpfchen gehalten bekommt und mit dem Kinn auf der Schulter der Mutter aufliegend nach hinten schaut. Eine solche Feststellung steht gut im Einklang mit den Vorstellungen PORTMANNS vom Säugling als einem Wesen, das stark auf einen engen Kontakt zur Mutter oder zur Pflegeperson angewiesen ist.

4.1.3 Unterschiede bei der sozialen Kontaktaufnahme

Wenn man einen roten Ring an einem Faden etwa 30 cm über dem Gesicht von Neugeborenen, die zwischen 45 und 88 Stunden alt sind, hin und her bewegt, so können einige diesem Ring schon recht gut folgen. Die Korrelation dieses Folgens mit den Augen mit der Häufigkeit aufmerksamer Inaktivität beträgt nach einer Untersuchung von KORNER (1970) 0,74. Man hat aus solchen und anderen Ergebnissen geschlossen, daß Säuglinge bereits in den ersten drei Lebenstagen sich im Grade der Aufmerksamkeit voneinander unterscheiden. Außerdem besteht eine Tendenz für häufig aufmerksame Säuglinge, auch lange aufmerksam zu sein; solche Kinder konnten einem Gegenstand am besten folgen. Diese Zusammenhänge sind recht stabil. Kinder unterscheiden sich auch signifikant in der Häufigkeit, mit der sie sich in einem aufmerksamen Zustand befinden. Kinder, die dem roten Ring gut folgen konnten, waren auch besonders aufmerksam bei akustischen Reizen.

Neben zahlreichen anderen Unterschieden reagierten diese Säuglinge auch unterschiedlich auf die mütterliche Fürsorge. Sicherlich haben solche Bereitschaften Folgen für die Entwicklung: Ein aufmerksamer Säugling wird häufiger und früher mit seiner Umwelt in Verbindung treten können. Ein Kind, das nur geringe Aufmerksamkeit zeigt, mag vielleicht gewisse Anzeichen mütterlicher Entbehrung zeigen, so wie sie bei Heimkindern beschrieben worden sind (SPITZ, 1962). Es ist auch denkbar, daß unter Umständen bei geringerer Aufmerksamkeit eine gewisse Gefahr gegeben ist, daß selbst bei normaler Fürsorge die Entwicklung geistiger Fähigkeiten etwas langsamer vorankommt. Das Forscherehepaar MEILI und MEILI in der Schweiz hat hohe Korrelationen gefunden zwischen der Zuwendung zu bzw. Abwendung von neuen Reizen bei vier Monate alten Säuglingen und Intelligenzmessungen dieser Kinder im Alter von 16 Jahren (MEILI u. MEILI, 1972).

Der durch die geringere Aufmerksamkeit bedingte Ausfall einer Bekräftigung früher Formen der Neugierentwicklung mag ebenfalls einen gewissen Einfluß auf die soziale Entwicklung des Kindes haben, wenn sich die Neugier dadurch schwächer entwickelt als bei Kindern mit größerer Aufmerksamkeit (GROSSMANN, 1971).

4.1.4 Frühe Wahrnehmungsfähigkeiten

Die oben beschriebenen Versuche von Fantz zeigen im wesentlichen die Fähigkeit von Säuglingen auf, bereits kurz nach der Geburt bestimmte Ereignisse in ihrer Umwelt wahrzunehmen. Damit ist die gelegentlich geäußerte Ansicht widerlegt, das Kind lebe in einem wirren Durcheinander und müsse erst durch Lernprozesse zu einer Strukturierung der Umwelt kommen. Davon kann keine Rede sein, obwohl natürlich die Lernprozesse, die während der kommenden Jahre geleistet werden, ein gegenüber allen anderen Lebewesen unvergleichliches Ausmaß annehmen.

Von dem amerikanischen Forscher T. G. R. Bower wurde in diesem Zusammenhang nachgewiesen, daß Säuglinge bereits über Tiefenwahrnehmungen verfügen, ehe sie krabbeln können. Die Säuglinge lernten beispielsweise mit einer Versuchsleiterin „Kuckuck-Da" zu spielen. Im Experiment wurde das Spiel aber immer nur dann gespielt, wenn vor den Kindern ein 30 cm großer Würfel in 1 m Entfernung stand. Nachdem alle das Spiel gelernt hatten, teilte man die Kinder in zwei Gruppen ein. Die eine Gruppe sah den 30 cm großen Würfel in 3 m Entfernung, die andere einen 1 m großen Würfel ebenfalls in 3 m Entfernung. Nach den optischen Gesetzen war die Abbildung des 30 cm großen Würfels in 3 m Entfernung auf der Netzhaut nur ein Neuntel so groß wie die des 1 m großen Würfels; darüber hinaus war die Netzhautabbildung des 1 m großen Würfels in 3 m Entfernung genauso groß wie die Netzhautabbildung des 30 cm großen Würfels in 1 m Entfernung während der Trainingsphase. Trotzdem versuchten die Kinder, das Spiel „Kuckuck-Da" signifikant häufiger bei dem kleineren Würfel in 3 m Entfernung herbeizuführen. Bower interpretiert dieses Ergebnis als Leistung der Größenkonstanz; für die Kinder war der 30 cm große Würfel derselbe geblieben, obwohl er jetzt weiter entfernt war. Wir müssen aus diesen und vielen anderen Experimenten ähnlicher Art schließen, daß gewisse Wahrnehmungsstrukturen beim Neugeborenen bereits vorgegeben sind. Wir müssen uns fragen, ob sich damit bereits gewisse Erwartungshaltungen auf die Umwelt hin nachweisen lassen. Wir gehen dieser Frage im Bereich der zwischenmenschlichen Beziehungen nach.

Die beiden unterschiedlichen Reaktionen auf Beobachter, die mit einem Kind Kontakt aufnehmen (Tinbergen und Tinbergen, 1972), haben auch Meili und Meili-Dworetzki (1972) in einem anderen Zusammenhang festgestellt. Sie untersuchten vier Monate alte Säuglinge und überprüften deren Reaktionen auf unbekannte Gegenstände. Solche Gegenstände waren eine Uhr, ein kleines Spielentchen, ein kleiner Spielring und ähnliches. Der Gegenstand wurde an einer Schnur in Greifnähe vorgehalten. Die Reaktionen zeigten sich aber auch beim Erscheinen eines fremden Menschen im Gesichtsfeld.

Sobald der Reiz vom Kind fixiert wurde, trat fast bei allen Kindern eine Hemmung der Motorik ein, verbunden mit mehr oder weniger starrem Gesichtsausdruck. Diese Bewegungsruhe dauerte nun individuell verschieden lange. Bei denjenigen Kindern, bei denen sie lange dauerte, machte sich in der Mimik eine steigende Spannung bemerkbar, die in Extremfällen in Weinen überging. Bei anderen Kindern dagegen setzten die Bewegungen nach kurzer Zeit wieder ein, und man konnte gleichzeitig einen gelösteren, manchmal freudigen Gesichtsausdruck, bisweilen mit leichtem Lächeln erkennen. Aufgrund dieser Reaktion war es den Forschern möglich, „die Kinder . . . auf einer Skala mit den Polen ‚gelöst' und ‚gespannt-irritiert' einzuordnen".

Die unterschiedlichen Reaktionen wurden hypothetisch in Zusammenhang gebracht mit der Schwierigkeit bzw. Leichtigkeit der Reizverarbeitung. Es gelang nämlich, eine Reihe der so geprüften Säuglinge mit 7 Jahren wieder zu überprüfen, eine andere Reihe sogar mit 15 Jahren!
Im Gesamten weisen die Resultate in ziemlich guter Übereinstimmung darauf hin, daß Kinder, die mit 4 Monaten gegenüber neuen visuellen Reizen gelöster reagieren, sich intellektuell besser entwickeln.

4.1.5 Erlernen der Liebe

Das Kind ist nicht nur bereit zu lernen, sondern es muß lernen, und zwar die Liebe zu einer individuellen Person, bevor es überhaupt zu weiteren Erfahrungen oder sogar zum weiteren Leben fähig ist. Wir haben bereits gesehen, daß für die Art HOMO SAPIENS das extrauterine Frühjahr eine Notwendigkeit zum sozialen Lernen darstellt. Selbst wenn die physische Fürsorge gewährleistet ist, wie in medizinisch gut geführten Kinderheimen, so ist damit lediglich die physiologische Lebensfähigkeit gesichert. In der Regel werden aus Heimkindern, die ohne die Möglichkeit, individuelle Liebesbezüge zu lernen, aufwachsen, psychologische Wracks (SPITZ, 1945, 1946; MEIERHOFER u. KELLER, 1966). Auf dieser Grundlage bedürfen auch die Praktiken der Kinderkliniken neuer Überlegungen.

4.1.6 Mutter-Kind-Bindung

Dem Thema der Mutter-Kind-Bindung haben sich vor allem psychoanalytische Autoren zugewandt. Erst in letzter Zeit ist dieses Thema intensiver mit empirischen Methoden bearbeitet worden (AINSWORTH, 1969). Dabei haben sich die oben referierten verhaltensbiologischen Gesichtspunkte als brauchbare Ansatzpunkte erwiesen. Die genaue Darstellung aller Gegebenheiten bei diesem Prozeß steht allerdings noch aus. Derzeit konzentrieren sich die Anstrengungen der Forschung vor allen Dingen auf die Analyse der Qualität einer Mutter-Kind-Bindung.
Mit acht Monaten etwa beginnt ein Kind zu „fremdeln“: Es wendet sich von Fremden ab und sucht Schutz und Sicherheit bei der Mutter. Wenn die Mutter sich seiner annimmt, so wird das Schutzbedürfnis des Kindes befriedigt. Versucht die Mutter, vor allem, wenn das gegenüber Fremden scheue Verhalten bei älteren Kindern auftritt, ihm diese Geborgenheit zu verwehren, weil sie es lästig findet oder weil das Verhalten des Kindes nicht ihren eigenen Vorstellungen entspricht, dann erhöht dies die Furcht des Kindes und wird dadurch sein Schutzbedürfnis noch weiter verstärken.
Beim Kind stellt sich ein Wechselspiel zwischen den beiden Motiven Neugier und soziales Kontaktbedürfnis ein. Ein für die Entwicklungspsychologie interessantes Verhaltenssystem, das von diesem Motivkonflikt ausgeht, hat BOWLBY (1969) entworfen. Der gleiche Motivkonflikt findet sich bei der Mutter: Nämlich sich entweder dem Kind zuzuwenden oder aber anderen Interessen nachzugehen und sich damit vom Kind abzuwenden. Wir haben es also mit zwei Organismen zu tun, die sich in einer ähnlichen Interaktionsphase befinden wie die Möwen bei der Paarbindung. Das oberste Prinzip dabei ist, die Fortdauer der Verbindung zu gewährleisten. Bemüht sich beispielsweise die Mutter um das Kind, so ist das Bedürfnis des Kindes nach Kontaktnähe befriedigt, und es kann sich anderen Dingen zuwenden,

wobei es die Mutter quasi ignoriert. Wendet sich hingegen die Mutter ab, so steigt im Kind das Bedürfnis nach Kontaktaufnahme, und es aktiviert seine diesem Zweck dienenden Verhaltensweisen: Rufen, aktives Suchen und schließlich Weinen. Mit zunehmendem Alter erweitert das Kind seine sozialen Beziehungen und wendet sich auch anderen Personen zu. Die Mutter fungiert bis dahin als eine Art „Sicherheitsbasis"; sie braucht nur gegenwärtig zu sein, um dem Kind die genügende Sicherheit zu geben, damit es sich ohne Angst der Erforschung seiner Umwelt hingeben kann.

Durch diese Analyse BOWLBYS wird uns deutlich, welche Funktion der kindliche Motivkonflikt für die Frühsozialisation hat. Der Aufbau eines vorhersagbaren Erziehungsmusters zur Mutter ist die Voraussetzung dafür, sich erfolgreich mit den außerhalb dieser engen Beziehungsstruktur liegenden höchst komplexen Umweltgegebenheiten ebenso erfolgreich auseinandersetzen zu können. Dieser scheinbare Widerspruch muß von der Mutter erkannt werden. Die Signale, die dem Kinde zur Verfügung stehen, stellen den einzigen Weg dar, auf dem die Mutter mit ihrem Kind in Wechselbeziehung treten kann. Genauso verhält es sich mit den Signalen der Mutter. Sie sind die einzige Grundlage für das Kind, auf dem es seine Beziehungsstrukturen aufbauen kann. Sind diese Signale eindeutig, so kann sich sowohl eine liebevolle Beziehung aufbauen, als auch eine optimale Zuwendung gegenüber der übrigen Umwelt erfolgen. Sind sie einander widersprüchlich, weil die Mutter ihren eigenen Motivkonflikt zwischen Kind und anderen Interessen nicht zu lösen vermag, so aktivieren sie im Kinde eine verstärkte Anhänglichkeit, die auf Kosten der Zuwendung der übrigen Umwelt geht. Dies ist bei ambivalenten Müttern der Fall. (Vgl. Kap. D.)[1)]
Zusammenfassend für die heutige Ausrichtung der Entwicklungspsychologie kann man mit Lotte SCHENK-DANZINGER sagen: „Das neue Konzept der Entwicklung als ein von Reifungsgeschehen zwar gesteuerter, aber doch in wesentlichen Bereichen von der Umwelt determinierter Lernprozeß erfordert eine Darstellung, die der funktionalen und intentionalen Erziehung, der emotionalen Bindung an die Eltern als Basis des Lernens durch Identifikation, den Lernangeboten und anderen motivierenden Faktoren den gebührenden Platz einräumt"(1972, S. 12).

[1)] Von einem gewissen Sensationscharakter belastet sind die gelegentlichen Darstellungen sogenannter Wolfskinder. Diese Legenden stammen größtenteils aus der indischen Region Oudh und deren Umgebung. In der psychologischen Literatur dienen sie hauptsächlich dem Bedürfnis mancher, auch prominenter Autoren, die Notwendigkeit der Sozialisation durch den Menschen dramatisch zu belegen. Bekannteste Beispiele sind Anselm FEUERBACHS Kaspar Hauser, ITARDS Wilder Knabe von Aveyron und SINGH und ZINGGS Kamala. Verhaltensbiologisch gesehen sind die Geschichten unwahrscheinlich. Die Wölfin müßte den Säugling in ihren Bau tragen, ohne dabei durch Verletzungen bedingte Infektionen zu verursachen. Nach Beendigung der Säugezeit — 4 Monate — müßte das Kind bereits auf eine Aas- oder Fleischkost übergehen. Während der jährlichen Rudelzeit müßte das Einjährige mitziehen. Daß irgendein Tier vier Jahre lang die menschliche Mutter ersetzen könnte, ist kaum vorstellbar, wenn man die kindlichen Bedürfnisse kennt. [PEIPER, A.: Die Eigenart der kindlichen Hirntätigkeit, S. 671—676, 1961; vgl. auch: KOEHLER, O.: SINGH, J.A.L., ZINGG, R.M.: Wolf-Children and Feral Man. IV. Contribution of the University of Denver. New York: Harper & Brothers, 1942. Besprechung in: Z. Tierpsychol. 7 (1), 148—160 (1950).]

4.2 Das Vorschulalter

Während der Entwicklung zum Erwachsenen muß das Kind viele und notwendige Erfahrungen in verschiedenen Lebensbereichen machen. Es muß formales Wissen erwerben und sich die kulturellen Selbstverständlichkeiten zu eigen machen. In der Regel erwirbt es einen individuellen Standpunkt, eine gewisse Eigenständigkeit, entwickelt sein „Selbst", löst sich von der Bevormundung durch die Eltern und muß trotzdem die zwischenmenschlichen Beziehungen pflegen und aufrechterhalten. Es muß eine Fülle komplexer Zusammenhänge in seiner dinglichen und sozialen Umwelt erkennen lernen.

Es sollen hier nicht nur einige (wenige) Aspekte der Ontogenese angesprochen werden, sondern in aller Kürze auch einige Bemerkungen über die strittige Frage der Erbgebundenheit der Intelligenz, der genetischen Prognose und der Dynamik der Hirnentwicklung gemacht werden. Daran soll die große Flexibilität des Kindes in bezug auf seine Umwelt verständlich gemacht werden. Das kleine Kind muß sich behaupten lernen durch die Übernahme konventioneller Muster zum Lösen von Konflikten und durch das Hervorbringen eigenständiger, origineller Lösungen sozialer und intellektueller Probleme. Es muß in unserer Kultur weit über den Zeitpunkt biologischer Reife hinaus das traditionelle Wissen seiner Kultur mühevoll erwerben und kritisch verarbeiten, ehe es selbst als Erwachsener eine verantwortliche Rolle zugewiesen bekommt. All dies und vieles mehr entwickelt sich nur im stetigen Dialog und in ständigen Auseinandersetzungen mit Mitgliedern der Kultur, der es angehört. Aus diesem Grunde sind die Bedingungen der Umwelt, in der ein Individuum aufwächst, in letzter Zeit so stark in den Mittelpunkt des Interesses gerückt.

4.2.1 Die Bedeutung der Erfahrung im sozialen Rahmen

Während man bis etwa gegen Ende des zweiten Weltkrieges davon ausging, daß die Intelligenz genetisch festgelegt sei, meint man heute eher, daß der Erwerb der richtigen Vorstellungen über die Zusammenhänge der Ereignisse unserer Erfahrungsbereiche („kognitive Strukturen") durch das Individuum in erster Linie bestimmt ist durch die Erfahrungsmöglichkeiten, die das Kind auf der Grundlage einer intakten zwischenmenschlichen Beziehung hat. Man wendet sich also in viel größerem Maße den Folgen unterschiedlicher Sozialisationsbedingungen zu, um so zu Aufschlüssen über die Auswirkungen auf die intellektuelle Entwicklung zu gelangen. An dieser Haltung ändert auch die wiederholte Behauptung einiger Psychologen, die Varianz der Intelligenzunterschiede lasse sich zu etwa 80% durch Erbfaktoren (auf der Grundlage vergleichender Zwillingsstudien) aufklären, nichts, selbst wenn sie recht hätten, was nicht unwahrscheinlich ist: Die Restvarianz von 20% ist aber groß genug, um den Beziehungen zwischen Sozialisationsbedingungen und der Ausbildung kognitiver Strukturen alle nur erdenkliche Aufmerksamkeit zu schenken.

4.2.2 Kognitive Entwicklung

In mancherlei Hinsicht gibt es große Übereinstimmungen in der Abfolge verschiedener Stadien formaler Erkenntnisse und Stadien des Denkens bei Kindern, die von der jeweiligen Struktur her eher reife- als erfahrungsbedingt zu sein scheinen (Piaget). Selbst bei der moralischen Entwicklung lassen sich solche normativen

Gesetzmäßigkeiten in Form von aufeinanderfolgenden Stadien erkennen, wie der amerikanische Psychologe KOHLBERG herausgefunden hat. Andererseits dürfte auch hier, ohne es genauer erläutern zu müssen, klar sein, daß die Inhalte und Regeln, die in der jeweiligen Kultur vorherrschen, vom Kind unmittelbar zu erfahren sind.

Exkurs 1: Unbekanntheit des individuellen Erbguts

In diesem Sinne kann man auch nicht mehr — wie die ältere Entwicklungspsychologie — davon ausgehen, daß die Entwicklung vorausbestimmt sei. Sicherlich erhält das Kind in der Regel einen haploiden Satz von Chromosomen von der Mutter und vom Vater. Welche das aber jeweils sind, läßt sich aufgrund der vielfältigen Kombinationsmöglichkeiten während der Meiose überhaupt nicht vorhersagen, und erst recht nicht, weil es völlig unvorhersagbar ist, welches Ei mit welchem Spermium verschmelzen wird. Bei einer einzigen Empfängnis kann theoretisch jede mögliche von 2^{23} Chromosomenkombinationen des Vaters auf jede mögliche von 2^{23} befruchtungsfähigen Eizellen treffen; dabei sind weitere Prozesse, wie z.B. die Austauschbarkeit von Genen, noch nicht einmal berücksichtigt! Damit ist von unseren heutigen Kenntnissen der Genetik her eine individuelle Vorhersagbarkeit nicht möglich. Außerdem ist nochmals festzuhalten, daß die Erfahrungen des Kindes in seiner spezifischen Umwelt bestimmen, welche Ausprägung die verschiedenen biologischen Entfaltungsmöglichkeiten erhalten. Auch das in Indien praktizierte Kastensystem hat *nicht* zur Konzentration bestimmter Gene für bestimmte Fähigkeiten und Eignungen in den jeweiligen Gruppen geführt. Da wir aber auch die Variationsbreite der potentiellen Entwicklung nicht kennen, müssen wir uns an das von René A. SPITZ geäußerte heuristische Prinzip halten: Auf erbliche Prädispositionen und Ursachen greift die Entwicklungspsychologie erst dann zurück, wenn alle Möglichkeiten, die Eigenheiten aus Umwelterfahrungen zu deuten, ausgeschöpft sind. Dieses Prinzip ist sowohl für den Lehrer als auch für den beratenden Kinderarzt unbequem, weil es erhöhte Anforderungen stellt. Ohne diese Anforderungen wäre ihr Dienst allerdings nicht sonderlich hilfreich.

Exkurs 2: Dynamische Hirnentwicklung

Weiterhin nimmt man heute, im Gegensatz zur früheren Entwicklungspsychologie, an, daß die Hirnfunktionen dynamisch sind, sich den jeweiligen Anforderungen anpassen, und nicht statisch wie ein Telefonschaltbrett. Die Kapazität des Gehirns erscheint, nach zahlreichen Untersuchungen aus der Vergleichenden Psychologie (GROSSMANN u. GROSSMANN, 1969) mit den Anforderungen zu wachsen. D.O. HEBB meint, daß frühe Erfahrungen eine Voraussetzung für die weitere Intelligenzentwicklung des Kindes seien (HEBB, 1966; vgl. auch BERLYNE, 1969). Damit entfällt auch die früher gelegentlich vertretene These, daß Erfahrungen des Kindes vor dem Sprechen nicht wichtig seien. Eine solche Ansicht ging wohl davon aus, daß die intellektuelle Entwicklung praktisch von der Sprache getragen sei. Stattdessen ist man heute überwiegend der Meinung, daß die „kognitiven Funktionen" sich zwar in Wechselbeziehung zur Sprache entwickeln, nicht aber mit der Sprache identisch sind.

4.2.3 Sprache, Denken und Erfahrung

Die Erforschung der Zusammenhänge von Sprache, Erfahrung und Denken ist differenzierter geworden: Es geht um das Verschlüsseln eigener Gedanken in Sprache, um Entschlüsseln sprachlicher Äußerungen anderer, um die Beziehung von Erfahrungsinhalten und sprachlichen Äußerungen, um die Sprache als Instrument zur Informationsaufnahme und -weitergabe und als Instrument zur Lösung von Konflikten und Problemen. Es geht auch um die Frage, wie weit bestimmte Eltern, die in der Mehrzahl zu einer von Soziologen so genannten „Unteren Schicht" gehören, ihren Kindern den Gebrauch der Sprache als Instrument der Darstellung von Gedanken und Empfindungen vorenthalten und sie somit für ihr weiteres Lernen — vor allem in der Schule — nachhaltig schädigen. Dabei geht man von der plausiblen Ansicht aus, daß in dem Maße, in dem die Sprache als Instrument der Mitteilung komplexer und abstrakter Zusammenhänge für solche Kinder ausfällt, auch die Entwicklung eines grundlegenden Verständnisses für die eigene Situation sehr stark beeinträchtigt ist. Darüber hinaus spielt sich hier ein sozialer Konflikt ab: Kinder bessergestellter Eltern, die kein solches sprachliches Lerndefizit erfahren, besuchen später eine Schule, die diese Sprache als Instrument zur Vermittlung der trotz mancher Widersprüche allgemein anerkannten Lerninhalte verwendet. Die benachteiligten Kinder werden aber davon mehr oder weniger ausgeschlossen. Die in letzter Zeit gelegentlich geäußerte Ansicht, die Kinder der Unterschicht hätten ihre eigene, bedeutsame Kultur, die aber von der Schule als mittelständischer Institution unterdrückt würde, ist dagegen eher dazu angetan, die bestehenden Niveau-Unterschiede in gefährlicher Weise zu qualitativen Unterschieden zu machen. Ein solcher Standpunkt ignoriert u.a. Unterschiede in der Motivation und der Begabung, die hierbei auch zu berücksichtigen sind (vgl. C. KEPPLER, 1972; U. OEVERMANN, 1971). Schließlich ist keinem so benachteiligten Kind damit gedient, wenn ihm bedeutet wird, seine sprachliche Unterlegenheit sei Ausdruck einer kulturellen Eigenständigkeit, die lediglich von den in unserer Kultur Erfolgreichen nicht anerkannt würde. Der Erfolg, zumindest in dieser Hinsicht, ist je geradezu definiert duch die Fähigkeit, komplexe Zusammenhänge zu erkennen und entsprechend wirkungsvoll zu handeln.

Im folgenden seien beispielhaft einige Denkleistungen eines Kindes angeführt: Ein Fünfjähriger wird gefragt, ob einige vor geraumer Zeit gekochte Eier schon kalt seien. Er antwortet: „Ja, so kalt wie es in der warmen Luft geht." Derselbe Bub schaut durch ein Fernglas und bemerkt zu sich selbst: „Man kann damit nicht weiter sehen, aber die Sachen kann man näher sehen." Solche ungewöhnlichen Folgerungen sind nicht selten zu beobachten, und sie sind keineswegs auf Kinder beschränkt. Die Denkprozesse laufen bereits in durchaus erkennbarer Weise ab; sie bedürfen der Korrektur durch den sprachlichen Dialog. Wo die Sprache nicht ausreicht, werden Wortschöpfungen erfunden: „Jetzt hab' ich eine Müderung gehabt," für Gähnen, ein Papier erst „verkrumpeln" und dann „zerkrumpeln" (für entkrumpeln bzw. glätten); Spiele mit Worten und Taten werden in den Dienst des Erkennens und des symbolischen Erfahrens gestellt. Etwa beim Einüben, wie dicht man am Tisch sitzen soll: „Wenn Du sagst, ich soll mich einklemmen, dann klemm ich mich aus." Wenn Du sagtst, ich soll abrücken, klemm ich mich ein." „Ich bin ein andersrumer Mensch." Diese Beispiele ließen sich beliebig vermehren. Sie zeigen: Durch eine Fülle von Bemerkungen, Fragen, Kommentaren und Antworten werden Denkweise und Formulierung beständig überprüft. Der Prozeß dauert Jahre. Auch Warum-Fragen dienen häufig nicht der Sachinformation, sondern vor allem der Vielseitigkeit hinsichtlich der Formulierung, Artikulation und der Entschlüsselung der gehörten Bemerkungen

(„Sagt die Mutter immer dasselbe, wenn ich immer dasselbe frage?") und der Verschlüsselung eigener Bemerkungen („Versteht der Vater, was ich meine?").

Das Zusammenspiel von Sprache, Denken und Wissen, von Formulierungen nichtsprachlicher Erlebnisse und eigener Gedanken wird immer wieder eingeübt und auf seine Wirkung hin überprüft. Gleichzeitig wird der Einsatz solch lernnotwendiger Verhaltensweisen wie Neugier, Erkundung, Nachahmung usw. je nach der erfahrenen Ermutigung oder Entmutigung ausgeschaltet, oder aber er wird verkümmern. Wenn dieser Lernprozeß nicht stattfindet, dann sind spätere Angebote weitgehend unwirksam. In dieser Schwierigkeit befinden sich derzeit viele der sogenannten Sprachförderungsprogramme, die im Rahmen einer kompensatorischen Vorschulförderung angeboten werden (VALTIN, 1972). Eine der wichtigsten Erkenntnisse der israelischen Bemühungen um die Förderung der Kinder einwandernder orientalischer Juden besteht darin, daß Rollenspiele auf der Grundlage eigener Erfahrungen im sozialen Rahmen die einzig wirksame Methode für einen gewissen Ausgleich der ausgebliebenen Lernmöglichkeiten waren (Soziodramatisches Spiel; SMILANSKY, 1968). Ein reines Sprachtraining war dagegen nicht imstande, die Kinder dazu zu bringen, Lernangebote anzunehmen und daraus zu lernen.

Be-„greifen" und be-„lehren" (Beispiel: Früh-Lesen)

Ein wesentlicher Unterschied besteht zwischen dem Lernen des Vorschulkindes und dem des Schulkindes: Das Vorschulkind lernt aktiv. Es entwickelt Interessen auf häufig nicht vorhersagbare Weise. Es wendet sich zu oder ab nach Belieben. Es rezipiert dann, wenn es im Rahmen der jeweiligen Tätigkeit eine bestimmte Funktion hat. Es handelt und lernt „spielend". Belehrungen um ihrer selbst willen können zwar stattfinden, verkennen aber, wenn sie systematisch betrieben werden, die Tatsache, daß die Lernbedürfnisse des Kindes vielschichtiger und vielseitiger sind als etwa die in einem „Vorschulcurriculum" enthaltenen Inhalte, die sich Erwachsene ausgedacht haben. So ist es z. B. durchaus möglich, Dreijährigen das Lesen beizubringen, es ist jedoch absolut überflüssig, weil es vom Kinde Haltungen verlangt, die es von sich aus niemals erbringen würde, und weil es darüber hinaus in der Schule in weniger als der halben Zeit erfolgt. Anderslautende Bemerkungen sind reine Erfindung (vgl. H. HETZER, die sich äußerst kritisch mit der Früh-Lese-Propaganda-Kampagne auseinandersetzt). Die entwicklungspsychologischen Erkenntnisse über das Lernen bedürfen einer Neukonzeption von Einrichtungen für Kinder. Weder der bisherige Kindergarten, noch eine unkritische Vorverlegung der Grundschule würden dem gerecht (vgl. GEBAUER/MÜLLER/SAGI, 1971; SCHMALOHR, 1971; HUNDERTMARCK/ULSHOEFER (Hrsg.), 1972; u. v. a.).

4.2.4 Schlußfolgerungen und Konsequenzen

Als Fazit aus den bisherigen Ausführungen ist festzuhalten: Die Grundtatsache der Anthropogenese ist die Entwicklung symbolischer Verhaltensweisen. Diese sind spezifisch menschliche Möglichkeiten. Zu ihrer Verwirklichung bedarf es vielseitiger und vielschichtiger sozialer Dialoge, deren Grundlagen in einer engen zwischenmenschlichen Beziehung zu sehen sind. Die Entwicklungspsychologie untersucht die artspezifischen Verhaltensänderungen und ihre Beziehungen zu äußeren Faktoren. Die äußeren Faktoren sind etwa beim sich entwickelnden Vorschulkind vor allem

in der Bereitstellung komplexer Erfahrungszusammenhänge zu sehen. Die Sprache als Kommunikationsmittel stellt die einzigartige Möglichkeit dar, über das unmittelbare Erfahren, Beobachten und Nachahmen hinaus Erfahrungszusammenhänge abstrakter Natur zu erfahren, mitzuteilen und auf ihre Richtigkeit hin zu überprüfen. In dem Maße, in dem die Sprache diese Funktion nicht erreicht, fallen also auch die Möglichkeiten zum Erfahren komplexer, mittelbarer und abstrakter Zusammenhänge aus. Die Folge ist eine Unfähigkeit zur Teilnahme an sozialen Entscheidungsprozessen von über das betreffende Individuum hinausgehender Tragweite.
Die Konsequenzen aus diesen, wenn auch wesentlich vereinfacht dargestellten Zusammenhängen liegen vor allem in folgendem: Stärkung des sozialen Zusammenspiels von Erwachsenen und Kindern auch im Vorschulalter. Stärkung des Sprechens in seinen verschiedenen Erscheinungsformen: Als Ausdruck zur Kundgabe eines Zustandes, als Appell an das Denken und Verhalten und als Instrument zur Darstellung von Gegenständen und Sachverhalten. Dies kann nur im ständigen Dialog zwischen Lehrer und Schüler, Erwachsenen und Kind erfolgen. Die Fülle der Möglichkeiten und die Qualität der Dialogpartner bestimmen den Grad der Verwirklichung des biologischen Spielraums

4.2.5 Die Entwicklung der Persönlichkeit

Es wurde bereits darauf hingewiesen, daß sich schon bei Neugeborenen bemerkenswerte Unterschiede finden und daß diese sich in vielfältiger Weise im Laufe der Entwicklung ausprägen. Die Art der Reaktion, der Artikulation, der Initiative, der Grad der Einschüchterung, der Selbstbehauptung, der Ausdauer, das Durchsetzen eigener Wünsche, Geduld und Ungeduld, Reaktionen auf Versagungen und vieles mehr zeigen charakteristische Formen und Muster, die für jedes Kind verschieden sind. Die Gesamtheit dieser individuellen Verhaltensweisen macht die „Persönlichkeit“ des Kindes aus.

Trotz: In deutlicher Form bemerken wir die durchaus eigene Persönlichkeit des Kindes dann, wenn es zum ersten Mal seinen eigenen Willen praktiziert. Mit ungefähr 2—3 Jahren befinden sich praktisch alle Kinder in einer Phase, in der die Selbstbehauptung gegenüber den Ansprüchen der Erwachsenen eine prominente Rolle spielt. Es ist die Phase, in der von manchen früheren Erziehern empfohlen wurde, den Willen des Kindes zu brechen, das Böse aus ihm herauszuprügeln und eine Anpassung an die herrschenden Normen auf jeden Fall zu erzwingen. In dem Maße, in dem es zu einem Tauziehen zwischen Eltern und Kind darüber kommt, wer das Sagen hat, können die Auseinandersetzungen sogar handgreifliche Formen annehmen. Von einigen Autoren ist in diesem Zusammenhang von „Trotzalter“, „Erster Trotzphase“ (die zweite kommt während der Pubertät), von „Negativer Phase“ und ähnlichem die Rede gewesen. Hält man die kulturellen Normen für etwas Statisches, Unwandelbares, so ist eine solche Konfrontation zwischen dem Kind und den Eltern kaum vermeidbar. Das Kind zeigt seine ersten Bemühungen um Eigenständigkeit. Es entwickelt sein „Selbst“, es entdeckt sein „Ich“ (vgl. ERIKSON, 1957). Will die Mutter einkaufen gehen und möchte ihr Kind, das sich in dieser Phase befindet, nicht alleine zu Hause lassen, so kann sie es oft geschickt zum Mitgehen überreden, indem sie sagt, sie geht allein. Aus Opposition wird das Kind dann verlangen, mitgenommen zu werden. Auch auf umgekehrte Weise gelingt das Spiel häufig. Trotzreaktionen tre-

ten also in der Regel dann auf, wenn sich dem kindlichen Bemühen um Selbstbestimmung in einigen Bereichen seines täglichen Lebens Widerstände entgegenstellen. Je vitaler das Kind ist, um so heftiger sind die Auseinandersetzungen. Je geschickter der Partner des Streits ist, um so eher lassen sich solche Auseinandersetzungen vermeiden. Die Freiheit zur Selbstbestimmung des Kindes ist der erste und wichtigste Schritt in der Entwicklung der menschlichen Selbststeuerung (SCHENK-DANZINGER, 1972).
Widerstand der Eltern wird vom Kind als Liebesverlust erlebt. Argumentieren ist zwar aufwendig, aber langfristig wesentlich erfolgreicher, weil es in das gesamte Muster des kindlichen Erfahrungsschatzes eingeht. Sind die Eltern bereit, ihrem Kind ein vernünftiges Maß an Freiheit zu gewähren, dann braucht das Kind nicht seine gesamten Energien einzusetzen, um sich einen gewissen individuellen Spielraum zu erobern.

4.2.5.1 Die Entstehung von Persönlichkeitseigenschaften

Die Erfolge, die ein Kind mit seinen Verhaltensweisen hat, bestimmen im wesentlichen das Repertoire seines Tuns. Eltern und ihre Kinder werden miteinander vertraut, wenn ihre Verhaltensmuster in gewisser Weise für den Partner vorhersagbar sind. Man erkennt sich daran und kann sich aufeinander einstellen. Verhaltensweisen verstärken sich durch Lob und Anerkennung eines bevorzugten Partners und werden seinem Verhalten nachgebildet (vgl. Abschn. 3). Daneben bleiben jedoch auch eigene, unverwechselbare Eigenschaften erhalten.
Eine dieser Eigenschaften ist die Leistungsbereitschaft. Auch hier sind individuelle Unterschiede bereits seit etwa der Mitte des 4. Lebensjahres vorhanden. Die Fähigkeit, Mißerfolge zu ertragen, entwickelt sich dagegen erst später. Wettbewerbssituationen, etwa beim Spiel, können als ein Angriff auf das gerade entstehende Selbstwertgefühl erlebt werden (vgl. HECKHAUSEN, 1972).

4.2.5.2 Gewissensbildung

Die Gewissensbildung ist ein weiterer, wichtiger Bereich aus der Fülle von Vorgängen: Das Kind übernimmt die Normen seiner Eltern durch Identifikation, und allmählich werden sie zu Instanzen seiner Selbststeuerung; es beginnt sie zu interessieren. Zunächst geschieht das auf einer Dimension zwischen Gut und Böse. Es handelt sich dabei um einen für die menschliche Entwicklung absolut notwendigen Prozeß. In letzter Zeit sind Thesen geäußert worden, die behaupten, daß durch eine solche Gewissensbildung eine Abhängigkeit des Kindes erzeugt wird, die es zeitlebens nicht mehr verliert. Konsequenterweise hat eine bestimmte Erziehungsdoktrin daraus den (falschen) Schluß gezogen, daß die Entwicklung zur freien Selbstbestimmung ohne eine Gewissensbildung mit Schuldgefühlen vonstatten gehen müsse. Aus der Fülle der Argumente für und wider eine so verstandene „antiautoritäre Erziehung" soll hier lediglich folgendes zu bedenken gegeben werden: Eine, wenn auch noch so einfache Selbststeuerung ist ohne Sicherheit der Gefühle und der Verhaltensformen nicht möglich. Wir haben bereits gesehen, daß das Kind laufend nach der Bestätigung seiner Verhaltensweisen verlangt. Erst ein bestimmter Vorrat von Normen erlaubt ihm die Freiheit, sich unabhängig von persönlichen Bestätigungen durch andere Menschen weiterzuentwickeln. Die durch vorenthaltene Normen erzeugte Unsicher-

heit veranlassen das Kind dagegen, seine Energie für die Verminderung dieser Unsicherheit einzusetzen; es kommt dadurch nicht weiter.
Starke Schuldgefühle können, wie jede Übertreibung, zu einer Behinderung der Persönlichkeitsentwicklung führen. Ohne verinnerlichte Normen aber ist eine solche Entwicklung mit Sicherheit unmöglich. Die kaum zu behebenden Folgen einer solchen Fehlentwicklung sind in dem sogenannten Asozialitätssyndrom zu erkennen. Es besteht aus einer Infantilität des Verhaltens, dauerndem Streben nach Beachtung, Riesenansprüchen, Neigung zu Trotz bei sozialen Versagungen, Aggressivität, kaum ausgeprägter Arbeitshaltung, Hemmungslosigkeit, Fehlen positiver Gruppeninteressen, sozialer Taktlosigkeit und Unansprechbarkeit und anderes mehr (SCHENK-DANZINGER, 1972, S. 51).

4.2.5.3 Moralische Entwicklung

Der Anspruch einer repressionsfreien Erziehung läßt sich wahrscheinlich nur dadurch verwirklichen, daß die für das Kind völlig selbstverständlichen und notwendigen Normen später, im Zusammenhang mit einer intakten moralischen Entwicklung, relativiert werden. Die dafür erforderliche Stufe der moralischen Entwicklung nennt KOHLBERG die „autonome Moral auf der Strukturstufe des kritischen Realismus", die sich durch eine „Moral des Vertrages und des demokratisch akzeptierten Gesetzes" und eine „Moral der individuellen Gewissensgrundsätze" auszeichnet. Zu dieser Stufe führen zunächst die „Orientierung an Strafe und Gehorsam", zu der sich ein „naiver instrumenteller Hedonismus" gesellt, weiter die „Moral des braven Kindes", das sich gute Beziehungen zum Erwachsenen wünscht, und schließlich eine „autoritätsgestützte Moral". Es ist nur auf den ersten Blick ein Paradox, daß die Unabhängigkeit des Geistes und des Urteils nur auf der Grundlage einer Bewältigung übernommener Normen stattfinden kann.

4.2.6 Selbstsicherheit und gesellschaftliche Normen

Zum kritischen Urteil des Erwachsenen gehört die Sicherheit des Standpunktes und die Freiheit der Entscheidung. Dazu bedarf es der Sicherheit der Normen. Allerdings darf diese Sicherheit nicht verwechselt werden mit der Angst vor Verletzung der Normen. Eine solche Angst als ausschließliche Instanz der eigenen Verhaltenskontrolle zu verhindern, dürfte das eigentliche Anliegen einer autoritätsfreien Erziehung sein. Dabei müssen wir uns jedoch mit der von BRONFENBRENNER (1965) aus seinen Untersuchungen gezogenen provokativen Folgerung auseinandersetzen, wonach die demokratische Familie junge Menschen hervorzubringen neigt, die „nicht die Initiative ergreifen", „zu anderen im Führung und Entscheidung aufblicken" und „bei denen man sich nicht darauf verlassen kann, daß sie ihre Verpflichtungen erfüllen" (vgl. MOLLENHAUER, 1971). Im Jahre 1973 hat BRONFENBRENNER in einem Vortrag, gestützt auf neues Material, diese Befürchtung wiederholt. Es ist vielleicht nicht unwahrscheinlich, daß die Orientierung an Vorbildern, die gesellschaftliche Normen auf selbstverständliche Weise handhaben und die deshalb in gewisser Weise autoritär erscheinen können, zur eigenen Selbstsicherheit im Erwachsenenalter führen. Wir werden das gleiche Problem im Zusammenhang mit der Pubertät noch einmal antreffen.

4.2.7 Spiel

Der Abschnitt über einige entwicklungspsychologische Bemerkungen über das Kind im Vorschulalter soll abgeschlossen werden mit einigen Bemerkungen über die neben den sozialen Kontakten wichtigste Quelle von Erfahrungen: das Spiel. Spielen ist eine zweckfreie Tätigkeit. Anregend dabei sind besonders die Neuigkeit oder der ständige Wechsel, der Überraschungsgehalt, die Verwickeltheit und ein gewisses Quantum von Ungewißheit und Konflikt (HECKHAUSEN, 1964). Verschiedene Theoretiker haben versucht, das Spiel in einen bestimmten Bezugsrahmen einzuordnen. Im wesentlichen handelt es sich dabei um Fragen der Kulturtradition (HUIZINGA, 1939), um Fragen der biologischen Grundlagen (MEYER-HOLZAPFEL, 1956), um Fragen der psychologischen Motivationszustände, etwa der Gewinnung und Aufrechterhaltung eines mittleren, optimalen Aktivierungsgrades (HECKHAUSEN, 1964; BERLYNE, 1960, 1969) und um Fragen des sich aus dem Spiel für späteres Verhalten ergebenden Gewinns (GROOS, 1911). Spiel zu definieren ist schwierig und soll hier nicht versucht werden, zumal ein allgemeines Verständnis der mit diesem Begriff verbundenen Verhaltensweisen vorausgesetzt werden kann.

4.2.7.1 Spielarten

Unter verschiedenen Möglichkeiten, kindliches Spielen differenziert zu untersuchen, ist die Einteilung von Lotte SCHENK-DANZINGER anschaulich und übersichtlich. Sie spricht von: *Rollenspiel:* In ihm werden vorhandene Vorstellungen geübt und differenziert, und es wird mit dem Verständnis von Symbolen operiert. Im *Funktionsspiel* führt das Kind Bewegungen und Veränderungen aus reiner Freude am Tun herbei. Karl BÜHLER spricht in diesem Zusammenhang von „Funktionslust", die spontan geäußert wird. Im *Werkschaffenden Spiel* werden Materialien zu Schöpfungen verarbeitet, die eine Rückwirkung auf das weitere schaffende Verhalten des Kindes haben. Allmählich nähern sich solche Schöpfungen einer Vorstellung; sie werden geplant. Lob und Unterstützung durch den Erwachsenen spielen in allen drei Bereichen eine entscheidende Rolle. Die Bekräftigung des kindlichen Spielverhaltens erfolgt, wenn überhaupt nötig, im wesentlichen durch Lob, Anteilnahme und Anregungen. Diese Verhaltensweisen der Erwachsenen wirken im Sinne der bedingten Aktion (vgl. S. 120).
Es herrscht allgemein die Auffassung vor, daß beim kindlichen Spiel die Kreativität, die eigenständige, schöpferische Schaffensfreude gefördert wird, daß komplizierte Verhaltensmuster im körperlichen und sozialen Bereich ausprobiert und geübt werden und daß Fertigkeiten erworben werden. Die didaktische Verwendung des kindlichen Spieltriebs im Hinblick auf bestimmte Lernziele steht im Mittelpunkt von Überlegungen zur Gestaltung der geplanten, mehr oder weniger obligatorischen Vorschulerziehung.[1)] Um einen guten Überblick über dieses für die künftigen Überlegungen zur privaten und institutionalisierten Erziehung so wichtige Gebiet zu erhalten, sei der Leser auf A. FLITNER (1972) verwiesen.

[1)] Deutscher Bildungsrat: Empfehlungen der Bildungskommission. Strukturplan für das Bildungswesen vom 13. Februar 1970. Der Deutsche Bildungsrat arbeitet derzeit an einer das Spiel einbeziehenden Konzeption der Bildung im Vorschulalter. Vgl. auch: Elke CALLIES: Spielen und Lernen. In: G. HUNDERTMARCK und H. ULSHOEFER, 1972.

4.2.7.2 Spieltherapie

Ein Spezialgebiet des kindlichen Spiels ist die Spieltherapie. Dabei werden die verschiedenen Formen des kindlichen Spiels als nichtsprachliche Formen der Selbstdarstellung betrachtet. Die Therapie baut auf dieser natürlichen Fähigkeit des Kindes auf. Eine Reihe von spielerischen Gestaltungsverfahren sind entwickelt worden, um eine spezielle Methode für die Psychodiagnose und die Behandlung kindlicher Verhaltensstörungen zu besitzen (E. HÖHN, 1964).

4.2.8 Die Entwicklung der Geschlechtsrollen

Es gibt in jeder Kultur bestimmte Rollen, die für die beiden Geschlechter als richtig oder falsch gelten. Für ein Mädchen eignet sich bei uns Puppenspiel eher als eine Rauferei, das Spiel mit Küchengeschirr eher als das mit Werkzeug. Für Jungen hält man das Bauen mit Konstruktionsbausätzen oder das Spielen mit einer elektrischen Eisenbahn eher für richtig als das Lesen von Nesthäkchengeschichten, das Bäumeklettern für passender als das Ausschmücken einer Spielecke mit Blumen und Deckchen und das Interesse für Autos und technische Geräte für angemessener als das für Kochen und Backen. Die Rollen sind allerdings nicht mehr so sehr festgelegt, wie es noch vor weniger als einer Generation der Fall war. Noch immer aber „heult ein Bub nicht, wenn er sich weh tut", und er „ist doch kein Mädchen", wenn er Angst zeigt, und ein Mädchen rast nicht, dabei wild mit einer Spielpistole gestikulierend, auf dem Fahrrad über unwegsames Gelände. Zeigt man z.B. 3- bis 5jährigen Kindern geschlechtsspezifische Spielsachen, Gegenstände und Aktivitäten, dann werden in der Regel diejenigen gewählt, die für das eigene Geschlecht als richtig angesehen werden. Man kann diese Wahl z.B. dadurch beeinflussen, daß man unbekannte Gegenstände für typische Jungen- bzw. Mädchensachen und -aktivitäten ausgibt.

Verschiedene Theoretiker haben verschiedene Erklärungsmodelle für die sich entwickelnden Unterschiede angeboten. Ausgehend von der Tatsache, daß eine Reihe genetischer Unterschiede vorhanden sind beim durchschnittlichen Gehirngewicht, der Muskulatur, der Größe, den Hormonen, beim Haar- und Bartwuchs, den primären und sekundären Geschlechtsmerkmalen, Knochenbau usw., wendet sich die Psychologie vor allem jedoch den kulturellen Bedingungen der vielfältigen kulturspezifischen Unterschiede zu.

4.2.8.1 Der lernpsychologische Erklärungsversuch für Geschlechtsrollenunterschiede

Gehen wir von der Tatsache aus, daß Geschlechtsunterschiede schon bei Kindern und erst recht bei Erwachsenen in vielen Bereichen zu beobachten sind, und lassen wir einmal die Frage, ob sie angeboren sind oder nicht, auf sich beruhen. Es finden sich dann immer noch eine Reihe von Unterschieden in der Behandlung von Jungen und Mädchen, die sich in mancherlei Hinsicht mit den in Teil 3 gemachten lernpsychologischen Ausführungen in Einklang bringen lassen. Eltern und andere Erwachsene legen häufig besonderes Gewicht auf das „richtige" Verhalten und belohnen es entsprechend. Gleichzeitig zeigen sie ihre Mißbilligung gegenüber „unrichtigem" Verhalten. Auf diese Weise wird der Bub veranlaßt, sich an seinem Vater zu orientieren, das Mädchen an seiner Mutter. So werden die Grundmuster geschlechtsspezifischen Rollenverhaltens durch Identifikation und Nachahmung erworben. Die Intensität der Identifikation hängt u.a. ab von der Zuneigung, der gefühlsmäßigen Bindung, dem sozialen Ansehen und dem Einfluß des Elternteils. Sind diese Eigenschaften nicht vorhanden, dann bleibt eine positive Identifikation entweder aus, oder es findet eine mit dem gegengeschlechtlichen Elternteil statt. Daraus ergeben sich für das Kind zahlreiche Komplikationen. Fürsorgliche Mütter werden von ihren Töchtern eher und intensiver nachgeahmt als weniger fürsorgliche, starke, einflußreiche, warmherzige und einfühlsame Väter von ihren Söhnen eher als solche mit weniger ausgeprägter Zuneigung. Identifikation entwickelt sich auf der Grundlage einer engen, auf Zuneigung basierenden Beziehung zwischen geschlechtsgleichen Kindern und Eltern.

4.2.8.2 Das psychoanalytische Erklärungsmodell

Die obige Darstellung ist eine knappe Wiedergabe der lernpsychologischen Interpretation der Vorgänge. Es gibt eine Reihe anderer Erklärungsansätze, die sich mehr oder weniger davon unterscheiden. In der Psychoanalyse FREUDS z.B. wird dem Identifikationsprozeß eine spezielle Qualität zuerkannt. In der sogenannten „Ödipusphase" des Kindes, mit etwa 5 Jahren, möchte die Tochter den Vater heiraten und empfindet die Mutter als Nebenbuhlerin („Elektrakomplex"), der Sohn möchte die Mutter heiraten und wünscht sich den Vater tot, deshalb die Bezeichnung „Ödipus-Komplex" aus der griechischen Sagenwelt. Die Identifikation stellt eine Art Internalisation des stärkeren Konkurrenten dar, die mit einem Teilverzicht auf die sexuellen Ansprüche einhergeht (FREUD, 1905).

4.2.8.3 Das kognitive Erklärungsmodell

In der kognitiven Theorie KOHLBERGS (1966, zit. in MUSSEN, CONGER u. KAGAN, 1969, S. 362) erwirbt das Kind zunächst ein Grundverständnis für ein bestimmtes Geschlechtskonzept und baut dieses Konzept aus, indem es *selektiv* Informationen sammelt, wahrnimmt und Beziehungen knüpft. In dieser Theorie ist die Identifikation die Folge der kognitiven Struktur, der Werte, Interessen und Gefühle, die mit dem jeweiligen Geschlecht zusammenhängen.

4.2.8.4 Geschlechtsrolle und Erotisierung

Mit etwa 6 Jahren stabilisiert sich die Geschlechtsrolle. Die „Inzestschranke" verhindert eine Erotisierung bzw. Genitalisierung der Beziehungen zwischen Eltern und Kindern. Dadurch bleiben die weiteren Beziehungen im Bereich Vorbild — Nachahmer und gehen allmählich in eine aktive Auseinandersetzung mit der eigenen Geschlechtsrolle über und enden mit der Loslösung von den Eltern. Der Aufbau einer Beziehung zu einem Partner des anderen Geschlechts schließlich erlaubt und verlangt erotisches und genitales Verhalten. Auch in diesem Bereich werden zahlreiche Verhaltensmuster (unbewußt) nach dem Vorbild der Beziehungen zwischen dem Vater und der Mutter übernommen; sie bilden für jeden der neuen Partner die Grundlage für den Aufbau einer neuen Beziehungsstruktur. Eine solche Partnerbindung ist um so leichter, je konfliktfreier die gelernten Verhaltensmuster zu gebrauchen sind. In diesem Sinne ist das gelegentliche Kneifen des Vaters in das Hinterteil der Mutter und ihre neckende Abwehr eine bessere Aufklärung als jede formalisierte Darstellung der Beziehung zwischen den Geschlechtern.

4.3 Die Pubertät

Aus der Fülle entwicklungspsychologischer Ereignisse, die bis zum Eintritt in das Erwachsenenalter eine Rolle spielen, sei die Phase herausgegriffen, in der die biologische Geschlechtsreife mit ihren psychologischen Begleiterscheinungen stattfindet. Die Pubertät ist in einer Kultur, in der die verlängerte Lernphase weit über die biologische Reife hinaus mit einer verlängerten Abhängigkeit einhergeht, oft problematisch. Der Psychoanalytiker E.H. ERIKSON spricht in diesem Zusammenhang von der Identität, die zu erreichen für den Jugendlichen nötig ist, und von der Rollendiffusion, die er zu vermeiden trachtet. Die gefundene Identität erlaubt es ihm, eine neue, von den Eltern unabhängige Rolle zu erreichen.

4.3.1 Einige Konflikte und ihre möglichen Lösungen in der Pubertät

Die Anpassungsschwierigkeiten während der Pubertät sind kaum ohne das Bestehen einer guten sozialen Beziehung zu Erwachsenen in einem für Eltern und die betroffenen Jugendlichen erträglichen Rahmen zu halten. Die Sprache, unter vielem anderen, kann zum — wenn auch noch so unvollkommenen — Instrument der Darstellung und zum Verständnis der Konflikte werden. Mit der Sprache kann der Jugendliche solche Widersprüche zwischen sich selbst und den anderen erfassen und eher konstruktiv lösen als ohne sie.

Die Hauptursache für die deutlich auftretenden Spannungen in vielen Familien sind die biologisch motivierten Tendenzen, sich von den Eltern und anderen Erwachsenen lösen zu wollen. Dem steht jedoch entgegen die kulturell bedingte Notwendigkeit zum weiteren Lernen komplexer Verhaltensnormen, beruflicher Fertigkeiten und Fähigkeiten, politischer und sozialer Einsichten, kulturspezifischer Werte wie Musik, Literatur, politische und ästhetische Ideale und vieles mehr (vgl. Abschn. 3.3: Evolution und Tradition, S. 117). Diese Zusammenhänge sind zu anspruchsvoll, um ausschließlich auf dem Wege eigener Erfahrungen erworben zu werden. Die Gesellschaft hat deshalb ein verständliches Interesse daran, die Weitergabe ihres Wissens zu gewährleisten. Dies geschieht durch formale Institutionen wie Schulen und Hochschulen und durch eine verlängerte Lernphase. Eine allgemeine Lösung, die durch die beiden Ansprüche entstehenden Spannungen zu vermeiden, ist noch nicht gefunden. Den Lerndruck restlos durch Lernfreude zu ersetzen, bleibt bisher für die meisten Jugendlichen ein selten erreichtes Ziel.

Vor allem muß ein Konflikt gelöst werden, der allem bisher Gesagten zugrunde liegt: Nicht selten steigern sich die Selbständigkeitsbedürfnisse des Jugendlichen bis zum Haß auf die Eltern, die ihm dabei im Wege stehen. Gleichzeitig aber bleibt die kulturell bedingte Abhängigkeit noch auf Jahre bestehen. Oft machen die Eltern sogar mehr oder weniger deutliche Besitzansprüche geltend. Erst wenn dieser Konflikt, den jeweiligen Umständen entsprechend, gelöst ist, können auch alle weiteren gemeinsam gelöst werden.

4.3.2 Die Acceleration

Dies alles mag recht abstrakt und realitätsfern klingen, tatsächlich ist es aber ein wichtiges psychologisches Problem. 50% der Mädchen in industriellen Gebieten haben heute ihre erste Menstruation bereits mit $13^1/_2$ Jahren (1961). Knaben haben ihre entsprechende Entwicklung in dem Zeitraum zwischen 1953 und 1961 um etwa 1 Jahr vorverlegt. Man spricht in diesem Zusammenhang von Acceleration und vermutet dahinter die Auswirkungen besserer Ernährung, Hygiene und Reizüberflutung. Die Kinderzeit wird durch die Acceleration verkürzt, die Jugendzeit setzt dadurch noch früher ein. Dadurch werden die Konflikte zwischen Selbstbehauptung (Knaben), Hingabe und Zärtlichkeit (Mädchen), Erotisierung, Loslösung von der Familie einerseits und der Notwendigkeit weiterer „Kultivierung" des Jugendlichen noch schwieriger, weil die psychologischen Voraussetzungen für eine konstruktive Bewältigung der widerstrebenden Tendenzen nun noch weniger gegeben sind. Die biologische Acceleration geht nicht mit einer psychologischen einher, da ja die psychologische Entwicklung vor allem auf intensive Erfahrungen im Bereich des Erkennens, der Wahrnehmung, des Gefühls und des Verhaltens auf der Grundlage sozialen Miteinanders basiert und diese nicht beschleunigt sind.

Die sogenannten „Flegeljahre" bei Knaben sind ein Ausdruck dieser Diskrepanz zwischen biologischer Reife und kulturbedingter Abhängigkeit. Kraftsteigerung, Bewegungsbedürfnis, Aggressivität und den „Rahmen sprengende" Verhaltensweisen strapazieren die Nerven der Erwachsenen. Trotz der Hinwendung zu Gleichaltrigen ist der Vater jedoch gerade jetzt ein Vorbild von großer Bedeutung. Sein Ausfall, durch Abwesenheit oder Nichterfüllung der Voraussetzungen eines Vorbilds, verstärkt die Krise.

Bei Mädchen geht die Pubertät 1—2 Jahre früher als bei Knaben, mit einem Rededrang und einer schier unbändigen Lust zum — häufig grundlosen — Lachen einher (das bekannte Kichern der Teenager). Gefühlszustände wechseln schnell und sind wegen ihrer geringen Vorhersagbarkeit eine ständige Quelle der Spannung in der Beziehung zu Erwachsenen.

4.3.3 Persönlichkeitsverfall während der Pubertät?

Es ist gelegentlich behauptet worden, die Pubertät zeichne sich durch einen Persönlichkeitsverfall und einen Neuaufbau der Persönlichkeit aus. Wenn man wie Chapman (1972) Persönlichkeit definiert als die Beziehungen, die ein Mensch auf die Dauer zu anderen unterhält, dann trifft diese Bemerkung sicherlich häufig zu. Nur ist der Verfall nicht so zu verstehen, daß alles, was vorher war, zugrunde geht. Im Gegenteil: Wir haben bereits ausgeführt, daß die vor der Pubertät erworbenen Fähigkeiten im kognitiven und affektiven Bereich die Grundlage der Bewältigung der Konflikte auch im sozialen Bereich darstellen. Die Konflikte des Jugendalters können außerordentlich intensiv sein und, aufgrund des intensiven Gefühlsdrucks, zu einer subjektiv erlebten Ausweglosigkeit führen, die in Lebensüberdruß oder gar Selbstmord mündet. Die Selbstmordquote macht in diesem Alter 9% aller Todesfälle aus.

4.3.4 Inadäquate Methoden zur Lösung pubertätsbedingter Konflikte

Neben psychologischen Störungen, die in der Regel als inadäquate Bewältigung der Diskrepanz zwischen übergroßen Anforderungen und mangelnder Vorbereitung bzw.

Fähigkeiten gesehen werden können, treten gelegentlich Störungen auf, die dadurch entstehen, daß Jugendliche Bewältigungsmethoden wählen, die von unserer Kultur nicht akzeptiert werden, wie etwa der Drogenkonsum. Das Ausweichen in die Drogenverwendung kann als eine Wechselbeziehung zwischen der Verfügbarkeit, dem Zwang zu gruppenkonformem Verhalten bei gleichzeitigem Unvermögen, menschliche Beziehungen zu knüpfen und zu erhalten und der Verstärkerwirkung der Droge gesehen werden. Die psychologische Verstärkerwirkung der Droge beruht u.a. auf dem Mechanismus der bedingten Aktion (S. 120). Verhalten — hier Drogenkonsum — durch welches ein unangenehmer Zustand beendet wird — etwa die Vereitelung des Strebens nach Selbständigkeit, oder die Unfähigkeit, unter starkem Konfliktdruck zu handeln — wirkt verstärkend. Die Reduktion eines Angstzustandes oder einer Entscheidungsunsicherheit stellt eine besonders wirksame Verstärkung dar. Das Verhalten, durch welches ein solches verstärkendes Ereignis zustande kommt, wird folglich besonders prominent. Konflikte sind in der Regel angsterzeugend. Diese Ängste werden unerträglich, wenn keine Lösungsmöglichkeiten zur Verfügung stehen. Je größer die Angst wird, desto weniger wahrscheinlich wird aber eine Lösung, da komplexe Lösungen unter starkem Gefühlsdruck selten gefunden werden. Eine Droge, die den Konflikt verpuffen läßt und gleichzeitig das Gefühl der Zugehörigkeit symbolisiert, ist deshalb ein kaum zu übertreffender Verstärker. Der Jugendliche, dem nur dieser einzige Weg zur Verfügung steht, wird wahrscheinlich an der Droge hängenbleiben. Stehen andere Wege zur Verfügung, so kann er evtl. Alternativen entwickeln, wenn der Konflikt nicht alle anderen möglichen Leistungen des Individuums überflutet. Die Drogen*sucht* ist ein krankhafter Zustand, der medizinisch behandelt werden kann. Die Drogen*abhängigkeit* ist häufig auch ohne medizinische Symptome vorhanden und stellt ein wichtiges psychologisches Problem dar; die nahezu totale Rückfallquote zeigt, daß eine gute Lösung des Problems noch nicht gefunden wurde.

4.4 Das Erwachsenenalter

Zum Abschluß des Kapitels über die Entwicklung sollen einige Bemerkungen über das Erwachsenenalter gemacht werden. Mit dieser Phase beschäftigt sich die *Gerontologie*, die Psychologie des Alterns. Die Bemerkungen sind zum größten Teil aus der verdienstvollen, zusammenfassenden Darstellung von U. LEHR (1972) entnommen.

Am bekanntesten sind die Ergebnisse geworden, die man mit Hilfe standardisierter Leistungstests an Personen verschiedenen Alters gemessen hat. Es fand sich ein steiler Anstieg richtiger Lösungen — etwa bei einem Intelligenztest — bis etwa zum 20. Lebensjahr. Danach folgt ein, je nach Autor mehr oder weniger steiler Abfall. Weiterhin hat man für verschiedene Berufe, Wissenschaften und Künste das Alter der größten Produktivität gesucht und dabei ein Maximum im Bereich zwischen 30 und 40 Jahren festgestellt. Neuere theoretische und empirische Analysen können allerdings den aus solchen Ergebnissen gezogenen Schluß, mit zunehmendem Alter nähmen die Leistungen generell ab, nicht bestätigen. Um dieses ‚Defizit-Modell' der Gerontologie zu revidieren, seien die von U. LEHR zusammengestellten 9 Aspekte referiert:

1. Unterschiedliche psychische Funktionen und Fähigkeiten verändern sich im Laufe des Lebens in unterschiedlicher Weise. Allgemein wurde von verschiedenen Autoren

festgestellt, daß Eigenschaften wie Flüssigkeit der Umstellung, Wendigkeit, Kombinationsfähigkeit, Orientierung in neuen Situationen usw. abnehmen, während gleichzeitig eine Zunahme im Allgemeinwissen, Erfahrungswissen, Wortschatz und Sprachverständnis zu beobachten ist (LEHR, S. 60).

2. Was in früheren Untersuchungen als „Verlust geistiger Fähigkeiten" gedeutet wurde, stellte sich in genaueren Untersuchungen lediglich als ein größerer Zeitaufwand für das Lösen bestimmter Aufgaben heraus; die Fähigkeiten selbst waren noch vorhanden, und zwar gleich gut, z.T. sogar besser. Der Geschwindigkeitsfaktor variiert mit der Art des Tests. Verlangsamung der Reaktion, worauf auch immer sie beruhen mag, erscheint als die wesentliche, altersabhängige Funktion.

3. Längsschnittuntersuchungen, in denen die gleichen Probanden mit zunehmendem Alter untersucht wurden und die erst seit etwa 15 Jahren vorliegen, führten zu anderen Ergebnissen als Querschnittuntersuchungen, in denen verschiedene Probanden verschiedenen Alters miteinander verglichen wurden. Bei Hochintelligenten zeigte sich eine unverändert hohe Intelligenzleistung, gelegentlich sogar eine Zunahme der Testwerte. Häufig wurde über eine starke interindividuelle Variabilität berichtet. In die Alterskurven der Intelligenzleistung gehen sehr viele Faktoren ein, die nicht unmittelbar mit dem zunehmenden Alter per se etwas zu tun haben.

4. In den Querschnittuntersuchungen wurden Probanden verschiedener Jahrgänge miteinander verglichen, die eine unterschiedliche Schulbildung hatten. Auf diese Weise ermittelte Leistungsabfälle sind in Wirklichkeit auf die geringere Anzahl von Mittel- und Oberschülern in den früheren Geburtenjahrgängen zurückzuführen. Bewohner eines Altersheims, die nur die Volksschule besucht hatten, zeigen im Durchschnitt signifikant schlechtere Leistungen als diejenigen, die mehr Unterricht genossen hatten. Auch lassen sich, aufgrund der veränderten zeitgeschichtlichen Bildungsvoraussetzungen, formal gleiche Schulabschlüsse keineswegs in einer Querschnittstudie erfassen: Der mit einem Schulabschluß 1930 und 1970 verbundene Wissensstand ist, auch aufgrund veränderter außerschulischer Lernbedingungen, kaum vergleichbar. Ein Schluß auf einen altersbedingten Intelligenzabbau in einem denkbaren zukünftigen Vergleich wäre deshalb verfehlt (LEHR, S. 72).

5. Die Art der Berufstätigkeit beeinflußt die Veränderung der Intelligenzleistungen im Alter. Je besser die Übungsmöglichkeiten, je häufiger die Umstellungen, desto besser die Leistungen; je eintöniger die berufliche Arbeit und je geringer die Anforderung an Umstellungen, desto geringer waren die Leistungen im fortgeschritteneren Alter. Leistungsabfall kann als Folge fehlenden Trainings gesehen werden.

6. Eine zur eigenen Aktivität ermunternde Umgebung im höheren Erwachsenenalter hat die Beibehaltung des Leistungsvermögens zur Folge. Vergleichspersonen aus einer weniger anregenden, auf Betreuung eingestellten Umgebung reagierten innerhalb eines Jahres mit einem signifikanten Abfall geistiger Fähigkeiten.

7. In Querschnittuntersuchungen festgestellte Altersveränderungen intellektueller Leistungen hängen eher mit Krankheitsprozessen zusammen, die mit höherem Alter wahrscheinlicher werden. Da sich in Stichproben älterer Leute auch häufiger kranke Probanden befinden als bei jüngeren, ist ein Vergleich nicht gerechtfertigt.

8. Das Ausmaß des Berufserfolgs, der allgemeinen Zufriedenheit, der Aktivität, des Bemühens um Interessenausweitung und der Anregbarkeit sowie der Bereitschaft zu Sozialkontakten steht in einem positiven Zusammenhang zur Zunahme intellektueller Fähigkeiten. Eine positive Zukunftseinstellung korreliert positiv mit einer höheren geistigen Leistungsfähigkeit.

9. Der Zusammenhang zwischen Testleistungen und Motivation im höheren Alter ist ungeklärt. Angst vor falschen Antworten, unterschiedliche Leistungsmotivation, hohes oder niedriges Engagement, allgemeine Belastbarkeit und spezifisches Streßverhalten können einen starken Einfluß auf die Testergebnisse haben und, da sie mit dem Alter in Beziehung stehen können, einen mittelbaren Einfluß ausüben.

Die Altersvariable erscheint also nur als eine von vielen Determinanten für die Veränderungen der geistigen Leistungsfähigkeit im Verlaufe der Ontogenese. In einer varianzanalytischen Untersuchung konnte der Varianzanteil „Lebensalter“ mit ca. 4,5% ausgewiesen werden (verbal: 1% handlungsgebunden 6—7%!). Gesundheit erklärte ca. 8% der Gesamtvarianz, Schulbildung 21%, Berufsgruppenzugehörigkeit 20% (RUDINGER, 1971, zit. in LEHR, S. 85).
Auch im psychomotorischen Bereich ist eine Veränderung, die sich auf das zunehmende Alter zurückführen läßt, nicht nachzuweisen. Art der Erhebung, Versuchsanordnung und vor allem biografische Momente erklären hier ebenfalls die Zusammenhänge besser (LEHR, S. 111).
Im Hinblick auf die Persönlichkeitsveränderung läßt sich, obwohl allgemeine Aussagen derzeit noch kaum möglich sind, generell die Vermutung äußern, daß der individuelle Werdegang und die vergangene und gegenwärtige soziale Situation von größerem Einfluß sind als das Alter in Jahren (LEHR, S. 139). In diesem Zusammenhang erscheint ein Untersuchungsergebnis von K.F. RIEGEL und R. RIEGEL (1972) beachtenswert. In einer Längsschnittuntersuchung, die in Hamburg durchgeführt wurde, fanden die beiden Forscher einen Abfall in der Leistung, der von etwa 5 Jahren vor dem Tode der Probanden an festzustellen war. Probanden, die bei einem Test ein höheres Ergebnis erzielten als beim vergangenen Mal, lebten mit einer größeren Wahrscheinlichkeit noch bei der nächsten Untersuchung als Probanden, die niedrigere Ergebnisse zeigten. Von denen, die 1961 (die Untersuchung begann 1956) noch zur Mitarbeit bereit waren, lebten 1966 noch 75%, von den Verweigerern jedoch nur 57%. Die Schlußfolgerung: „Altersbedingte Verhaltensveränderungen... werden durch plötzliche Verfallserscheinungen verursacht, die weniger als 5 Jahre vor dem Tod der Person auftreten. Während des früheren Erwachsenenalters und der Periode des Alterns zeigt sich dagegen nur eine geringfügige oder überhaupt keine Abnahme der Leistung“ (RIEGEL u. RIEGEL, 1972).

4.5 Schlußbemerkung

Aus der Fülle entwicklungspsychologischer Tatsachen, Erkenntnisse, Spekulationen und Theorien wurde im vorliegenden Kapitel nur ein sehr kleiner Ausschnitt geboten. Dabei nahm die Information mit zunehmendem Alter ab. Das entspricht nicht nur dem unterschiedlichen Wissensstand für die verschiedenen Altersstufen, sondern in etwa auch der unterschiedlichen Bedeutung, die man den verschiedenen Altersstufen während der Ontogenese in der Entwicklungspsychologie zuerkennt. Der sich entwickelnde Mensch wird, im Verlauf seiner ständigen Dialoge mit Sozialpartnern, seinen Lernprozessen, seinen Erfahrungen, Anregungen und Konflikten allgemein zu einem immer weniger beeinflußbaren Wesen. Diese Tatsache hat zwei Seiten: Im einen Falle entwickelt sich — idealiter — ein selbständiger, verantwortungsbewußter, den Anforderungen seines Lebens gewachsener und adäquat handelnder Erwachsener. Im anderen Fall häufen sich die Schwierigkeiten und sind, da im Verlaufe der Individualentwicklung die zunehmend komplexer werdenden Erfahrungen aufeinander aufbauen, mit fortschreitender Entwicklung immer schwieriger zu beheben. In einer anregenden, auf enger, angstfreier Beziehung zu den Eltern basierenden sozialen Entwicklung des Kleinkindes liegen die Wurzeln einer gesunden Entwicklung. Sie sind eine notwendige, allerdings keineswegs ausreichende Voraussetzung. Selbst die intellektuelle Entwicklung scheint hier ihren Ausgang zu nehmen, denn wenn die Sicherheit der „Bindung" an eine Mutterfigur fehlt, ist häufig eine Abwendung auch von anderen Aspekten der Umwelt zu beobachten. Sprachentwicklung, moralische Entwicklung, Gewissensbildung und intellektuelles Angeregtsein geschehen in ständiger Wechselbeziehung, zuerst mit der Mutter, dann mit beiden Elternteilen und, in zunehmendem Maße auch mit anderen Personen. Die zunehmende Selbststeuerung des Individuums bedarf einer vorausgehenden intensiven Identifikation und eines reichen Schatzes von Verständnis- und Verständigungsmöglichkeiten, die es zum Zwecke des weiteren Lernens, der Bewältigung entwicklungsbedingter, psychologischer und situativer Probleme und Konflikte einzusetzen lernt. Die Fähigkeit und Möglichkeit der Auswahl geeigneter Vorbilder und Leitbilder ist auch hierfür eine Voraussetzung. Auf dieser Grundlage werden die erworbenen Fähigkeiten im fortschreitenden Erwachsenenalter nicht nur erhalten, sondern in wesentlichen Bereichen sogar noch gesteigert. Sind diese Voraussetzungen dagegen nicht erfüllt, so sind die Prognosen in mancherlei Hinsicht wesentlich ungünstiger. Zahlreiche entwicklungspsychologische Schwierigkeiten in der späten Kindheit sowie dem frühen und späten Jugendalter sind häufig bereits *Auswirkungen* von Fehlentwicklungen und Erfahrungsausfällen in der frühen Kindheit. Aus dieser Erkenntnis heraus wurde der Darstellung dieser Periode ein besonderes Gewicht beigemessen.

Literaturverzeichnis

AINSWORTH, Mary D.S.: Attachment and Dependency: A Comparison. In: Attachment and Dependency (J.L. Gewirtz, Ed.). New York: Winston & Sons 1972.

AINSWORTH, Mary D.S.: Mother — Infant Interaction of Competence. In: The Growth of Competence (K.J. Conolly and J.S. Bruner, Eds.), im Druck.

AINSWORTH, Mary D.S.: The Development of Infant-Mother Attachment. In: Review of Child Development Research, Vol. 3 (B.M. Caldwell and H.N. Ricciuti, Eds.). Chicago: University of Chicago Press 1973.

BANDURA, A.: Principles of Behavior Modification. New York: Holt, Rinehart & Winston 1969.

BANDURA, A., WALTERS, R.H.: Social Learning and Personality Development. New York: Holt, Rinehart & Winston 1963.

BERLYNE, D.E.: Laughter, Humor and Play. In: Handbook of Social Psychology, 2nd Ed., Vol. III (G. Lindsey and E. Aronson, Eds.). Boston: Addison-Wesley 1969.

BERLYNE, D.E.: Conflict, Arousal and Curiosity. New York: McGraw-Hill 1960.

BETTELHEIM, B.: Die Kinder der Zukunft (Gemeinschaftserziehung als Weg einer neuen Pädagogik). Wien—München—Zürich: Fritz Molden 1971.

BOWER, T.G.R.: The visual World of Infants. Scientific American **215** (6), 80—92 (1966).

BOWER, T.G.R.: The object in the world of the infant. Scientific American **225** (4), 30—38 (1971).

BOWLBY, J.: Attachment and Loss. Vol. I. Attachment. London: Hogarth 1969.

BRACKBILL, Yvonne: Developmental Studies of Classical Conditioning. Proceedings, 75th Annual Convention, Amer. Psychol. Assoc., 155–156 (1967).

BRONFENBRENNER, U.: Is Early Intervention Effective? Vortrag, Biennial Meeting, Society for Research in Child Development. Philadelphia 1973.

BÜHLER, Charlotte: Psychologie im Leben unserer Zeit. München/Zürich: Droemersche Verlagsanstalt 1962.

CHAPMAN, A.H.: Kinder sind doch bessere Psychologen (Orig.: The Games Children Play). Bern, München, Wien: Scherz 1972.

DÜHRSSEN, Annemarie: Psychogene Erkrankungen bei Kindern und Jugendlichen. Göttingen: Verlag f. med. Psychologie 1962.

EIBL-EIBESFELDT, I.: Grundriß der vergleichenden Verhaltensforschung. Ethologie. München: R. Piper 1972.

ERIKSON, E.H.: Kindheit und Gesellschaft, Zürich/Stuttgart: Pan-Verlag 1957.

FISCHER, Helga: Das Triumpfgeschrei der Graugans (Anser anser). Z. Tierpsychol. **22** (3), 247—304 (1965).

FLITNER, A.: Spielen — Lernen. Zur Deutung und Praxis des Kinderspiels. München: R. Piper 1972.

FREUD, S.: Drei Abhandlungen zur Sexualtheorie und verwandte Schriften. Stuttgart: G. Fischer 1961.

DARWIN, Ch.: On the Orgin of Species. Faksimile. Cambridge/Mass.: Harvard University Press 1964.

GEBAUER, TH., MÜLLER, E., SAGI, A.: Begabungsförderung im Vorschulalter. Stuttgart: Klett 1971.

GROOS, K.: Das Seelenleben des Kindes. Berlin: Reuther & Reichardt 1911.

GROSSMANN, K.E.: Neugier — Der Motor des Lernens. Betrifft: Erziehung **3** (12), 15—20 (1971).

GROSSMANN, K.E.: Psychologie des Verhaltens. Bild der Wissenschaft. **5** (12), 1051—1061 (1968).

GROSSMANN, KARIN, GROSSMANN, K.: Frühe Reizung und Erfahrung: Forschung und Kritik. Psychologische Rundschau **20,** 173—198 (1969).

HARLOW, H.F., HARLOW, MARGARET: Das Erlernen der Liebe. Praxis der Kinderpsychologie und Kinderpsychiatrie, **20** (6), 225–234 (1971, Orig. 1966). (Die deutsche Übersetzung wurde leider ohne Bilder veröffentlicht.)

HEBB, D.O.: A Textbook of Psychology. Philadelphia: W.B. Saunders 1966.

HEBERER, G.: Moderne Anthropologie. Eine naturwissenschaftliche Menschheitsgeschichte. Reinbek: Rowohlt Taschenbuchverlag 1973.

HECKHAUSEN, H.: Die Interaktion der Sozialisationsvariablen in der Genese des Leistungsmotivs. In: Hdb. d. Psychologie, Bd 7. Göttingen: Hogrefe 1972.

HECKHAUSEN, H.: Entwurf einer Psychologie des Spielens. Psychologische Forschung **27,** 225—243 (1964).

HETZER, HILDEGARD: Das Frühlesen — Hypothesen und ihre Verifizierung. Neue Sammlung **8** (3), 195—209 (1968).

HINDE, R.A. (Ed.): Non-Verbal Communication. London: Cambridge Univ. Press 1972.

HÖRMANN, H.: Psychologie der Sprache. Berlin—Heidelberg—New York: Springer 1970.

HÖHN, ELFRIEDE: Spielerische Gestaltungsverfahren. In: Hdb. d. Psychologie, Bd. 6. Göttingen: Hogrefe 1964.

HÖHN, ELFRIEDE: Geschichte der Entwicklungspsychologie und ihrer wesentlichsten Ansätze. In: Hdb. d. Psychologie, Bd. 3. Göttingen: Hogrefe 1959.

HUIZINGA, J.: Homo Ludens. Vom Ursprung der Kultur im Spiel. Reinbek: Rowohlt 1956.

HUNDERTMARCK, GISELA, ULSHOEFER, HELGARD: Kleinkinderziehung, Band II. München: Kösel 1972.

JENSEN, A.R.: How Much Can We Boost I.Q. and Scholastic Achievement? Harvard Educational Review, Winter 1969, p. 1—123.

JONES, N.B.: Categories of child-child interaction. In: N. Blurton-Jones: Ethological Studies of Child Behavior, p. 97—127. Cambridge: Univ. Press 1972.

KENNELL, J. u.a.: Maternal Behavior: Significance of the First Post — Partum Days. Vortrag, Biennial Meeting Soc. Res. Child Devel., Philadelphia 1973.

KEPPLER, CORDULA: Das Erlernen der Sprache und ihre Bedeutung für die kognitive Entwicklung. In: Kleinkinderziehung, Band II (Gisela Hundertmarck, Helgard Ulshoefer, Hrsg.). München: Kösel 1972.

KOHLBERG, L.: Development of Moral Character and Moral Ideology. In: Hofman, M.L., Hofman, L.W. (Eds.): Review of Child Development Research. New York: Russel Sage 1964.

KORNER, ALICE F.: Visual Alertness in Neonates: Individual Differences. Perceptual and Motor Skills **31,** 499—509 (1970).

KUHLEN, VERA: Verhaltenstherapie im Kindesalter. Grundlagen, Methoden und Forschungsergebnisse. München: Juventa 1972.

LEHR, URSULA: Psychologie des Alterns. Heidelberg: Quelle und Meyer 1972.

LENNEBERG, E.H.: Biologische Grundlagen der Sprache. Berlin: Suhrkamp 1972 (Orig. 1967).

LORENZ, K.: Das sogenannte Böse. Zur Naturgeschichte der Aggression. Wien: Borotha-Schoeler 1963.

LORENZ, K.: Über tierisches und menschliches Verhalten. Gesammelte Abhandlungen, Band I u. II. München: K. Piper 1965.

LORENZ, K.: Phylogenetische Anpassung und adaptive Modifikation des Verhaltens. Z. Tierpsychol. **18,** 139–187 (1961).

LORENZ, K.: Die angeborenen Formen möglicher Erfahrung. Z. Tierpsychol. **5,** 235—409 (1943).

MEILI, R., MEILI-DWORETZKI, GERTRUD: Grundlagen individueller Persönlichkeitsunterschiede. Bern, Stuttgart, Wien: H. Huber 1972.

MEIERHOFER, MARIE, KELLER, W.: Frustration im frühen Kindesalter. Ergebnisse von Entwicklungsstudien in Säuglings- und Kleinkindheimen. Bern, Stuttgart: H. Huber 1966.

MEYER-HOLZAPFEL, MONIKA: Über die Bereitschaft zu Spiel- und Instinkthandlungen. Z. Tierpsychol. **13,** 442—462 (1956).

MILLAR, W.S.: A Study of Operant Conditioning under Delayed Reinforcement in Early Infancy. Monogr. Soc. Res. Child Devel. **37** (2), Serial No. 147 (1972).

MOLLENHAUER, K.: Sozialisation und Schulerfolg. In: Begabung und Lernen (H. Roth, Hrsg.). Stuttgart: Klett 1971.

MUSSEN, P.H., CONGER, I.J., KAGAN, J.: Child Development and Personality. New York: Harper & Row 1969.

NICKEL, H.: Entwicklungspsychologie des Kindes- und Jugendalters. Bern, Stuttgart, Wien: H. Huber 1972.

OERTER, R.: Moderne Entwicklungspsychologie. Donauwörth: Auer 1971.

OEVERMANN, U.: Schichtenspezifische Formen des Sprachverhaltens und ihr Einfluß auf die kognitiven Prozesse. In: Begabung und Lernen (H. Roth, Hrsg.). Stuttgart: Klett 1971.

PEIPER, A.: Die Eigenart der kindlichen Hirntätigkeit. Leipzig: G. Thieme 1961.

PIAGET, J.: The Language and Thought of the Child. New York: Humanities Press 1971.

Prechtl, M.F.R., Lenard, H.G.: Verhaltensphysiologie des Neugeborenen. In: Fortschritte der Pädologie (F. Linneweh, Hrsg.), Band II. Berlin—Heidelberg—New York: Springer 1968.

Rauh, Hellgard: Entwicklungspsychologische Analyse kognitiver Prozesse. Weinheim: Beltz 1972.

Rensch, B.: Homo Sapiens. Vom Tier zum Halbgott. Göttingen: Vandenhoeck & Ruprecht 1965.

Richter, H.E.: Eltern, Kind und Neurose. Psychoanalyse der kindlichen Rolle. Stuttgart: Klett Verlag 1967.

Riegel, K.F.: Allgemeine Alterspsychologie. In: Psychiatrie der Gegenwart (K.P. Kisker u.a., Hrsg.), 2. Bd., 2. Teil. Berlin—Heidelberg—New York: Springer 1972.

Riegel, K.F., Riegel, Ruth: Development, Drop and Death. Development Psychology **6** (2), 306—319 (1972).

Schenk-Danzinger, Lotte: Entwicklungspsychologie. Wien: Österreichischer Bundesverlag 1972.

Schmalohr, E.: Den Kindern eine Chance. Aufgaben der Vorschulerziehung. München: Kösel 1971.

Schmalohr, E.: Frühe Mutterentbehrung bei Mensch und Tier. München: Kindler o.J.

Schmidt, H.D.: Allgemeine Entwicklungspsychologie. Berlin: VEB Deutscher Verlag der Wissenschaften 1970.

Skinner, B.F.: The Behavior of Organisms: An Experimental Analysis. New York: Appleton-Century-Crofts 1938.

Smilansky, Sarah: The effects of sociodramatic play on disadvantaged preschool children. New York: Wiley 1968.

Spitz, R.A.: Hospitalism: An Inquiry into the Genesis of Psychiatric Conditions in Early Childhood [I]. Psychoanalytic Study of the Child **I,** 53 (1945).

Spitz, R.A.: Hospitalism: A Follow-Up Report on Investigation Described in Vol. I, 1945. Psychoanalytic Study of the Child **II,** 113 (1946).

Spitz, R.A.: Die Entstehung der ersten Objektbeziehungen, 2. Aufl. Stuttgart: Klett 1962.

Tinbergen, N.: Instinktlehre. Vergleichende Erforschung angeborenen Verhaltens. Berlin und Hamburg: Paul Parey (1952, 4. Aufl. 1966).

Tulkin, S.R., Kagan, J.: Mother-child interaction in the first year of life. Child Develop. **43,** 31—41 (1972).

Valentine, C.W.: The innate bases of fear. J. genet. Psychol. **37,** 394—420 (1930).

Valtin, Renate: Sprachförderungsprogramme für Vorschulkinder und Schulanfänger. Betrifft: Erziehung **5** (5), 34—38; **5** (6), 39—43 (1972).

White, R.W.: Motivation Reconsidered: The Concept of Competence. Psychol. Review **66,** 297—333 (1959).

Windle, W.F.: Brain Damage by Asphyxia at Birth. Scientific American **221** (4), 76—84 (1969).

Wygotski, L.S.: Denken und Sprechen. Frankfurt: Fischer 1969

C. PERSÖNLICHKEIT: METHODEN, MERKMALE, MODELLE

M. v. KEREKJARTO

1. Einleitung

1.1 Idiographische und nomothetische Betrachtungsweise

Es wurde von jeher als selbstverständlich angenommen, ein guter Arzt sei auch ein guter Menschenkenner. Diese Annahme mag für frühere Zeiten noch zutreffend gewesen sein, als der „Hausarzt" noch mehrere Generationen einer Familie betreute und die einzelnen Mitglieder der Familie von Geburt an durch die diversen Lebensphasen und Ereignisse beobachtend begleitete. Heute jedoch ist diese Annahme nicht mehr haltbar. Denkt man nur an einen niedergelassenen Arzt, der in seiner Praxis täglich bis zu 100 Patienten zu betreuen hat, oder an den Durchgang in einer gut organisierten Poliklinik. Unter Menschenkenntnis versteht man, daß der Arzt als Betrachter sein Gegenüber als Individuum mit all seinen psychischen und physischen Besonderheiten erfaßt und die Ursachen der jeweiligen situativen Zustände richtig einschätzt bzw. beurteilt. Diese auf das Einzelindividuum ausgerichtete Betrachtungsweise wird in der Persönlichkeitspsychologie als *idiographische* bezeichnet (idios = einzigartig). Wenn das Augenmerk nicht auf das „Einzigartige", sondern auf das „Allgemeine", also auf die Gesetzmäßigkeiten gerichtet ist, so sprechen wir von der *nomothetischen* Betrachtungsweise (nomos = Gesetz). Ein guter Arzt muß zwischen diesen beiden Denkweisen hin und her pendeln, will er seine Aufgabe, z.B. die Diagnosestellung bei einem Patienten, richtig erledigen. Dies gilt sowohl für die psychologische als auch für die somatische Beurteilung des Individuums. Was bei dem Einzelfall besonders auffällig ist, kann man nur dann erfassen, wenn man ihn mit den entsprechenden Durchschnittswerten vergleicht. (Z.B. die Pulsfrequenz von 160 eines 20jährigen Menschen in Ruhestellung sagt uns nichts, solange wir nicht den durchschnittlichen Pulsschlag kennen.)

Leider sind die Begriffe in der Psychologie, insbesondere die in der Persönlichkeitspsychologie, vieldeutiger als z.B. die in der Physiologie. Wenn auch das Wort „Persönlichkeit" allgemein verständlich ist, kann es ganz unterschiedliche Bedeutung haben. Zwei gängige Definitionen sollen hier aufgeführt werden: G.W. ALLPORT (1959, S. 49): „Persönlichkeit ist die dynamische Ordnung derjenigen psychophysischen Systeme im Individuum, die seine einzigartigen Anpassungen an seine Umwelt bestimmen"... „Persönlichkeit *ist* etwas und *tut* etwas. Sie ist nicht synonym mit Verhalten oder Tätigkeit. Sie ist, was *hinter* besonderen Handlungen und *in* dem Menschen liegt."

J.P. GUILFORD (1964, S. 6): „Die Persönlichkeit eines Individuums ist seine einzigartige Struktur von Persönlichkeitszügen (traits). Ein „trait" ist jeder abstrahierbare und relativ konstante Persönlichkeitszug, hinsichtlich dessen eine Person von anderen Personen unterscheidbar ist" (S. 8).
In beiden Definitionen werden die Einzigartigkeit und die morphologisch-physiologischen Besonderheiten des Individuums berücksichtigt. Bei ALLPORT geht zusätzlich die dynamische Organisation, bei GUILFORD die zeitliche Stabilität und Konstanz als Bestimmungsstück des Persönlichkeitsbegriffes ein. Dynamisch oder stabil sind die jeweiligen Merkmale oder Eigenschaften der Personen, welche sich durch Erleben bzw. Verhalten äußern. Aber empirisch erfaßbar ist nur das beobachtbare Verhalten. Persönlichkeit ist demnach, wie auch die meisten später aufzuführenden Begriffe, ein theoretisches Konstrukt zur Erklärung des Verhaltens.

1.2 Intra- versus interindividuelle Differenzen

Verschiedene Menschen zeigen hinsichtlich einer großen Anzahl definierter Merkmale beobachtbare Unterschiede; diese nennt man „interindividuelle" Differenzen. Die Merkmalsausprägung kann individuell relativ konstant sein (z.B. Intelligenzgrad), jedoch unterliegen die meisten Merkmale einer gewissen „intraindividuellen" Variation (z.B. Stimmung frühmorgens und abends), zeitlicher z.B. rhythmisch und/oder situativer Art. Der intraindividuellen Variation kommt in der medizinischen Psychologie eine besondere Bedeutung zu, z.B. wenn man Therapieerfolge im psychischen Bereich objektiv erfassen will.
Diejenige Richtung in der Psychologie, die sich mit der Erfassung der inter- und intraindividuellen Variation von Merkmalen beschäftigt, nennt sich „Differentielle Psychologie" in Abgrenzung zur „Allgemeinen Psychologie", die die Aufgabe hat, allgemeine Gesetzmäßigkeiten des psychischen Geschehens festzustellen.

1.3 Klinische versus statistische Vorhersage

In der ärztlichen Tätigkeit als Interaktion mit den Patienten oder deren Angehörigen wird erwartet, daß der Arzt die Folgen seiner Mitteilung bei seinen Gesprächspartnern richtig voraussieht und einschätzt, weil nur dann die Befolgung seiner Ratschläge sowie ein Erfolg bei Therapiemaßnahmen angenommen werden kann. Mit anderen Worten, er muß den Grad des verbalen Verständnisses, der Angst, der psychischen Belastbarkeit und eine ganze Reihe weiterer Persönlichkeitsmerkmale beim Patienten simultan einschätzen, um eine gewisse Wahrscheinlichkeit für seine Verhaltensvorhersage einkalkulieren zu können. Es stellt sich die Frage, wie zutreffend die Beurteilung solcher Schätzungen bei einmaliger oder mehrmaliger Begegnung des „unbefangenen" Beurteilers ausfällt. Zahlreiche Untersuchungen (MEEHL, 1954; SARBIN u.a., 1960; GOUGH, 1962; SAWYER, 1966; COHEN, 1969) beschäftigen sich mit diesem Thema und geben Aufschluß über systematische Tendenzen bei der Persönlichkeitsbeurteilung. Die wichtigsten sollen hier kurz aufgeführt werden, um systematischen Beurteilungsfehlern begegnen zu können:

a) Halo-Effekt

Die häufigste Tendenz beim Beurteiler besteht darin, *eine* Eigenschaft des Beurteilten positiv oder negativ zu finden und dieses Urteil auf alle weiteren Eigenschaften zu übertragen, so kann z.B. ein als sehr häßlich empfundener Mensch gleich auch als sehr unintelligent, böse und unsympathisch erscheinen; und umgekehrt haben relativ gutaussehende Personen eine größere Chance, als intelligent, aktiv und zuverlässig eingeschätzt zu werden.

b) Kontrast-Effekt

Die Beurteilung eines Menschen fällt unterschiedlich aus, je nachdem wie der *zuvor* Beurteilte eingeschätzt wurde. Es ist von Prüfungssituationen her uns allen bekannt, wie ungern man hinter dem Klassenersten geprüft werden möchte, da man befürchtet, als sehr viel dümmer beurteilt zu werden. Im umgekehrten Fall spricht man vom „Assimilationsprinzip".
Hat der Beurteiler selbst eine sehr extreme Ausprägung einer oder mehrerer Eigenschaften, so ist die Gefahr relativ groß, daß er bei der Beurteilung des anderen *ihn* völlig entgegengesetzt einschätzt. Z. B. wird ein zwanghafter Pedant andere Menschen schneller als unordentlich, unzuverlässig und unpünktlich beurteilen als ein durchschnittlich ordentlicher Mensch.

c) Zeitlicher Ausdehnungs-Effekt

Unter zeitlicher Ausdehnung versteht man die Tendenz, ein momentanes situatives Merkmal der betreffenden Person als ein beständiges zu betrachten.

d) Einstellungsfehler (Projektion)
(Bei räumlicher Nähe: proximity-error)

Eine der Hauptfehlerquellen der Urteilsbildung ist die Neigung, von sich auf andere zu schließen und anderen Menschen die gleichen Persönlichkeitseigenschaften zuzuschreiben, die man bei sich selbst festgestellt hat. Ein ähnlicher Vorgang ist es, wenn man aufgrund einer gewissen Ähnlichkeit von einer bekannten Person auf einen Fremden schließt.

e) „generosity-error"

Ein gegenläufiger systematischer Schätzeffekt ist ebenfalls bekannt, nämlich übermäßige Nachsicht oder Milde, wenn der Beurteiler bewußt oder unbewußt die Befürchtung hat, eine härtere Beurteilung bedeute ein ungebührend großes Risiko oder Schaden für den Beurteilten (auch leniency-error genannt, CRONBACH, 1960).

f) Logischer Fehler (implicite Persönlichkeitstheorie)

Unter „logical error" versteht man die Tendenz des Beurteilers, Merkmale, die er für logisch zusammengehörig ansieht, auch ähnlich zu bewerten.

g) Zentrale Tendenz

Wenn der Beurteiler die zu beobachtenden Merkmale in einer Rangskala einstufen soll, ist häufig eine Tendenz der Vermeidung der extremen Kategorien zugunsten der mittleren zu beobachten. Dieser Fehler tritt vor allem dann auf, wenn der Beurteiler die zu beurteilende Person nicht genügend kennt.

h) Rosenthal-Effekt („self-fulfilling prophecy“)

Diese Fehlerart ist allgemeiner und kommt nicht nur bei Beurteilungen, sondern auch z.B. bei Interpretationen von Forschungsergebnissen vor. Es besagt, daß vorgefaßte Meinungen oder Erwartungen des Beobachters durch ihn häufiger bestätigt werden als neutrale (ROSENTHAL, 1966).

Untersuchungen zur Erfassung von Beurteilungsfehlern haben gezeigt, daß weder das Lebensalter noch das Geschlecht der Beurteiler, jedoch sein sozialer Status, die Urteilsfähigkeit beeinflussen.

In den aufgeführten Studien über klinische Urteilsbildung ging es nicht nur um den diagnostischen Wert des ersten Eindrucks, sondern allgemeiner um intuitiv gewonnene Informationen über den Patienten (z.B. biographische Anamnesedaten, sog. projektive Testdaten etc.) gegenüber quantitativer Ermittlung von Persönlichkeitsmerkmalen mit dem Ziel der Vorhersage. Die Ergebnisse zeigten durchgehend eine bessere Gültigkeit der quantitativen Verfahren gegenüber der diagnostischen Intuition. Jedoch sei kritisch zu vermerken, daß in den bekannten Untersuchungen die vorherzusagenden Kriterien sehr eng begrenzt waren im Vergleich zu der klinischen Realität. Außerdem muß berücksichtigt werden, daß der Kliniker meistens in sehr viel kürzerer Zeit, als die für quantitative Erhebungen benötigte, zu seinem wie auch immer gearteten globalen Urteil kommen muß. Schließlich stehen nicht bei jeder Gelegenheit Psychologen zur Verfügung, die die erforderlichen Testuntersuchungen durchführen können.

Die Vorteile des klinisch-intuitiven Vorgehens bestehen somit: In der besseren Möglichkeit zur Hypothesenbildung, weiterhin in der Kürze der Untersuchungszeit und letztlich in dem größeren Informationsgewinn. Jedoch sollte sich der Kliniker davor hüten, allzuviele und damit auch irrelevante Informationen aufzunehmen, da die Gültigkeit der Urteile bei geringerem Informationsangebot höher ausfällt als bei einem Überangebot.

Abschließend soll betont werden, daß systematische Beurteilungsfehler eher vermieden werden können, wenn man weiß, daß es sie gibt; daher ist hierzu ein Beurteilungstraining von großem Nutzen.

1.4 Skalenqualität von Informationen

Die im vorangegangenen Absatz geschilderten Vorteile qualitativ gewonnener Informationen sollen nicht darüber hinwegtäuschen, daß quantitative Ausgangsdaten die besseren Prädikatoren für die Persönlichkeitsanalyse darstellen. Zur unmittelbaren Informationsgewinnung in quantitativer Form werden vier Skalentypen verwandt:

1. Nominalskala,
2. Ordinalskala,
3. Intervallskala,
4. Verhältnisskala.

Zu 1. Nominalskalen stellen verschiedene, beliebige Klassen einer Beobachtungskategorie dar, in welchen die beobachteten Phänomene ihrem Vorkommen nach eingeordnet werden. Dabei bilden die Namen der Kategorien die Klassen. So können Geburtenzahlen den Namen der Wochentage zugeordnet werden und damit ermittelt werden, ob zum Wochenende hin mehr Kinder geboren werden als am Wochenanfang (für Todesfälle mag diese Hypothese sogar zutreffend sein). Ärztliche Diagnosen bilden Nominalskalen in bezug auf die Häufigkeit von Erkrankungen, ebenso Laborwerte wie z.B. Blutbildbestimmungen, wobei die Häufigkeit von weißen und roten Blutkörperchen ausgezählt wird. Sog. Alternativmerkmale z.B. männlich/weiblich, gesund/krank, vorhanden/nicht vorhanden stellen meistens auch Nominalskalen mit 2 Klassen dar.

Zu 2. Eine Ordinal- oder Rangskala ist die nächsthöhere Stufe für die quantitative Erfassung von Ausgangsdaten. Bei der Rangskala ist die Reihenfolge der Klassen nach einer Größenordnung festgelegt; sie haben schon die „größer/kleiner" Bedeutung in der Reihenfolge der Zahlen, die den Klassen zugeordnet werden. Die Größe des Unterschiedes zwischen zwei aufeinanderfolgenden Rangklassen ist nicht festgelegt. Einige Beispiele für Ordinal-Skalierung: Die Preisverteilung bei Wettbewerben, Schulzensuren, Schweregrade bei verschiedenen Erkrankungen nach Stadium I, II, usw., colorimetrisch festgestellte Laborwerte, Prozentangaben als relative Ränge, Beurteilung von Merkmalsausprägungen, z.B. Ängstlichkeit in neun Stufen usw.

Zu 3. Intervallskalen enthalten zusätzlich zur Rangfolge eine Festlegung der Intervallgröße, d.h. die Abstände zwischen den einzelnen Klassen sind gleichbleibend groß. Der Unterschied zwischen 2 und 3 ist der gleiche wie zwischen 8 und 9. Von „Messung" kann im engeren Sinne erst bei Vorhandensein von Intervallskalendaten gesprochen werden. Beispiele für diese Skalenart sind Temperaturmessung in Celsius- und Fahrenheit-Graden, Kalenderdaten, psychologische Testwerte von standardisierten Tests wie Intelligenz- und Leistungstests oder Angstskalen etc.

Zu 4. Die Verhältnis- oder Quotientenskalen sind wie Intervall-Skalen, haben aber zusätzlich einen eindeutig definierten Nullpunkt. Diese Stufe der Quantifizierung von Persönlichkeitsmerkmalen ist praktisch nicht erreichbar. Höchstens kommt sie bei der Messung von Reaktionszeiten oder des „persönlichen Tempos" vor. Körperbaumaße in Einheiten des cm-g-sec-Systems, Temperaturmessung in Kelvin-Einheiten, Puls- oder Blutdruckmessungen sind alles Angaben mit Verhältnisskalen-Charakter.

Bei der statistischen Analyse von Daten muß deren Skalencharakter berücksichtigt werden. Grundsätzlich können Daten von höherer Skalenqualität auch als Angaben mit einer niedrigeren Skala behandelt werden, jedoch nicht umgekehrt. Statistische Methoden — per se — zu erörtern, ist nicht Aufgabe dieses Buches.

2. Methoden der Persönlichkeitserfassung

2.1 Beobachtung

Bei intuitiven ungebundenen Beobachtungen sind die Beobachtungs- und Beurteilungsdimensionen vollkommen freigestellt. Es erfolgt meistens eine anschließende

Protokollierung der ermittelten Informationen, aber auch hierbei bleibt es dem Beobachter überlassen, was und in welchem Ausmaße er protokolliert. Er wird dabei eher eine Verhaltensbeschreibung als eine Beurteilung geben. Diese ganz auf das Individuum gerichtete Sichtweise ist zur Hypothesengewinnung brauchbar. Für wissenschaftliche Zwecke ist sie so gut wie unbrauchbar. Wenn man durch Beobachtung zuverlässige und gültige Verhaltensmerkmale erfassen will, so muß eine gewisse Systematisierung bzw. Vorstrukturierung, z.B. in der Form von Beobachtungskategorien, Verhaltenslisten, spezifizierten Situationen etc. stattfinden. Wesentlich ist dabei die direkte Festhaltung des Verhaltens, entweder auf Tonband oder auf Audio-Video-Band. Wenn man die Beobachtung nicht für eine kürzere Zeit, z.B. maximal 50 min plant, sondern z.B. für den Tagesablauf, so bedient man sich möglichst der fraktionierten Zeitausschnitte. Diese von OLSON (1929) eingeführte Methode erlaubt es, nach einem vorher festgelegten Plan, z.B. jede volle Stunde, 5 min lange Zufallsstichproben von dem Gesamtverhalten zu entnehmen. Die Bandkonserven haben den großen Vorteil, von mehreren unabhängigen Beurteilern nach den verschiedensten Auswertungsverfahren ausgewertet werden zu können.

2.1.1 Exploration, Interview, verbales Verhalten

In der Alltagssituation des Arztes sind die erste psychologische Beobachtungsmöglichkeit eines Patienten die Antworten, die auf Fragen, die während der körperlichen Untersuchungssituation an ihn gerichtet werden, gegeben werden (Kontaktaufnahme-Gespräch). Einige psychische Besonderheiten wie z.B. Wehleidigkeit, Angst, Klagsamkeit, Erwartung von Bestätigung etc. können schon hierdurch ermittelt werden. Wenn diese erste breite Orientierung und idiographische Betrachtung zu der Vermutung führt, daß Konflikte im psychosozialen Bereich Ursache, Auslöser oder Aufrechterhalter des geklagten Leidens sein könnten, so sollte eine Überweisung an einen Psychosomatiker erfolgen. Dann wird ein eingehenderes ärztliches Gespräch in Form einer Exploration bzw. eines Interviews (die beiden Begriffe werden hier analog verwendet) mit dem Ziel einer biographischen Anamneseerhebung durchgeführt. Unter Anamnese verstehen wir die vom Patienten mitgeteilten Symptome, deren Auftreten, weiterhin die Angaben über die eigene Person, Lebenslauf, soziale Beziehungen, Erlebnisse, Einstellungen, Wünsche, Gewohnheiten und Handlungsweisen.

Die Fehlerquellen dieser Erhebungsmethoden sind z.T. dieselben, wie die vorher für den ersten Eindruck geschilderten, es kommen aber einige für die verbale Mitteilung spezifische hinzu. In empirischen Untersuchungen wurde nachgewiesen, daß die soziale Schichtzugehörigkeit des Interviewers die Ergebnisse merklich beeinflußt (BERNSTEIN, 1961). Ein weiterer Fehler, der unabhängig von der Schichtzugehörigkeit auftritt, besteht darin, daß der Explorateur seine eigene Einstellung zu den gestellten Fragen äußert, oder sogar Suggestivfragen stellt. Ferner können durch verbales Reinforcement (Bekräftigung) gewisse Inhalte indirekt gewichtet werden. Eine weitere Fehlerart konnte dann nachgewiesen werden, wenn der Explorateur vor dem Interview eine gewisse Einstellung geäußert hatte, z.B. gegen vorehelichen Geschlechtsverkehr zu sein. Wenn er während des Interviews eine gegensätzliche Antwort von dem Befragten erhielt, so wurden in 20% der Fälle diese vom Explorateur falsch protokolliert. Darüber hinaus muß auf neutrale Fragestellung besonders geachtet werden. Bei der Formulierung einer Frage darf nie gleichzeitig die Alternative in einem Satz mit

angeboten werden, da man bei der Antwort ja bzw. nein nicht weiß, auf welche Alternative der Befragte die Antwort bezieht; häufiger wird die zweite Alternative bejaht.
Explorationen können nach verschiedenen Methoden systematisch ausgewertet werden, so z.B. mit der Inhaltsanalyse (GOTTSCHALK GLESER, 1969) oder nach Störungen im Sprachfluß (MAHL, 1967) oder nach einer Sprechstimmenanalyse, nur akustisch, ohne den Inhalt zu berücksichtigen (STARKWEATHER, 1965).

2.1.2 Ausdrucksbeobachtung und -Beurteilung (Mimik, Gestik, Motorik)

Ausdruck ruft unmittelbar, ohne Reflektion, ein eindrucksmäßiges Urteil beim Gegenüber hervor. Nach allen bisherigen Untersuchungsergebnissen zeigen Ausdrucksmerkmale relative Stabilität, hohe subjekte Evidenzerlebnisse und relativ große Beurteiler-Übereinstimmung bei ethnisch homogenen Gruppen, jedoch relative Unsicherheit bei der Beurteilung ethnisch inhomogener Gruppen. (Europäer können schlechter Asiaten und vice versa nach ihrer Mimik beurteilen.) Für den Arzt bietet die nicht verbale Kommunikation eine wesentliche Informationsquelle, denken wir nur an ein schmerzverzerrtes Gesicht im Zahnarztstuhl oder an die schlaffe Haltung von Depressiven oder an den unkoordinierten Gang von einem neurologisch noch nicht sicher diagnostizierten Kranken. Die meisten Informationen erhalten wir vom mimischen Ausdruck. Untersuchungen sowohl durch qualitative Analysen (SCHLOSSBERG, 1953) als auch durch eine einfallsreiche quantitative Methode von HEIMANN (1965) ergeben zuverlässige Beurteilungen von gut unterscheidbaren Gefühlsausdrücken. Die Qualitäten aktiv/passiv, angenehm/unangenehm und zugewandt/abgewandt wurden nicht verkannt. Dagegen ergaben andere Untersuchungen (NOSSBERGER, 1959) keine zuverlässigen Aussagen über Intelligenz und Physiognomik. Auch Stirnhöhe und Intelligenz korrelieren nicht miteinander! Seit den fünfziger Jahren gibt es eine eigene Forschungsrichtung für das nicht-verbale Kommunikationsverhalten durch Bewegung (J. FAST, 1971), die sog. Kinetik oder Körpersprache.

Von historischer Bedeutung ist die ausdrucksdiagnostische Möglichkeit durch Feinmotorik in der Form der Handschrift. Die Zuverlässigkeit der Handschriftsmerkmale ist groß (G.H. FISCHER, 1964). Die zeitliche Stabilität (geringe intra-individuelle Variabilität) und die Eigenart der Schreibbewegung einer Person gilt als gesichert (große inter-individuelle Variabilität); man kann durch Namensschrift identifiziert werden. Trotz dieser Eigenschaften der Handschrift ist die graphologische Beurteilung einer Person, bezüglich ihrer Charaktereigenschaften eher abenteuerlich als wissenschaftlich zulässig. Exakte empirische Untersuchungen konnten keine brauchbaren diagnostischen Kriterien liefern. Auch bei Untersuchungen so extremer Versuchspersonengruppen, wie durch von Berufsverbrechern, Normalen und hospitalisierten Psychotikern erhobene Handschriftproben gelang die Zuordnung der Schriftproben zu den drei Versuchspersonengruppen durch Graphologen nicht signifikant besser, als zufällig zu erwarten war. HOFSTÄTTER (1971, S. 359) resumiert hierzu: „Wir erkennen zwar Menschen an ihren Gesichtszügen, Handschriften, Ohrmuscheln und Tastleisten wieder, aber wir lernen sie durch diese nicht wirklich kennen.“ Ein abschließendes Wort über die Fähigkeit, andere durch Verhaltensbeobachtung zu beurteilen, stammt von TAFT (1955): Diese Fähigkeit ist inter-individuell sehr unterschiedlich, aber intra-individuell relativ stabil. Schlechte Beurteiler sind stärker vom mitmenschlichen Kontakt abhängig als gute, die mehr sachbezogen zu sein scheinen.

2.2 Testmethoden

Testmethoden sind im Gegensatz zu den bisher erörterten Erfassungsmodalitäten solche Verfahren, die das Individuum unter analytischen, merkmalsorientierten Gesichtspunkten betrachten. Sie sind nomothetischer Natur. Hierzu ist die objektive Erfassung und Quantifizierung der untersuchten Persönlichkeitsmerkmale erforderlich, um daraus Gesetzmäßigkeiten abzuleiten und dadurch inter-individuelle Unterschiede zu sichern. Unter psychologischen Tests wollen wir eine Reiz-Reaktions-Situation verstehen, bei der der Reiz eindeutig definiert ist (Sinnesreize, Intelligenzaufgaben, Einstellungsfragen usw.) und die Reaktionen einen objektivierbaren Verhaltensausschnitt darstellen. Aus dem querschnittsmäßig erfaßten Verhaltensausschnitt wird dann auf das hinter diesem Verhalten liegende Persönlichkeitsmerkmal (Konstrukt) geschlossen. Standardisiert bedeutet in diesem Zusammenhang: Eine gleiche Anwendungsform der Testaufgabe und eine Registrierung der erfolgten Reaktion (richtig-falsch, ja-nein usw.).

2.2.1 Begriffsbestimmung

2.2.1.1 Korrelationskoeffizient

Ohne hier statistische Kenntnisse vermitteln zu wollen, soll der Grundgedanke und die einfachste Form der Korrelationsrechnung skizziert werden, da diese zum Verständnis des psychologischen Tests unerläßlich scheint. Will man überprüfen, ob zwischen 2 Merkmalen z.B. Körpergröße (X) und Körperlänge (Y) ein Zusammenhang besteht, so werden in einer Stichprobe von N (= Anzahl) Personen diese beiden Angaben von jeder Person gemessen und in folgende Formel eingesetzt:

$$r_{xy} = \frac{N\Sigma XY - \Sigma X \cdot \Sigma Y}{\sqrt{N\Sigma X^2 - (\Sigma X)^2} \cdot \sqrt{N\Sigma Y^2 - (\Sigma Y)^2}}.$$

Diese Formel für den PEARSONschen Produkt-Moment-Korrelationskoeffizienten kann nur bei Meßwerten angewandt werden, die Intervall- oder Verhältnisskalenqualität aufweisen. Für die anderen zwei Skalen müssen andere Korrelationskoeffizienten berechnet werden. Der Wert des errechneten Koeffizienten kann von −1,00 über 0,00 bis +1,00 reichen. Dabei bedeutet +1,00 einen vollkommenen und gleichläufigen Zusammenhang der beiden Merkmale (funktionaler Zusammenhang), wobei eine Zunahme des einen einer proportionalen Zunahme des anderen entspricht (z.B. große Menschen sind entsprechend schwer, und je größer sie sind, um so mehr wiegen sie auch). −1,00 bedeutet einen vollkommenen, aber gegenläufigen Zusammenhang, z.B. je größer ein Mensch, um so weniger wiegt er. Ein Korrelationswert von 0,00 oder um 0,00 herum bedeutet, daß zwischen den beiden Merkmalen kein Zusammenhang besteht. Wenn eine Korrelation zwischen zwei Merkmalen vorhanden ist, so ist ein Vorhersagen von einem Merkmal durch das andere möglich. Der Korrelationskoeffizient ist also auch ein Maß für die Sicherheit der Vorhersage. 3 graphische Darstellungen sollen schematisch diese korrelativen Zusammenhänge erläutern.

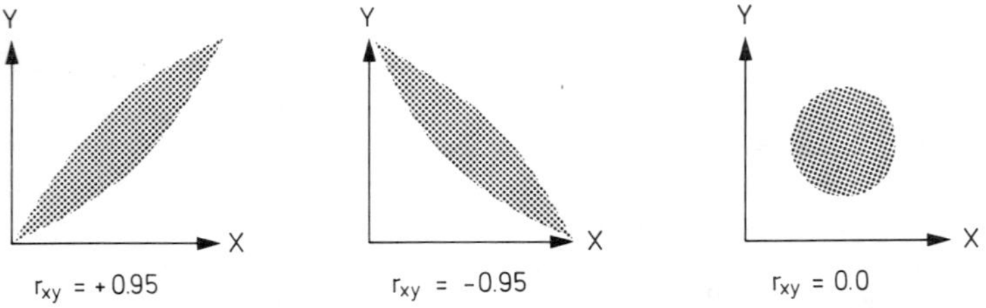

Abb. 1. Graphische Darstellung von korrelativen Zusammenhängen zweier Merkmale

2.2.1.2 Gütekriterien eines Tests

Lienert definiert den Begriff Test folgendermaßen (1961, S. 7): „Ein Test ist ein wissenschaftliches Routineverfahren zur Untersuchung eines oder mehrerer empirisch abgrenzbarer Persönlichkeitsmerkmale mit dem Ziel einer möglichst quantitativen Aussage über den relativen Grad einer individuellen Merkmalsausprägung."

An einen brauchbaren Test werden Grundforderungen bezüglich seiner Güte gestellt. 3 wesentliche Aspekte müssen bei jedem Test berücksichtigt werden:

1. Objektivität,
2. Zuverlässigkeit,
3. Gültigkeit.

Zu 1. ***Objektivität*** eines Tests bedeutet, daß die Testergebnisse von der Person des Auswerters unabhängig sind; mit anderen Worten: Wenn individuellen Bewertungen kein Platz eingeräumt wird und alle Beurteiler in identischer Weise das Resultat deuten oder werten, so ist der Test objektiv. Der Grad der Auswerterübereinstimmung soll, im Korrelationsmaß (s. S. 161) ausgedrückt, $r = 1{,}00$ betragen.
(Die Objektivität ist am geringsten bei Nominal-Testangaben und steigert sich von Stufe zu Stufe der Skalentypen.)

Zu 2. ***Zuverlässig*** (reliabel) ist ein Test dann, wenn er dasjenige Persönlichkeitsmerkmal, das er mißt, exakt mißt, d.h. bei wiederholter Anwendung unter gleichen Bedingungen zu gleichen Ergebnissen führt. Geringe Zuverlässigkeit bzw. Reliabilität kann mehrere Gründe haben:
a) Geringe Objektivität,
b) Fehlende Stabilität des Tests,
c) Veränderung des untersuchten Merkmals.
Unter Stabilität wird die Unveränderlichkeit eines Tests als Meßinstrument verstanden (laborchemische Testverfahren in der Medizin sind selten stabil, darum müssen immer neue Eichungen an ihnen durchgeführt werden).

Als Zuverlässigkeitsmaß gilt der Halbierungs- oder Re-Test-Korrelationskoeffizient. LIENERT (1961, S. 14) fordert für Intelligenz- und Leistungs-Tests sowie für Fragebogen eine Zuverlässigkeit von $r \geqslant 0{,}70$. (Die Reliabilität der Skalenwerte nimmt wie auch die Objektivität von den Nominalskalen an zu.)

Zu 3. Die ***Gültigkeit*** (Validität, diagnostische Valenz) eines Tests besagt, daß der Test dasjenige Persönlichkeitsmerkmal, das er messen soll, tatsächlich und zuverlässig mißt und nicht irgendein mit ihm verwandtes (z.B. ein Fragebogen zur Erfassung von Angst soll nicht die Aggressivität messen). Um die Gültigkeit eines Tests überprüfen zu können, muß man also ein sog. „Kriterium" des zu testenden Merkmals von außen her bestimmen. Der Testwert und das Außenkriterium müssen miteinander hinreichend hoch korrelieren, um eine genügende Gültigkeit des Tests zu bestätigen. Mangelnde Gültigkeit kann, außer der Möglichkeit, daß der Test nicht wirklich das mißt, was er vorgibt zu messen, zweierlei Gründe haben:

a) Geringe Zuverlässigkeit des Tests (kein unzuverlässiger Test kann wirklich gültig sein!).
b) Aber auch mangelnde Zuverlässigkeit des Außenkriteriums produziert geringe Testgültigkeit.

Es besteht häufig bei Testkonstruktionen die Schwierigkeit, daß das vorhandene Außenkriterium erheblich unzuverlässiger ist als der Test selbst, z.B. wenn ein Intelligenztest an dem viel unzuverlässigeren Lehrerurteil auf Gültigkeit hin geprüft wird.

2.2.1.3 Standardisierung von Tests, Stichprobenfehler, Normwerte

Alle persönlichkeitspsychologischen Meßverfahren sind Stichprobenverfahren. Die statistischen Kennwerte, z.B. Mittelwert und Standardabweichung, sind im allgemeinen nicht mit den entsprechenden „wahren" Werten in der Population (Parameter des Grundkollektivs) identisch, d.h., sie sind mehr oder weniger fehlerbehaftet und liefern dementsprechend lediglich Schätzungen der Parameter. Um einen, mit einem psychologischen Meßverfahren gewonnenen Meßwert beurteilen zu können, benötigt man eine Eichstichprobe, die die Verteilung des gemessenen Merkmals in der jeweils repräsentativen Vpn-Stichprobe angibt. Für die Eichstichprobe läßt sich der Mittelwert und die Streuung des Merkmals errechnen. Diese Verteilung liefert den Bezugsrahmen für die Beurteilung individueller Meßwerte und gleichzeitig eine Information über die Verteilungsform des Merkmals. Die durch die Eichstichprobe gewonnenen Werte werden nach statistischen Verfahren einer Normalverteilung bestmöglich angenähert. Hierdurch wird eine sog. „Standardisierung" der Verteilung geschaffen, die es ermöglicht, die Merkmalsausprägung in einem Intervallskalenwert anzugeben.
Grundsätzlich gilt für die Standardisierung eines Tests, daß die Eichstichprobe in einem höchst möglichen Ausmaße für das Kollektiv, dessen Personen später getestet werden sollen, repräsentativ sein soll. Anders ausgedrückt, es muß gesichert sein, daß die Eichstichprobe ein genaues verkleinertes Abbild der Gesamtpopulation darstellt, wobei die einzelnen Personen die den Auswahlkriterien (z.B. Alter, Geschlecht usw.) genügen, nach dem Zufallsprinzip in die Stichprobe gelangen müssen. In der Eichstichprobe werden die Merkmalsverteilung und -parameter, wie der Mittelwert und

die Standardabweichung bestimmt. Mittelwert und Standardabweichung werden nach folgenden Formeln berechnet:

$$M_x = \frac{\Sigma X}{N}, \qquad s_x = \frac{\sqrt{\Sigma(X - M)^2}}{N - 1} = \frac{\sqrt{\Sigma X^2 - \frac{(\Sigma X)^2}{N}}}{N - 1}.$$

Wie hoch die Verläßlichkeit und Genauigkeit dieser Werte ist — selbst wenn man sie aus einer repräsentativen Stichprobe gewonnen hat — wird durch den Stichprobenfehler festgestellt. Dieser besagt, wie groß der Bereich der rein zufälligen Abweichungen der ermittelten Statistiken von dem zugrundeliegenden Parameter ist, d.h., wie weit sie auf die Population verallgemeinert werden dürfen.

Der Stichprobenfehler (Standardfehler) des Mittelwertes wird berechnet nach der Formel:

$$s_M = \frac{s_x}{\sqrt{N}}$$

und der Stichprobenfehler der Standardabweichung nach der Formel:

$$s_s = \frac{s_x}{\sqrt{2N}},$$

wobei s_x die Standardabweichung und N die Anzahl der Fälle in der Stichprobe bedeutet. Bei diesen Statistiken wird stillschweigend immer eine sog. Normalverteilung des Merkmals postuliert. Die in Rohwerten (X) ermittelten Testwerte der Eichstichprobe werden, um eine direkte Vergleichbarkeit der Testresultate mit anderen Testwerten zu erreichen, in einen der üblichen Standardwerte linear transformiert. Diese lineare Transformation wird nach der allgemeinen Gleichung:

$$X' = \frac{s'}{s} X + \left(M' - \frac{s'}{s} M\right)$$

durchgeführt. Dabei bedeuten die Symbole

X' = den neu zu bestimmenden Wert,

s' = die neu festgesetzte Standardabweichung,

s = die ursprüngliche Standardabweichung der Rohwerteverteilung in der Eichstichprobe,

X = den Rohwert in der Eichstichprobenverteilung,

M' = den neu festgesetzten Mittelwert,

M = den ursprünglichen Mittelwert der Rohwerteverteilung der Eichstichprobe.

Zu berücksichtigen ist bei dem Vergleich von verschiedenen standardisierten Tests, inwieweit deren Mittelwerte und Standardabweichungen übereinstimmen. Dies verdeutlicht Abb. 2, anhand derer ein direkter Vergleich der gebräuchlichen Testnormen möglich ist.

Wenn ein neu entwickelter Test in standardisierter Form vorliegt, so sind bei der späteren Verwendung des Tests keine weiteren Berechnungen notwendig; es werden in jedem Testmanual Tabellenwerte für die Umrechnung mitgeteilt. Das Ergebnis eines Tests ermöglicht also die Standortbestimmung einer Person hinsichtlich eines bestimmten in gleicher Weise provozierten Verhaltens innerhalb der Eichstichprobe durch einen Vergleich mit der Eichnorm.

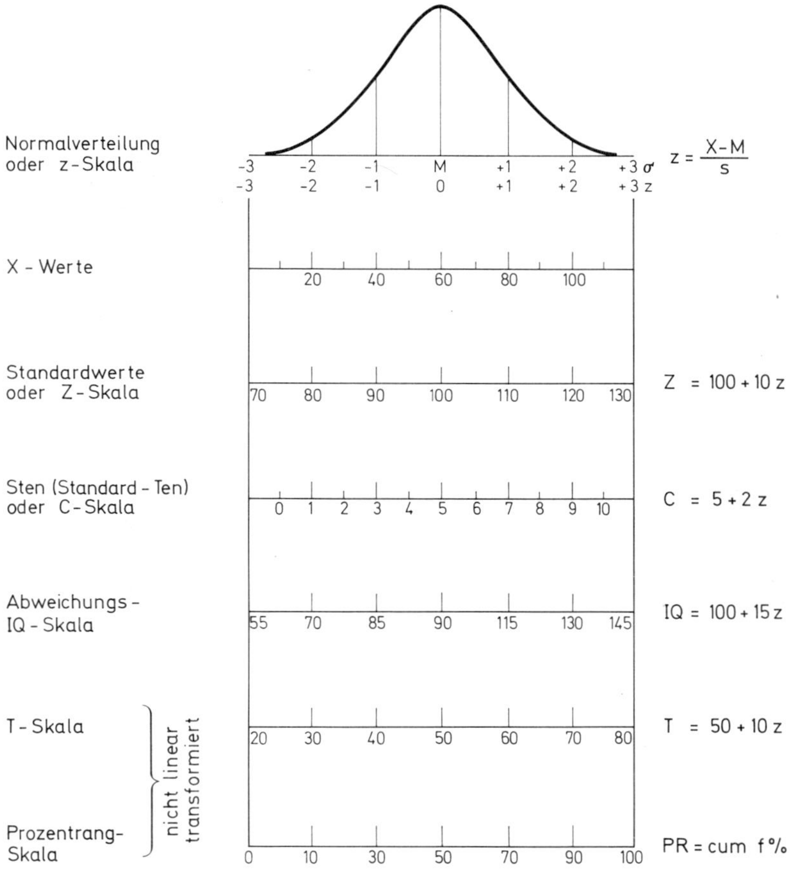

Abb. 2. Vergleichende Darstellung der verschiedenen Testnormenskalen

Unter Teststandardisierung ist demnach zu verstehen:
1. eine exakte Angabe der Durchführungsbedingungen,
2. eine Erstellung der Normwerte mit Hilfe einer repräsentativen Eichstichprobe.

Bei der Ermittlung eines Testwertes einer Person muß immer mit einer gewissen Meßungenauigkeit, d.h. mit einem Meßfehler gerechnet werden. Wie groß dieser Meßfehler bei dem einzelnen Meßverfahren ist, hängt von der Zuverlässigkeit des Instrumentes und der Standardabweichung der Eichstichproben ab. In einer Formel ausgedrückt:

$$s_e = s_x\sqrt{1 - r_{tt}},$$

wobei s_e = Standardmeßfehler,
s_x = Standardabweichung der Rohwerteverteilung,
und r_{tt} = Zuverlässigkeitskoeffizient des Tests bedeuten.

Mit dem Meßfehler werden die jeweiligen Vertrauensgrenzen, d.h. die Genauigkeit des Testresultates bzw. die mögliche Fehlerstreuung angegeben.

Exkurs: Faktorenanalyse

Bei der Entwicklung eines neuen Tests bleibt man meistens nicht bei der Standardisierung stehen, sondern man versucht zu überprüfen, ob das Verfahren nur das eine Merkmal oder evtl. mehrere erfaßt. Die wichtigste Methode zur Analyse der Wechselbeziehungen mehrerer Variablen ist heute die Faktorenanalyse der Interkorrelationen. Gerade in der Persönlichkeitserfassung kommt ihr eine große Rolle zu, da sie geeignet ist, komplexe Bereiche mit z.T. unübersichtlichen Datenmengen zu strukturieren und zu klassifizieren. Grundsätzlich wird die Faktorenanalyse überall dort als Methode angewandt, wo es gilt, eine unübersehbare Fülle individueller Eindrücke und Beziehungen auf eine Anzahl wesentlicher Dimensionen zu reduzieren (ÜBERLA, 1968). Die faktorenanalytische Technik ist nichts anderes, als aus den Korrelationskoeffizienten die allen gemeinsam zugrunde liegenden Bedingungen zu isolieren (extrahieren), d. h. also jene Bedingungen, in denen alle Merkmale gemeinsam variieren, d. h. kovariieren. Die Anwendung der Faktorenanalyse ist nicht nur auf die Persönlichkeitserfassung bzw. auf die Psychologie beschränkt, sondern sie ist auch nutzbringend in der Medizin anwendbar (vgl. BOCHNIK u. LEGEWIE, 1964).

Folgende Beispiele mögen die Reduktion von Daten auf Bedingungsdimensionen verdeutlichen:

In einer Reihe von Leistungsaufgaben werden solche mit verbalen und andere mit Zahlenmaterial durchgeführt. Die Korrelation zwischen den verbalen Aufgaben ist hoch, die zwischen den numerischen ebenfalls, jedoch zwischen den zwei Aufgabenarten ist keine Kovariation zu entnehmen. Aus den Interkorrelationen werden mit Hilfe der Faktorenanalyse zwei Bedingungsdimensionen, nämlich eine „verbale“ und eine „numerische“ extrahiert.

Ein weiteres Beispiel soll aus dem klinischen Bereich gegeben werden: Eine größere Anzahl von Beschwerden wird vom Patienten erfragt. Die Faktorenanalyse ergibt daraus Dimensionen, die die Symptome wie: Luftnot, Atembeschwerden, Kurzluftigkeit und Engegefühl in der Lunge vereinigen. Eine weitere extrahierte Dimension enthält Symptome wie: Rasche Erschöpfbarkeit, Müdigkeit, Energielosigkeit, Schlafbedürfnis. Die Symptome können nur in dem Ausmaße korreliert sein, in dem sie gleichen Bedingungen — Atembeschwerden oder Erschöpfbarkeit — folgen. Die durch die Symptome wiederkehrenden gemeinsamen Anteile der Gesamtvariation pro Faktorendimension nennt man Gesamtvarianz. Jedes Symptom hat aber unterschiedliche Anteile von mehreren Dimensionen. Derjenige Anteil des Symptoms, den es mit anderen Symptomen gemeinsam hat, pflegt man als die Kommunalität (h^2) zu bezeichnen im Gegensatz zu den spezifischen Varianzanteilen (v^2). Beide Varianzanteile zusammen bilden nichts anderes als die Reliabilität des Prüfverfahrens. Die Höhe der Kommunalität gibt den Grenzwert für die höchstmögliche diagnostische oder prognostische Validität eines Verfahrens an. In der Persönlichkeitspsychologie wird mit der Faktorenanalyse der Versuch unternommen, aus den Interkorrelationen zwischen einer repräsentativen Auswahl aller jener Variablen, mit denen Individuen und ihr Verhalten gekennzeichnet werden können, Zahl und Art der Grundbedingungen zu isolieren, denen das Verhalten folgt. Die so beschriebene Art von Faktoren-

analyse, in der die Interkorrelationen von Merkmalen über eine Anzahl von Personen berechnet wurde, nennt sich „R-Technik".
Wenn man nicht den Zusammenhang zwischen den einzelnen Merkmalen aufklären will, sondern die Ähnlichkeit zweier Personen (oder auch mehrerer) bezüglich einer Reihe von Merkmalen untersuchen will, so bedient man sich der „Q-Technik" (STEPHENSON, 1935). Mit Hilfe der Q-Faktoren-Analyse werden nicht Merkmals-Dimensionen — wie oben beschrieben — gewonnen, sondern Personen-Dimensionen bezüglich ihrer Ähnlichkeit zueinander. Diese sind dann Typen-Dimensionen. Die Auswertung zeitlicher Verläufe und die Analyse von Einzelpersönlichkeiten kann mit Hilfe der P-Faktorenanalyse erfolgen. Am gebräuchlichsten sind jedoch R- und Q-Analysen.

2.2.2 Apparative Leistungstests

Wenn auch die psychologischen Tests in die Hand des Psychologen gehören — sowohl bezüglich der Persönlichkeitsforschung als auch individual-diagnostisch, so muß doch der Arzt gewisse Kenntnisse über diese Verfahren besitzen, will er richtige Entschlüsse bezüglich der Notwendigkeit einer zusätzlichen Testdiagnostik treffen, weiterhin bezüglich der therapeutischen Konsequenzen aufgrund der erhaltenen Testresultate. Nachfolgend sollen die Hauptgruppen psychodiagnostischer Testverfahren in ihren Grundzügen skizziert werden.
Es gibt eine Anzahl von apparativen psychologischen Prüfverfahren, die für den Mediziner hilfreich sind. Die wichtigsten unter diesen sollen hier kurz aufgeführt werden. (Polyphysiographische Methoden wurden im Kap. A abgehandelt; auf die Problematik der Psychophysik soll hier nicht eingegangen werden.) Es sollen hier nur Methoden aufgeführt werden, bei denen eine persönlichkeitsdiagnostische Komponente außer der Leistungsprüfung von Bedeutung ist.

Verfahren zur Prüfung der Sinneswahrnehmung. Geprüft werden kann bei allen Sinnesmodalitäten die *Reizschwelle*, d.h. der Punkt einer Intervallskala, bei der die Reizintensität zu einer Sinneswahrnehmung führt. Die *Erkennungsschwelle* gibt die Intensitätsstufe an, bei der die Qualität des wahrgenommenen Reizes angegeben wird. Z.B. bei der Olfaktometrie wird nicht nur gesagt, daß man etwa gerochen hat, sondern auch, ob es z.B. Rosen- oder Vanilleduft war.
Im Rahmen der Wahrnehmungs- und Motivationsuntersuchungen spielt das *Tachistoskop* eine besondere Rolle. Mit Hilfe dieses Gerätes wird geprüft, bei welchen kürzesten (unter $1/_{100}$ sec) Darbietungszeiten die Vpn. die gezeigten visuellen Reize (Zahlen, Buchstaben, Bilder) noch erkennen können.
Klinisch relevant ist die Prüfung der sog. Flimmer-Verschmelzungs-Frequenz (FVF oder CFF = critical flicker fusion). Das elektronisch gesteuerte Flimmergerät bestimmt die Frequenz, bei der eine intermittierende Lichtquelle subjektiv zu einem stetigen Lichteindruck verschmilzt. Das intermittierende Licht wird kontinuierlich verändert, bestimmt wird einmal diejenige Frequenz, bei der das „Flimmern" wahrgenommen wird und umgekehrt die Frequenz beim Übergang vom Flimmern zum stetigen Lichteindruck. Die FVF ist eine intraindividuell stabile Größe bei psychisch und physiologisch gleichen Bedingungen. Sie gilt als objektiver Indikator für Ermüdung bzw. Aktivierung und kann für den Nachweis von Pharmakawirkungen verwendet werden.

Messung der Nachbilddauer. Läßt man ein Vp eine hell leuchtende Glühbirne ca. 30 sec fixieren und anschließend auf eine homogen beleuchtete Fläche blicken, so hebt sich das Abbild der Birne als dunkleres Gebilde vom relativ hellen Umfeld ab. Dieses Phänomen bezeichnet man als negatives Nachbild, das sich nach unterschiedlicher Zeitdauer zurückbildet. Durch Drücken eines Signalknopfes nach Rückbildung des Nachbildeffektes kann die Dauer mit der elektrischen Stoppuhr abgelesen werden. Die Nachbilddauer wird als Ausdruck corticaler Sättigung interpretiert, doch dürften die Bedingungen des peripheren visuellen Systems ebenfalls eine Rolle spielen: Nach EYSENCK (1968[3]) haben introvertierte Vpn eine längere Nachbilddauer als extravertierte.

Verfahren zur Prüfung der Psychomotorik. Die psychomotorische Koordination ist für den Arzt eine wesentliche Informationsquelle über die Unversehrtheit oder Störung des Organismus. Grobmotorisch Koordination von Arm-, Hand- und Fußbewegung kann einfach dadurch geprüft werden, daß man die Vp auf einer geraden Linie mit gefülltem Wasserglas in der Hand entlang gehen läßt (Rail-walking).

Für exaktere Prüfung werden allerdings anspruchsvollere Methoden verwendet. Mit dem *Pursuit Rotor Test* prüft man die visuell-motorische Koordination. Der Pursuit Rotor (Drehscheiben-Nachfahrgerät) besteht im wesentlichen aus einer Platte, die mit gleichbleibender Geschwindigkeit (30, 45 oder 60 U/min) rotiert und eine Kontaktfläche von ca. 1 cm Durchmesser aufweist. Diese Zielmarke soll von der Vp. mit einem gelenkigen Kontaktstift berührt werden und auf der rotierenden Platte verfolgt werden. Die individuelle Testleistung entspricht der Kontaktdauer während der Testphase. Außer der psychomotorischen Koordination können Lerneffekte, Ausdauer, Anspruchsniveau, Sättigungserscheinungen als weitere Persönlichkeitsmerkmale ermittelt werden.

Eine noch wesentlich komplexere Prüfung der Psychomotorik — aber auch der Aufmerksamkeit, Konzentrationsfähigkeit u.a. — erfolgt mit den *Reizreaktions*geräten. Die Vp hat hier durch abgestufte Arm- und Beinbewegungen ein Reaktionslämpchen an das entsprechende Anzeigelämpchen heranzuführen.

Beim *Kieler Reizreaktions*gerät als Prototyp der Apparate zur Prüfung komplexer Reaktionsmuster müssen auf 5 visuelle und 2 akustische Reize 7 verschiedene Tasten mit den Händen und Füßen so schnell wie möglich gedrückt werden. Die Reizfolge und die Reizintervalle sind variierend.

Für die Prüfung der Feinmotorik werden Verfahren wie *Zielen* (aiming), Punktesetzen (dotting) oder schnelles Klopfen (tapping) angewandt. Meistens wird auf einer metallenen Unterlage mit einem Metallstäbchen die erforderliche Bewegung ausgeführt, und die Kontakte werden durch ein Zählgerät registriert. Geschwindigkeit und Genauigkeit der Handbewegungen werden bewertet. Da die Bewegungsabläufe von zentralnervösen Prozessen abhängen, sind diese Tests gute Indikatoren für die jeweiligen psychischen Zustände, wie z.B. Erregung, depressive Verstimmung oder hirnorganische Schädigung (STEINGRÜBER, 1972), aber auch für eine Pharmakonwirkung. Die Frage der Händigkeit kann auch mit solchen Verfahren geprüft werden. Wie nützlich solche Verfahren sein können, ergibt sich beispielsweise bei der Abklärung des Symptombildes „Stottern", dem häufig ursächlich die gewaltsame Umschulung von Links- auf Rechtshändigkeit zugrunde liegt. Die apparativen Tests sind meistens genügend objektiv, haben aber nur dann eine hinreichende Reliabilität, wenn die situativen Bedingungen streng konstant gehalten werden, d.h. eine sorgfältige Durchführung ist unerläßlich. Ist die Zuverlässigkeit genügend hoch, so ist die Validität solcher Verfahren sehr hoch.

2.2.3 Kognitive Leistungstests

Zu dieser Kategorie gehören alle Gedächtnis-, Aufmerksamkeits- und Leistungstests und alle Intelligenz-Tests im weitesten Sinne, z.B. Tests, die Raumvorstellung, Wortflüssigkeit, schlußfolgerndes Denken prüfen. Kognitiv ist ein Ausdruck, der besagt, daß der Mensch bewußte Kenntnisse von etwas hat. Lernen, Denken, Gedächtnis, Urteil gehören zum kognitiven Bereich der Persönlichkeit in Abgrenzung u.a. von dem emotionalen Bereich.
Von der großen Anzahl kognitiver Tests sollen hier einige der gebräuchlichsten Intelligenz-Tests exemplarisch dargestellt werden.
Unter einem Intelligenz-Test wird ein Prüfverfahren verstanden, mit dessen Hilfe die individuelle Ausprägung intellektueller Funktionen und damit gleichzeitig interindividuelle Differenzen bestimmt werden. Was man unter Intelligenz versteht, abgesehen von dem alltäglichen Gebrauch des Begriffes, wird von dem jeweiligen Test-Autor definiert. In solchen Verfahren hat die Vp eine Anzahl verschiedenartiger und unterschiedlich schwerer Aufgaben zu lösen, wobei die Anzahl der richtigen Lösungen eine quantitative Bestimmung ihres intellektuellen Leistungsniveaus in bezug auf ihre Altersgenossen ergibt.
Testsystem nach Binet und Simon:
Dieser am meisten verbreitete Intelligenz-Test in der Welt (Revisionen in Deutschland von Bobertag, Norden, Kramer) geht von der Tatsache aus, daß die intellektuellen Funktionen einen Entwicklungsprozeß durchlaufen. Das gestaffelte Testsystem mit kombinierten Intelligenzaufgaben (Gegenstandsbenennung, motorische Fähigkeiten etc.) stellt an die einzelnen Lebensalter (von 3—15 Jahren) jeweils verschiedene Anforderungen. Die Aufgabenreihen sind so konstruiert, daß 75% der zu dieser Altersgruppe gehörenden Probanden sie zu lösen vermögen. Die Testvorgabe geht so vor sich, daß man einem Kind so lange die Aufgaben niedrigerer Altersstufen vorlegt, bis es alle Aufgaben für eine Altersklasse gelöst hat. Nach oben hin wird so lange getestet, bis es weniger als ein Drittel der Altersaufgaben bewältigen kann. Aus den gelösten Aufgaben wird ein Intelligenzalter (IA) ermittelt und mit dem Lebensalter (LA) verglichen, also die Differenz berechnet. Wegen der theoretischen Mängel dieses Vorgehens schlug W. Stern (1912) vor, einen Quotienten aus dem IA und LA zu bilden (Quotienten IQ). Die Definition des ursprünglichen „Intelligenz-Quotienten" ist

$$\mathrm{IQ} = \frac{\text{Intelligenzalter (IA)}}{\text{Lebensalter (LA)}} \cdot 100.$$

Werte unter 100 deuten auf einen Rückstand, solche darüber auf einen Vorsprung.

Abweichungs-IQ: D. Wechsler (1939) zog die Konsequenz aus den theoretischen Schwierigkeiten, die u.a. bei der Testung von Erwachsenen entstehen, wenn die obige Definition verwendet wird und definierte seinerseits den *Abweichungs-IQ*, der jede Leistung der Vp auf die der Gesamtheit der altersentsprechenden Population bezog. Das arithmetische Mittel der Leistung dieser Population wurde mit 100 festgesetzt, die Standardabweichung auf 15 (vgl. Abb. 2). Dem von WECHSLER entwickelten Intelligenztest (deutsche Bearbeitung HAWIE: Hamburger Wechsler-Intelligenztest für Erwachsene von HARDESTY und LAUBER, 1956) liegt eine Definition zugrunde, nach der Intelligenz als eine *globale* Fähigkeit verstanden wird, die eingebettet in die gesamte Persönlichkeit, vernünftiges Denken, zweckvolles Handeln und eine wirksame Auseinandersetzung mit der Umwelt umfaßt. Der Test besteht aus 11 Untertests, von denen 6 verbale Tests und 5 Handlungstests sind. Es werden insgesamt 3 IQ, 1 Verbal-IQ, 1 Handlungs-IQ und ein Gesamt-IQ durch Aufsummieren der Subtestresultate gebildet. In einem Verbal-IQ gehen primär die Leistungen jener Untertests ein, die verbale Fähigkeiten messen. Analog gehen im Handlungs-IQ solche Leistungen ein, die kognitive Fähigkeiten mit nicht-verbalem Material prüfen sollen. Objektivität, Reliabilität und Validität des HAWIE und der Kinderform HAWIK sind relativ gesichert. Eine erneute Standardisierung erscheint dringend erforderlich, da jedes Testverfahren mit der Zeit durch die Veränderung der sozio-kulturellen Umwelt veraltet. Ein im deutschen Sprachraum häufig verwendeter Gruppen-Intelligenztest ist der von AMTHAUER (1953, 1970^2) entwickelte Intelligenz-Struktur-Test (I-S-T) mit 9 Untertests. Die Untertestresultate und der Gesamt-IQ werden in Standardwerte (vgl. Abb. 2) mit einem Mittelwert von 100 und einer Standardabweichung von 10 angegeben. (Achtung: Demnach sind ein HAWIE-IQ von 115 und ein IST-IQ von 110 gleichwertig!)

Ein neuerer und auf faktorenanalytischer Grundlage entwickelter Gruppen-Intelligenz-Test ist das Leistungsprüfsystem (LPS) von HORN (1962). Er besteht aus 14 Untertests, und erfaßt 9 Dimensionen. Der IQ wird in Z-Werten mit $M = 100$ und $s = 10$ angegeben.

Beide aufgeführten Gruppentests haben vollkommene Objektivität (Auswertung durch Schablonen), hohe Reliabilitäten und Validitäten. Für alle Tests gilt jedoch, daß ihre Validitäten noch differenzierter überprüft werden müßten.

2.2.4 Fragebogen

Unter einem Fragebogen im Sinne von Tests wird heute ein nach statistischen Prinzipien konstruiertes und standardisiertes Verfahren verstanden, mit dessen Hilfe Persönlichkeitseigenschaften (wie z.B. Introversion, emotionale Stabilität, depressive Stimmung etc.), Interessen (berufliche, private), Befinden (psychisches, somatisches), Einstellungen (zu sozialen Problemen, zu Organisationen etc.) quantitativ erfaßt werden können. Persönlichkeitsfragebogen enthalten eine Serie von Fragen oder Behauptungen (Items) bezüglich subjektiven Befinden, Verhalten, Erlebnissen und Meinungen. Wenn die Antwort (ja, ?, nein, oder stimmt-stimmt nicht) sich auf die eigene Person bezieht, nennt man den Test *Selbstbeurteilungs*-Fragebogen; beziehen sich die Antworten auf eine andere Person, sprechen wir von *Fremdbeurteilung*.

Verlangen die Antworten nicht nur eine dichotome Entscheidung wie ja-nein, sondern eine Stufen- also Intensitätsangabe, so handelt es sich um Einschätzskalen oder „Ratingscales". Man könnte zunächst denken, es handle sich im Prinzip um ein schriftliches Standardinterview. Im Gegensatz zu einem Interview wird bei einem Persönlichkeitsfragebogen nicht vorausgesetzt, daß die erhaltenen Informationen bezüglich jeder Frage faktisch zutreffen. Die Fähigkeit zur Selbstbeurteilung ist begrenzt und interindividuell stark unterschiedlich. Außerdem sind die meisten

Fragen oder Behauptungen mit Angaben wie „häufig", „meistens", „kaum", „manchmal" formuliert und es bleibt dem Probanden überlassen, was er darunter verstehen will. In einem Fragebogen kommt es alleine auf die empirische Validität der Items an. Die Differenzierungsmöglichkeiten der Antworten auf die gestellten Fragen zwischen sog. Kriteriums-Gruppen müssen gesichert sein. Die Frage „Haben Sie häufig Kopfschmerzen" bejahen 68% der Gruppe von klinisch diagnostizierten vegetativ labilen Patienten, jedoch nur 16% der gesunden Vergleichsgruppe (KEREKJARTO et al., 1972). Eine Reihe von Fragen, die in ähnlicher Weise zwischen den Gruppen differenziert, läßt sich zu einer Skala zusammenfassen, die dann z.B. „vegetative Labilität" mißt. Das empirische Ausleseverfahren geeigneter Fragen zur Messung einer bestimmten Persönlichkeitseigenschaft oder -Dimension ist das wesentlichste Konstruktionsprinzip. Eine Anzahl inhaltlich gleichartiger Items bezeichnet man — nach faktorenanalytischer Absicherung — als Skala. Aufgrund der Antwortenstreuung ist die Skalierung der zugrunde liegenden Dimension möglich. Die Antworten auf die Fragen einer Skala werden je nach dem empirisch erarbeiteten Schlüssel mit Punkten bewertet und zu einem Gesamtwert aufsummiert. Dieser Rohwert (X) wird in einen der gängigen Normwerte (s. Abb. 2) umgewandelt.
Ein Persönlichkeitsfragebogen enthält eine oder mehrere Skalen, je nachdem, ob eine oder mehrere Persönlichkeitsdimensionen erfaßt werden sollen. Wie jedes Testsystem, so haben auch die Fragebogen, insbesondere die Persönlichkeitsfragebogen, ihre spezifischen Vor- und Nachteile. Der Nachteil solcher Verfahren hängt mit ihrem Selbstaussagecharakter und mit ihrer Durchschaubarkeit zusammen. Die wichtigsten Quellen der daraus folgenden Verfälschung von Fragebogenresultaten sollen hier kurz aufgeführt werden.

a) Ja-sage-Tendenz: Es wurde experimentell nachgewiesen (CRONBACH, 1950), daß bei vielen Menschen eine Tendenz besteht, Fragen grundsätzlich eher mit „ja" zu beantworten, als mit „nein" (aquiescence). Um den Einfluß von Aquieszenz zu verringern, soll deshalb in einem gut konstruierten Fragebogen die Hälfte der Items umgepolt gestellt werden, auch wenn es dann unvermeidlich zu doppelten Verneinungen kommt (z.B. statt „Ich bin für die Abschaffung der Todesstrafe", — „Ich bin nicht für die Abschaffung der Todesstrafe").

b) Eine Reaktionstendenz, die den Probanden ebenso wie die Ja-sage-Tendenz nicht bewußt zu sein braucht, ist die Neigung, sozial erwünschte Verhaltensweisen bevorzugt als die eigenen anzugeben. Sozial gesehen in gutem Licht erscheinen zu wollen (social desirability) als Antwort-Tendenz hat EDWARDS (1957) experimentell nachgewiesen. Einige Fragebogen enthalten Korrekturskalen, die man häufig auch als „Lügenskala" bezeichnet. Damit ist das Ausmaß einer Verfälschungstendenz abzuschätzen.

c) Willkürliche Täuschungsmanöver können sich in Form von wahlloser Beantwortung oder der subjektiven Wahrheit bewußt entgegengesetzter Beantwortung der Items niederschlagen. Es kann jedoch im klinischen Gebrauch von Fragebogen die Kooperationswilligkeit der Patienten vorausgesetzt werden.

Hohe Objektivität der Auswertung und hohe Reliabilität ist bei allen Fragebogen erreichbar und meistens auch vorhanden. Das Validitätsproblem ist aber um so komplexer, als in das Außenkriterium das jeweilige theoretische Persönlichkeits-

Konzept des zu untersuchenden Merkmals eingeht. Der testpsychologische Begriff der Eigenschaftsdimension meint eine latente Eigenschaft als Kontinuum, das durch die beobachtbaren Verhaltensweisen zu erschließen bzw. zu skalieren sei. Die Persönlichkeitseigenschaften werden durch die *Konstrukte* definiert. Sie haben innerhalb des jeweiligen Beobachtungs-Mediums, d.h. des Tests keine Gültigkeit, solange sie nicht mit anderen Methoden und Stichproben bestätigt worden sind. Operational definierte Eigenschaftsdimensionen sind als hypothetische Konstrukte nützliche Ordnungsgesichtspunkte, jedoch muß immer wieder empirisch nachgewiesen werden, daß sie nicht bloß artifizielle Phänomene repräsentieren. Im folgenden sollen einige Persönlichkeitsfragebogen, die in der medizinischen Forschung und Praxis gebräuchlich sind, exemplarisch dargestellt werden.

MMPI = Minnesota Multiphasic Personality Inventory, entwickelt von HATHAWAY und MCKINLEY (1940, 1951) für die Diagnose psychischer Störungen: Er besteht aus 566 Items mit ja, ?, nein-Antwort-Möglichkeiten, die zu 10 klinischen Skalen subsummiert werden. Die klinischen Kategorien sind in Anlehnung an die KRAEPELINsche Klassifizierung: Hypochondrie, Depression, Hysterie, psychopathische Abweichung, Paranoia, Psychasthenie, Schizophrenie, Hypomanie entwickelt. Bei der Auswertung werden die Skalen-Rohwerte in Standard-T-Werte (s. Abb. 2) mit M = 50 und s = 10 umgewandelt. Obwohl das MMPI nicht faktorenanalytisch gesicherte unabhängige Dimensionen beinhaltet und mit seinen 566 Fragen ein zeitraubendes Verfahren darstellt, ist seine klinische Verwendung verbreitet. RICHTER und BECKMANN (1966) gelang es mit Hilfe einer MMPI-Untersuchung, Herzphobiker nach ihrer Persönlichkeitsstruktur in zwei psychosomatisch unterschiedliche Gruppen zu klassifizieren.

CATTELL: 16-Personality-Factor-Questionnaire 16-PF (1950). Das aus 200 Fragen bestehende Verfahren stellt einen faktorenanalytisch fundierten Persönlichkeitsfragebogen dar, mit dessen Hilfe 16 wesentliche Dimensionen der Persönlichkeit erfaßt werden. Einige der 16 bipolaren Dimensionen sind: Zyklothymie versus Schizothymie, ichstark versus ichschwach, emotionale Stabilität versus Labilität, Konservativismus versus Radikalismus.

Die Normwerte sind in C(entil)-Werten mit M = 5,5 und s = 2 angegeben.

JORES und KEREKJARTO (1967) gelang mit diesem Test, einige spezifische Persönlichkeitszüge bei Asthma-bronchiale-Patienten nachzuweisen.

EYSENCK: Maudsley-Medical-Questionnaire = MMQ (1947, 1952),
Maudsley-Personality-Inventory = MPI (1956).

Mit dem MMQ (56 Items) werden Neurotizismus (N) und ein Lügenwert (L) ermittelt, mit dem social desirability erfaßt wird. Unter Neurotizismus bzw. Emotionaler Labilität ist nach EYSENCK (1956) eine vorwiegend genetisch determinierte Persönlichkeitsdimension zu verstehen, die mit konstitutioneller vegetativer Labilität in Zusammenhang gesetzt wird. Kennzeichnend für ausgeprägten Neurotizismus (sensu EYSENCK; nicht gleichzusetzen mit Neurose!) sind: Allgemeine Unsicherheit und Irritierbarkeit, Stimmungslabilität bei ängstlich-sensitiver Grundhaltung, Disharmonie und Konfliktneigung in dem gesamten Verhalten und Befinden; Disposition zu psychovegetativen Störungen.

Der MPI erfaßt mit seinen 48 Items zwei Persönlichkeitsdimensionen; einmal Neurotizismus (N), zum zweiten Extroversion-Introversion (über die letztere Dimension ausführlich in diesem Kapitel, S. 199). Die klinische Relevanz von MMQ und MPI wurde in mehreren Untersuchungen nachgewiesen. So gelang es WEITEMEYER und MEYER (1967) mit diesen Tests, den Zusammenhang zwischen Krankheitsdauer und Neurotizismus bei mehreren organischen Erkrankungen aufzuzeigen.

Eine Symptomliste (HHM-Beschwerden-Liste) ab 1961 entwickelt von v. KEREKJARTO, MEYER und v. ZERSSEN (1972) korreliert hoch mit den beiden EYSENCKschen N-Skalen. 68 der am häufigsten vorkommenden Beschwerden einer internistischen Ambulanz werden zur Selbstbeurteilung mit den Antwortkategorien „ja" und „nein" vorgegeben. Da sich die Items dieses Verfahrens unmittelbar auf die Symptomatik der Befragten beziehen, ist der Einsatz solcher Methoden für den Patienten direkt einsehbar. Die Faktorenanalyse der Patienten-Antworten ergab außer einem Generalfaktor „des-sich-Unwohlfühlens" solche Dimensionen, die u.a. Syndrome wie Psychasthenie, Herz-Kreislauf- oder Atmungs-Störung abbilden. Mit Hilfe der HHM-Liste kann u.a. ein präziseres Bild bei funktionellen Störungen (die Häufigkeit solcher Erkrankungen wird heute auf 30—40% in der Inneren Medizin geschätzt) gewonnen werden, als mit einer unsystematischen Anamneseerhebung. Die HHM-Liste wurde von ZENS (1971) zu einer Mehrstufen-Antwortskala umgearbeitet, die hauptsächlich bei Verlaufs-Untersuchungen gute Dienste leistet. Abschließend sollen noch zwei für das deutsche Sprachgebiet entwickelte mehrdimensionale Fragebogen kurz aufgeführt werden.

Das Freiburger Persönlichkeits-Inventar (FPI) von FAHRENBERG und SELG (1970) erfaßt mit seinen 212 Items folgende 9 unabhängige, bipolare Dimensionen: Nervosität, Aggressivität, Depressivität, Erregbarkeit, Geselligkeit, Gelassenheit, Dominanzstreben, Gehemmtheit und Offenheit; weitere 3 Skalen für Extroversion, emotionale Stabilität und Maskulinität werden von den ersten 9 Skalen gebildet. Die Skalenrohwerte können wahlweise in C-Normwerte ($M = 5$, $s = 2$) oder in Standard-T-Werte ($M = 50$, $s = 10$) umgewandelt werden. Die Objektivität des Tests ist vollkommen, die Reliabilitäts- und Validitätsmaße sind ebenfalls gut, jedoch bedarf ein neues Instrument noch einer Fortsetzung der Kriterien-Validierung an Test- und Beobachtungskriterien.

Der Gießen-Test (GT), von BECKMANN und RICHTER (1972) entwickelt, dient zur Erfassung von Persönlichkeitsmerkmalen, die für die intrapsychische Struktur und für die psychosozialen Beziehungen des Getesteten unter psychoanalytischer Sicht von Bedeutung sind. Der Test kann sowohl als Selbst- als auch als Fremdeinschätzung verwandt werden. Er enthält 6 Faktoren-Dimensionen: soziale Resonanz, Dominanz, Kontrolle, Grundstimmung, Durchlässigkeit, soziale Potenz. Die 6 Standard-Skalen mit T-Werten haben einen Mittelwert von $M = 50$ und eine Standardabweichung von $s = 10$. Objektivität, Reliabilität und Validität sind auch bei diesem Fragebogen durch sorgfältige Testkonstruktion gesichert. Es gilt aber auch (für ihn) die für das FPI geforderte weitere Kriteriumsvalidierung.

2.2.4.1 Polaritätsprofil (semantic differential)

Das Polaritätsprofil (Pol. Prof.) ist eine von OSGOOD (1952) und HOFSTÄTTER (1957) entwickelte Methode, den subjektiven Bedeutungsgehalt eines Begriffes, eines Objektes usw. quantitativ zu ermitteln. Eine Anzahl von adjektivischen Gegensatzpaaren (z.B. weich-hart; gesund-krank), die in Stufen (meistens 7 oder 9) graduiert sind, bilden einen semantischen Bezugsrahmen. In diesem soll der Befragte den Beurteilungsgegenstand, z.B. „der heutige Arzt“ oder „meine Krankheit“ einstufen. Dabei geht es nicht um die „wahren“ Eigenschaften, sondern um assoziative Verknüpfungen mit dem Beurteilungsgegenstand. Durch den vorgegebenen Bezugsrahmen ist ein quantitativer Vergleich von Begriffen und Gruppen möglich: Die vom Pb. gegebenen Einstufungen lassen sich zu einem Polaritäten-Profil verbinden; die Durchschnittswerte von Beurteilungen einer Anzahl von Pbn. geben die Vorstellung, Meinung, Stereotype der Gruppe wieder. Als Maß der Übereinstimmung zweier Profile läßt sich der Korrelationskoeffizient als Ähnlichkeitsmaß verwenden.

Es ist aufschlußreich für die Medizin zu erfahren, wie sieht der Arzt den heutigen Patienten, wie sieht er den „idealen“ Patienten, wie ist das Selbstbild des Arztes etc., wie es in einer Untersuchung von U. KOCH (1972) gezeigt werden konnte.

2.2.5 Projektive Verfahren

Es wurde bei der Definition von „Test“ (s. S. 161) betont, daß psychometrische Tests einen Verhaltensausschnitt darstellen, der möglichst exakt eine *Teilfunktion* der Persönlichkeit erfassen soll. Wenn auch die Entwicklung sowohl bei der Intelligenzuntersuchung als auch bei Fragebogen dahingehend war, mehrere Teilaspekte (Dimensionen) summativ zusammenzufassen, so erfassen sie jeweils einen relativen Ausschnitt der Funktionsgesamtheit des Individuums. Um das Individuum nicht zu „zerlegen“, wurden die projektiven Verfahren konzipiert. Sie sind in mehrerer Hinsicht keine Tests in dem bisher gebrauchten Sinne des Wortes. Sie intendieren, die grundlegende (verborgene) Persönlichkeitsstruktur und die Motive eines Individuums auf methodisch anderem Wege aufzudecken. Dies geschieht, indem sie das Individuum auffordern, sich mit mehrdeutigem Reizmaterial (das aber standardisiert dargeboten wird) auseinanderzusetzen. Die Reaktionen können nicht in einem vorher erstellten Skalensystem als richtig oder falsch eingestuft werden, sondern sie werden nach qualitativen Gesichtspunkten in einer Nominal-Skala klassifiziert und charakterisiert. Daraus folgt, daß dem Auswerter ein großer Spielraum für die Beurteilung der erfolgten Reaktion eingeräumt wird und somit die Objektivität projektiver Verfahren wesentlich niedriger ist — ebenso die Reliabilität — als die von Leistungstests und Fragebogen. LOEWINGER (1957) betont, daß bei projektiven Verfahren der Testprozeß schon selbst Veränderungen herbeiführen kann. Daraus folgt, daß sich bei der Reliabilitäts- und Validitätsbestimmung erhebliche methodische Schwierigkeiten ergeben. Das Validitätsproblem bei projektiven Verfahren besteht sehr viel mehr im Umfang und Inhalt der zu diagnostizierenden Persönlichkeitsvariablen und in der Unsicherheit der dem Verfahren zugrunde liegenden Persönlichkeitsmodelle.
Der Begriff „projektiv“ ist nicht minder problematisch. Hier soll im Einklang mit FRANK (1939) das Wesen projektiver Verfahren definiert werden als eine Methode, „die etwas hervorruft, was — auf verschiedene Art — Ausdruck der Eigenwelt des Persönlichkeitsprozesses der Vp ist“ (1948, S. 46). Hier ist also Projektion im Gegensatz zu S. FREUD kein Abwehrmechanismus (s. S. 183), sondern die Tendenz, eigene Gefühle, Gedanken, Einstellungen in die Außenwelt als Realität zu verlegen und damit sichtbar und registrierbar zu machen. Dabei wird zusätzlich angenommen, daß die Einsicht des Pb. in den Grundvorgang gering ist oder gar fehlt.

Die Klassifikation projektiver Verfahren kann nach verschiedenen Kriterien erfolgen. Hier soll für eine Klassifizierung der jeweilige Strukturiertheitsgrad entscheidend sein. Danach können die Techniken in

a) unstrukturierte und in
b) halbstrukturierte Verfahren

eingeteilt werden. Als Prototyp für den ersten Grad ist der Tintenklecks-Test von RORSCHACH (1921), für den zweiten der Thematische Apperzeptionstest (TAT) von MORGAN und MURRAY (1935) zu nennen.
Der Rorschach-Test (Ro) besteht aus 10 teils schwarzen, teils farbigen Kleckstafeln, die alle hälftig symmetrisch sind. Der Pb. soll sagen, was er auf den Tafeln sieht, was es bedeuten könnte. Er kann zu jeder Tafel mehrere Antworten geben. Die Antworten werden wörtlich registriert und nachher auf Lokalisation, Form—Farbe—Bewegung etc. verschlüsselt (signiert); die Signata werden nach bestimmten Ordnungsprinzipien zusammengefaßt und gewichtet. Die anschließende formale Interpretation der Befunde soll die individuelle Merkmalsausprägung und deren spezifischen Stellenwert in der Merkmalskombination beinhalten. Analyse der Inhalte, des Verlaufs und des Sprachverhaltens können sich anschließen.
Der diagnostische Aussagebereich des Ro-Tests erstreckt sich auf die verschiedensten psychischen Funktionsebenen wie z. B.

a) intellektuelle Leistungen (Frage der Debilität oder Pseudodebilität); das Verhältnis von intellektueller Kapazität, Anspruchsniveau und effektiver Leistungsfähigkeit, Interessenbreite, Beweglichkeit des Denkens;
b) Bereich der Emotionalität (z. B. Stimmungslage);
c) Soziale Anpassung (Frage der Einfühlsamkeit, Kommunikationsbereitschaft);
d) Ganz allgemein das Ausmaß des Realitätsbezuges.

Diese scheinbar große Breite der Informationen soll uns aber nicht darüber hinwegtäuschen, daß bei gesunden, normalen Pbn. durch direkte Befragung und Anamneseerhebung dieselben diagnostischen Aufschlüsse gewonnen werden können wie durch projektive Methoden. Die letzteren stellen nur dann eine Hilfe und einen Ausweg dar, wenn ein Patient nicht in der Lage ist (aus welchem Grunde auch immer), über sich die nötige oder ausreichende Information zu geben.
Eine psychometrisch vielversprechende Weiterentwicklung des Ro-Test-Prinzips stellt die Holtzman-Inkblot-Technique (HIT) dar; Objektivität und Reliabilität dieses Verfahrens konnten wesentlich gesteigert werden gegenüber dem Ro-Test.

Der Thematische Apperzeptionstest (TAT) besteht aus 31 Bildtafeln mit mehrdeutigen Bildern. Gegenüber den völlig unstrukturierten Kleckstafeln des Ro-Tests ist er halbstrukturiert insofern, als die Bilder erkennbare Personen und Objekte darstellen. Zu diesen sollen die Pbn. spannende Geschichten erzählen, wobei sie nicht nur die im Bild skizzierten Szenen, sondern auch die Vorgeschichte und den Ausgang der Szene erfinden sollen.
Die Aussagen werden auf Tonband aufgenommen oder möglichst wörtlich protokolliert.
Für die Auswertung des TAT gibt es bis heute keine allgemein akzeptierten Verfahrensvorschriften. Grundsätzlich muß der Aufforderungscharakter der jeweiligen Bildtafel zur Geschichte in Beziehung gesetzt sein. Dabei wird eine Hypothese als

Voraussetzung für die Interpretierbarkeit der Resultate angenommen: nämlich, daß der Pb. sich mit der Hauptfigur der Karte identifiziert. Diese Identifikation ermöglicht es überhaupt, die Motive, Stimmung, Gefühle des Getesteten zu deuten. Wie unvalide die Interpretation unter der Identifikationsannahme ist, wurde durch eine Reihe empirischer Untersuchungen nachgewiesen (HÖRMANN, 1964).
Die Ergebnisse vom TAT wie auch die von anderen projektiven Verfahren dürfen nur im Rahmen einer größeren Testbatterie, in der sich die einzelnen Verfahren wechselseitig korrigieren, interpretiert werden. Sie sind als Breitbandverfahren zur Hypothesengewinnung für die Persönlichkeitsstruktur eher geeignet als für differentialdiagnostische Zwecke. Bei spezifischeren Fragestellungen wie z.B. Arbeiten über Leistungsmotivation (MC CLELLAND et al.) hat sich der TAT behauptet. Eine Verbesserung des TAT ist in dem Iowa-Picture-Interpretation-Test (IPIT) gegeben, bei welchem zu jeder Karte vier mögliche Antworten vorgegeben werden, und die Vp. eine für ihn am ehesten zutreffende Reihenfolge derselben angibt.

Abschließend soll der ebenfalls halb projektive Picture-Frustration-Test (PFT) von ROSENZWEIG (1945) kurz beschrieben werden. Dieses Verfahren dient nicht zur globalen Persönlichkeitserfassung, vielmehr will es Formen des Verhaltens in Belastungssituationen des Alltagslebens feststellen. Der Test besteht aus 24 Bildern mit jeweils zwei Personen in einer frustrierenden Situation. Die eine Person sagt etwas, und die Vp. soll in die freie Sprechblase die von ihr angenommene Antwort der anderen Person hineinschreiben. Ausgewertet werden diese Antworten auf die in ihnen enthaltenen Aggressionsrichtungen und Reaktionstypen. Dieser Test stellt ebenso wie der oben erwähnte IPIT einen Fortschritt in der Testkonstruktion projektiver Verfahren dar.
Dem manchmal erhobenen Einwand, eine zusätzliche testpsychologische Untersuchung könne das Arzt-Patienten-Verhältnis stören, ist aufgrund einschlägiger Erfahrungen entgegenzuhalten, daß hierbei nur die Einstellung des Arztes von Bedeutung ist. Gelingt es, die Untersuchung als so selbstverständlich wie das EKG oder die Röntgenaufnahme hinzustellen, so wird die größte Zahl der Patienten eher von der Gründlichkeit der diagnostischen Bemühungen beeindruckt sein, als daß sie dagegen protestieren würde.

3. Persönlichkeitsbereiche

3.1 Motivation

3.1.1 Der Motivationsbegriff als intervenierende Variable

Motivation ist im alltäglichen vorwissenschaftlichen Sprachgebrauch ein vertrauter Begriff, denke man nur an das Motiv eines mutmaßlichen Täters, eines Blutspenders, eines Hochleistungssportlers oder eines Kinogängers. Bei allen Motiven sind die Beweggründe des jeweiligen Verhaltens für uns von Interesse. Es ist sicherlich unterschiedlich, ob ein Mensch etwas aus einem Impuls, aus Gesinnung, Absicht, Bedürfnis, Interesse, Lust oder aus einem Zwang heraus tut, um nur einige der Vielzahl von möglichen Beweggründen aufzuzählen, die als Motive ein gewisses Verhalten bewirken können. Kennt man die wirksamen Motive des jeweiligen Handelns, dann ist sowohl eine genauere Vorhersage zukünftigen Verhaltens, als auch eine Veränderung des letzteren durch Einwirken auf das Motiv möglich. Motivationsfragen, d.h. das „Warum“ sind für die medizinische Praxis ebenso wie für die Erziehung, Rechtsprechung etc. von großer Relevanz. Der Begriff „Motivation“ umfaßt sowohl bewußte als auch unbewußte Strebungen; sowohl Triebe, Antriebe, Gefühle als auch Willensakte. Er beinhaltet weiterhin eine der jeweiligen Handlung vorangehende (treibende) Bedingung (z.B. Mangelzustand), eine Zielrichtung der Handlung und eine — wie auch immer geartete — Erwartung von Befriedigung (Endhandlung).

Der so gefaßte Motivationsbegriff ist jedoch für eine empirische Forschung zu weit und erlaubt keine exakte quantitative Analyse. So wird Motivation — wie schon früher andere Persönlichkeitsvariablen — als hypothetisches Konstrukt operational definiert und als „*intervenierende Variable*“ (Tolman, 1936, 1951) betrachtet. Dies besagt folgendes: Die Komplexität motivierten Verhaltens wird in eine Reihe von Sequenzen aufgelöst. Dabei wird der Vorläufer (antecedens) des Ereignisses ebenso wie der durch das bewirkte Verhalten erreichte Folgezustand (consequens) als eine Reiz-Reaktionsfolge aufgefaßt. Zwischen diesen beiden Bestimmungsstücken liegt die Motivation als intervenierende Variable. Sie bleibt zwischen dem vorausgehenden Ereignis „A“ und dem nachfolgenden „C“ verborgen; sie gilt als funktionale Beziehung zwischen den beiden quantitativ bestimmbaren Maßzahlklassen A und C (Mac Corquodale u. Meehl, 1948).
Bei diesem Vorgehen werden mindestens zwei Möglichkeiten außer acht gelassen; nämlich erstens, daß ein und dasselbe Verhalten von gänzlich unterschiedlichen Antrieben, d.h. Motiven hervorgerufen werden kann, zweitens, daß ein und dasselbe Motiv verschiedene Auswirkungen, d.h. Verhalten hervorrufen kann. Im Kap. A wurden die Bedürfnisse, die in Begriffen physiologischer Zustände definiert werden, als primäre oder biogene Motive abgehandelt. Hier an dieser Stelle sollen nur die sogenannten sekundären Motive (vgl. Kap A u. B), also psychosoziale Bedürfnisse, die durch den Einfluß von Sozialisation, Lernvorgängen, Sublimation etc. entstanden und z.T. aus primären Bedürfnissen hervorgegangen sind, erörtert werden. Die motivationalen Einflüsse auf die Wahrnehmung, weiterhin Emotionen werden im nächsten Absatz dieses Teils behandelt werden. Die Motivation bei kognitiven Prozessen soll anhand des empirisch gut fundierten Konstrukts des Leistungsmotivs (McClelland, 1953; Heckhausen, 1963) aufgezeigt werden (weitere überprüfte Motivkonstrukte sind: Macht-, Gesellungs-, Sexual-, Furchtmotiv).

3.1.2 Leistungsmotivation bzw. Leistungsstreben (need for achievement)

Darunter wird die Auseinandersetzung mit einem Gütemaßstab verstanden. Ein Leistungsmotiv liegt dann vor, wenn gewisse Reizgegebenheiten beim Menschen entweder die Erwartung auf Leistungserfolg oder die Furcht vor Mißerfolg hervorrufen. Das Leistungsmotiv steht in direktem Zusammenhang mit der Höhe der Ansprüche — mit dem Anspruchsniveau —, die man an die eigene Leistung stellt. Die Entstehung dieses sekundären Motivs erklärt McClelland folgendermaßen: Schon von früher Kindheit an treten Unterschiede zwischen den erwarteten — gemäß dem Anspruchsniveau — und den tatsächlich vollbrachten Leistungen bei jedem Menschen auf; diese werden mit unterschiedlichen Affekten begleitet, Freude beim Erfolg, Unzufriedenheit beim Mißerfolg. Die speziellen Reizsituationen (cues) werden zu den Affekten gekoppelt und gelernt. Treten später diese „cues“ wieder auf, so werden assoziativ die entsprechenden Aspekte Hoffnung und Furcht hervorgerufen. Z.B. kann ein und dieselbe Situation von Individuen — je nach ihrer Vorerfahrung — als Spielsituation und von anderen Individuen als Prüfsituation erlebt werden und entsprechende Verhaltensweisen hervorrufen. Beide Motive besitzen nach HECKHAUSEN (1963) eine voneinander relativ unabhängige überdauernde persönlichkeitsspezifische Ausprägung. Für die Bestimmung der individuellen Ausprägung des Leistungsmotivs verwendete MC CLELLAND den TAT bzw. 6 Bilder aus demselben. Die Aufgabe des Getesteten besteht darin, zu jedem Bild eine Phantasiegeschichte zu erfinden, die folgende vier Gesichtspunkte enthält: 1. Was geht auf dem Bild vor? 2. Wie kam es zu der Situation? 3. Was denken und wollen die abgebildeten Personen? 4. Wie geht die Geschichte weiter? Nach einem Auswertungsschlüssel werden Punkte für Leistungsmotivation und solche für Furcht vor Mißerfolg vergeben und diese zu Gesamtwerten aufsummiert. Neuerdings werden auch Fragebogen zur Erfassung der Leistungsmotivation verwendet (TENT, 1963; MERZ u. EHLERS, 1969).

ROSEN (1958) hat den Versuch unternommen, die Zusammenhänge zwischen Leistungsmotivation, Wertorientierung und sozialer Schichtzugehörigkeit empirisch zu überprüfen.
Die Befunde zeigten eine eindeutige Beziehung zwischen dem Ausmaß der Leistungsmotivation und der sozialen Position: In der Mittelschicht sind leistungsbezogene Werthaltungen fast dreimal so häufig vorhanden wie in der Unterschicht. Hier wird der Einfluß des Erziehungsstils auf das Leistungsverhalten sichtbar. Wenn Eltern ihre Kinder zu früher Selbständigkeit und Unabhängigkeit ermutigen, mehr Leistung verlangen und diese entsprechend belohnen, so akzeptieren die Kinder das entsprechende Wertsystem der Eltern. Sie glauben an den Erfolg und sind willens, dazu beizutragen.
Weiterhin wird sich die emotionale Stabilität auf das Leistungsverhalten auswirken: So reagieren emotional gestörte Kinder empfindlicher auf Mißerfolge und profitieren weniger von einem Erfolg als normale (DAVIDS u. WHITE, 1958, zit. bei GRAUMANN, 1970^2)). HECKHAUSEN (1963) fand, daß milder Zeitdruck bei Problemaufgaben bei Erfolgsmotivierten leistungsmindernd wirkt. Sie schienen eine niedrigere Flimmerverschmelzungsfrequenz (waren also leistungsbereiter) und einen niedrigeren Blutdruck als die geringer Motivierten zu haben. In diesem Zusammenhang sei auf die Untersuchungen der Hypertonieentstehung bei zu starker Leistungsmotivation hingewiesen (von UEXKÜLL, 1964).
Zwischen Furcht vor Mißerfolg und Angst im allgemeinen scheint ebenfalls eine Korrelation zu bestehen.
Unter der Bezeichnung „YERKES-DODSONsches Gesetz“ wird ein empirisch häufig bestätigter Zusammenhang zwischen Motivations-Grad und vollbrachter Leistung verstanden. YERKES und DODSON haben schon 1908 festgestellt, daß bei komplexen Lernleistungen die richtigen Lösungen mit wachsender Motivation zunehmen, doch bei übermäßiger Steigerung der Motivation die Leistungen wieder abfallen. Es gibt ein Motivationsoptimum, das für die leichteren Aufgaben höher als für die schwierigeren liegt.

Ein Spezial-Phänomen der Leistungsmotivation, nämlich das Fortwirken unerledigter Handlungen, soll noch kurz erörtert werden. LEWIN stellte schon in den zwanziger Jahren fest,

daß Anspruchsniveau und Zeitperspektive eng gekoppelt sind. Er nahm die Wirksamkeit eines spannungsartigen Systems bei Handlungen an, wonach sich das Beenden oder Nicht-Beenden einer Aufgabe auf das darauffolgende Verhalten auswirkt. Seine Schülerin ZEIGARNIK (1927) hat diese Hypothese empirisch überprüft. Sie ließ Vpn eine Reihe von Aufgaben zur Hälfte zu Ende führen, die anderen blieben unerledigt. Es konnte bei einem Reproduktionsversuch nachgewiesen werden, daß die unerledigten Aufgaben um das Doppelte besser behalten worden waren als die erledigten.
Spätere Untersuchungen konnten diesen Effekt nicht durchgehend in der einfachen Form bestätigen, jedoch wurde er in komplexeren Versuchen über Leistungsmotivation und aufgabenrelevantes Gedächtnis immer wieder zum Vorschein gebracht.

3.1.3 Konflikt, Frustration, Abwehr

3.1.3.1 Konflikt

Der Mensch ist so gut wie nie in einem unmotivierten Zustand. Er hat meist mehrere Motive gleichzeitig. Somit ist ein psychischer Konflikt fast immer in gewissem Grade gegeben. Die Aktivitätsrichtung verschiedener Motive ist meistens unterschiedlich, und da der Mensch nicht gleichzeitig in zwei entgegengesetzte Richtungen gehen kann, entsteht ein Konflikt. Konflikte gibt es zwischen einander ausschließenden Bedürfnissen und Wünschen, zwischen einander ausschließenden Zielobjekten oder zwischen divergierenden Wegen der Zielrichtung. Die Konflikte können manifest, d.h. bewußt sein, und der Mensch erlebt sie auch als solche.
Latente Konflikte — und solche gibt es in der Mehrzahl — sind unbewußt. Sie können sich in umgewandelter Form äußern, im Spezialfall in Verhaltensstörungen, die z.B. zu neurotischen Symptomen führen. Konflikte und Konfliktlösungen gehören zum normalen menschlichen Leben. Die Entwicklung der Persönlichkeit, der Sozialisationsprozeß vollzieht sich in Konflikten. Als krankhaft sind Konflikte nur dann zu betrachten, wenn ihre Lösung nicht gelingt. Dies ist das zentrale Problem der Neurosenpsychologie. Die Psychoanalyse war von Anfang an von S. FREUD als eine Konfliktanalyse verstanden worden. Ohne hier auf nähere Einzelheiten einzugehen, kann ein neurotisches Symptom als Kompromiß im Konflikt zwischen Triebwunsch und den seiner Realisierung entgegenstehenden Prinzipien interpretiert werden.

Grundformen von Konfliktsituationen:

Nach einer Analyse von LEWIN (1935) sind Konfliktsituationen in 3 grundlegende Kategorien einzuteilen:

Typ I: Der Annäherungs-Annäherungs-Konflikt (approach-approach) ist ein Konflikt zwischen zwei positiv getönten Zielobjekten. Dieser Konflikt-Typ ist wohl der angenehmste, denn der Mensch kann zwischen zwei erwünschten Zielen wählen (Buridanscher Esel). Je gleichwertiger die beiden Ziele sind (gleicher Aufforderungscharakter), um so größer wird der Konflikt. Die Spannung ist dabei jedoch wenig stabil; denn eine zufällige Annäherung an eines der Ziele genügt, um den Konflikt zu lösen, indem dann die Anziehungskraft des näheren Zieles automatisch überwiegt.

Typ II: Der Annäherungs-Vermeidungs-Konflikt (approach-avoidance) ist als Ambivalenzkonflikt zu kennzeichnen. Dieser ist wohl der unangenehmste und beunruhigendste Konflikttyp. In diesem Fall wird der Mensch in *derselben*

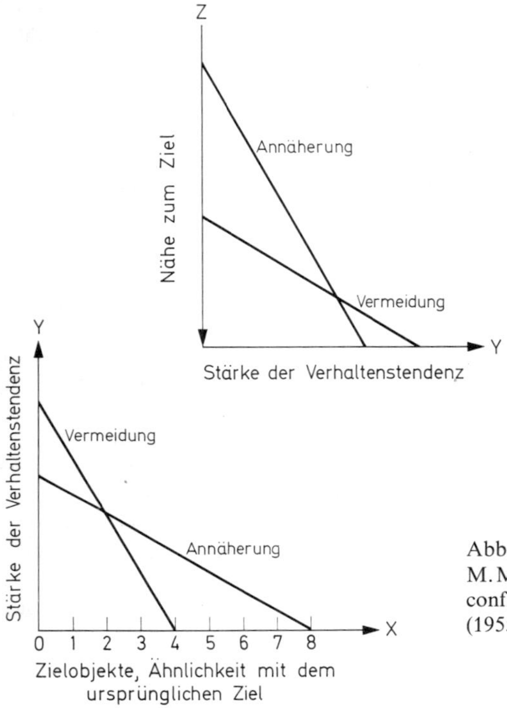

Abb. 3. [Aus: MURRAY, E.J., BERKUN, M.M.: Displacement as a function of conflict. J. abnorm. soc. Psychol. **54,** 48 (1955)]

Richtung gleichzeitig angezogen und abgestoßen, indem das Zielobjekt ambivalente Eigenschaften besitzt, z.B. Verlockung und Gefahr. Diese Konfliktart hat ein stabiles Gleichgewicht, bei dem ein Schritt auf das Ziel zu oder von ihm weg kompensatorischen Veränderungen in den relativen Stärken der positiven und negativen Kräfte hervorruft, so daß die Person wieder zu ihrem ursprünglichen Gleichgewichtspunkt zurückgetrieben wird.

Typ III: Der Vermeidungs-Vermeidungs-Konflikt entsteht, wenn zwei gleich negative Ziele zur Auswahl stehen. Wenn eine Situation lediglich die gleichen negativen Möglichkeiten enthält, so ist es naheliegend, daß der Mensch die Neigung haben wird, beides zu vermeiden, d.h. „aus dem Felde zu gehen". Der Konflikt als stabiles Gleichgewicht wird allerdings schwer, sogar quälend, wenn ein Wahlzwang vorliegt (z.B. die Wahl zwischen einer Kündigung oder der Versetzung an einen niedrigeren Posten) oder, wenn ein Hindernis das „aus dem Felde gehen" unmöglich macht.

Es soll abschließend ein Spezialfall von Konflikt, der von FESTINGER (1957) unter dem Begriff „kognitive Dissonanz" konzipiert wurde, kurz beschrieben werden. FESTINGER versucht mit seinem Konzept eine Erklärung dafür zu geben, warum häufig eine Diskrepanz zwischen bewußter Einstellung und dem Verhalten bei Menschen zu beobachten ist. Eine kognitive Dissonanz besteht dann, wenn zwei oder mehrere kognitive Elemente (Wissen, Meinung, Einstellung über Gegenstände oder

Personen, eigenes Verhalten) in einer dissonanten Beziehung stehen. Dies wird vom Individuum als unangenehm (unbewußt) empfunden und erzeugt die Motivation, die Diskrepanz zu verringern. Z.B. das Wissen über die Häufigkeit der Krebserkrankung und trotzdem selber zu rauchen enthält eine kognitive Dissonanz. Sie wird reduziert, indem rationale Begründungen (man rauche nur wenig, nur Filterzigaretten, die Untersuchungen haben keine gültige Aussagekraft etc.) für das Verhalten gegeben werden.

3.1.3.2 Frustration

Der Begriff „Frustration" wurde von S. FREUD geprägt, und er bezeichnet die Versagung, Vereitelung oder Enttäuschung einer Bedürfnis- oder Wunschbefriedigung. Dabei ist psychologisch nicht entscheidend, ob etwas objektiv der Befriedigung im Wege steht, sondern ob etwas als Behinderung erlebt und eingeschätzt wird. Frustration ist ein Zustand und nicht eine äußere Bedingung. Das Vorhandensein eines Hindernisses bedeutet noch keine Frustration, und umgekehrt kann Frustration auch ohne äußere Störungen auftreten. Bei neurotischen Störungen kann ein Hindernis Einbildung sein, das zur Unterbrechung des zielgerichteten Handelns führt, was dann eine tatsächliche Frustration nach sich zieht.
Frustration beinhaltet demnach 1. die frustrierenden Momente einer Situation, 2. den Zustand des Frustriertseins und 3. die Reaktionen auf die Frustration. Zu der ersten gehören z.B. enttäuschte Erwartungen, erlittenes Unrecht oder Strafe, versagte Befriedigung oder Belohnung, Mangelzustand (Privation) und Verlustzustand (Deprivation), eine unlösbare Situation, die Unmöglichkeit, aus dieser Situation herauszukommen, eine zeitliche Verzögerung zwischen Beginn und Vollendung einer Handlungsfolge. Die Anfälligkeit, sich frustrieren zu lassen, ist ein Persönlichkeitsmerkmal. Der Zustand des Frustriertseins tritt bei verschiedenen Individuen nach einem unterschiedlichen Grad von Frustration auf. Diese Schwelle, deren Überschreiten zu qualitativ verschiedenen Auswirkungen auf das Verhalten führt, wird als *Frustrationstoleranz* bezeichnet. ROSENZWEIG (1938), der diesen Begriff prägte (s. S. 176), versteht darunter die Fähigkeit eines Menschen, einer frustrierenden Situation zu widerstehen, ohne dabei die sog. „objektiven" Tatsachen der Lebenssituation zu verzerren. Die Frustrationstoleranz ist eine sowohl inter- als auch intraindividuell stark schwankende Größe. In der einen Situation kann der Mensch sehr viel mehr Frustration ertragen als in einer anderen. Dies dürfte teilweise davon abhängen, wie seine früheren Erfahrungen in einer ähnlichen Situation waren, und weiterhin, welche Erwartungen er jetzt unmittelbar hat. Unterschiedliche Individuen können eine gänzlich verschiedene Frustrationstoleranz in der gleichen Situation zeigen. Abgesehen von konstitutionellen Unterschieden hängt die Frustrationstoleranz in größtem Maß von dem kindlichen Sozialisationsprozeß ab; hatte das Kind Gelegenheit, mildere Frustrationen (die es zu bewältigen wußte) zu erfahren, so wird es zunehmend einen größeren Spannungsbogen und eine größere Frustrationstoleranz entwickeln.

Die möglichen Reaktionen auf eine Frustration sind vielfältig. Eine generelle Reaktion besteht in der Erhöhung des Spannungszustandes. Das Ausmaß desselben ist eine Funktion der Stärke der angeregten Motive und der Intensität und Dauer seiner Blockierung. Die Vereitelung schwacher Motive ruft weniger Spannung hervor als die von intensiven.

Die speziellen Reaktionen auf Frustration können in konstruktive und disruptive (unterbrechende) unterteilt werden. Nicht zu starke Frustrationen können verschiedene konstruktive Wirkungen hervorrufen, die für das Erreichen eines Zieles förderlich sind. Einmal kann die Bestrebung, das Ziel zu erreichen, intensiviert werden, zum anderen kann die Frustration eine Neuanpassung an die Situation hervorrufen, z.B. durch Entdecken neuerer Wege zum Zielerreichen; ebenso kann die Substitution eines zugänglicheren Zieles anstelle des ursprünglichen erfolgen oder die gesamte Situation kann umdefiniert werden, indem gewisse Konflikte eliminiert werden. (Z.B. können die Bestrebungen zur Selbstbehauptung und die Sympathiegewinnung der Gruppe diametral gegenüberstehen. In der Anstrengung, zum Leiter der Gruppe gewählt zu werden, sind beide Motive befriedigt.)

Ist die Frustration sehr stark oder länger anhaltend, so kann sie keine positive oder förderliche Auswirkung haben. Die zielgerichtete Handlung wird dann disruptiv beeinflußt. Extreme Spannung kann zu kognitiver Einengung, zu emotionaler Erregung und zu Kontrollverlust führen. Die Hauptreaktionen auf Frustration, die spezifiziert untersucht worden sind, sind Aggression, Regression, Fixierung und weniger Depression. Die von Dollard und Miller (1939) entworfene Frustrations-Aggressions-Hypothese besagt, daß Aggression durch Frustration erzeugt und ausgelöst wird. Das Theorem enthält zwei Behauptungen: 1. Aggression setze immer Frustration voraus; 2. Frustration reize immer wieder zu Aggression.

Diese Behauptungen wurden mit Recht stark kritisiert und später von den Autoren dahingehend präzisiert, daß Frustration zu unterschiedlichen Reaktionen führe, deren gewichtigste die Aggression sei. (Über Aggression s. S. 197.)

Die Frustrations-Regressions-Hypothese wurde von der Lewinschen Gruppe von Barker (1941) aufgestellt und besagt, daß Frustration zu Regression führt, die als „eine Primitivierung des Verhaltens, ein Zurückgehen auf einen unreiferen Zustand, dem das Individuum schon entwachsen ist" (S. 1) beschrieben wird. (Z.B. das Kind, das in der Schule versagt, wird u.U. wieder zum Daumenlutscher.) Auch besagt diese Hypothese, daß nach mehrmaliger Frustration ein vorher gut koordiniertes Handeln zusammenbricht und eine undifferenzierte, primitivere Aktivität an seine Stelle tritt.
Die Frustrations-Fixierungs-Hypothese wurde anhand von tierexperimentellen Untersuchungen von N.R.F. Maier (1949) aufgestellt. Sie besagt folgendes: daß Verhalten unter Frustrationsbedingungen zunehmend starr, ziellos-blind, zwanghaft wird. Maier unterscheidet zwischen motiviertem, d.h. zielgerichtetem und frustriertem, d.h. ziellosem Verhalten. Die Überwindung solcher Fixierung oder Mechanisierung wird von Graumann (1964) als eine der Voraussetzungen für schöpferisches Denken und produktive Einfälle angesehen. Als eine Steigerung des fixierten Verhaltens kann schließlich das passive Verharren in Bewegungslosigkeit angesehen werden, die bis zur Apathie, zur Empfindungslosigkeit und Depression führen kann. Als ein Sonderfall von Fixierung können Krankheitssymptome als Chronifizierung und Somatisierung aufgefaßt werden, die als Reaktion auf einen unlösbaren Konflikt bzw. auf psychischen Streß (s. S. 41) entstanden sind. Diese drei zuletzt diskutierten Reaktionsarten, die nach Anna Freud (1936) als „Abwehrmechanismen" bezeichnet werden, stellen Möglichkeiten der Konfliktbewältigung dar.

3.1.3.3 Abwehrmechanismen

Konflikt und Frustration sind unausweichliche Determinanten der Persönlichkeitsentwicklung. Wie der Mensch diese löst und bewältigt, charakterisiert ihn in höchstem Maße. Konflikte und Frustrationen haben eine Reihe indirekter Wirkungen, von denen die wichtigste in der Auslösung von Angst besteht. Angst, die von einer Bedrohung der Selbsteinschätzung oder des Selbstwertgefühles, von Schuldgefühlen oder Furcht vor Strafe herrührt, ruft verschiedene Verteidigungsreaktionen hervor, die die Selbstachtung der Person schützen. Die Abwehrmechanismen — im Dienste der Ichverteidigung — dienen zur Angstreduktion oder Angstvermeidung. Der Begriff „Abwehrmechanismus" stammt aus der Psychoanalyse, ist heute aber schon weiter verbreitet und erlangte allgemeine Gültigkeit innerhalb der dynamisch orientierten Psychologie (s. S. 207). Die Abwehrmechanismen sind „Ich"-funktionen (s. S. 209), d. h. sie stehen im Dienst des Ichs und vermitteln zwischen den Ansprüchen des „Es" (unbewußte, ungehemmte Impulse, die zu unmittelbarer Befriedigung drängen), um Konflikte mit dem „Über-Ich" (unbewußte Impulse eines moralischen Wertsystems) und mit der Realität zu vermeiden.

Die wichtigsten Abwehrmechanismen sollen hier kurz erläutert werden (A. FREUD, 1936).

Verdrängung: Wenn ein Mensch nicht in der Lage ist, angst- oder aggressionsweckende Impulse bei sich wahrzunehmen, weiterhin, wenn er unfähig ist, sich an gefühlsgeladene und traumatische frühere Ereignisse zu erinnern, so mag eine Verdrängung vorliegen. Dieser Prozeß ist grundsätzlich unbewußt; er darf nicht mit willentlicher Unterdrückung unangenehmer Gefühle und Erinnerungen verwechselt werden. Das letzterwähnte Verhalten ist alltäglicher, kann z.T. mit Vergessen gleichgesetzt werden und kann leichter wieder in Erinnerung gerufen werden. Verdrängen als Mechanismus ist mehr, intensiver und komplexer, die Inhalte können nur durch längere Psychotherapie, Hypnose oder Chemotherapie ins Bewußtsein gerufen werden. Verdrängung bedeutet aber nicht einfach das Auslöschen des Konflikts, sondern die durch den Konflikt erzeugten Ängste — sonst wäre es ein perfekter Mechanismus — bestehen nach der psychoanalytischen Theorie weiter und sind dynamisch weiterhin wirksam. Es bedarf vieler Energien, diesen entgegenzuwirken. Da es sich um einen unbewußten Mechanismus handelt, ist es äußerst schwer, Forschungsstrategien für den empirischen Nachweis desselben zu erfinden.

Reaktionsbildung: Wenn die verdrängten Impulse von Verhaltensweisen und Gefühlen begleitet werden, die der verdrängten Neigung entgegengesetzt sind, nimmt man eine Reaktionsbildung an. (Z.B. hat jemand starke sexuelle Impulse verdrängt und ist ein Moral-Apostel geworden, der alles „Sündhafte" bekämpft.)
Die Regression als Abwehrmechanismus wurde schon im Zusammenhang mit der Frustration besprochen, ebenso *die Fixierung*.

Projektion: Sie ist eine relativ häufige Methode der Angstabwehr und bedeutet, die Verantwortung auf jemand anderen zu projizieren. Dies geschieht durch eine kognitive Verzerrung der Realität, indem Attribute des eigenen Ichs — die unbewußt nicht toleriert werden — anderen Personen oder Gegenständen zugeschrieben werden.

Dieser Prozeß ist uns schon bei den psychologischen Testverfahren (s. S. 161) begegnet, hier ist er jedoch enger gefaßt, indem 1. ganz bestimmte Ich-bedrohliche Inhalte abgewehrt werden müssen, 2. die Richtung der Projektion nicht zufällig oder nebensächlich gewählt wird. Sie tendiert dazu, möglichst „passende" Objekte zu wählen. (Z.B. bei mehreren Vorgesetzten kann derjenige am ehesten Projektionsfigur werden, der andere, nicht-projizierte unangenehme Eigenschaften schon besitzt.) Projektion ist also nicht die Neigung, von sich auf andere zu schließen; sie tritt dann auf, wenn sich der Mensch des unerwünschten Merkmals bei sich selbst nicht bewußt ist.

Rationalisierung: Der Mensch trachtet fortwährend danach, sowohl die Außenwelt als auch das eigene Verhalten, Gefühle etc. als sinnvoll zu erleben. Die bei solchen unbewußten Erklärungsversuchen wesentlichen Erkenntnisprozesse unterliegen den verzerrenden Einflüssen emotionaler und motivationaler Faktoren. Wenn man in einer Konfliktsituation das eigene Verhalten so „erklärt", daß z.B. das Selbstwertgefühl aufrechterhalten bleibt und damit Angst vermieden wird, also eine *kognitive* Anpassung an den Konflikt vollzogen wird, dann wird dieser Prozeß als Rationalisierung bezeichnet. (Die Grenzen zwischen vernünftiger Begründung und Rationalisierung sind nicht ohne weiteres zu ziehen.)

Isolierung und Intellektualisierung: Wenn zwei logisch unvereinbare Vorstellungen nebeneinander aufrechterhalten bleiben sollen, ohne die offenkundige Diskrepanz bewußt zu erleben, so geschieht dies, indem ein Teil der Bewußtseinsinhalte von den übrigen Teilen abgetrennt wird (unbewußt!). Bei diesem Isolierungsprozeß werden die sonst vorhandenen Interaktionen der Inhalte herabgesetzt und damit Konflikte vermieden. Isolierung kann sowohl auf emotionale wie auch auf kognitive Prozesse zutreffen. Eine verbreitete Form der Isolierung besteht in der Intellektualisierung. Hier wendet sich das Individuum unbewußt nur den intellektuellen Aspekten eines Problems zu, und die dazugehörigen Emotionen klammert es aus. Damit schützt es sich vor Ängsten, die von der emotionalen Seite eines Problems herrühren.

Identifikation: Die Bedeutung der Identifikation für die Entwicklung wurde im vorigen Kapitel dargestellt. Dort wurde sie mit Imitation gleichgestellt (s. S. 124). Außer den lerntheoretischen Aspekten dieses Prozesses kann sie als Verteidigung dienen. Angst kann verringert oder vermieden werden, indem man sich mit anderen (z.B. stärkeren, schöneren, mächtigeren etc.) Personen oder Gruppen identifiziert und dadurch Schutz erlangt. Ein Spezialfall ist die *Identifikation mit dem Angreifer*. Dieser Prozeß macht den eigentlich Bedrohten zum Urheber der Bedrohung, damit wird die Angst eliminiert. Identifikation geschieht grundsätzlich durch Introjektion (nach innen wenden, einverleiben).

Sublimierung: Hierbei werden primitivere oder sozial weniger akzeptable Formen der Motivbefriedigung durch sozial höherwertige Formen ersetzt und weiter entwickelt. Dieser Prozeß kann nicht in dem Maße wie alle vorher aufgeführten zu den Abwehrmechanismen gerechnet werden, da sie die Sozialisation des Individuums erst ermöglicht.
Zum Abschluß sei noch folgendes betont: Die oben beschriebenen Abwehrmechanismen stellen einen klinisch-psychotherapeutischen Erfahrungsschatz dar, sie bieten

eine Erklärungshilfe beim Aufdecken der psychodynamischen Zusammenhänge; sie sind jedoch noch nicht hinreichend experimentell belegt. Sie finden sich bei jedem Menschen und sind normale und notwendige Bestandteile des psychischen Lebens. Sie werden nicht bewußt ausgewählt und ausgeübt, d.h. man kann sich nicht für Projektion oder Verdrängung entschließen. Welcher Mechanismus wirksam wird, hängt von der Situation und von der persönlichen Eigenart des Menschen ab. Jedoch ist ein individuelles Abwehrmuster, das die jeweilige Persönlichkeitsstruktur kennzeichnet, für einen Menschen charakteristisch. Es wurde erlernt und allmählich durch die Entwicklung gefestigt. Solche Mechanismen, die in der Vergangenheit am erfolgreichsten Konflikte bewältigt hatten, manifestieren sich häufiger bei zukünftigen Konflikten. Von krankhafter Abwehr kann erst dann die Rede sein, wenn nur wenige, z.T. inadäquate Mechanismen zu allen möglichen Konfliktbewältigungen herangezogen werden. Damit können sie keine Anpassung gewährleisten und werden Ich-zerstörerisch.

3.2 Wahrnehmung

3.2.1 Begriffsbestimmung

Wahrnehmung ist eine psychologische Funktion, die dem Organismus durch die Sinnesorgane die Aufnahme und Verarbeitung von Information betreffs Zustand und Veränderung der Außenwelt ermöglicht (vgl. Lexikon der Psychologie, Bd. III). Die Sinnesorgane transformieren die durch äußere Reize in ihnen hervorgerufenen physikalisch-chemischen Veränderungen in elektrische Impulse, die in den afferenten, sensorischen Nervenbahnen zentripetal weitergeleitet werden. Sie führen zur Erregung bestimmter Ganglienzellen der Hirnrinde. Dieser Prozeß ist ein physiologischer. Er kann jedoch nicht das Zustandekommen des komplexen Wahrnehmungserlebnisses anstelle eines feinmaschigen Mosaiks isolierter Reize erklären. Das physiologische Netzhautbild zeigt das Wahrgenommene auf dem Kopf stehend, trotzdem „sehen" wir es aufrecht. Weiter von uns entfernte Gegenstände erkennen wir gleich in ihren realen Größen und nicht entsprechend der verkleinerten Netzhautbilder (Größenkonstanz). Die Welt unserer Wahrnehmung ist also kein getreues Bild der wirklichen Gegebenheiten, und umgekehrt sind die physiologischen Prozesse (Erregungsvorgänge in Neuronen) unserem Erleben völlig fremd. Diese Kluft zu überbrücken, bemühen sich die verschiedenen Wahrnehmungstheorien.

3.2.2 Wahrnehmungstheorien

Die geschichtlich früheste Theorie ist die sogenannte *Elementar*-Theorie des 19. Jahrhunderts, die sich mit der Koordination elementarer Empfindungen beschäftigt. Es ist das Verdienst der Gestalt-Psychologie, aufgezeigt zu haben, daß die Wahrnehmung mehr ist als die Summe einfacher einzelner Elemente. Isolierte Wahrnehmungselemente haben die Tendenz, sich zu strukturieren, zu Gestalten zu organisieren. Der Gegensatz zwischen Elementen- und Gestalt-Theorie ist heute durch die kybernetischen Ansätze der Psychophysiologie überwunden. Sie erlauben eine „Ganzheit" als ein „System untereinander organisierter Teile" zu betrachten. Die Wahrnehmung ist in Wechselwirkung — durch die mehrfachen Rückkoppelungssysteme der Receptoren und der zentralen Sinnessphären — mit den spezifischen Eigenheiten der Reizgegebenheit und der individuellen Erfahrung, Entwicklung und Lernfähigkeit.

Die *Gestalttheorie* gründet sich auf drei grundlegende Experimente der visuellen Wahrnehmung:

a) Die geometrisch-optischen Täuschungen (s. Abb. 4), die beweisen, daß die Wahrnehmungsganzheit etwas Primäres ist und die Eigenschaften der Teile sich erst sekundär ergeben. Wenn zwei gleichlange Geraden unterschiedlich eingerahmt gezeigt werden wie in Abb. 4, so werden sie nicht als gleichlang gesehen. Erst nach gründlicher Betrachtung wird man die Gleichheit subjektiv akzeptieren können.

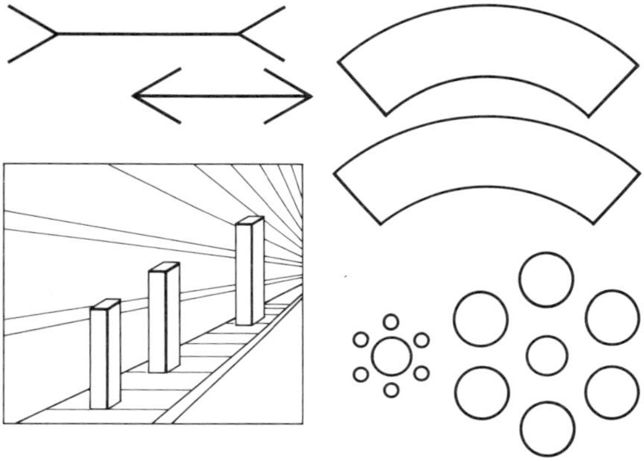

Abb. 4. Geometrisch-optische Täuschungen

b) Die Scheinbewegungen. Wenn zwei visuelle Reize (z.B. zwei Geraden A und B, s. Abb. 5) nacheinander in einem kurzen Zeitintervall ($^{1}/_{20}$ sec) dargeboten werden, so sieht man lediglich nur eine einzige Gerade, die sich von A nach B über alle Zwischenstellungen bewegt. Auch hier ist das Wahrgenommene (die Bewegung) mehr als die Summe der elementaren Wahrnehmung (die beiden Geraden).

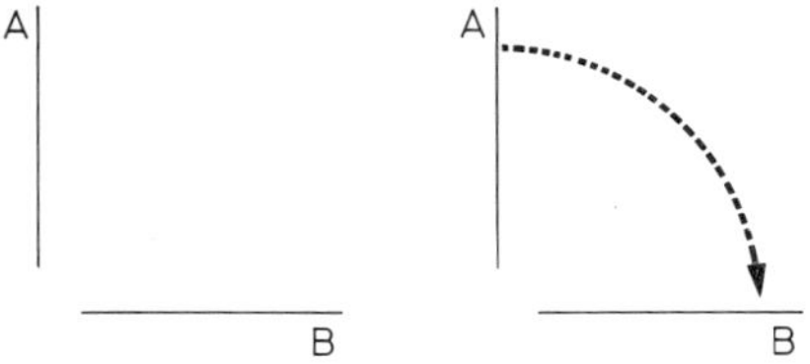

Abb. 5. Phänomen der Scheinbewegung

c) Der Tau-Effekt. Wenn drei leuchtende Punkte, A, B und C, die in gleichen räumlichen Abständen voneinander liegen, nacheinander dargeboten werden, wobei das zeitliche Intervall zwischen A und B größer ist als das zwischen B und C, so werden die Punkte A und B als räumlich entfernter gesehen als die Punkte B und C.

Die Gestalt-Theorie hat eine Reihe Wahrnehmungs*gesetze* aufgestellt, die generell auf alle Wahrnehmungsmodalitäten zutreffen, sie wurden jedoch experimentell überwiegend auf dem Gebiet der optischen Wahrnehmung nachgewiesen.

Einige von ihnen sollen hier aufgeführt werden:

a) Strukturierung von isolierten Wahrnehmungselementen nach ihrer Ähnlichkeit oder Nähe zu Gestalten.
b) In einem Wahrnehmungsfeld hebt sich eine *Figur* als strukturierte Ganzheit von dem unstrukturierten *Hintergrund* ab (s. Abb. 6).

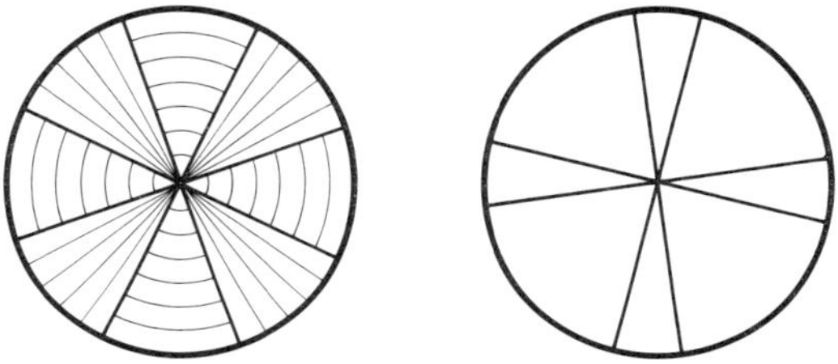

Abb. 6. Figur und Hintergrund

c) Prägnanz oder Tendenz zur guten Gestalt. Die Leichtigkeit, mit der eine Gestalt als Figur in Bezug zum Hintergrund wahrgenommen wird, nennt man Prägnanz. Der Prägnanzgrad ist von komplexen Bedingungen abhängig: „Gute" z.B. symmetrische Gestalten sind prägnanter als „schlechte", z.B. asymmetrische oder unvollständige.
d) Konstanzprinzip (Größen-, Form-, Farbkonstanz).
Eine einmal wahrgenommene Struktur wird bei veränderter Wiederholung erkannt, z.B. eine Melodie in eine andere Tonart transponiert, wird als solche erkannt; den Schnee sieht man auch in der Nacht weiß, oder einen schwarzen Gegenstand (Brikett) auch in der Sonne schwarz.

Wenn Wahrnehmung auch als eine Verhaltensdeterminante der Persönlichkeit betrachtet werden soll, so reichen die vorher erläuterten Theorien nicht aus, da in ihnen die wahrnehmende Person unbeachtet blieb. Es gibt neuere Theorien, die eine funktionale Abhängigkeit zwischen der Wahrnehmung als dynamischem Prozeß und dem Individuum mit seinen momentanen Zuständen postulieren. Die nicht als sensorischer Prozeß begriffene Wahrnehmung hat eine Reihe gemeinsamer Züge: Nach GRAUMANN (1966) sind solche:

1. Die Wahrnehmung ist grundsätzlich der Erfahrung zugänglich. Somit gelten für sie auch die „Gesetze des Lernens".
2. Sie ist eine Interaktion bzw. Transaktion zwischen Person und Umwelt, damit sowohl rezeptiv als auch aktiv-gestaltend.
3. Wahrnehmen geschieht immer im Vollzug von Handeln und hat funktionalen Charakter.

Kognitive Stile: Unter diesem Begriff wird eine Wahrnehmungstheorie von G.S. KLEIN (1951) verstanden, die mit einer Persönlichkeitstheorie gekoppelt ist. Sie besagt, daß die Wahrnehmungsmodi nach höheren Integrationsprinzipien der Persönlichkeitsstruktur zur kognitiven Auseinandersetzung, d.h. Bewältigung der Umweltreize dienen. Sie sind also in gewissem Sinne Anpassungsmechanismen. Wenn motivationale Determinanten auch vorhanden sind, so werden sie als Steuerungs-Stile bezeichnet.
Die Experimente, die einen Beweis für die übergreifende Hypothese liefern, sind

zahlreich. In allen werden verschiedene Wahrnehmungs-Tests (hauptsächlich visuelle) mit einer Reihe von Persönlichkeitstests appliziert, die Zusammenhänge in Form von Korrelationen bestimmt und durch Faktorenanalysen die dahinterliegenden Dimensionen ermittelt. Dieses führt zu einem typologisierenden Ansatz. Der wesentlichste Ertrag dieser Forschungsrichtung ist es, aufgezeigt zu haben, daß die Steuerungsprinzipien in ihrem Wirken nicht auf die herkömmliche Einteilung des kognitiven Verhaltens in Wahrnehmen, Lernen usw. beschränkt sind.

3.2.3 Theorie der Feldabhängigkeit nach Witkin (1954)

Schief hängende Bilder in einem Zimmer stören die meisten Menschen sehr, und die Bilder werden von ihnen „gerade", d.h. parallel zu den senkrechten Wänden gerückt. In WITKINS Experiment können die „Wände", d.h. leuchtende Rahmen in einem dunklen Zimmer, auch schiefgestellt werden. Die Vp soll einen leuchtenden Stab in der Mitte des um 28 Grad schiefen Rahmens in die Senkrechte bringen, wobei die Aufgabe noch dadurch erschwert ist, daß die Vp auf einem kippbaren Stuhl sitzt. Durch einen Drehknopf, den die Vp bedient, wird die Genauigkeit der eingestellten Vertikalität abgelesen. Je größer der Fehler, um so „feldabhängiger" ist die Vp. WITKIN et al. fand, daß „feldunabhängige" Personen aktiver, selbstbewußter, widerstandsfähiger gegenüber Suggestion, non-konformistischer, Ich-stärker und unabhängiger waren als die „feldabhängigen". Die letzteren waren durch Passivität, mangelnde Selbsteinsicht, Antriebshemmung, Minderwertigkeitsgefühle und Submissivität gekennzeichnet. Nach WITKIN (1967) soll strenge, entmutigende mütterliche Erziehung bei Söhnen zu Feldabhängigkeit führen. Die Feldunabhängigkeit nimmt während der Kindheit und Jugend zu. Geschlechtsunterschiede bestehen dahingehend, daß weibliche Vpn eine größere Feldabhängigkeit zeigen.

3.2.4 Die Theorie des Adaptationsniveaus von Helson (1947)

Sie kann als eine Grundkonzeption der Erfahrungs-(Lern-)Wirkung angesehen werden; sie besagt, daß die Eigenschaften (z.B. Umfang, Gewicht, Lautstärke) des momentanen Reizes abhängig sind von dem „inneren" subjektiven Standard. Dieser Standard bildet sich aufgrund früherer, weiterhin direkt unmittelbar vor dem momentanen Reiz vorangegangener Erfahrungen. (Z.B. hält man einen Fuß in sehr heißes, den anderen in sehr kaltes Wasser und wechselt sie gleichzeitig in lauwarmes Wasser, so wird das lauwarme Wasser einmal als kalt und einmal als warm empfunden; oder in der medizinischen Praxis kann ein wenig geschwollener Lymphknoten, von einem Allgemein-Praktiker palpiert, schon als besorgniserregend angesehen werden, dagegen dieselbe Größe von einem Arzt der Carcinom-Sprechstunde als unbedeutend eingeschätzt werden.)

3.2.5 Motivationale Wahrnehmungstheorien

Die bis jetzt aufgeführten Theorien waren auf die kognitiven Aspekte — als nichtsensorische Determinanten — der Wahrnehmung ausgerichtet. Jetzt sollen solche folgen, bei denen die motivationalen Komponenten der Persönlichkeit von Bedeutung sind. Das Grundkonzept ist dabei, daß je nachdem, in welchem Bedürfnis- oder emotionalen Zustand sich das Individuum zur Zeit der Wahrnehmung befindet, das Wahrnehmen von Objekten oder Personen beeinflußt wird. Hierzu gehen eine

Reihe hypothetischer Vorgänge ein, von denen die wesentlichsten skizziert werden. *Selektivität* der Wahrnehmung als eine Wirkung von Einstellung kennt man aus dem Alltagsleben: In einem Selbstbedienungsladen entdeckt man die Ware — wenn man sie benötigt —, auch wenn man längere Zeit an ihr vorbeiging, ohne sie zu bemerken. Bei Vorhandensein eines Bedürfnisses bekommt es plötzlich einen *Aufforderungscharakter*, und es wird wahrgenommen. Von der sehr viel größeren sensorischen Reizgesamtheit werden diejenigen Reize eher zur Wahrnehmung gelangen, die für den motivationalen Zustand des Individuums von Bedeutung sind.
Das Selektieren gewisser Züge aus der Reizgesamtheit kann auch im Dienste der Angstreduktion erfolgt sein, entweder durch Abwehr bzw. Vermeidung oder durch Sensibilisierung bzw. Zuwendung. Ein weiterer Mechanismus wurde von BRUNER und POSTMAN (1947) untersucht. Sie hatten Vpn aufgefordert, auf eine Reihe von Reizwörtern in freier Assoziation so schnell wie möglich mit einem Wort zu antworten. Die Zeit zwischen Reizwortdarbietung und Reaktion wurde als die Assoziationszeit gemessen. Unter den 99 Reizwörtern waren einige „bedrohliche" oder „peinliche" (z.B. Tod, Penis etc.). Es wurde angenommen, daß für die Vpn die Wörter „problematisch", „angsterregend", „peinlich" sind, auf welche die längsten Reaktionszeiten folgten. Somit wurden für jede Vp jeweils 6 der Reizwörter mit der längsten, kürzesten und mittleren Assoziationszeit herausgesucht. Die so ermittelten 18 Wörter wurden dann in einem Tachistoskop (s. S. 167) dargeboten und ihre Erkennungszeit ermittelt. Die Ergebnisse zeitigten eine positive Korrelation der Erkennungs- und Assoziationszeiten, d.h. diejenigen Wörter, die eine lange Assoziationszeit hatten, benötigten auch eine längere Erkennungszeit und vice versa. Dieses Resultat kann dahingehend interpretiert werden, daß angsterregende Wörter schwerer wahrzunehmen sind als neutrale. Dieses Phänomen wird als *Wahrnehmungs-Abwehr* bezeichnet, dessen endgültige Abklärung noch aussteht. Das Experiment wurde in abgeänderter Form auch mit hungrigen und nicht-hungrigen Vpn durchgeführt, welches zu ähnlichen Resultaten führte. In dem Wortassoziations-Experiment gab es einige Vpn, die gerade diejenigen Wörter, bei denen sie lange Assoziationszeiten hatten, besonders schnell wiedererkannt hatten. Sie hatten also die bedrohlichen Wörter besonders schnell erkannt. Als Erklärungsmöglichkeit für dieses Verhalten bietet sich an, daß manche Menschen, statt den bedrohlichen Reiz abzuwehren, d.h. ihn möglichst wenig zur Kenntnis zu nehmen, eher den Reiz sensibilisieren, d.h. ihm mit erhöhter Reizempfindlichkeit begegnen. Dieses unterschiedliche Wahrnehmungsverhalten wird auf andere Persönlichkeitsmerkmale verallgemeinert, und so entstehen bei J.E. GORDON (1957) die Persönlichkeitstypen von „Abwehrer" (repressor) und „Sensibilisierer" (sensitizer). Die Erstgenannten versuchen Angst durch Vermeidung, Flucht oder Abwendung zu bewältigen, die Letztgenannten dagegen durch „auf der Lauer sein", durch Zuwendung zur Gefahr hin oder sogar durch Angriff.

Die Resultate solcher Experimente kommen bei der Anwendung projektiver Wahrnehmungstests (s. S. 175) wie Rorschach-Test oder TAT der Diagnostik psychodynamischer Zusammenhänge zugute.

3.2.6 Soziale Wahrnehmung (social perception)

Als Anfang der 50er Jahre BRUNER und POSTMAN (1951) durch die Erfassung der motivationalen Aspekte der Wahrnehmung den Ansatz zur „social perception" schafften, bedeutete dieser den „new look" und die Überwindung der Gestaltpsychologie. Heute gilt die soziale Wahrnehmung eher als ein Bestandteil der Sozialpsychologie, Gruppendynamik, Vorurteil- und Konformitätsforschung. Die Definition von sozialer Wahrnehmung kann enger gefaßt sein, dann beinhaltet sie den Einfluß von personalen und sozialen Faktoren auf die Wahrnehmung; weiter gefaßt meint sie nicht nur die Abhängigkeit der Wahrnehmung von der sozialen Umwelt, sondern auch ihre Bezogenheit auf sie. (Wenn sie ganz auf den Menschen bezogen ist, so spricht man von „person perception" oder Personen-Wahrnehmung.) Erste Experimente zur sozialen Wahrnehmung wurden von SHERIF (1935) durchgeführt. Der von ihm beschriebene *autokinetische Effekt* zeigt die sozialen Einflüsse auf die Wahrnehmung folgendermaßen: Wenn die Vpn in einem dunklen Raum ohne Strukturierungshilfe die Lage eines leuchtenden Punktes beschreiben sollen, der sich zwar nicht bewegt, aber durch unterschiedliche experimentelle Anordnung in dieser Weise von allen erlebt wird, dann wird dies für die richtige Wahrnehmung gehalten. Der Grad der Suggestibilität spielt hier die größte Rolle bei der von der Gruppe beeinflußten individuellen Urteils-Leistung.

Noch deutlicher wird der Einfluß von sozialen Faktoren, z.B. Schichtzugehörigkeit, in dem Experiment von BRUNER und GOODMAN (1947). Hier wurden 10jährige Kinder von unterschiedlichen sozialen Klassen aufgefordert, die Größe von 1-, 5-, 10-, 25- und 50-Cent-Münzen zu schätzen, indem sie einen in der Größe verstellbaren Lichtkreis nach den vorgestellten oder direkt wahrgenommenen Münzen einstellten. Durchgehend ergab sich eine Tendenz zur Überschätzung der Münzen gegenüber gleich großen Pappstücken. Aber zwischen armen und reichen Kindern ergaben sich signifikante Unterschiede, dahingehend, daß die armen Kinder bis auf 52% die reale Größe der Münzen überschätzten, die reichen Kinder dagegen nur um 22%.

Zuletzt soll das Experiment von ASCH (1952) für Wahrnehmungsverzerrung unter Gruppendruck aufgeführt werden. Die Wirkung der Gruppe zur Konformität wurde in der folgenden experimentellen Anordnung überprüft: 7 Vpn wurden gebeten, Striche gleicher Länge herauszufinden. Auf der linken Seite einer Tafel befand sich die Standardlinie, auf der rechten Seite drei unterschiedlich lange Striche. Einer der rechten Striche war genau so lang wie der linke. Wenn man Vpn in Einzel-Situation befragte, welche der Striche gleich lang sind, wurden nur selten Schätzfehler gemacht. In der Experimental-Gruppe von ASCH war aber nur eine „naive" Vp, die übrigen 6 waren instruiert, gleichsinnig falsche Schätzungen abzugeben. In dem ersten Durchgang wurden 123 naive Vpn mit 12 kritischen Schätzungen getestet. Von der Gesamtzahl der abgegebenen Schätzungen waren nach dem Gruppendruck 37% der Antworten falsch. Nach jeder Sitzung interviewte ASCH die naiven Vpn. Merkwürdigerweise gab jede an, die Mehrheitsmeinung beachtet zu haben. Sie zweifelten ihre eigenen Urteile an und waren geneigt, diese zu korrigieren.

Zusammenfassend kann gesagt werden, daß die Wahrnehmung des Individuums ganz eng mit folgenden Faktoren zusammenhängt: Vorausgegangene Erfahrung, zeitliche Abfolge der Reize, Bedürfnisse, emotionale Zustände, Einstellungen, die durch soziale Schichtzugehörigkeit und Werthaltungen determiniert sind. Daraus folgt, daß Wahrnehmung speziell für das ärztliche Handeln im bedeutsamen zwischenmenschlichen Bereich kaum je ein objektives Registrieren von tatsächlichen Gegebenheiten sein kann, sondern es ist vielmehr psychologischen und sozial bedingten (auch physiologischen) Veränderungen unterworfen, deren man sich jederzeit bewußt sein sollte.

3.3 Intelligenz

Im vorwissenschaftlichen Sprachgebrauch ist es allgemein verständlich, was man unter Intelligenz versteht. Es gibt jedoch wissenschaftlich keine allgemein anerkannte Definition des Begriffs Intelligenz. Einigkeit besteht darüber, daß sie ein wesentliches Persönlichkeitsmerkmal darstellt, daß ihr erbbedingter Anteil gegenüber dem durch die Umwelt bedingten früher überschätzt wurde, daß sie eine Bezeichnung für eine große Anzahl einzelner und voneinander unabhängiger leistungs- und eignungsrelevanter Fähigkeiten und Fertigkeiten darstellt. Eine heute gängige Definition gibt GROFFMANN (1964, S. 190): „Intelligenz ist die Fähigkeit des Individuums, anschaulich oder abstrakt in sprachlichen, numerischen und raumzeitlichen Beziehungen zu denken; sie ermöglicht erfolgreiche Bewältigung vieler komplexer und mit Hilfe jeweils besonderer Fähigkeitsgruppen auch ganz spezifischer Situationen und Aufgaben."

Die Erforschung der „Intelligenz" stand und steht heute noch im Dienste der Differenziellen Psychologie und interessiert sich für interindividuelle Differenzen. Auch hierbei wird „Intelligenz" als ein hypothetisches Konstrukt behandelt. GALTON und auch BINET waren noch der Auffassung, Intelligenz sei ein einheitliches und allgemeines Merkmal, das direkt gemessen werden könne. Aber schon kurz darauf, Anfang dieses Jahrhunderts, entwarf SPEARMAN eine Faktorentheorie der Intelligenz. Diese ist die erste in der Psychologie verwendete faktorenanalytische Technik. Die *Zweifaktoren-Theorie der Intelligenz von* SPEARMAN postuliert ein allgemeines Merkmal der Intelligenz, den sogenannten General(g)-Faktor und außerdem noch einzelne engere Spezialfähigkeiten, sogenannte s-Faktoren der Intelligenz. Die s-Faktoren sind untereinander und in bezug auf den g-Faktor unabhängig. In der Folgezeit wurde diese Theorie heftig kritisiert, und in den dreißiger Jahren entstand die heute noch akzeptierte „*Multiple Faktorentheorie*" *von* THURSTONE. Diese postuliert, Intelligenz sei kein einheitliches Merkmal, sondern lediglich die Summe einzelner, voneinander unabhängiger Fähigkeiten. THURSTONE hat 7 Primärfaktoren der Intelligenz faktorenanalytisch extrahiert, von denen die meisten auch heute noch als gesichert angesehen werden (vgl. PAWLIK, 1968). Dies sind die Faktoren der räumlichen Vorstellung, der Rechenfertigkeit, der Wort- und Ausdrucksflüssigkeit, der Flexibilität des Denkens, des Sprachverständnisses und des logischen Denkens.

In einer umfangreichen neueren deutschen Untersuchung ermittelte JÄGER (1967) 6 Hauptdimensionen der Intelligenz: 1. Anschauungsgebundenes Denken, 2. Einfallsreichtum und Produktivität, 3. Konzentrationskraft und Tempo-Motivation, 4. Verarbeitungskapazität, formallogisches Denken und Urteilsfähigkeit, 5. zahlengebundenes Denken und 6. sprachgebundenes Denken. Allen faktorenanalytischen Untersuchungen und insbesondere Intelligenzbestimmungen muß grundsätzlich entgegengehalten werden:

1. Sie sind abhängig von der Art und Weise der ihnen zugrunde liegenden Leistungen, (z.B. wenn unter den Aufgaben keine rechnerischen Fähigkeiten vorkommen, so kann nicht die Dimension „Mathematische Begabung" herauskristallisiert werden).

2. Sie sind Stichproben-abhängig, und meistens wird der Allgemeinheitsgrad von Faktoren bei deren Interpretation überschätzt.

3. Bis auf wenige Ausnahmen wird die Intelligenzleistung in einer Versuchssituation, wo die Getesteten als Vpn fungieren, bestimmt. Die so herausgearbeiteten Intelligenzdispositionen müßten nach CATTELL (1957) als „quasi konditionierte Faktoren" betrachtet werden, denn bei ihrer Identifizierung unterstellt man, daß außer den variierten Aufgabenstellungen alle inneren und äußeren Leistungsbedingungen konstant gehalten wurden und durch eine optimale Aktivierung der Versuchspersonen die maximale Kapazität ihrer intellektuellen Fähigkeiten erkennbar wird. Damit ergibt sich die theoretische Möglichkeit, daß unter diesen *un*-natürlichen Situationen andere Faktoren und Faktorenkonstellationen als in realen Alltagssituationen entstehen können.

4. Sie sind den jeweiligen sozio-kulturellen Bedingungen unterworfen, und diese sozialen Bedingungen werden nicht gleichzeitig systematisch analysiert. Die Versuche zur Schaffung „kulturfreier" Intelligenzprüfsysteme schlugen bislang fehl.

5. Sie widerspiegeln strukturelle, jedoch keine dynamischen Zusammenhänge. Die Dynamik der aktuellen Leistungsverläufe wird durch sie nicht erfaßt.

6. Der Zusammenhang zwischen Intelligenzdimensionen und motivationalen bzw. anderen Persönlichkeitsmerkmalen mit dem Fernziel einer allgemeinen Verhaltenstheorie, wird durch getrennt erforschte Bereiche nicht aufgedeckt. Die Ergebnisse von Faktorenanalysen sind abhängig von den untersuchten Merkmalen.

Es ist häufig von Bedeutung, eine Schätzung der allgemeinen intellektuellen Leistungshöhe des Individuums zu kennen. Hierbei kommt es nicht auf den numerischen Wert eines Intelligenzquotienten, sondern auf die durch die Standardisierung gegebene Standortbestimmung des Wertes an. Es interessiert nur, in welche Kategorie der IQ bei niedriger, durchschnittlicher, überdurchschnittlicher Intelligenz fällt und welchen Prozentrangplatz er einnimmt. Für psychodiagnostische Zwecke genügt meistens nicht, nur den IQ eines Patienten zu bestimmen, sondern dieser muß in ein Persönlichkeitsbild eingebettet werden. Nur so kann man erkennen, ob z.B. ein niedriger IQ Ausdruck einer Minderbegabung, einer Intelligenzhemmung oder einer Retardierung darstellt.
Außer der allgemeinen Leistungshöhe ist es häufig bedeutsamer, die unterschiedliche Leistungshöhe in den verschiedenen Testdimensionen zu betrachten. Hinweise auf Störungen oder Ausfallserscheinungen können dadurch schneller und besser diagnostiziert werden (vgl. Kap. D). Hierzu ist es wesentlich, die unterschiedliche Anfälligkeit der einzelnen Intelligenzdimensionen für verschiedene Erkrankungen zu kennen, d.h. die körperlichen Korrelate.
LIENERT (1964) und JANKE (1964) gelang es nachzuweisen, daß die Intelligenzstruktur unter der Wirkung von Psychopharmaka wesentlich beeinflußt wird.

Unter LSD-(Lysergsäure-diäthylamid)Wirkung fand LIENERT eine Vereinfachung — eine Regression auf frühere Entwicklungsstufen — der Faktorenstruktur von Probanden, die er auch vor der Drogengabe mit der Parallelform desselben Tests geprüft hatte.
Bei der Intelligenzdiagnose muß auch die unterschiedliche onto- und phylogenetische Entwicklung der einzelnen Funktionen mitberücksichtigt werden (vgl. auch Kap. HB). HOFSTÄTTER (1954) hat überzeugend bewiesen, daß während der ontogenetischen

Entwicklung beträchtliche Veränderungen im intellektuellen Dispositionsgefüge vor sich gehen.
Wenn die Vorhersagbarkeit späterer Leistungen bei Säuglingen noch gering war (vgl. Kap. B), so ist sie in der Adoleszenz auch nicht immer befriedigend. Wie allgemein bekannt ist, wird z.Z. in der BRD die mittlere Abiturnote als einer der wesentlichen Anhaltspunkte für die Zulassung zum (Medizin)-Studium gewertet. Aus einer im Deutschen Ärzteblatt (1966) veröffentlichten Untersuchung von KAPUSTE ist zu entnehmen, daß zwischen der beim medizinischen Staatsexamen erreichten Gesamtpunktzahl und der mittleren Abiturnote eine Korrelation von $r = 0{,}46$ und zwischen der Abiturnote und dem Vor-Physikumsergebnis eine Korrelation von $r = 0{,}56$ besteht. Die Vorhersagegenauigkeit ist nicht einmal 20%.

Untersuchungen von THOMAE und LEHR (1972) legen die Annahme nahe, daß das Maximum der durchschnittlichen Leistungen nicht bei allen Funktionen in der Mitte der zweiten Lebensdekade erreicht wird. Gewisse sprachgebundene Leistungen steigen vermutlich sogar bis zum Beginn der Seneszenz an. Es ist in manchem Leistungsbereich ein deutlicher Geschlechtsunterschied zu vermerken. Die Beweglichkeit in Konzentrations- und Umschaltaufgaben bei Aufmerksamkeitsprüfungen nimmt bei Männern mit 50, bei Frauen mit 40 Jahren merklich ab.
Genetische Studien der Intelligenzfaktoren legen die Vermutung nahe (außer den im Kap. B allgemein diskutierten Erbe-Umwelt-Varianzverhältnissen), daß das Ausmaß der genetischen Determination von Faktor zu Faktor variiert. Somit muß die Frage der Vererbbarkeit der Intelligenz für die einzelnen Komponenten gesondert gestellt werden. STAFFORD (1963) erhielt Resultate, die für eine recessive geschlechtsgekoppelte Vererbung der Faktoren „Logisches Denken" und „Räumliche Vorstellung" sprechen würden.

3.4 Emotionen

3.4.1 Begriffsbestimmung

Emotionen und Affekte — sie werden hier synonym verwendet — bilden die zentralen Formen der menschlichen Selbsterfahrung. Zu keinem Zeitpunkt im Wachzustand ist der Mensch in einem emotionslosen Zustand: Er ist verärgert, zufrieden, traurig, glücklich, angsterfüllt, beruhigt, verschämt, stolz, mit Liebe oder Haß erfüllt, um nur einige dieser Zustände zu erwähnen. Wir erleben alle diese Gefühle unmittelbar, wir können sie durch Verhalten, Gestik, Mimik, Angriff etc. oder durch die Sprache mitteilen, und sie können sich in physiologischen Korrelaten äußern. Ein Großteil der Emotionen ist unbewußt, aber diese sind mindestens so wirksam wie die bewußten. Gefühlstheorien und -forschung konzentrieren sich auf die Probleme der Entstehung (s. Kap. A) und auf die Versuche, die enorme Vielzahl von Gefühlen auf wenige Dimensionen zurückzuführen. Hierzu ist aber die objektive Erfaßbarkeit derselben unerläßlich. Durch frühere Analysen (z.B. bei WUNDT) mit Hilfe von Introspektion konnte diese nicht gewährleistet werden. Doch sind die emotionalen Prozesse als „innere Prozesse" indirekt durch die Analyse der beobachtbaren Begleiterscheinungen erfaßbar. Die „Begleiterscheinungen" bilden somit den methodisch angehbaren Ansatz. Verbale Berichte in der Form von Selbst- und Fremdbeurteilungsskalen,

Fragebögen, „check-lists“ kommen bei der Untersuchung zur Anwendung. Die Resultate wurden auch hier faktorenanalysiert und liefern die verschiedenen Dimensionen der Emotionalität. Die sogenannten Primärfaktoren dieses Persönlichkeitsbereiches hängen mit der Intensität und Kontrolle emotionaler Reaktionen zusammen (PAWLIK, 1968). Sie differenzieren sehr gut zwischen „Normalen“ und „Neurotikern“, somit haben sie eine besondere medizin-psychologische Relevanz. Der am stärksten ausgeprägte Faktor *Angst*, — gegenüber emotionaler Anpassung — wird bei EYSENCK als „Neurotizismus“ bezeichnet (vgl. auch Kap. D). In Fragebogendaten wurde der Faktor „Emotionale Integration“ zusammen mit Ich-Stärke und Affektkontrolle nachgewiesen. Bezeichnend für diese Dimension sind die Adjektiva wie ruhig, geduldig, ausgeglichen, entspannt, nicht leicht kränkbar.
Der zweite Faktor „Argwohn“ hängt mit Persönlichkeitsmerkmalen wie Mißtrauen, Intoleranz, Eifersucht, Aggressivität, Eigensinnigkeit zusammen. CATTELL (1957) deutete diesen Faktor als paranoische Projektionsneigung.
Der dritte wensentliche Faktor ist „Furchtsamkeit“, eingehend mit Depression, Schuldgefühlen, geringem Selbstvertrauen.
Der vierte Emotionalitätsfaktor wird als „Spannung“ interpretiert, beinhaltet Sprunghaftigkeit, Stimmungswechsel, Ablenkbarkeit, Nervosität, Bedrücktheit. Dieser ist ein deutlicher Neuroseindikator.
Der fünfte Faktor ist mit „Selbstkontrolle“ bezeichnet und enthält erhöhte Selbstdisziplin, Energie, Unkonventionalität, Ausdauer, Vertrauenswürdigkeit.
Alle aufgeführten Dimensionen der Emotionalität sind allgemein kennzeichnend für das Individuum, wenn nicht extreme Werte bei dem einzelnen festgestellt werden. Der Begriff der Emotion wird hierbei wie die früher schon aufgeführten Merkmale als ein Konstrukt verstanden.

3.4.2 Angst

Im Kap. A wurde Angst aus psycho-physiologischer Sicht betrachtet, in dem folgenden Kap. D als eine Störung; hier soll sie als ein Persönlichkeitsmerkmal kurz skizziert werden.
Die bis heute fruchtbarsten theoretischen Vorstellungen über die Angst gehen auf S. FREUD zurück. Hier sollen diese in der allmählich umgeformten und heute benutzten psychodynamischen Auffassung wiedergegeben werden. Angst kann nach der ursprünglichen Theorie FREUDs als eine Folge unterdrückter somatischer sexueller Spannungen entstehen. Libidinöse Wünsche, Vorstellungen, die für das Ich (s. S. 209) als gefährlich gelten könnten, werden unterdrückt und die libidinöse Energie von ihrer natürlichen Äußerungsmöglichkeit abgeschnitten. Sie wird zu Angst umgeformt. Angst bedeutet demnach eine aus innen kommende Gefahr. Angst wird von FREUD sowohl als ein erlebtes Gefühl (Angstaffekt) als auch als ein somatischer Reaktionskomplex (Atembeschleunigung, Herzklopfen) definiert. In der Ähnlichkeit der somatischen Erregungsmuster von Angst und Sexualverhalten sah FREUD eine Bestätigung seiner Annahme, daß Sexualität sich in Angst verwandle. Angst hat in FREUDs späterer Theorie einen Gefahrensignal-Charakter, der das Individuum unter Vorwegnahme des erwarteten Schadens von derselben bewahrt. Die Abwehr von Gefahr bedeutet Angstreduktion. Die Mittel, deren sich das Individuum zur Angstreduktion bedient, wurden im vorangegangenen Teil dieses Kapitels als Abwehrmechanismen beschrie-

ben. Angst als Spannungszustand kann durch das Erfahren von Mißbilligung in zwischenmenschlichen Beziehungen entstehen. Dieser psychodynamische Erklärungsversuch kommt dem des lerntheoretischen schon äußerst nahe. Nach letzterem ist das Auftreten von Angst davon abhängig, in welchem Ausmaße in der individuellen Entwicklung gelernt worden ist, auf soziale Reize differenziert zu reagieren. Beide Theorien sind auch einig in der Annahme, daß Ängstlichkeit in ihrer individuellen Ausprägung eine angeborene Disposition darstellt, sonst wäre die Furcht vor „Neuheit", weiterhin die unterschiedlichen Angstreaktionen auf Intensitätsreize (Schmerz, starker Lärm, plötzliches Licht) nicht erklärlich. Auch ist die „Gefahrensignal-Theorie" der Analytiker nicht weit von der lerntheoretischen Begründung der Angst entfernt, wenn WOLPE (Lexikon der Psychologie, Bd. I, 1971) unter Angst eine aufgrund einer Reizung durch ein (vermeintlich) schädigendes Agens hervorgerufene autonome Reaktion versteht. Diese autonome Reaktion erfolgt bei jedem Organismus in einer für ihn typischen Weise. Eine weitere Gemeinsamkeit der beiden Theorien ist die Ansicht, daß mit Ängstlichkeit die Neigung zu Schulderlebnissen und Schuldgefühlen zusammenhängt (entweder erklärt durch Es/Überich, Impulskonflikte oder mit Konditionierung durch Tadel und Strafe). Beide Theorien unterscheiden auch in ähnlicher Weise zwischen angepaßter, realer, nicht-krankhafter Angst, die durch eine reale Bedrohung hervorgerufen wird, und unangepaßter, imaginierter oder krankhafter Angst, die aufgrund innerer oder vermeintlicher äußerer Gefahren entsteht.

Die Grenze zwischen realer und neurotischer Angst zu bestimmen, ist jedoch problematisch, da die interindividuellen Differenzen bzw. das, was Gefahr bedeutet und in welcher Situation sie auftritt, äußerst variierend sind. Auch gehen manchmal die antizipierten Gefahren in reale über. Die empirische Persönlichkeitsforschung versuchte die Problematik der Angsttheorien dadurch in den Griff zu bekommen und „Angst" operational zu definieren, daß sie groß angelegte Testuntersuchungen durchführte. Es ist das Verdienst von CATTELL und SCHEIER (1961), durch eine Reihe von Fragebogenergebnissen (Questionnaire-Q-Daten) und von weiteren objektiven Testresultaten (T-Daten) zwei Arten von „Ängstlichkeit" herausgeschält zu haben. Erstens kann Angst demnach einen situativen, aktuellen, vorübergehenden Zustand (state) bedeuten, der als Antwort auf einen Reiz entstanden ist und abhängig vom Reiz in Intensität und Breite der physiologischen Korrelate variiert (s. auch SPIELBERGER, 1966; LEVITT, 1968); zweitens kann Angst als ein Persönlichkeitsmerkmal, (trait) nämlich als „Ängstlichkeit" bestimmt werden, worunter eine zeitlich stabile Eigenschaft verstanden wird. Ängstlichkeit als Faktor enthält die Variablen, die nach Auffassung der Kliniker zur Diagnose von ängstlichen Persönlichkeiten gehören. Die Ängstlichkeits-Faktoren (es wurden mehrere gefunden) sollen zwischen Populationsgruppen mit unterschiedlich starker Ängstlichkeit differenzieren. Die wesentlichste faktorielle Dimension enthält die Variablen (vgl. Anfang dieses Teiles, weiterhin s. S. 172 über 16 PF-Test) große Triebspannung, Neigung zu Schuldgefühlen, Skrupel, Ich-Schwäche, Furchtsamkeit und Scheu. Der Vergleich dieser Merkmale mit FREUDs Angsttheorie zeigt eine sehr weitgehende Übereinstimmung.

SPIELBERGER (1966) versucht den Zusammenhang zwischen „state"-Angst und „trait"-Angst aufzuzeigen und führt auf, daß diejenigen Individuen, die stark ausgeprägte Ängstlichkeit als konstantes Merkmal aufweisen, wesentlich häufiger Angstzustände haben, als solche, die weniger ängstlich in ihrem Gesamthabitus sind.

In der medizinischen Praxis (zusätzlich zur Psychiatrie und Psychosomatik) kommt den Merkmalen Angst und Ängstlichkeit besondere Bedeutung zu, berücksichtigt man die Untersuchungsergebnisse von JANIS (1958). Er hat die Angst von Patienten vor einem chirurgischen Eingriff mit Hilfe von Selbstbeurteilungen und Interview-Daten ermittelt. Es zeigte sich, daß 75% der Patienten starke bis sehr starke Angst hatten. (Die Ängste richteten sich auf Furcht vor akutem Schmerz, vor bleibenden Körperschäden und vor Tod.)

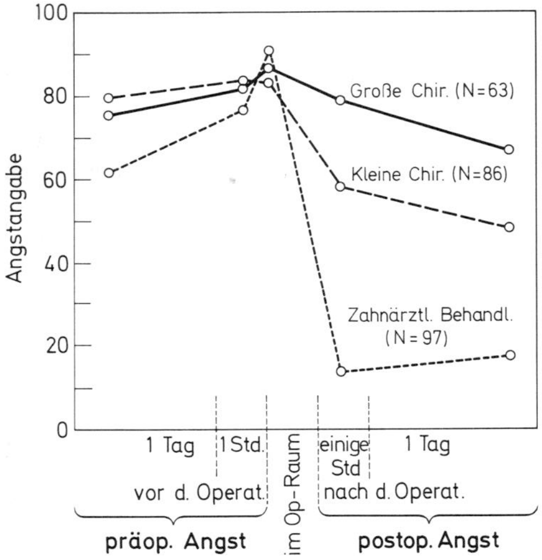

Abb. 7. Grad der Angst der verschiedenen Chirurgie-Patienten-Gruppen [aus JANIS (1958)]

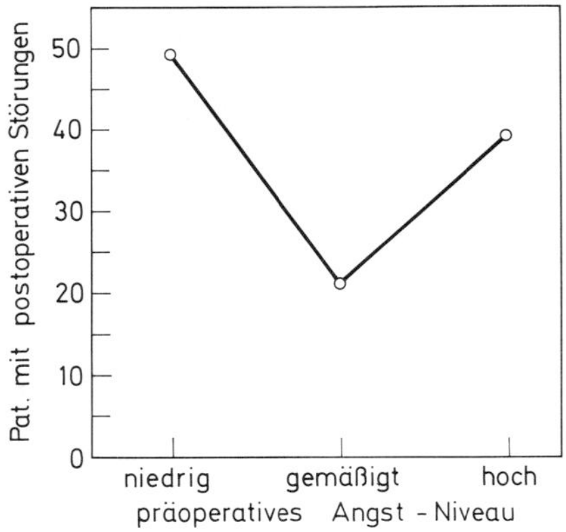

Abb. 8. Funktionaler Zusammenhang zwischen präoperativem Angstgrad und postoperativen emotionalen Störungen [aus JANIS (1958)]

Abb. 7 zeigt den Verlauf der prozentualen Angstangaben vor und nach dem chirurgischen Eingriff.

Das wesentlichste Resultat von JANIS' Untersuchung bezieht sich jedoch auf den Zusammenhang zwischen präoperativ geäußerten Ängsten und postoperativen emotionalen Fehlhaltungen der Patienten. Aus Abb. 8 wird ersichtlich, daß die Patienten mit niedrigen und hohen präoperativen Ängsten deutlich mehr postoperative Anpassungsschwierigkeiten hatten als solche mit mittleren präoperativen Ängsten. JANIS erklärt diesen kurvilinearen Zusammenhang (vgl. auch YERKES-DODSON-Gesetz) damit, daß Patienten mit sehr niedrigen präoperativen Ängsten extrem starke Verleugnung als Abwehr benutzt hatten, die unrealistisch war, und sie von den postoperativen unangenehmen Zuständen überrumpelt wurden. Die Patienten mit starken präoperativen Ängsten waren postoperativ „leidender", als es ihrem Zustand entsprechend gewesen wäre, weiterhin hatten sie paranoide Ängste, nicht mehr gesund zu werden.

Die Angst vor dem Tod (diese kann nicht mit der Lerntheorie erklärt werden!) ist meistens die Furcht vor totaler Vernichtung und dem Verlust der Identität, manchmal auch die Furcht, das gesteckte Ziel nicht erreicht zu haben und damit das Selbstwertgefühl einzubüßen. Die Angst vor dem Tode ist nach der Kindheit nicht vom Alter abhängig (vgl. LEVITT, 1968). Der Endzustand Schwerkranker ist auch weniger durch Furcht als durch tiefe Depression oder Resignation gekennzeichnet. Geschlechtsspezifische und soziale Unterschiede wurden hierzu nicht ermittelt.

3.4.3 Aggression und Aggressivität

Sowohl Furcht als auch Frustration führen zu Spannung und Erregung. Eine mögliche Spannungsabfuhr ist die Aggression. Die physiologischen Korrelate der Furcht und Aggression sind daher auch sehr ähnlich (vgl. Kap. A). Bei dem Versuch einer Definition von Aggression stößt man auf eine zusätzliche Schwierigkeit, nämlich, daß Aggression als Handlung die Schädigung eines anderen Organismus oder Objektes *intendiert*. MERZS (1965, S. 571) Definition lautet: „Aggression umfaßt jene Verhaltensweisen, mit denen die direkte oder indirekte Schädigung eines Individuums, meist eines Artgenossen, intendiert wird." Unter Aggression können sehr verschiedene Verhaltensweisen verstanden werden, von groben körperlichen Angriffen bis hinter scheinwissenschaftlichen Begründungen verborgenen sorgfältig stilisierten Bosheiten der Wissenschaftler. Neben dem motorischen oder verbalen Verhalten ist Wut, Zorn, Ärger, Feindseligkeit oder Gereiztheit der emotionale Zustand, der dem Verhalten z.T. vorausgeht und/oder es begleitet. Diese subjektiven Zustände gehen als intervenierende Variablen in die aggressiven Äußerungen ein. Aggressive Impulse sind ebenso wie Angst teils bewußt, teils unbewußt.

Es scheint bei der Aggression ebenso wie bei Angst der Aspekt zwischen state und trait unterscheidbar zu sein. Leider ist die Aggressionsforschung wesentlich jünger als die der Angst, und es fehlt die breitgefächerte empirische Erfahrung. Betrachten wir den trait-Aspekt, so kann darunter das Reservoir aggressiver Verhaltensdispositionen eines Individuums verstanden werden, das interindividuell variiert und als Aggressivität bezeichnet werden kann. Analog zur Angst ist auch hier eine somatische, neurohumorale Bedingtheit in Interaktion mit der ontogenetischen Entwicklung anzunehmen.

Der state-Aspekt der Aggression bezieht sich auf die Faktoren, die in einer gegebenen Situation die aggressiven Dispositionen aktivieren. Hierzu ist die bekannteste Hypothese das schon erörterte DOLLARD-MILLERsche Frustrations-Aggressions-Theorem (s. S. 182) und das Beobachtungs-Lernen von BANDURA und WALTERS (vgl. Kap. B). Ein theoretisches Modell, das in seiner komplexeren Struktur den „state"- und „trait"-

Aspekten Rechnung trägt und damit anderen Modellen überlegen erscheint, ist das von KAUFMANN (1965). In diesem Modell sind vier Entscheidungspunkte vorgesehen, die bestimmen, ob das kritische aggressive Verhalten erscheint oder nicht: 1. Wie nimmt das Individuum die Reizsituation wahr: Momentaner subjektiver Zustand, Frustrationstoleranz etc.; 2. Ausmaß der individuellen Gewohnheitsstärke für aggressives Verhalten, z.B. motorische oder verbale Injurien; 3. Gewohnheitsmäßiges Hemmpotential, z.B. Über-Ich-Stärke, Schuldgefühle etc.; 4. Erwartungen aufgrund von Erfahrungen in ähnlichen Situationen werden antizipiert, z.B. die Konsequenzen des Verhaltens.
Die Entscheidungsprozesse sind nicht als bewußtes oder überlegtes Abwägen des Für und Wider aggressiven Verhaltens in einer Situation zu verstehen, sondern sie stellen eine mögliche Form von Verknüpfung der an der Vorbereitung und Ausführung des aggressiven Verhaltens beteiligten Bedingungsvariablen dar.
Die Äußerungsformen von Aggressionen sind zahlreich. Es sollen abschließend — ohne Anspruch auf Vollständigkeit — einige aufgeführt werden.

a) Direkte versus indirekte Aggression. Die erste richtet sich unmittelbar gegen das intendierte Objekt. Inwiefern der direkte Weg eingeschlagen wird, hängt von mehreren Faktoren ab, z.B. von der Einschätzung der Kräfte des Gegners und seiner Vergeltungsmaßnahmen; oder von der Anonymität des Aggressors (maskierte Banditen, Ku-Klux-Klan, Uniformen bei Militär). ZIMBARDO (1969) hat den Einfluß der Gruppe auf Entindividualisierung und damit Steigerung von aggressiven Impulsen nachgewiesen. Aber auch die Unbekanntheit des Opfers kann die Aggression steigern (MILGRAM, 1965). Indirekte Aggressionen richten sich nicht auf das intendierte Objekt, sondern (durch eine Objektverschiebung nach S. FREUD) auf einen Ersatz, z.B. die Aggressivität eines Kindes richtet sich nicht an den strafenden Vater, da dieser mächtiger ist, sondern an den kleineren Bruder.
b) Nach außen oder nach innen gerichtete Aggression. Letztere ist nur aufgrund des psychoanalytischen Modells verständlich. Selbstaggressionen können zu Depression und letztlich zum Selbstmord führen.
c) Offene versus verdeckte Aggressionen. Verdeckt bedeutet, daß sich das Merkmal nur im Bewußtsein bzw. Unterbewußtsein, nicht aber im beobachtbaren Verhalten äußert; auch aggressive Phantasien gehören hierzu.
d) Prosoziale versus antisoziale Aggressionen. Die ersten sind solche aggressiven Handlungen, die im Rahmen des normativen sozialen Standards und der jeweiligen Wertorientierungen einer Kultur als erlaubt gelten und nicht „sozial schädigend“ gewertet werden. Antisoziale Aggressionen sind durch moralische Regeln tabuiert und durch Gesetze negativ sanktioniert. So können dieselben aggressiven Verhaltensweisen in unterschiedlichen Gesellschaftsschichten einen anderen normativen Stellenwert besitzen (vgl. Sublimierung).
e) Intrafamiliäre versus extrafamiliäre Aggression. Je nach dem Kontext, wo sie auftreten, sind Verhaltensweisen als aggressiv oder nicht aggressiv zu bewerten. Durchsetzungsfähigkeit oder Fügsamkeit sind nicht in gleichem Maße aggressiv bzw. submissiv in der Familie oder im Beruf.

Die emotionalen Zustände von Angst und Aggression wurden hier ausführlicher erörtert, da ihre Wirkung auf Motivation, Wahrnehmung, kognitive sowie auf physiologische Funktionen äußerst bedeutsam, intensiv und lang anhaltend ist. Empirische Befunde bestätigen dies immer erneut. In der psychosomatischen Medizin kommt den unbewußten bzw. verdrängten aggressiven Impulsen bei der Krankheitsentstehung größtes Gewicht zu.

3.5 Extraversion und Introversion

3.5.1 Die Persönlichkeitstypen nach C. G. Jung

C. G. JUNG, früher Schüler von S. FREUD, versteht unter Extra- oder Introversion die Zielrichtung psychischer Energien, nämlich nach außen oder nach innen gerichtet zu sein. Daraus resultieren zwei gegensätzliche Reaktionstypen bzw. Einstellungstypen, die die Art des Handelns, der subjektiven Erfahrungen und die der Abwehrmechanismen determinieren. JUNG versteht unter seinen Typen auch die biologische Verankerung des Individuums zu einem der Pole, und daher bleibt die Zugehörigkeit zur Extraversion oder Introversion lebenslänglich konstant. Extravertierte sind gekennzeichnet durch entgegenkommendes, offenes, bereitwilliges Wesen, sie neigen zum raschen Handeln und stellen leicht interpersonale Kontakte her. Introvertierte sind charakterisiert durch zögerndes, reflexives, zurückgezogenes Wesen, das leicht in die Defensive gedrängt wird und mißtrauisch distanziert beobachtet. JUNG nimmt zwischen Introversion und Extraversion eine ganze Reihe Abstufungen an und betrachtet seine Typen als Gegenpole eines Kontinuums, die die Anpassungsweisen eines Individuums kennzeichnen. (Die Bezeichnungen stellten keine Werturteile dar. Viel später erst wurde „der außengeleitete Mensch" mit positiverem Image bedacht als der „innengeleitete".) Die Wertigkeit von Typologien wird noch später erörtert werden.

3.5.2 Extraversion und Introversion als Konstrukte der empirischen Persönlichkeitsforschung

Schon bald nach der Veröffentlichung von JUNGs Typologien (1921) wurden mehrere Fragebogen mit dem Ziel, Extraversion und Introversion zu erfassen, konstruiert. Die Übereinstimmung der Ergebnisse war anfangs gering, der Unterschied zur Begriffsauffassung von JUNG groß.

EYSENCK gelang es nach umfangreichen Arbeiten in den 50er Jahren einen relativ stabilen bipolaren Faktor, der auch heute allgemein als Introversion- und Extraversion-Faktor interpretiert wird, zu extrahieren und zu sichern. In seinem MPI (s. S. 172) stellen die Extraversion- und Introversion-Dimension neben der emotionalen Stabilität versus Labilität (= Neurotizismus sensu EYSENCK) die zwei Hauptdimensionen menschlicher Eigenschaften schlechthin dar. In den vier Quadranten seiner zwei Dimensionen können seiner Ansicht nach, von Delinquenten über Psychopathen bis zu Normalen, alle Gruppen durch Skalenwerte bestimmt werden. EYSENCK hat über diese zwei Dimensionen ein ganzes Hypothesengebäude aufgebaut und versucht, dieses empirisch zu beweisen. EYSENCK behauptet, daß Extravertierte schlechter konditionierbar sind, d.h. schneller eine Hemmung entwickeln als Introvertierte, daß diese Hemmung stärker ist und sich weniger schnell auflöst. Er versucht sogar mit seiner Theorie, den Effekt und die Richtung einer Drogenwirkung zu bestimmen.

Sein „Drogenpostulat“ glaubt nachweisen zu können, daß dämpfende (sedierende, tranquilisierende) Pharmaka extravertiertes Verhalten, stimulierende Pharmaka dagegen introvertiertes Verhalten hervorrufen.
Aus der unterschiedlichen Konditionierbarkeit von Extravertierten und Introvertierten leitet EYSENCK ab, daß Extravertierte „schlechter“ sozialisiert sind, sie sind weniger „Über-Ich“ gesteuert und damit weniger an den Normen und Verboten der Gesellschaft orientiert. EYSENCKS zweidimensionales Erklärungsmodell für die möglichen menschlichen Verhaltensweisen mutet reichlich übersimplifiziert an, und so nimmt es auch kein Wunder, daß andere empirische Forscher wie GUILFORD und CATTELL weiter gefächerte Aufteilungen dieser Verhaltensweisen fanden. PAWLIK (1968) gibt eine umfassende Übersicht der gesicherten Faktoren der Extraversion in Fragebogendaten. Er führt den Faktor für Zyklothymie (vgl. auch KRETSCHMERS Typologie) als ersten und abgesicherten auf. Dieser Faktor bezieht sich auf Sozialverhalten und beinhaltet folgende Eigenschaften: Kooperativ, umgänglich, an Kontakt mit Mitmenschen interessiert, mitfühlend, großzügig, anpassungsfähig. Damit ist das Ausmaß an Sympathie, die man anderen Menschen entgegenbringt, erfaßt.
Der zweite Extraversionsfaktor „Dominanz“ korreliert nach CATTELL mit den GUILFORD-Skalen „Maskulinität“ und „Ascendenz“, mit einigen Skalen des MMPI und noch weiteren unabhängigen Testskalen. Er bezieht sich auf den Grad der egozentrischen Selbstbehauptung und wird gekennzeichnet durch eigensinnig, egozentrisch, Aufmerksamkeit erheischend, klagsam, streitsüchtig, prahlerisch. Dominanz wird als Selbstbehauptungsstreben verstanden, schließt aber erfolgreiche Selbstbehauptung nicht mit ein.
„Überschwenglichkeit“ ist der dritte Faktor. Die wichtigsten Merkmale sind fröhlich, gesprächig, voller Tatendrang, Vorliebe für Abwechslung, gehobene Stimmungslage.
Der vierte Faktor ist „Soziale Initiative“ mit den Merkmalen: Freier gesellschaftlicher Umgang, aktiver interpersonaler Kontakt, schnell Freundschaft schließend, ungezwungen, keine Scheu, beobachtet zu werden.
Der fünfte Extraversionsfaktor „Eigenständigkeit“ ist mehrmals, aber nur in Fragebogenergebnissen gefunden worden. Er hat die Bestandteile: Schwierige Situationen allein zu lösen, mit schlechten Nachrichten allein fertig zu werden, lieber allein zu arbeiten, keine allgemeine Beteiligung an Geselligkeit.
Wenn man diese fünf Extraversionsdimensionen betrachtet, so gewinnt man den Eindruck, daß es sich hier weniger um eine Persönlichkeitseigenschaft — wie bei EYSENCK —, sondern vielmehr um einen Persönlichkeitsbereich — wie bei JUNG — handelt. Es muß hierbei jedoch vermerkt werden, daß nach CATTELL und anderen Forschern die einzelnen Primärfaktoren der Extraversion genetisch sehr verschieden sind. Vorwiegend hereditär können Zyklothymie und soziale Initiative betrachtet werden, Dominanz hälftig von Erb- und Umweltfaktoren abhängig und schließlich scheint Überschwenglichkeit vorwiegend umweltbedingt determiniert zu sein.

3.6 Geschlecht

Im vorangegangenen Kapitel wurde ausführlich im Zusammenhang mit der Entwicklung auch die sexuelle Entwicklung erörtert. Es wurde herausgestellt, daß innerhalb des sozialen Prozesses das Hineinwachsen des Individuums in das Erlernen geschlechtsspezifischer Verhaltensweisen eine bedeutsame Rolle spielt. Dieser Prozeß beginnt in der frühesten Kindheit und ist kultur- und schichtspezifisch. Die Verhaltensunterschiede zwischen den beiden Geschlechtern, außer den eigentlichen biologisch-physiologischen Unterschieden, sind zum größten Teil durch die Geschlechtsrollen gegeben. Im allgemeinen ist man sich jetzt darüber einig, daß die Umweltfaktoren für die Festlegung der Geschlechtsrolle in größerem Maße bedeutsam sind als die genetischen Faktoren, wenngleich auch eine Wechselwirkung vor allem mit den hormonalen Einflüssen besteht.

In diesem Absatz sollen weder die sexuellen Verhaltensweisen diskutiert (vgl. dazu MASTERS u. JOHNSON, 1970; SCHMIDT u. SIGUSCH, 1970; GIESE u. SCHMIDT, 1968) noch die sexuellen Störungen (vgl. S. FREUD; GIESE u. WILLY; MONEY u. ERHARDT, 1972), sondern einige geschlechtsbedingte, empirisch abgesicherte Verhaltensunterschiede abgehandelt werden.

In den schon beschriebenen WITKINschen (s. S. 188) Wahrnehmungsuntersuchungen zeigten sich die weiblichen Vpn durchgehend „feldabhängiger" als die männlichen Vpn; auch waren die ersteren fast doppelt so langsam in der Auffindung versteckter Figuren wie die letzteren. Deutliche Leistungsdifferenzen zuungunsten der weiblichen Vpn in Tests für räumliche Orientierung und mechanisches Verständnis wurden immer wieder gefunden. Dagegen schneiden sie bei Aufgaben, die feinmotorische Koordination verlangen, sowie bei verbaler Flüssigkeit und bei den die Wahrnehmungsgeschwindigkeit prüfenden Tests signifikant besser ab. Für die gefundenen Unterschiede im verbalen Bereich hat GUILFORD (1967) eine Hypothese der Hirnhemisphären-Dominanz aufgestellt. Danach ist im Normalfall bei Rechtshändern des weiblichen Geschlechts die linke Hemisphäre, wo die Sprachzentren lokalisiert sind, leistungsfähiger und beim männlichen Geschlecht die rechte Hirnhälfte. Neurologische Befunde scheinen diese Hypothese zu unterstützen. Deutliche Geschlechtsdifferenzen findet man im Grad der Aggressivität, hauptsächlich bei der körperlich geäußerten Aggression zugunsten des männlichen Geschlechts. Dies gilt auch abgesehen von der tatsächlichen Körperkraft. Es wurde in mehreren Untersuchungen jetzt schon nachgewiesen, daß Steroid-Hormone die Aktivität neuraler Prozesse fördern. Dies kann zu einer größeren Aggressivitätsbereitschaft führen.

Über Unterschiede in der Emotionalität der Geschlechter liegen mehrere Befunde vor. Weibliche Personen sind demnach sensibler, ängstlicher, aber auch flexibler und stimmungslabiler als männliche (MACCOBY, 1966). Biologisch betrachtet gibt es innerhalb der Geschlechter eine große interindividuelle Variation der Erscheinungsformen, je nach der Produktion der Keimdrüsenhormone. Eine mindestens ebenso weite Variation ist durch die psychischen Faktoren bedingt. So ist es logisch, anzunehmen, daß es für beide Geschlechter eine kontinuierliche Übergangsreihe von sehr männlich bis unmännlich und sehr weiblich bis unweiblich gibt. Diesen Gedanken haben TERMAN und MILES (1936) aufgegriffen und den Grad der Männlichkeit und Weiblichkeit des Individuums im psychologischen Bereich mit Hilfe von Fragebogen quantitativ erfaßt. Für das deutsche Sprachgebiet entwickelte A.E. MEYER (1970) einen Fragebogen für diagnostische Zwecke zur Messung der Psychofeminität und -maskulinität. Zwei unabhängige Testwerte kennzeichnen das Individuum. Diesen Bereichen kommen bei der Beurteilung von neurotischen Störungen, Perversionen und psychopathologischen Zustandsbildern besondere Bedeutung zu. (Umfassende Literatur bei MARKE und GOTTFRIES, 1967.)

4. Persönlichkeitsmodelle

4.1 Typologien

4.1.1 Begriffsbestimmung

Begegnet man einem fremden Menschen, so versucht man unwillkürlich, einige Besonderheiten bei ihm festzustellen, gewisse Charakteristika zu entdecken, die ihn anderen gut bekannten Menschen ähnlich erscheinen lassen. Man versucht, die verwirrende Komplexität und Vielfalt individueller Eigenschaften auf einige Hauptcharakteristika zu reduzieren, die möglichst bestimmten typologischen Kategorien entsprechen. Typensysteme dienen also als vorläufige Orientierungshilfen. Die Typen der Alltagssprache, aber auch die klinischen Syndrome — als Typologie — stellen diagnostische Hypothesen dar, die auf dem überzufälligen gemeinsamen Auftreten von Eigenschaften basieren. Jede Typologie beruht primär auf der eindrucksmäßigen Zusammenfassung ähnlicher Zustandsbilder. Die 4 Temperamentstypen von HIPPOKRATES — die älteste Typenlehre, die wir kennen —, die mit 4 Körpersäften in Zusammenhang stehen sollen, sind 1. Blut—Sanguiniker, 2. Schwarze Galle—Melancholiker, 3. Gelbe Galle—Choleriker und 4. Schleim—Phlegmatiker. Ein wesentlicher Zug früherer Typologien war ihr kategorialer Charakter: Eine Person gehörte entweder dem einen oder dem anderen Typ an, Mischungen waren nicht zugelassen.

Der Begriff Typus beinhaltet demnach, daß alle dem Typus angehörigen Individuen *alle* den Typus kennzeichnenden Merkmale in maximaler Ausprägung besitzen, und nur diese. Empirische Forschungsergebnisse haben immer wieder aufgezeigt, daß die Persönlichkeitsmerkmale oder Eigenschaften in der Normalbreite des Lebens nur selten extrem ausgeprägt, sondern — gemäß einer Normalverteilung — vorkommen, und somit die meisten Individuen Mischtypen darstellen. Für die Psychodiagnostik wird der typologische Gesichtspunkt dadurch entsprechend weniger wertvoll, in dem das Vorhandensein eines typencharakteristischen Merkmals nur mit gemäßigter Wahrscheinlichkeit das Vorhandensein eines anderen Typenmerkmals annehmen läßt. Wie HOFSTÄTTER (1971) betont, bemißt sich die Fruchtbarkeit einer Typologie nach der Reichweite und dem Sicherheitsgrad der diagnostischen Vorhersage, die sie ermöglicht. Die phänomenologische Betrachtungsweise der Typologien bekam ihre formale Struktur und empirische Fundierung, als STEPHENSON (1935) die Korrelationsrechnung zwischen Merkmalsträgern über Merkmale entwickelt hatte (s. S. 167 über Q-Technik). Die durch eine Q-Faktorenanalyse ermittelte Dimension repräsentiert jeweils einen Typ, der aus den einzelnen Merkmalsträgern gebildet wurde. Diese mathematische Methode expliziert nicht a priori Typen, sondern läßt so viele davon entstehen, wie durch hinlänglich ähnliche Merkmalsträger zu eruieren sind. Eine neuere, für klinische Forschungszwecke vielversprechende Methode, die Konfigurationsfrequenzanalyse, hatte LIENERT in Anlehnung an MCQUITTYS (1966) Rangordnungstypenanalyse entwickelt. Die Konfigurationsanalyse wurde u. a. für die Erfassung verschiedener Depressionsformen von LIENERT und v. KEREKJARTO (1969) angewandt. Die Methode ermöglicht, durch Symptomklassifikation zu Syndromen zu gelangen, und in einem zweiten Schritt durch die Agglutinationsanalyse (LIENERT,

1972) die Patienten mit bestimmten Symptommustern zu Gruppen von „Typen" zusammenzufassen.
Wie aus den bisherigen Erörterungen ersichtlich ist, wurde zwischen Typen- und Klassenbegriff nicht scharf unterschieden. Der Typus ist dem Klassenbegriff um so näher, je mehr alle Typenmerkmale bei den typenzugehörigen Individuen ausgeprägt vorzufinden sind.

4.1.2 Die Konstitutionslehre E. Kretschmers

Von den biologisch fundierten Typenlehren, denen die Unterschiede der körperlichen Konstitution und der äußeren Körpermerkmale in Zusammenhang mit der Persönlichkeitsstruktur zugrunde liegen, ist die Typologie von Kretschmer die bekannteste. Kretschmer hat 1921 (in demselben Jahr wie C.G. Jung und H. Rorschach) sein Werk „Körperbau und Charakter" veröffentlicht. Kretschmers Typologie nahm ihren

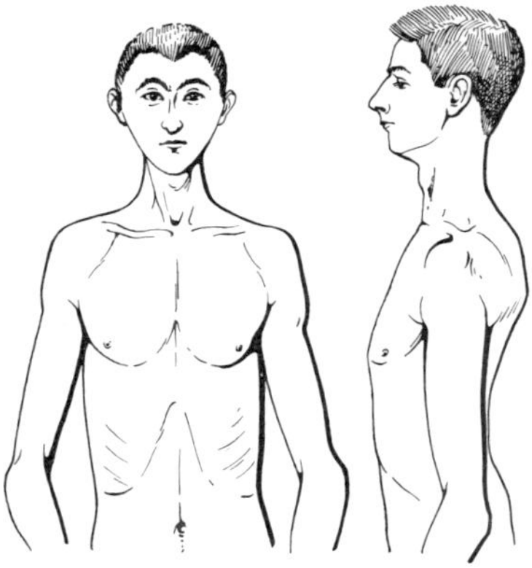

(a)

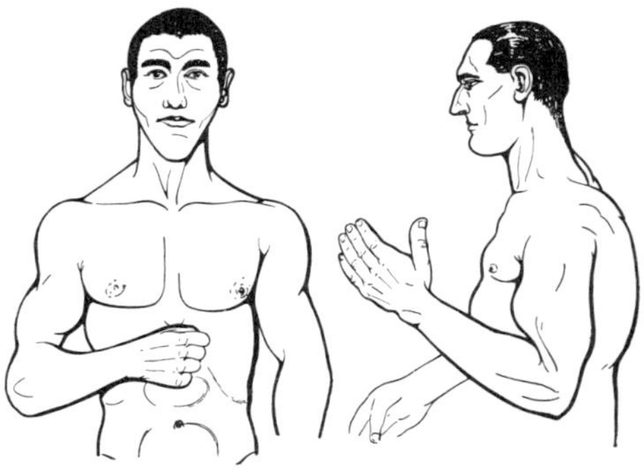

(b)

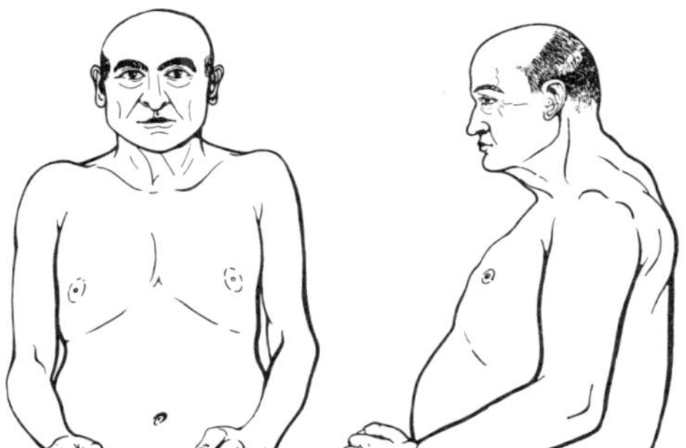

(c)

Abb. 9. a) Leptosomer (asthenischer) Typ; b) Athletischer Typ; c) Pyknischer Typ [aus: Kretschmer, E.: Körperbau und Charakter. Berlin–Göttingen–Heidelberg: Springer (1967)]

Ausgang von den beobachteten Zusammenhängen zwischen Körperbau und den beiden Hauptarten der Geisteskrankheit, der Schizophrenie und dem Manisch-Depressiven Irresein. Der Schizophrene hatte meistens lange Glieder und einen dünnen, schmalbrüstigen Körper, der von KRETSCHMER (1967[25]) als leptosomer Typ (in Extremform als asthenischer Typ) bezeichnet wurde. Der Manisch-Depressive hatte dagegen häufig einen gedrungenen Rumpf mit Fettansatz und kürzeren Gliedern. Er wurde als pyknischer Typ bezeichnet. Später wurde noch ein dritter Typ, der athletische, mit der häufigsten Erkrankung Epilepsie in die Betrachtung einbezogen. Dieser Typ ist gekennzeichnet durch lange Glieder, breiten Schultergürtel und schmales Becken.
Aus den psychiatrischen Krankheitsbildern leitete KRETSCHMER eine Typenlehre ab, die auch für den Normalbereich der Gesamtpopulation zutreffend sein soll. Er ordnete seinen gefundenen Körperbautypen, auch den „Normalen", Temperamente zu. Diese stellen eine stark abgeschwächte Form der entsprechenden psychiatrischen Krankheitsbilder dar. Damit nahm KRETSCHMER für die Persönlichkeitsmerkmale ein Kontinuum zwischen Normalen und Psychotikern an, d.h. mit rein quantitativen Merkmalsunterschieden. So kam er über die an der Grenze zum Normalen stehenden Schizoiden zu den Schizothymikern, über die Zykloiden zu den Zyklothymikern und von der Epileptoid-Katatonie zu den Viskösen (Zähflüssigen). Folgende Persönlichkeitsmerkmale sind für die einzelne Typen kennzeichnend:

a) Der zyklothyme Pykniker ist jovial, gemütvoll, lebhaft, sozialaktiv und aufgeschlossen, weltoffen, extravertiert, schwankend in seinen Stimmungszuständen, im Denken wirklichkeitsnah, situationsangepaßt, praktisch, anschaulich, hat dabei wenig Sinn für logische Konsequenz und ist unsystematisch; in der Motivation hat er keine Durchhaltekraft und ist ablenkbar und schwankend.

b) Der schizothyme Leptosome ist schüchtern, empfindsam, kühl, umständlich, verschlossen, ungesellig, introvertiert, nervös, emotional neutral bis ausgeglichen; im Denken hat er eine starke Abstraktionsfähigkeit, eine scharfe Urteilsfähigkeit, einen Sinn für systematische Ordnung und Abstraktion. In der Motivation: Durchhaltefähig, unablenkbar, kompromißlos.

c) Der visköse Athletiker wurde auf seine psychischen Eigenarten viel später als die ersten beiden Typen untersucht und charakterisiert. Er soll phlegmatisch, schwer ansprechbar (wenn ansprechbar, dann mit massiver Reaktion) sein, in sozialem Umgang treu sein, mit passivem Hängen- und Klebenbleiben; im Denken zähflüssig, mit Mangel an Kreativität und Wendigkeit sein, wortkarg sein, seine Leistungen sollen solide und zuverlässig sein, er soll eine gewisse Starrheit und mangelnde Konzilianz haben, z.T. introvertiert und schwunglos sein.

So einleuchtend und weitverbreitet diese Typenlehre auch ist, ihre Tauglichkeit ist nur beschränkt. Wenn die Normalverteilung der psychischen und Konstitutionsmerkmale als Grundannahme ihre Gültigkeit hat, so ist es methodisch falsch, von ca 1% Geisteskranken in der allgemeinen Bevölkerung ausgehend auf die gesamte Normbreite zu schließen (auch unter der Annahme einer graduellen Abstufung!). Aber selbst diese 1% Geisteskranke bilden keinen optimalen Ausgangspunkt als Stichprobe, bedenkt man, daß KRETSCHMER Katatonie, Paranoia, Hebephrenie *einer* Psychose-Kategorie zugeordnet hatte. Auch die andere Diagnose-Klasse, näm-

lich die des manisch-depressiven *zirkulären* Irreseins, ist selten in der biphasischen Form anzutreffen, da die monophasischen Depressionen nach den sorgfältigen Studien von J. ANGST (1966) weit überwiegen. J. ANGST vermutet aufgrund seines Klinikmaterials, daß zwischen pyknischem Habitus und manischer Erkrankung eine viel engere Beziehung besteht als zur depressiven Erkrankung! Unter den zirkulär Erkrankten findet er signifikant mehr zykloide Charaktere als unter den nur depressiv Erkrankten. Ein weiterer schwerwiegender Einwand gegen KRETSCHMERS Typenlehre wurde zum ersten Male von E.M. BURCHARD (1936) erhoben, der darauf hinwies, daß manisch-depressive Patienten durchschnittlich etwa 50 Jahre älter seien als Schizophrene. Es ist eine Erfahrungstatsache, daß sich mit zunehmendem Alter die Körperproportionen zu rundlicheren hin verschieben. Weiterhin muß aufgrund neuerer Untersuchungen (referiert bei v. ZERSSEN, 1968) angenommen werden, daß bei der Ausbildung von Wuchstendenzen auch Milieufaktoren eine kausale Rolle spielen und nicht nur, wie bislang angenommen, genetische Faktoren.
Untersuchungen von v. ZERSSEN (1965, 1968) bringen neue Erkenntnisse und damit etwas Licht in die widersprüchlichen Auffassungen über die Zusammenhänge zwischen Körperbau und Charakter. Die anthropologische Bestimmung des Habitus nimmt v. ZERSSEN sowohl direkt durch Berechnung verschiedener somato-metrischer Indizes als auch durch photoskopische Schätzskalen vor. Die Psychometrie umfaßt Fragebogenwerte wie MPI, Intelligenzmaße, Interessentestwerte und soziometrische Angaben. Im Gegensatz zu KRETSCHMER untersuchte v. ZERSSEN nicht nur männliche, sondern auch weibliche Personen. Unter den psychometrischen Daten waren auch Angaben über Psychofeminität und -Maskulinität (vgl. MEYER, A.-E., S. 202).

Spezifische Beziehungen zwischen körperbaulichen und psychologischen Dimensionen waren durch die Befunde nicht in erwartetem Ausmaß aufzufinden. Körperbaumaße und Temperament-Skalenwerte korrelierten unter 0,40. Damit ist die Möglichkeit einer „Temperaments-Diagnose" aufgrund morphologischer Untersuchungs-Befunde, so wie es KRETSCHMER nahelegt, illusorisch.

4.2 Faktorenanalytisches Persönlichkeitsmodell

CATTELL (1950) bezeichnet als Persönlichkeit alles, was eine Voraussage darüber erlaubt, wie sich jemand in einer bestimmten Situation verhalten wird. Persönlichkeitserfassung hat demnach die Aufgabe, die Gesamtheit der Bedingungen aufzufinden, die die Voraussage eines konkreten Verhaltens in einer konkreten Situation ermöglichen. Ein Persönlichkeitsmodell bezieht sich auf den ganzen Menschen, und somit müßten die einzelnen Verhaltensdeterminanten — die schon im vorigen Teil ausführlich besprochen worden sind — in Bezug zueinander, also in einem System, betrachtet werden. Faktorenanalytische Persönlichkeitsmodelle gibt es mehrere (GUILFORD, EYSENCK, CATTELL). Sie unterscheiden sich je nach ihren psychometrischen Ansätzen und faktorenanalytischen Techniken. Am ausgereiftesten und durchdachtesten scheint das Modell von CATTELL zu sein. Darum soll es hier exemplarisch kurz dargestellt werden. CATTELL behauptet, man könnte das Verhalten eines Menschen sicher vorhersagen, wenn man nur wüßte, wie er hinsichtlich der folgenden Merkmalsgruppen beschaffen ist:

a) Fähigkeits- und Fertigkeitsmerkmale, insbesondere intellektuelle Leistungsmerkmale;
b) Temperamentsmerkmale, z.B. Stil des Verhaltens, wie das persönliche Tempo in der Motorik, aber auch im Denken;
c) ergische, d.h. dynamische Merkmale wie z.B. Motivation;
d) „Sentiments" (= Gesinnungen) oder Attitüden, diese sind ebenfalls dynamische Merkmale;
e) soziale Rolle als Verhalten determinierendes Merkmal;
f) momentane Stimmungen und Zustände als intraindividuelle Variabilität von Merkmalen.

Die ersten drei Gruppen besitzen relativ gut abgesicherte faktorielle Beschreibungsdimensionen, die letzten drei sind dagegen noch eher spekulativ. CATTELL ging, um die „Gesamtsphäre der Persönlichkeit" zu erfassen, folgendermaßen vor: Aus 4500 Bezeichnungen für Persönlichkeitszüge eliminierte er alle Synonyma bis auf 171 Eigenschaften. Eine große Anzahl normale Erwachsene wurden auf diese Eigenschaften hin beurteilt. Diese Daten sind sogenannte „L"-Daten (Lebensdaten, Beurteilungen im realen Verhalten des Menschen). Aus den Interkorrelationen dieser Merkmale ergaben sich 36 hinreichend verschiedene „cluster", Gruppen von Merkmalen, die als „surface traits", Oberflächen-Eigenschaften, bezeichnet werden. Anhand dieser 36 Variablen nahm CATTELL Einstufungen von 200 Vpn vor, interkorrelierte diese und faktorenanalysierte die erhaltenen Interkorrelationen. Die dann extrahierten Dimensionen nennt er „source traits", Grundeigenschaften. 16 solcher Grundeigenschaften wurden nicht nur aus L-Daten, sondern auch aus Q(Questionnaire)-Daten und T(Test)-Daten übereinstimmend gewonnen. Das Instrument, das zur Erfassung der 16 bipolaren Beschreibungsdimensionen dient, ist der schon beschriebene 16-PF-Test (s. S. 172). Nach HOFSTÄTTERS (1971) Schätzung reichen 12—16 Dimensionen mit jeweils 10 Stufen aus, ein Individuum zu charakterisieren.
Da CATTELLS 16 Grundeigenschafts-Dimensionen z.T. nicht voneinander unabhängig sind, wurde mit diesen erneut eine Faktorenanalyse durchgeführt. Die Resultate sind sogenannte Faktoren zweiter Ordnung; diese Faktoren sind sehr ähnlich, ja sogar identisch mit den von EYSENCK ermittelten Extraversion- und Neurotizismus-Dimensionen. Weiterhin stimmen sie auch mit den von GUILFORD gefundenen Dimensionen überein. Diese Befunde legen die Annahme nahe, daß es sich bei Extraversion versus Introversion, bei Neurotizismus versus emotionale Stabilität sowie letztlich bei Gefühlsbestimmtheit um Grunddimensionen menschlichen Erlebens und Verhaltens handelt. So faszinierend die Vorstellung auch sein mag, mit ca. 200 Fragen alle Bedingungen menschlichen Verhaltens zu erfassen und sogar zukünftiges Verhalten vorhersagen zu können, so bestechend auch die Prägnanz der Begriffe sein mag, so haftet dieser Methode auch mancher Fehler an. Wie jede nomothetische Methode ist auch die Faktorenanalyse Stichproben-abhängig. Mögen Übereinstimmungen zwischen unterschiedlichen Stichproben erzeugt worden sein, so sind doch die L-Daten aus den Lebensgewohnheiten der heutigen nordamerikanischen Gesellschaft gewonnen worden; d.h. die gefundenen Dimensionen sind Produkte der jeweiligen Gesellschaftssysteme, und die Universalität solcher Dimensionen ist fraglich.

Die Anzahl der aus einem Untersuchungsmaterial isolierbaren Faktoren ist je nach den verwendeten Verfahren unterschiedlich. Eine Voraussetzung für die Faktorenanalyse ist die Annahme, daß voneinander unabhängige Bedingungen (z.B. Reifezustand, Intelligenzgrad) additiv zusammenwirken müssen, um ein zu analysierendes Phänomen wie das konkrete Verhalten eines Menschen zu bewirken. Weder die Unabhängigkeit noch die Additivität der Bedingungen können als gesichert gelten. Das Konzept der Faktorenanalyse macht es unmöglich, daß individuelle oder gruppenspezifische Verhaltensbedingungen im Ergebnis erscheinen. In die faktorenanalytische Persönlichkeitsbeschreibung geht durchweg die Linearitätsannahme zwischen Verhalten und Beschreibungsdimension ein. Diese Annahme kann z.B. mit dem YERKES-DODSON-Gesetz über Motivationsstärke und Leistungshöhe widerlegt werden.

Durch diese Mängel sind faktorenanalytische Persönlichkeitsmodelle zur Erfassung der Bedingungen individuellen Verhaltens trotz der großen Vorteile nur eingeschränkt verwendbar.

4.3 Die psychoanalytische Theorie

Die Psychoanalyse war von FREUD nicht als ein Persönlichkeitsmodell, sondern als eine therapeutische Methode, psychische Störung zu behandeln, konzipiert worden. Beide Aspekte — Modell und Therapie — beruhen gleichermaßen auf der Vorstellung von der übermächtigen Rolle von Erlebnissen in der frühen Kindheit, aus denen lebenslange Konflikte oder auch eine gute Anpassung entspringen können. Weiterhin beruhen sie auf FREUDs Vorstellung von unbewußten Prozessen — daher die alte Bezeichnung „tiefenpsychologisch" —, welche erhebliche Anteile des individuellen Verhaltens beherrschen. Das Modell erlaubt die Erklärung sowohl intrapsychischer Vorgänge wie auch zwischenmenschlichen Verhaltens.
Anliegen dieses Teiles ist lediglich, einen kurzen Abriß über das psychoanalytische Modell, und zwar in seiner heutigen Fassung, zu geben. Häufig wird dieses Modell auch als „psychodynamisch" bezeichnet, weil das psychoanalytische Modell auf der Annahme konflikthaft interagierender intra- und interpsychischer, vor allem unbewußter *Kräfte* basiert.

FREUD entwickelte drei Modelle, die sich gegenseitig ergänzen:

1. das topographische Modell (unbewußt, vorbewußt, bewußt),
2. das Strukturmodell (Es, Ich, Über-Ich),
3. die Phasenlehre (die Lehre von den Stadien der Libidoorganisation; oral, anal, phallisch, genital).

Zu 1.
Das sog. topographische Modell wurde 1913 (in „Das Unbewußte") erstmals expliziert. Psychische Vorgänge wurden in unbewußte und bewußte eingeteilt. Etwas später differenzierte FREUD das „deskriptiv" Unbewußte in das „dynamisch" Unbewußte, d.h. in psychische Inhalte, die sich nicht direkt bewußt machen, sondern nur indirekt (Fehlleistung, Träume, neurotische Symptome) erschließen lassen, und in das Vorbewußte, d.h. Inhalte, die sich durch bewußte Hinwendung („Aufmerksamkeitsbesetzung") jederzeit bewußt machen lassen. (Z.B. eine bestimmte Telefon-Nummer, ein Name, eine Landschaft während einer Reise lassen sich willentlich erinnern, werden aber nachher vergessen.)

Die psychischen Systeme, in denen diese psychischen Qualitäten vorgestellt wurden, bezeichnete FREUD als Bewußtes, Vorbewußtes und Unterbewußtes. Zwischen Vorbewußtem und Unbewußtem nahm FREUD eine Barriere, eine „Zensur" an, die verhindert, daß Unbewußtes bewußt wird. Der Sinn dieser Zensur, die FREUD in seinen Therapien als „Widerstand" gegen die Bewußtwerdung erlebte, ist der Schutz des Ichs gegen (unbewußte) verpönte Triebregungen. In der heutigen Vorstellung und im Zusammenhang mit der neueren Strukturtheorie haben das Bewußte, Vorbewußte und Unbewußte den Rang von Systemen verloren und stellen nur noch psychische Qualitäten dar.

Zu 2.
Die Strukturhypothese wurde 1923 („das Ich und das Es") von FREUD veröffentlicht. Zur Gliederung von 3 Gruppen von psychischen Inhalten und Vorgängen wählte FREUD die Bezeichnungen Es, Ich und Über-Ich.

Wahrnehmungs-Bewußtsein

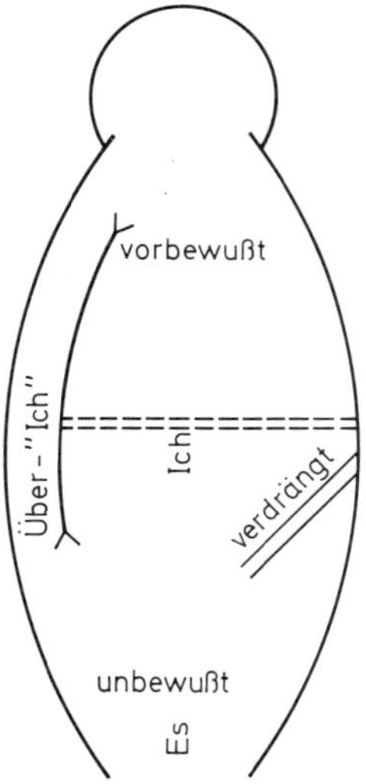

Abb. 10. Das topographische Modell von S. Freud

Bevor Es, Ich und Über-Ich näher erläutert werden, soll der Triebbegriff nach FREUD aufgeführt werden. Er versteht unter einem Trieb die psychische Repräsentanz einer kontinuierlich fließenden innersomatischen Reizquelle, im Unterschied zu dem Reiz, der von außen kommt. Trieb ist demnach ein Grenzbegriff zwischen Seelischem und Somatischem. Unter den Trieben sind die Sexualtriebe am bedeutendsten, jedoch wird der Ausdruck „sexuell" oder „libidinös" in einem sehr viel weiteren Sinne verwendet, als es sonst der Fall ist.

Das Es:

Mit „Es" wird der gesamt Triebbereich des Individuums gemeint, d.h. angeborene Kräfte somatischen Ursprungs (Triebquelle), die sich psychisch repräsentieren, u.a. durch einen dranghaften Charakter und vor allem durch Vorstellungs- und Affektrepräsentanzen. Ziel (Triebziel) ist die Befriedigung der Triebwünsche. Dazu dienen Handlungen und Objekte (Triebobjekt); letztere können Teile des eigenen Körpers sein.

Im Unterschied zum Instinkt ist das Zielverhalten der Triebwünsche nicht in vererbten Reaktionsformen festgelegt, sondern die Verhaltensweisen zur Erlangung von Spannungsabfuhr sind variabel (vgl. Kap. B).

Zum Es-Bereich gehört aber nicht nur das Reservoir der Triebe, sondern auch das unbewußte Material, das schon einmal bewußt bzw. vorbewußt war, durch bestimmte Einflüsse jedoch (s. u.) verdrängt worden ist.

Zum Es-Bereich gehören neben den „somatischen Trieben" wie Hunger, Durst, Schlaf, Sexualität, die sog. „vitalen Triebe" wie Furcht, Neugier, Wille zur Macht usw. Eine Aufzählung bliebe willkürlich und unvollständig, weil die einzelnen Bereiche der Persönlichkeit nicht streng gegliedert und getrennt voneinander sind, sondern ein Gefüge bilden, in dem die verschiedenen Kräfte sich wechselseitig beeinflussen. Die hier vorgestellte Einteilung ist also eine künstliche; auch läßt sich nur nacheinander darstellen, was entwicklungsmäßig zur gleichen Zeit geschieht.

Als getrennter Persönlichkeitsbereich wird das Es nur in krankhaften Zuständen deutlich, z. B. in Psychosen, wenn ein geschwächtes, zerfallenes Ich von Triebimpulsen überschwemmt wird.

Die Funktionsweise des Es-Bereiches:

Sie läuft *primärprozeßhaft* ab, d. h. die Triebimpulse drängen nach unmittelbarer Befriedigung ohne Aufschub. Logische Denkgesetze gelten nicht, widersprüchliche Regungen bestehen nebeneinander, ohne sich aufzuheben; Zweifel und Negation existieren nicht. Anschaulicher wird der Primärprozeß am Beispiel des Traumes, wo wir Gleichzeitigkeit von verschiedenen Orten, Zeiten usw. erleben und nicht als „falsch" empfinden. Bildhaftigkeit ist ein weiteres Merkmal des Primärprozesses sowie *Verschiebung* und *Verdichtung*, d. h. ein Symbol kann stellvertretend für ein anderes stehen, oder eine Person im Traum trägt sowohl Züge des Vaters als auch einer Schulkameradin.

Das Es funktioniert nach dem sog. „Lustprinzip", d. h. die Gesamtheit der Es-Aktivität strebt zu dem Ziel, die Unlust zu vermeiden und Lust zu verschaffen, und damit eine befriedigende Erfüllung der Triebwünsche zu erreichen.

Das Ich:

Während das Es vom Lust-Prinzip regiert wird, herrscht im Ich das „Realitätsprinzip", d. h. auch hier ist das Ziel Spannungsabfuhr, aber die Suche nach Befriedigung geht nicht mehr auf den kürzesten Wegen vor sich, sondern schlägt Umwege ein und schiebt ihr Ergebnis aufgrund von Bedingungen auf, die durch die Außenwelt oder durch vernunftmäßige Überlegungen auferlegt werden.

Das Ich ist als Zentralbegriff der psychoanalytischen Theorie und als wichtigster Bereich der Psyche anzusehen. Das Ich hat zu vermitteln zwischen dem triebhaften Es, den Forderungen der Außenwelt (Außen-Realität) und den Ansprüchen des Über-Ichs. Das Ziel ist maximaler Lustgewinn bei Berücksichtigung innerer und äußerer Gegebenheiten, das stabile Funktionieren der Persönlichkeitsorganisation und das Vermeiden von Angst. Angst tritt dann im Ich auf und dient als Signal, wenn Es-Impulse auftauchen, die das innere Gleichgewicht zerstören könnten; als Widerstand gegen diese bedrohlichen Regungen werden vom Ich die schon beschriebenen Abwehrmechanismen eingesetzt.

Bei der weiteren Betrachtung des Begriffes „Ich" muß vor Augen gehalten werden, daß er ebenso wie die Begriffe Es und Über-Ich ein Konstrukt darstellt.

Zum Ich gehören:
Wahrnehmung, Motorik, Intelligenz, Erinnerung, Affekte und Denken. Ich-Funktionen sind Leistungen zur Realitätsprüfung. Beim ganz kleinen Kind sind alle diese Funktionen erst im Ansatz vorhanden und sind Vorläufer der späteren Ich-Tätigkeiten. Aber mit zunehmendem Wachstum des Kindes entwickeln sie sich zu komplexen Denk- und Handlungsabläufen, und ermöglichen die Vermittlung zwischen der inneren Welt und den äußeren sozialen und kulturellen Gegebenheiten.
Charakteristisch für die Funktionsweise des Ichs ist der Sekundärvorgang bzw. *Sekundärprozeß*, d.h. die Spannungsentladung muß nicht unbedingt sofort erfolgen, sondern kann so lange hinausgeschoben werden, bis die Umweltbedingungen am günstigsten sind. Die Objekte zur Triebbefriedigung sind nicht mehr so variabel wie im Primärprozeß, sondern vielmehr festgelegt. In Denken und Sprache finden sich Geordnetheit der Syntax, logische Schlußfolgerung, Benutzung von Wörtern und Sätzen statt Darstellung in Bildern.

Das Über-Ich:
Dieser Bereich bildet eine Substruktur, welche Ideale, moralische Gebote und Verbote enthält. Das Verhalten der Erziehungspersonen wird für diesen Teil von ausschlaggebender Wirkung: Das kleine Kind übernimmt die Maßstäbe seiner Eltern, wird also durch sie Träger eines strengen oder nachsichtigen Gewissens, überhoher oder adäquater Ideale, Zielsetzungen oder moralischer Einstellungen. Damit werden die von außen angebotenen oder aufgezwungenen Wertmaßstäbe zum Bestandteil der Persönlichkeitsstruktur. Seine nachhaltigsten Ausformungen erhält das Über-Ich durch die Geschehnisse der oedipalen Phase (s.u.), die nach FREUD durch den Oedipus-Komplex und Kastrationsängste gekennzeichnet sind. Als Folge der Überwindung der Liebe zum andersgeschlechtlichen Elternteil und der Neutralisierung der intensiven libidinösen Regungen werden die elterlichen Ge- und Verbote introjiziert, d.h. das Kind identifiziert sich mit den Haltungen seiner engsten Bezugspersonen und macht sich deren Wertvorstellung zu eigen.
Beide Anteile des Über-Ichs sind überwiegend unbewußt.

Zu 3.
Die psychosexuellen Entwicklungsphasen:
1905 hat FREUD in dem Aufsatz „Drei Abhandlungen zur Sexual-Theorie" einen Abriß zur psychosexuellen Entwicklung des Menschen gegeben. Dieses Modell wurde von ihm fortlaufend modifiziert und ergänzt und von vielen seiner Nachfolger überarbeitet. In ihren Grundgedanken folgen die neueren Vorstellungen der Darstellung FREUDS, jedoch mit einer vermehrten Beachtung sozialer Faktoren, wie sie in der jeweiligen Gesellschaft den einzelnen Menschen beeinflussen, bzw. es findet sich eine stärkere Berücksichtigung der Wechselwirkung zwischen Individuum und familiären sowie gesellschaftlichen Bedingungen.
Das psychoanalytische Persönlichkeitsmodell basiert auf der Annahme, daß Motivationen, Gefühle, Einstellungen, allgemein die Verhaltensweisen ihren Ursprung in den Stadien der psychosexuellen Entwicklung haben. Diese Entwicklung ist durch drei Hauptcharakteristika gekennzeichnet:

1. Es bestehen zunächst voneinander unabhängige und in ihrer Bedeutung wechselnde Partialtriebe[1)], die alle nach Lustgewinn streben, d.h. nach unmittelbarer und maximaler Bedürfnisbefriedigung.
2. Diese oralen, analen usw. Partialtriebe sind unmittelbar mit lebenswichtigen Körperfunktionen bzw. erogenen Zonen verknüpft. In Abhängigkeit von ihren Zielen äußern sie sich z.B. als Zeige-, Scham-, Bemächtigungstrieb.
3. Nach der Bindung der Befriedigung an die eigene Person (Stadium des Autoerotismus) in der ersten Lebenszeit werden die Triebziele und Lustquellen später zunehmend bei (Außen-)Objekten gesucht.

Die drei frühkindlichen Entwicklungsphasen nach FREUD sind erstens die orale, zweitens die anale und drittens die phallische Phase.
Die orale Phase ist die früheste (ca. 1. Lebensjahr), in der orale und taktile Reizsuche und Bedürfnisbefriedigung im Vordergrund stehen. In der frühen oralen Phase hat der Säugling noch keine Objektbeziehung aufgebaut. Ich- und Außenwelt sind im Erleben noch nicht getrennt. Die Beziehungspersonen sind zu dieser Zeit noch austauschbar ohne negative Konsequenzen. Erst durch die Frustration, d.h. durch die Erfahrung, daß ein Bedürfnis nicht jedesmal sofort gestillt wird, kommt es zur Wahrnehmung des Objektes, das das Unlusterleben beenden kann. Dies führt beim Säugling zu dem verstärkten Bemühen, die Trennung zwischen Subjekt und Objekt durch Festhalten und Einverleiben wieder aufzuheben. Zeitlich fällt dieses Bestreben mit der Zahnung zusammen. Das Kind kann sich nun schon wehren (Beißversuche), darum wird die spätorale Phase als oral-aggressiv — statt passiv-aufnehmend als aktiv-einverleibend — bezeichnet. Im Kap. B wurden die parallel laufenden Vorgänge wie Reifung der Motorik, Wahrnehmung etc. schon beschrieben.
Die anale (anal-sadistische) Phase. Etwa Anfang des 2. Lebensjahres beginnt sich das Interesse des Kleinkindes auf die Vorgänge der Defäkation und der Reinlichkeitsgewöhnung zu zentrieren: Afterschleimhaut und die benachbarte Körperoberfläche werden die bevorzugten Zonen, auf die sich das Luststreben richtet. Lustgewinn und Unlustempfindung werden eng mit dem Ausstoßen oder Zurückhalten des Darminhaltes verknüpft. Erstarken der Muskulatur, Beherrschung der analen und urethralen Schließmuskeln, sichere Benutzung der Kauwerkzeuge stehen nach FREUD in engem Zusammenhang mit den vorhandenen analen und sadistischen Impulsen dieser Phase.
Sie dauert bis etwa zum Ende des dritten Lebensjahres und wird sowohl durch biologische Reifungsvorgänge als auch durch kulturspezifische Erziehungsmaßnahmen (Reinlichkeitserziehung im besonderen) bestimmt oder allgemeiner durch eine starke Auseinandersetzung mit der Außenwelt und durch Verbote und Gebote.

[1)] Die Partialtriebe sind die Elemente der Sexualität, die beim Kind noch nebeneinander existieren (das Kind ist „polymorph pervers“) und in der späteren Entwicklung unter dem Primat der Genitalität zusammengefaßt werden. Beim Erwachsenen sind sie noch in der Gestalt der verschiedenen Formen der Vorlust nachweisbar. In Fällen von Perversionen zeigen sie sich auch noch beim Erwachsenen verselbständigt, d.h. der einzelne Partialtrieb ersetzt den genitalen heterosexuellen Vollzug. Die Entdeckung der Partialtriebe ermöglichte erst das Verständnis der Perversionen, die nun als Entwicklungsstörungen, d.h. als ein Mißlingen der Entwicklung der reifen Genitalität verstehbar werden.

Auch die anale Phase läßt sich — wie die orale — in zwei Stadien unterteilen:

a) Die frühe, sog. „eliminative“ Stufe ist durch sadistische, destruktive, das Objekt ablehnende und ausstoßende Triebkräfte gekennzeichnet. Das Kind kann die elterlichen Erziehungsversuche zur Sauberkeit boykottieren, indem es zur unerwünschten Zeit defäziert. Das damit verbundene Machtgefühl wird durch die wachsende Beherrschung der lokomotorischen Kräfte verstärkt, die in den Dienst der zerstörerischen Tendenzen gestellt werden können.
b) Das spätere Stadium wird „retentiv“ genannt und ist durch das Bemühen um Festhalten beherrschend charakterisiert. Die Entwicklung der Muskulatur ermöglicht es dem Kind, zu greifen und festzuhalten, Dinge heranzuholen oder wegzustoßen und zunehmend mehr Macht über die Umgebung zu gewinnen.

Bei Forcierung des Sauberkeitstrainings, wie es in unserer Kultur häufig der Fall ist, bieten sich viele Konfliktmöglichkeiten für das Kind und die Erziehungspersonen. Wird ein zu frühes oder strenges Reinlichkeitstraining durchgeführt, so gerät das Kind in einen ständigen Konflikt zwischen Entleerungsdrang und Beharrenmüssen aus Angst vor Strafe; es kann seine Schließmuskeln und sonstigen Funktionen nicht nach eigenem Willen allmählich beherrschen lernen. Um seine innere Stabilität wieder herzustellen, kann das Kind als Abwehr auf ein früheres, zufriedenstellenderes Entwicklungsstadium regredieren (Abwehr, s. S. 183), hier in die orale Phase, oder es wird die Erwartung und Forderung der Eltern abzuwehren versuchen und mit Trotz und Feindseligkeit reagieren.
Insgesamt ist diese Phase geprägt durch das intensive Bemühen um Autonomie (Selbständigkeit, Unabhängigkeit). In diesem Kampf ist die Mutter vorerst noch die wichtigste Bezugsperson, doch treten allmählich auch Vater, Geschwister usw. verstärkt in das Leben des Kindes ein; diese werden mit Gefühlen belegt, die Kommunikation mit ihnen wird gesucht.
Parallel zu dieser Entwicklung lernt das Kind soziale Verhaltensmuster und die Sprache — sowohl aus eigenem Antrieb, als auch durch Imitation und Identifikation mit den geliebten Personen und durch die Erziehungsmittel Lob und Strafe (vgl. Kap. B). Die Wahrnehmungsfähigkeit des Kindes erweitert sich, komplexere Denkoperationen und eine steigende Zahl von koordinierten Handlungsabfolgen werden möglich; wirksamere Bedürfnisbefriedigung, Willensäußerung, zielgerichtete Abfuhr von affektiven Spannungen und der Erwerb von Funktionen des *Urteilens und Entscheidens* erlauben einen differenzierteren Umgang mit der eigenen Person und der Umwelt. Die Totalreaktion und archaischen Formen der Abwehr aus der ersten Lebenszeit treten allmählich in den Hintergrund. Stattdessen strukturieren sich die *Objektbeziehungen* zunehmend, aber nur die ungestörte Entwicklung von Umweltkontakten ermöglicht dem Kind die Nutzung und Ausbildung aller aufgrund seines Reifezustandes möglichen Fähigkeiten. Überstrenge oder Unterdrücken der Autonomiebestrebungen werden das Kind nicht nur in seiner Persönlichkeitsentwicklung einschränken (z.B. optimale Anwendung seiner Fähigkeiten, Neues zu suchen), sondern auch seine sozialen Kontakte gravierend behindern.
Die phallische Phase. Diese dritte Organisationsstufe der psychosexuellen Entwicklung (ca. vom Ende des 3. Lebensjahres) ist gekennzeichnet durch die Hinwendung des kindlichen Interesses zu den Sexualorganen. Die anatomischen Geschlechtsunterschiede und damit die Existenz beider Geschlechter werden zur Kenntnis genommen.

Das eigene Geschlecht als Realität wird erkundet und akzeptiert. Dies geht z.T. mit Imponiergehabe, mit Prahlen, Exhibitionieren und voyeuristischem Verhalten einher. Penis- und Klitoris-Masturbationen sind die sexuellen Betätigungen. Diese Phase ist von intensivem Neugierverhalten und Wissenstrieb, speziell für Sexuelles, geprägt. Ihre allzu starke Unterdrückung durch Erziehungsmaßnahmen kann zu einer allgemeinen Entwicklungshemmung führen. Auch die Konflikte sind in dieser Phase grundsätzlich unterschiedlich von den Konflikten in der vorangegangenen Phase. Früher waren es durchweg Konflikte mit *einem* Objekt, nämlich mit dem, das die Einschränkung oder Strafe dem Kind momentan zufügte bzw. die Befriedigung vermittelte. Dieses waren Konflikte in Zweipersonenbeziehungen. Auf der infantilgenitalen (phallischen) Stufe treten die Konflikte in Dreipersonenbeziehungen auf. Sie entstammen dem Bereich des „Ödipus-Komplexes". Darum wird diese dritte Phase auch die ödipale genannt.

FREUD wählte die griechische Sage zur Veranschaulichung der kindlichen Ambivalenzkonflikte in der phallischen Phase: Liebe, stärkere Zuneigung zum gegengeschlechtlichen Elternteil und Abweisung, Neid, Groll, z.T. Haß auf den gleichgeschlechtlichen. Der Knabe schätzt in dieser Phase die Mutter nicht nur als versorgende Person, sondern auch als Frau. Er beansprucht seine Mutter für sich und kommt dadurch mit seinem Vater in Konflikt. Das Mädchen schätzt die Mutter weiterhin als fürsorgliche Person, wendet aber seine Interessen dem Vater zu und gerät mit der Mutter in Konflikt. Diese Konflikte werden im weiteren Verlauf dadurch bewältigt, daß eine Identifikation in der Regel mit dem gleichgeschlechtlichen Elternteil, mit anderen Worten eine Umwandlung von Objektlibido in eine narzißtische Libido, stattfindet. Der bedrohliche Vater als Rivale, der z.B. in dem kleinen Jungen Kastrationsängste auslöst, wird so seiner Qualität als Rivale entkleidet und in Gestalt von Identifizierungen zu einem ihn stärkenden Bestandteil der psychischen Struktur (Ich-Ideal). Diesen Vorgang nannte FREUD den Untergang des Ödipus-Komplexes.

Neben diesem klassischen Beispiel des vollständigen, positiven Ödipus-Komplexes gibt es eine Fülle von Varianten (z.B. Liebe zum gleichgeschlechtlichen, Identifizierung mit dem gegengeschlechtlichen Elternteil), die die Wurzeln neurotischer Störungen (Fehlidentifikation, Impotenz, Frigidität u.v.a.) und von sexuellen Deviationen (Homosexualität) sein können. Die Frage, inwieweit das Modell des Ödipus-Komplexes allgemeine Gültigkeit hat oder insbesondere nur für die derzeitige westliche Gesellschaftsform Relevanz hat, kann zur Zeit nicht eindeutig beantwortet werden. Wenn der Ödipuskonflikt nur einen Entwicklungsschritt beschreiben soll, bei dem das Kind die ausschließliche Beziehung zu einer einzigen Pflegeperson (meist die Mutter) aufgegeben hat und sich mit weiteren Personen der sozialen Umwelt auseinandersetzen muß — d.h. von der Mutter-Kind-Dyade zur Triade kommt —, so hätte das Modell einen weit größeren Allgemeinheitsgrad.

Nach FREUDS Phasenlehre folgt auf die phallische, d.h. frühe genitale Phase die Latenzzeit, die bis zur Pubertät reicht. Dann beginnt die (späte) genitale Phase, in der die jugendlichen Personen zunehmend an Personen des anderen Geschlechts Interesse entwickeln. Die späte genitale Phase erstreckt sich nach FREUD über das gesamte Erwachsenenalter des Individuums.

Die Entwicklung der libidinösen Impulse ist von intensiven Gefühlen begleitet. Sowohl Triebkonstitution als auch Erfahrungen formen diese, die Ausprägung und Ausdifferenzierung dieser Entwicklung ist sehr unterschiedlich.

Die Spuren früherer Entwicklungsphasen bleiben über die späteren hinaus erhalten und werden in diese integriert. So sind auch dem gesunden Erwachsenen noch orale und anale Befriedigungsarten neben den genitalen verfügbar. Wird eine Entwicklungsphase schlecht bewältigt bzw. gibt es mächtige Kräfte, die die Weiterentwicklung behindern, so kann es zu einer Fixierung auf einer früheren Entwicklungsstufe kommen. Eine bereits erreichte und bewältigte Entwicklungsphase kann zugunsten einer früheren wieder verlassen werden, wenn das Individuum in eine ausgeprägte Konfliktsituation gerät. Man spricht in diesem Zusammenhang von einer Regression, die eine wichtige Form der Konfliktabwehr ist.
Kritisch betrachtet soll zum psychoanalytischen Modell folgendes berücksichtigt werden: Die Schwierigkeiten des Modells liegen in seinen alles umfassenden Möglichkeiten. Das System enthält praktisch für alles Verstehens- und Erklärungsmöglichkeiten; es bietet aber wegen seiner Flexibilität nur geringe Vorhersagemöglichkeiten. Es ist äußerst schwierig, aus dem Modell überprüfbare Arbeitshypothesen abzuleiten. Dies hat zur Folge, daß nur wenige empirisch-quantitativ gesicherte Aussagen vorliegen, die die Gültigkeit der Theorie belegen. Die Tatsache allerdings, daß die derzeitig verfügbaren methodischen Verfahren nicht ausreichen, die Validität der Theorie zu überprüfen, schließt nicht aus, daß sie tatsächlich valide ist.

Die eindeutigen Vorteile des Modells liegen ebenfalls in seiner Komplexität. Es gibt kein besseres Konzept, Hypothesen über komplexe Interaktionen (in Zwei- oder Mehr-Personen-Beziehung) zu gewinnen, als mit Hilfe des psychoanalytischen Konzeptes. Hiermit können die meisten der neurotischen Störungen und Perversionen noch am besten erklärt werden. Letztlich bietet das Modell auch heute noch den brauchbarsten Ansatzpunkt für die Erklärung der psychosomatischen Krankheitsbilder.

Literaturverzeichnis

ALLPORT, G.W.: Persönlichkeit, Struktur, Entwicklung und Erfassung der menschlichen Eigenart, 2. Aufl. Meisenheim: Hain 1959.

AMTHAUER, R.: I-S-T Intelligenz-Struktur-Test. Göttingen: Hogrefe 1953.

ANGST, I.: Zur Ätiologie und Nosologie endogener depressiver Psychosen. Berlin–Heidelberg–New York: Springer 1966.

ASCH, S.E.: Social Psychology. Englewood Clifts, New York: Prentice-Hall 1952.

BARKER, R.C., DEMBO, T., LEWIN, K.: Frustration and regression: An experiment with young children. Univ. Iowa Studies in Child Welfare, Vol. **18,** 1941.

BECKMANN, D., RICHTER, H.E.: Gießen-Test (GT). Bern: Huber 1972.

BERNSTEIN, B.: Social structure, language and learning. Educ. Res. 1961.

BOCHNICK, H.J., LEGEWIE, H.: Multifaktorielle klinische Forschung. Stuttgart: Enke 1964.

BRUNER, J.S., GOODMAN, C.C.: Value and needs as organizing factors in perception. J. abnorm. soc. Psychol. **42,** 11 (1947).

BRUNER, J.S., POSTMAN, L.: Emotional selectivity in perception and reaction. J. Personality **16,** 69–77 (1947 b).

BRUNER, J.S., POSTMAN, L.: In: Blake, R.R., Ramsey, G.V. (Eds.): Perception: an approach to personality, p. 356–419. New York 1951.

BURCHARD, E.M.C.: Physique et psychosis. Psychot. Monogr. Vol. **13,** 1936.

CATTELL, R.B.: Personality, a systematical, theoretical and factual study. New York: Mc Graw-Hill 1950.

CATTELL, R.B.: Personality and motivation. Structure and measurement. New York: Yonkers-on-Hudson: World Book 1957.

CATTELL, R.B., SCHEIER, I.H.: The meaning and measurement of neuroticism and anxiety. New York: Ronald Press 1961.

COHEN, R.: Systematische Tendenzen bei Persönlichkeitsbeurteilungen. Bern: Huber 1969.

CRONBACH, L.J.: Further evidence on response sets and test design. Educ. psychol. measur. **10,** 3–31 (1950).

CRONBACH, L.J.: Essentials of psychological testing. New York: Harper 1960.

DAVIDS, A., WHITE, A.A.: Wirkungen von Erfolg, Mißerfolg und sozialer Anregung auf das Anspruchsniveau bei emotional gestörten und bei normalen Kindern, 1958. Zit. bei: Graumann, C.F.: Motivation. Bern: Huber 1970.

DOLLARD, J. et al.: Frustration and aggression. Weinheim: Beltz 1970.

EDWARDS, A.L.: The social desivaribility, variable in personality assessment and research. New York: Holt, Rinehart & Winston 1957.

EYSENCK, H.J.: Fragebogen als Meßmittel der Persönlichkeit. Z. exp. angew. Psychol. **1,** 291–335 (1953 b).

EYSENCK, H.J.: Das Maudsley Personality Inventory als Bestimmer der neurotischen Tendenz und Extraversion. Z. exp. angew. Psychol. **6,** 24 (1959).

EYSENCK, H.J.: Handbook of abnormal Psychology. London: Pitman Med. Publ. 1968.

EYSENCK, H.J.: The structure of human personality. London: Methuen 1970.

FAHRENBERG, J., SELG, H.: Das Freiburger Persönlichkeits-Inventar. Handanweisung. Göttingen: Hogrefe 1970.

FAST, J.: Körpersprache. Reinbek: Rowohlt 1971.

FESTINGER, L.: A theory of cognitive dissonance. Evanston: Row, Peterson 1957.

FISCHER, G.H.: Zur faktoriellen Struktur der Handschrift. Z. exp. angew. Psychol. **11,** 20 (1964).

FRANK, L.K.: Projective methods for the study of personality. J. Psychol. **8,** 389–413 (1939).

FRANK, L.K.: Projective Methods. Springfield/Ill.: Ch.C. Thomas 1948.

FREUD, A.: Das Ich und die Abwehrmechanismen. Wien 1936; München: Kindler 1964.

FREUD, S.: Gesammelte Werke. London: Imago Publ. 1952.

GIESE, H., SCHMIDT, G.: Studenten-Sexualität. Reinbek: Rowohlt 1968.

GORDON, J.E.: Interpersonal predictions of repressors and sensitizers. J. Personality **25,** 686–698 (1957).

GOTTSCHALK, L.A., GLESER, G.C.: The measurement of psychological states through the content analysis of verbal behavior. Berkley: Berkley Univ. Press 1969.

GOUGH, H.G.: Clinical versus statistical prediction in psychology. In: L. Postman (Ed.): Psychology in the making. New York 1962.

GRAUMANN, C.F.: Nicht sinnliche Bedingungen des Wahrnehmens. In: Hdb. d. Psychol., Bd. 1. Göttingen: Hogrefe 1966.

GRAUMANN, C.F.: Einführung in die Psychologie, Bd. 1: Motivation. Frankfurt–Bern: Huber 1969.

GROFFMANN, K.J.: Die Entwicklung der Intelligenzmessung. In: Hdb. d. Psychol., Bd. 6. Göttingen: Hogrefe 1964.

GUILFORD, J.P.: Persönlichkeit. (Engl. Orig: Personality. New York 1959.) Weinheim: Beltz 1964.

GUILFORD, J.P.: The nature of human intelligence. New York: Appl. Cent. Croft 1967.

HARDESTY, A., LAUBER, K.: Hamburg-Wechsler-Intelligenztest für Erwachsene. Bern: Huber 1956.

HATHAWAY, S.R., MCKINLEY, J.C.: MMPI-Manual. New York 1951.

HECKHAUSEN, H.: Hoffnung und Furcht in der Leistungsmotivation. Meisenheim: Hain 1963.

HEIMANN, H.: Experimentell-psychologische Differenzierung der Wirkung von 2 Psychostimulantien am Menschen. Psychopharmacologia (Berl.) **8,** 79 (1965).

HELSON, H.: Adaptation-level as a frame of reference for prediction of psychological data. Aner. J. Psychol. **60,** 1–29 (1947).
HERRMANN, TH.: Lehrbuch der empirischen Persönlichkeitsforschung. Göttingen: Hogrefe 1969.
HOFSTÄTTER, P.R.: Persönlichkeit. In: Psychologie, S. 223–228. Frankfurt/M. 1957.
HOFSTÄTTER, P.R.: Differentielle Psychologie. Stuttgart: Kröner 1971.
HÖRMANN, H.: Theoretische Grundlagen der projektiven Tests. In: Heiss R. (Hrsg.): Psychologische Diagnostik. Hdb. d. Psychol., Bd. 6. Göttingen: Hogrefe 1964.
HORN, W.: Leistungsprüfsystem. Göttingen: Hogrefe 1962.
JÄGER, A.D.: Dimensionen der Intelligenz. Göttingen: Hogrefe 1967.
JANIS, I.L.: Psychological Stress. New York: Wiley 1958.
JANKE, W.: Pharmakologisch indizierte Verschiebung der faktoriellen Struktur von psychologischen Tests. Ber. 23. Kongr. Dtsch. Ges. f. Psychol. 1963. Göttingen: Hogrefe 1964.
JORES, A., v. KEREKJARTO, M.: Der Asthmatiker. Bern: Huber 1967.
JUNG, C.G.: Psychologische Typen. Zürich 1960.
JUNG, C.G.: Gesammelte Werke. Düsseldorf: Econ.
KAUFMANN, H.: Definitions and Methodology in the Study of Aggression. Psychol. Bull. **64,** 1 (1965).
v. KEREKJARTO, M., MEYER, A.E., v. ZERSSEN, D.: HHM-Beschwerdenliste bei Patienten einer internistischen Ambulanz. Z. psychosom. Med. Psychoanal. **18,** 1 (1972).
KLEIN, G.S.: The personal world through perception. In: Blake, Ramsey (Ed.): Perception: an approach to personality. New York 1951.
KOCH, U.: Das Arzt-Patienten-Verhältnis aus der Sicht des Arztes. Phil. Diss. Univ. Hamburg 1972.
KRETSCHMER, E.: Körperbau und Charakter, 25. Aufl. Berlin–Göttingen–Heidelberg: Springer 1967.
LEVITT, E.E.: The psychology of anxiety. London: Staples Press 1968.
LEWIN, K.: A Dynamic Theory of Personality. New York: Wiley 1935.
Lexikon der Psychologie: Bd. 1 u. II, 1971; Bd. III, 1972 (Arnold W., Eysenck H.J., Meili R., Hrsg.). Freiburg–Basel–Wien: Herder 1971, 1972.
LIENERT, G.A., v. KEREKJARTO, M.: Ex-post-Klassifizierung depressiver Symptome und Patienten. In: Hippius, Selbach (Ed.): Das Depressive Syndrom. München: Urban & Schwarzenberg 1969.
LIENERT, G.A.: Testaufbau und Testanalyse, Weinheim: Beltz 1969.
LIENERT, G.A.: Belastung und Regression. Meisenheim: Hain 1964.
LIENERT, G.A.: Konfigurationsanalyse. Psychol. Beitr. 1972.
LOEWINGER, J.: Objektive tests as instruments of psychological theory. Psychol. Rev. **3,** 635–694 (1957).
MACCOBY, E.E.: The Development of Sex Differences. Stanford Univ. Press 1966.
MAHL, K.: Analysis of Speech. In: Ellingworth H.W., Clevenger, T.: Speech and Social Action. New York: Englewood 1967.
MAIER, N.R.F.: Frustration: The study of behavior without a goal. New York: Holt, Rinehart & Winston 1949.
MARKE, S., GOTTFRIES, I.: Measurment of masculinity-feminity. Psychol. Res. Bull. **7,** Heft 4 (1967).
MASTERS, W.H., JOHNSON, V.E.: Die sexuelle Reaktion. Reinbek: Rowohlt 1970.
MCCLELLAND, D.C., ATKINSON, J.W., CLARK, R.A., LOWELL, E.L.: The achievement motive. New York: Appl.-Cent.-Crofts 1953.
MCCORQUODALE, K., MEEHL, P.E.: On a distinction between hypothetical constructs and intervening variables. Psychol. Rev. **55,** 95–107 (1948).
MCQUITTY, L.L.: Multiple rank order typal analysis for the isolation of independent types. Educ. Psychol. Meas. **26,** 3 (1966).

MEEHL, P.E.: Clinical versus statistical prediction. Minneapolis: Univ. of Minnesota Press 1954.

MERZ, F.: Aggression und Aggressionstrieb. In: Hdb. d. Psychol., Bd. 2: Allg. Psychol. II, Motivation, S. 569–601. Göttingen: Hogrefe 1965.

MERZ, F., EHLERS, F.: Leistungsmotivationstest. Marburg: Psychol. Institut.

MEYER, A.E.: Fragebogen zur Messung von Psychofeminität und Psychomaskulinität. Phil. Diss. Univ. Konstanz 1970.

MONEY, J., EHRHARDT, A.A.: Man and woman, boy and girl. Baltimore: John Hopkins Univ. Press 1972.

MORGAN, C.D., MURRAY, H.A.: Method of investigating fantasies. The Thematic Apperception Test. Arch. Neurol. Psychiat. (Chic.) **34,** 289–306 (1935).

MURRAY, E.J., BERKUN, M.M.: Displacement as a function of conflict. J. abnorm. soc. Psychol. **51,** 48 (1955).

OLSON, W.C.: Child Development. Weinheim: Beltz 1972.

OSGOOD, C.E., SUCI, G.J., TANNENBAUM, P.H.: The measurment of meaning. Urbana/Ill: The University of Illinois Press 1957.

PAWLIK, K.: Dimensionen des Verhaltens. Bern: Huber 1968.

RICHTER, H.E., BECKMANN, D.: Herzneurose. Stuttgart: Thieme 1969.

RORSCHACH, H.: Psychodiagnostik. Bern: Huber 1921.

ROSEN, B.C.: The achievement syndrome: A psychocultural dimension of social stratification. In: Atkinson, J.W. (Ed.): Motives, in fantasy, action and society, p. 499. Princeton: Van Nostrand 1958.

ROSENTHAL, R.: Experimental Effects in Behavorial Research. New York: Appl. Cent. Crofts 1966.

ROSENZWEIG, S.: Further Comparative Data on Repetition-Choice after Success and Failure as Related to Frustration Tolerance. J. genet. Psychol. **66,** 75 (1945).

ROSENZWEIG, S.: The Experimental Measurment of Types of Reaction to Frustration. In: Murray H.A. (Ed.): Explorations in Personality. New York: McGraw Hill 1938.

SCHMIDT, G., SIGUSCH, V., SCHORSCH, E.: Tendenzen der Sexualforschung. Stuttgart: Enke 1970.

SHERIF, M.: Social Psychology. New York: Wiley 1935.

SPIELBERGER, CH.D.: Anxiety and behavior. New York: Academic Press 1966.

STAFFORD, R.A.: An investigation of similarities in parent-child test-scores for evidence of hereditary components. Res. Bull. **63,** 11; New York: Princeton Ed., Test. Serv. 1963.

STARKWEATHER: A Computer Language for Individual Testing. Instruction and Interviewing. Psychol. Rep. **17,** 227 (1965).

STEINGRUBER, H.-J.: Differentielle und klinische Aspekte der Handdominanz. Unveröff. Habil. Arbeit d. Med. Fach-Univ. Düsseldorf 1972.

STEINGRUBER, H.-J., LIENERT, G.A.: Der Hand-Dominanz-Test (H-D-T). Göttingen: Hogrefe 1971.

STEPHENSON, W.: Correlation persons instead of tests. Character and Personality **3,** 1935.

STERN, W.: Die psychologischen Methoden der Intelligenzprüfung und deren Anwendung an Schulkindern. 5. Kongr. Exp. Psychol., Berlin 1912.

TAFT, R.: The Ability to Judge People. Psychol. Bull. **52,** 1–23 (1955).

TENT, L.: Untersuchungen zur Erfassung des Verhältnisses von Anpassung und Leistung bei vorwiegend psychisch beanspruchenden Tätigkeiten. Arch. ges. Psychol. **115,** 105 (1963).

TERMAN, L.M., MILES, C.C.: Sex and Personality. New York: McGraw Hill 1936.

THOMAE, H., LEHR, U. (Hrsg.): Altern. Frankfurt/M.: Akad. Reihe Psychol. 1972.

THURSTONE, L.L.: The Vectors of Mind. Chicago 1935.

TOLMAN, E.C.: The Intervening Variable. In: Marx M.H. (Ed.): Psychological Theory. New York: Contem. Read 1951.

ÜBERLA, K.: Faktorenanalyse. Berlin–Heidelberg–New York: Springer 1968.

v. UEXKÜLL, TH.: Psychophysiologische Probleme der essentiellen Hypertonie. In: Fellinger, K.: Funktionsabläufe unter emotionellen Belastungen. Basel: Karger 1964.

WECHSLER, D.: The measurment of Adult Intelligence, 3. Aufl. Baltimore: Williams & Willkins 1944. Dtsch. Bearbeitung: Hardesty, A.S., Lauber, H.: Die Messung der Intelligenz Erwachsener. Bern: Huber 1956.

WEITEMEYER, W. u. MAYER, A.E.: Zur Frage krankheitsdependenter Neurotisierung. Arch. Psychiat. Nervenkr. **209,** 21 (1967).

WITKIN, H.A., LEWIS, H.B., HERTZMANN, M., MACHOVER, K., MEISSNER, P.B., WAPNER, S.: Personality through Perception. New York: Harper 1954.

WITKIN, H.A.: A Cognitiv Style Approach to Cross-Cultural Research. Internat. J. Psychol. **2,** 12 (1967).

ZEIGARNIK: Über das Behalten von erledigten und unerledigten Handlungen. Psychol. Forsch. **9,** 1 (1927).

ZENZ, H.: Empirische Befunde über die Gießener Fassung einer Beschwerdenliste. Z. Psychother. med. Psychol. **21,** 8 (1971).

v. ZERSSEN, D.: Biometrische Studien über „Körperbau und Charakter“. Fortschr. Neurol. Psychiat. **33,** 455 (1965).

v. ZERSSEN, D.: Habitus und Gesellschaft. Homo **19,** 1 (1968).

ZIMBARDO, P.: The Human Choice. In: Arnold, W.J., Levine, D. (Ed.): Nebraska Symposium on Motivation, p. 237. Nebraska: Lincoln Univ. Press 1969.

D. GRUNDLAGEN PSYCHISCHER STÖRUNGEN

H.-J. STEINGRÜBER

1. Definition psychischer Störungen

Voraussetzung für eine Darstellung psychischer Störungen ist die Klärung dessen, was als normal bezeichnet werden kann. Jeder diagnostische Urteilsprozeß enthält diese Frage, nicht immer wird jedoch klar, an welchem Normensystem die Entscheidung schließlich orientiert ist.

Jemand, der „nicht richtig im Kopf ist“ oder jemand, der glaubt, sexuelle Befriedigung nur mit Partnern gleichen Geschlechts erreichen zu können, fällt auf, es heißt, er sei nicht normal, bzw., in euphemistischer Umschreibung, er könne nicht ganz normal sein.

Normal im obigen Sinne wäre also jemand, der nicht auffällt, dessen Verhalten angepaßt ist. Diese Betrachtungsweise schließt zwei Voraussetzungen ein:

1. Die Existenz einer Verhaltensnorm, an der jedes beobachtete Verhalten zu messen ist und
2. die Annahme, daß eine Übereinstimmung mit dieser Verhaltensnorm ein optimales oder ideales Verhalten darstellt, Abweichungen hingegen als anomal oder pathologisch gelten müssen.

Die Orientierung an einer derartigen ***Idealnorm*** ist problematisch, da sie in jedem Fall eine Verhaltens*bewertung* vornimmt: Ideales, angepaßtes Verhalten ist wünschenswert, unangepaßtes Verhalten dagegen nicht, es bedarf einer Korrektur.

Die Vorstellungen darüber, was nun als ideal oder wünschenswert gelten kann, lassen sich unter verschiedenen, voneinander jedoch wiederum abhängigen Aspekten sehen: dem sozialen, dem individuellen und dem moralisch-ethischen Bewertungsaspekt (vgl. LONDON u. ROSENHAN, 1968).

- Normal innerhalb eines sozialen Bewertungssystems ist jemand, der sich gesellschafts- oder gruppenkonform verhält.
- Normal innerhalb seines individuellen Bewertungssystems ist jemand, der sein eigenes Verhalten selbst akzeptieren (verstehen, vorhersagen und kontrollieren) kann.
- Normal innerhalb eines moralisch-ethischen Bewertungssystems ist jemand, der sich gemäß moralisch-ethischen Prinzipien verhält, also etwa gemäß der christlichen Ethik oder des Bürgerlichen Gesetzbuches.

Idealnormen, das läßt sich aus dem bisher Gesagten ableiten, sind kulturabhängig und auch innerhalb einer Kultur Veränderungen unterworfen, die sich durch den Wandel von Wertsystemen ergeben. Außerdem liegen Idealnormen üblicherweise in höchst unpräziser Form vor. Nicht nur bei ungeschriebenen Gesetzen, Bräuchen und Gewohnheiten, sondern auch bei Gesetzestexten und anderen schriftlich fixierten Vereinbarungen kann der Toleranzspielraum hinsichtlich der Beurteilung der Konformität, Selbstakzeptierung oder moralischen Verpflichtung eines Verhaltens sehr weit gefaßt sein. Dies gilt vor allem zu Zeiten, in denen Wertesysteme sich ändern. Man denke beispielsweise an die unterschiedlichen Normalitätsvorstellungen, die anläßlich der Reform des § 175 STGB in Gesetzestexten, persönlichen Stellungnahmen und den Meinungen verschiedener kultureller Subgruppen zum Ausdruck kamen. Es wäre verfehlt, in diesem Fall von einer verbindlichen Idealnorm sprechen zu wollen.

Eine weitere, vergleichsweise einfach zu durchschauende Beurteilungsgrundlage ist die in der Medizin nahezu ausschließlich verwendete ***Funktionsnorm.*** Das Prinzip dieses Beurteilungsmaßstabes gründet sich auf die Gesetzmäßigkeiten, nach denen der menschliche Organismus aufgebaut ist und funktioniert. Da diese Gesetzmäßigkeiten (soweit bekannt) im allgemeinen biologisch zweckmäßig aufeinander abgestimmt sind, wird eine natürliche Funktionsfähigkeit als normales Verhalten angesehen. Die Funktionsnorm deckt sich einerseits mit der Idealnorm, da jede Abweichung vom Ideal (der natürlichen Funktionsfähigkeit) als anomal bzw. pathologisch bezeichnet wird, andererseits scheint sie sich jedoch auf den ersten Blick klar von ihr abzuheben, da dieses Ideal eindeutig im biologisch-naturwissenschaftlichen Sinne definiert ist. Insofern ist offenbar auch der Ermessensspielraum hinsichtlich der Normalitätsbeurteilung relativ klein gehalten. Eine Gerichtsentscheidung mag dies verdeutlichen:

„Wenn durch das Fehlen von vier Zähnen Störungen beim Kauen und Sprechen auftreten, ist dies im sozialrechtlichen Sinne bereits eine Krankheit."

(Bundessozialgericht — 3 RK 67/70)

Je mehr nun allerdings die Vorstellung der natürlichen Funktionsfähigkeit des Organismus vom somatischen Bereich auf den psychischen Bereich übertragen wird, desto problematischer ist die Orientierung an einer rein biologisch definierten Funktionsnorm, da in steigendem Maße sozialpsychologische Gesichtspunkte hinzutreten.

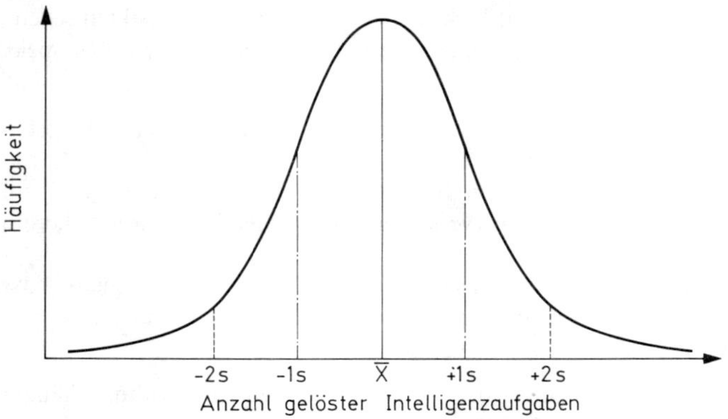

Abb. 1. Beispiel für eine Normalverteilung ($\overline{X}$: Mittelwert; s: Standardabweichung)

Somit wird, bedingt durch die zunehmende Komplexität des zu beurteilenden Verhaltens, die Definition dessen, was als natürlich und funktionsgerecht angesehen werden kann, beträchtlich erschwert.

Eine Normalitätsaussage, die demgegenüber ohne die Orientierung an einem idealen, wünschenswerten Verhalten getroffen werden kann, ergibt sich dadurch, daß bestimmte, genau definierte Verhaltensweisen innerhalb einer Population zunächst dokumentiert werden. So läßt sich beispielsweise mit Hilfe einer Zufalls-Stichprobe dokumentieren, wieviele Intelligenzaufgaben 50jährige Männer in einer standardisierten Untersuchungssituation (Intelligenztest) lösen können. Es wird nur wenige Männer in dieser Stichprobe geben, die extrem viele bzw. extrem wenige Aufgaben lösen, die meisten Männer werden eine mittelgroße Anzahl an Aufgaben lösen.

Wenn man nun die Anzahl der gelösten Aufgaben und die Häufigkeit ihrer Lösungen zueinander in Beziehung setzt, so ergibt sich, dem Beispiel entsprechend, die Annäherung[1)] an das Bild einer sog. Normalverteilung (Abb. 1).
Die meisten Variablen, die durch biologische Faktoren beeinflußt werden, sind in ähnlicher Weise verteilt. Deswegen eignet sich diese Art der Dokumentation bestimmter Verhaltensweisen (hier: Lösung von Intelligenzaufgaben) sehr gut als Maßstab, mit dem ein einzelnes beobachtetes Verhalten verglichen werden kann.
Normal im Sinne dieser ***statistischen Norm*** ist dasjenige Verhalten, das am häufigsten vorkommt, anomal dasjenige, das nur selten vorkommt.
Die Grenze zwischen ‚häufig' und ‚selten' ist allerdings bei der statistischen Norm nicht per se gegeben, sondern muß per Vereinbarung festgelegt werden. Für Intelligenzleistungen ist z.B. die untere Normalitätsgrenze auf zwei Standardabweichungen unterhalb des Mittelwertes festgesetzt worden. Jemand, der jenseits dieser Grenze liegt, gilt (im statistischen Sinne) als schwachsinnig. Aber auch diejenigen, die ganz am anderen, oberen Ende der Verteilung liegen, sind nach der statistischen Norm anomal. Für sie existiert nur keine verbindliche Bezeichnung; man könnte sie beispielsweise als genial beschreiben. D.h. abnormes Verhalten im statistischen Sinne impliziert immer eine zweiseitige Betrachtungsweise (Abb. 1).
Die Begriffe ‚abnorm' oder ‚anomal' sind solange als wertfrei und rein deskriptiv anzusehen, als sie mit dem Begriff ‚selten' synonym gebraucht werden. Dies bedeutet allerdings nicht, daß sich die relativ seltenen Ausprägungsgrade eines Verhaltens jeder Bewertung entziehen, sondern nur, daß eine Bewertung nicht unbedingt erforderlich ist. Es wäre durchaus statthaft, und es ist auch üblich, die beiden Enden der Normalverteilung je nach Wertsystem entweder als positiv oder als negativ zu interpretieren. So wird z.B. in bestimmten Gesellschaften eine stark ausgeprägte Aggressivität als positiv gewertet, in anderen wiederum eine gering ausgeprägte Aggressivität (MEAD, 1959).
Gegenüber der Ideal- und Funktionsnorm lassen sich die wichtigsten Voraussetzungen für eine Orientierung an der statistischen Norm wie folgt resümieren:

[1)] Um eine Normalverteilung zu konstruieren, ist eine kontinuierliche Verteilung des erfaßten Verhaltens erforderlich. Da wir in der Praxis jedoch nur einzelne Ausschnitte, d.h. verschiedene Ausprägungsgrade, dieses Kontinuums dokumentieren können, lassen sich unsere empirisch gewonnenen Verteilungen immer nur als Annäherung an eine Normalverteilung auffassen.

1. Das zu beurteilende Verhalten muß kontinuierlich verteilt und in verschiedenen Ausprägungsgraden zu erfassen sein.

2. Zur Normalitätsbeurteilung muß ein empirischer Vergleichsmaßstab (eine empirische Verhaltensnorm) vorliegen, der das häufigste Verhalten erkennen läßt.

3. Abweichungen von der Norm treten immer zweiseitig auf (positiv und negativ).

Da die drei besprochenen Normensysteme in einer Wechselbeziehung zueinander stehen, soll zum Abschluß noch einmal die Relation zwischen Funktions- und Idealnorm einerseits und statistischer Norm andererseits verdeutlicht werden. Üblicherweise pflegt sich ein im statistischen Sinne normales (häufiges) Verhalten mit dem zu decken, was durch Funktions- und Idealnorm als normal definiert wird, d.h. die meisten Menschen verhalten sich beispielsweise im biologischen Sinne funktionsfähig und entsprechend moralisch-ethischer Prinzipien. Die statistische Norm dokumentiert damit die Übereinstimmung von Ideal und Realität. Sobald diese Entsprechung jedoch nicht mehr gegeben ist, wird mit der Dissoziation eine Art Krisenzustand signalisiert. Derartige Dissoziationen von Funktionsnorm und statistischer Norm lassen sich sehr deutlich am Beispiel sog. Zivilisationskrankheiten (Caries, Verdauungsstörungen etc.) zeigen: obwohl die meisten Menschen darunter leiden, können Caries und Verdauungsstörungen nicht als funktionsnormal (natürlich) bezeichnet werden. Dissoziationen von Idealnorm und statistischer Norm wiederum treten u.U. in wirtschaftlichen Notzeiten auf, wenn z.B. das moralische Prinzip, sich nicht am fremden Eigentum zu vergreifen, aufgehoben ist und die statistische Norm dokumentiert, daß die meisten Menschen stehlen bzw. „organisieren", wie es in Erkenntnis der Sachlage beschönigend heißt.
Stimmen also Funktions- oder Idealnorm und statistische Norm nicht mehr überein, dann ist es angezeigt, die Ursachen hierfür zu analysieren. Dabei wird gegebenenfalls eine grundsätzliche Entscheidung darüber zu treffen sein, ob nicht so sehr das beobachtete (dokumentierte) Verhalten einer Korrektur bedarf als vielmehr die Norm, an der es gemessen wird. Dies gilt prinzipiell ebenso für Idealvorstellungen im sozialen, individuellen und moralischen Bereich wie auch für jene im biologisch-natürlichen Bereich (z.B. Geburtenkontrolle).

Umstritten ist die Frage, inwieweit psychische Störungen als Krankheiten zu werten sind. Im somatischen Bereich scheint die Entscheidung weniger problematisch zu sein: Anomales somatisches Verhalten kann als Symptom aufgefaßt werden, das eine zugrunde liegende Störungen der natürlichen Funktion des Organismus anzeigt, und gewinnt dadurch im allgemeinen Krankheitscharakter. Darüber jedoch, ob sich dieses sog. Medizinische Modell in gleicher Weise auch auf psychisches Verhalten übertragen läßt, wird heftig diskutiert (u.a. SZASZ, 1960; AUSUBEL, 1961), da bei psychischen Störungen nur in einem Teil der Fälle irgendwelche zugrunde liegenden biologischen Verursachungsfaktoren (biochemische Veränderungen, Störungen der Hirnfunktionen etc.) auszumachen sind.
Es handelt sich dabei keineswegs um ein Scheinproblem, denn die gesellschaftliche Bewertung psychischer Störungen, die sich in der Übernahme typischer Patienten- und Therapeuten-Rollen widerspiegelt, ist eng mit der traditionellen Krankheitsauffassung assoziiert (vgl. Kap. E).

2. Erscheinungsformen psychischer Störungen

In diesem Abschnitt soll keine Systematik psychischer Störungen dargestellt werden. Dies würde weniger in den Bereich der Medizinischen Psychologie als vielmehr in den Bereich der Klinischen Psychologie, der Psychiatrie und der Psychosomatik gehören.

Im folgenden werden psychologische Grundlagen psychischer Störungen geschildert, d.h. das Bemühen der Psychologie, grundlegende psychische Prozesse zu definieren, ihren normalen Ablauf zu beschreiben und Ausnahmen vom normalen Ablauf festzuhalten. Wie noch zu zeigen ist, werden diese Ausnahmen (abnormes Verhalten, Störungen) im Rahmen der psychologischen Diagnostik überwiegend unter dem Aspekt der statistischen Norm gesehen, eine Betrachtungsweise, die sehr deutlich im Einsatz psychologischer Testverfahren erkennbar wird. Wer darüber hinaus an den Problemen interessiert ist, die sich bei der Zusammenfassung einzelner abnormer Verhaltensweisen zu umfassenderen psychopathologischen Einheiten (z.B. Neurosen, Psychosen) ergeben, dem sei zur einführenden Lektüre eine Arbeit von LIENERT und KEREKJARTO (1969) empfohlen.

Innerhalb der Psychologie lassen sich kognitive Funktionen von emotionalen Vorgängen unterscheiden. Durch diese Zweiteilung wird auch der folgende Abschnitt gegliedert.

Wer allerdings einen vollständigen Überblick über den Erkenntnisstand im Bereich der psychologischen Grundlagen psychischer Störungen erwartet, der muß enttäuscht werden. Die Begrenzungen werden schon bei der Auswahl kognitiver und emotionaler Störungen deutlich: Im kognitiven Bereich fehlt beispielsweise eine Darstellung der Störungen des Lernens, im emotionalen Bereich die Darstellung sexueller Störungen. D.h. dieser Abschnitt soll kein Lehrbuch der Verhaltensstörungen ersetzen, sondern er möchte an bestimmten, ausgewählten Beispielen in die Arbeitsweise und Probleme eines wichtigen Gebietes der psychologischen Grundlagenforschung einführen. Über die Auswahl selbst läßt sich streiten. Ohne daß alle Gesichtspunkte hier noch einmal zur Diskussion gestellt werden sollen, bleibt anzuführen, daß vor allem didaktische Überlegungen, Aspekte der klinischen Relevanz sowie die Existenz bereits vorhandener und leicht faßlicher Informationsquellen eine Rolle gespielt haben.

2.1 Kognitive Störungen

Der Begriff ‚Kognition' bezeichnet alle diejenigen Prozesse, über die der Mensch zur bewußten Kenntnis seiner Umwelt gelangt. Dazu gehören Urteilsprozesse, Wahrnehmung, Denken, Gedächtnis, Lernen — Funktionen, die häufig kaum zu differenzieren sind, so daß die folgende Aufteilung in Gedächtnis, Denken und Wahrnehmung nur Darstellungsschwerpunkte markieren kann.

2.1.1 Gedächtnis

Für die Beschreibung von Gedächtnisstörungen ist es zweckmäßig, verschiedene Phasen der Informationsaufnahme und -speicherung zu unterscheiden:

— Unmittelbares Behalten (kurzzeitig gerichtete Aufmerksamkeit)
— Vorübergehendes Behalten (Kurzzeitgedächtnis)[1]
— Langfristiges Behalten (Langzeitgedächtnis)

Das *unmittelbare Behalten* umfaßt eine Zeitspanne von mehreren Sekunden (bis etwa 10 sec; vgl. FRANK, 1961). Es wird durch einmaliges Darbieten von Testaufgaben geprüft, die unmittelbar nach der Darbietung zu reproduzieren sind. Ein typisches Beispiel hierfür ist der Untertest „Zahlennachsprechen" aus dem Hamburg-Wechsler-Intelligenztest für Kinder bzw. Erwachsene (HAWIK, HAWIE), bei dem eine Zufallsfolge von Ziffern im Abstand von ca. 1 sec vorgesprochen wird, die der Proband anschließend in korrekter Reihenfolge wiedergeben muß. Die Anzahl der in richtiger Reihenfolge reproduzierten Ziffern bildet den Kennwert für den Umfang des unmittelbaren Behaltens (bei einem Erwachsenen durchschnittlich 6—7 Ziffern).

Behaltensleistungen dieser Art sind abhängig vom Informationsmaterial (z.B. sinnvoll/sinnlos) und der Sinnesmodalität, mit der die Information aufgenommen wird. Sie sind außerordentlich störanfällig und werden sehr rasch vergessen, wenn keine Übernahme in das Kurz- bzw. Langzeitgedächtnis erfolgt. BROADBENT (1958) schreibt dem unmittelbaren Behalten die Funktion eines auswählenden Filters zu, dessen Aufgabe darin besteht, aus der Vielzahl vorhandener Informationen eine begrenzte Anzahl passieren zu lassen und kurzfristig bereitzustellen, wodurch erst eine sinnvolle, koordinierte Reaktion möglich wird. Der Umfang dieses Kurzzeitspeichers ist für verschiedene Individuen unterschiedlich groß. Seine Bedeutung als Grundlage für bestimmte Intelligenzleistungen wird verständlich, wenn man bedenkt, daß die Lösung komplexer Aufgaben in hohem Maße davon abhängt, wieviele Informationen für kurze Zeit nebeneinander aufgenommen werden können, beispielsweise beim Lösen einer Rechenaufgabe.
Eine Beeinträchtigung des unmittelbaren Behaltens findet sich vor allem bei Individuen mit hohen Angstgraden (KAYE et al., 1953) sowie bei verschiedenen klinischen Syndromen: bei psychotischen Patienten (schizophrene, manisch-depressive Erkrankungen; s. EYSENCK, 1952) und hirnorganisch veränderten Patienten (CAMERON, 1940). Unklar bleibt allerdings, welche Bedingungen bei derartig verschiedenen klinischen Gruppen zu vergleichbaren Beeinträchtigungen führen.
So nimmt PAYNE (1973) an, daß bei schizophrenen Patienten mindestens drei Faktoren an der Störung des unmittelbaren Behaltens beteiligt sind, die mit dem Umfang des Kurzzeitspeichers direkt nichts zu tun haben:

1. Die mangelnde Fähigkeit, sich auf das Informationsmaterial zu konzentrieren (erhöhte Ablenkbarkeit).
2. Die mangelnde Fähigkeit, das Informationsmaterial sinnvoll zu gliedern und damit leichter reproduzierbar zu machen.
3. Eine Verzögerung bei der Reproduktion, die den Umfang der behaltenen Informationsmenge reduziert.

---

[1] Wegen der nicht immer klar definierbaren Übergänge zwischen den verschiedenen Arten des Behaltens ergeben sich häufig terminologische Differenzen. Der Begriff „Kurzzeitgedächtnis" wird auch zur Kennzeichnung des unmittelbaren Behaltens eingesetzt; desgleichen wird der Begriff „Merkfähigkeit" sowohl für unmittelbares Behalten als auch für vorübergehendes Behalten verwendet.

Wenn zwischen Informationsaufnahme und Reproduktion eine längere Zeitspanne liegt (Minuten bis Stunden), dann entspricht die Reproduktionsleistung der Fähigkeit des *vorübergehenden Behaltens*. Es handelt sich offensichtlich um die Phase der Konsolidierung der aufgenommenen Informationen. Vermutet wird, daß die Konsolidierungsphase im Durchschnitt etwa $^1/_2$ Std beträgt (INGLIS, 1970). Diese Annahme beruht auf Beobachtungen bei bestimmten Formen des Gedächtnisverlusts (Amnesie) infolge eines Hirntraumas. Der dabei häufig vorhandene Verlust des Erinnerungsvermögens für Ereignisse, die vor dem Trauma liegen (retrograde Amnesie) umfaßt in der Mehrzahl der Fälle einen Zeitraum bis zu $^1/_2$ Std (RUSSELL u. NATHAN, 1946).

Ein Problem bei der Beurteilung des Kurzzeitgedächtnisses (vorübergehendes Behalten) ergibt sich durch den zunehmenden Einfluß von Lernprozessen. Wie auch aus den Aufgaben der „Wechsler Memory Scale" (WECHSLER, 1945; dt. Bearb. BÖCHER, 1963), einem weitverbreiteten Verfahren zur Erfassung des vorübergehenden Behaltens, deutlich wird, lassen sich Lernfähigkeit und eigentliche Gedächtnisleistung praktisch kaum noch trennen. Bei dem genannten Test werden u.a. 10 Wortpaare (z.B. Norden — Süden, Kohl — Feder) dreimal vorgegeben. Nach einer Pause von 5 sec nennt der Testleiter jeweils eines der vorgegebenen Wörter, zu dem der Proband das Paarwort finden muß.
Eine Beeinträchtigung derartiger Testleistungen findet sich vor allem im höheren Lebensalter, bei hirnorganisch veränderten Patienten sowie bei Minderbegabten. Dabei fällt auf, daß die genannten Gruppen speziell Störungen des Kurzzeitgedächtnisses zeigen, während das Langzeitgedächtnis in der Regel relativ störungsfrei funktioniert. Diese Beobachtung stützt die Annahme, daß mangelhafte Reproduktion nicht durch eine verminderte Leistung des Gedächtnisses bedingt ist, sondern daß Störungen bereits bei der Einprägung von Informationen auftreten; d.h. Material, das einmal gelernt wurde (z.B. vor Beginn eines hirnatrophischen Prozesses), ist auch durch Veränderungen des Hirngewebes zunächst kaum zu beeinflussen (auf bestimmte Ausnahmen wird im folgenden noch einzugehen sein). Klinische Störungen des vorübergehenden Behaltens können demnach primär als eine Beeinträchtigung der Aufnahmefähigkeit (Lernfähigkeit) erklärt werden und erst in zweiter Linie als Gedächtnisverlust (Vergessen).
Gemessen an der Bedeutung, die der Diagnostik des vorübergehenden Behaltens, speziell für die Erfassung hirnorganisch veränderter Probanden zukommt, spielen die Störungen des *langfristigen Behaltens* (Langzeitgedächtnis) eine sehr viel geringere Rolle. Wie im vorangehenden Abschnitt angedeutet, bleibt das Erinnerungsvermögen an länger zurückliegende Ereignisse, vor allem an Ereignisse, die vor dem Einsetzen einer Schädigung liegen, auch bei schweren psychischen Veränderungen häufig sehr lange erhalten. Dies zeigt sich u.a. darin, daß bestimmte verbale Intelligenztests weitaus weniger durch hirnorganische Veränderungen (z.B. Altersveränderungen) beeinträchtigt werden als Handlungstests. Das „Allgemeine Wissen" und der „Wortschatztest", zwei Untertests aus dem Hamburg-Wechsler-Intelligenztest für Erwachsene (HAWIE), können als Beispiele hierfür gelten[1]. Beide Untertests prüfen primär Erfahrungen, die in der Vergangenheit erworben wurden (z.B. Schulbildung).

[1] Ausgenommen sind lokalisierte Schädigungen der Hirnrinde, die speziell die Sprachregionen betreffen. So konnten COSTA und VAUGHAN (1962) nachweisen, daß bei linksseitigen Hirnläsionen vor allem die Leistung im Wortschatztest vermindert wird.

Allerdings existieren auch hirnorganisch bedingte Störungen des Langzeitgedächtnisses. Bei der senilen Amnesie dehnt sich der Gedächtnisverlust progressiv auch auf bereits fixierte Gedächtnisinhalte aus, so daß letztlich nur noch sehr stabile bzw. sehr alte Erinnerungen reproduziert werden können.
Völlig anders zu beurteilen sind dagegen Störungen des Langzeitgedächtnisses, die nur situativ auftreten. Hier kommt zur Fähigkeit der Neuaufnahme (Lernen) und zur Fähigkeit des Behaltens (Speichern) die bisher nicht diskutierte Fähigkeit der Reproduktion hinzu. Beeinträchtigungen des Gedächtnisses, die auf Reproduktionsstörungen zurückgehen, ergeben sich z. B. unter massiven Streßbedingungen oder bezüglich ganz bestimmter Gedächtnisinhalte. So konnte KLUGMAN (1965) zeigen, daß verschiedene unangenehm getönte Lerninhalte vergleichsweise schwer zu reproduzieren sind, ein Phänomen, das in ähnlicher Weise von der Psychoanalyse auch als Abwehrmechanismus der Verdrängung (A. FREUD, 1964) beschrieben wird. D. h. bedrohlich erscheinende Gedächtnisinhalte werden an ihrem Eintritt ins Bewußtsein gehindert. Anders als bei der senilen Amnesie ist diesen situativ bedingten Störungen des langfristigen Behaltens jedoch gemeinsam, daß eine Reproduktion unter bestimmten Bedingungen möglich wird (z. B. Entspannung, Hypnose).

2.1.2 Denken

Denkprozesse dienen dazu, die Vielfalt der auf das Individuum einwirkenden Reize nach bestimmten Regeln zu strukturieren und zu ordnen. Diese Organisationsvorgänge vollziehen sich entweder direkt am vorhanden bzw. vorgestellten Wahrnehmungsobjekt (anschauliches Denken) oder aber in abstrakten Begriffen (unanschauliches Denken). Die Begriffsbildung selbst ist durch die Fähigkeit gekennzeichnet, die relevanten gemeinsamen Merkmale zu erkennen und zu einer Klasse zusammenzufassen (Generalisierung) bzw. diese von anderen Klassen zu unterscheiden (Differenzierung). Der so entstandene Begriff (Konzept) wird dabei im allgemeinen mit einem bestimmten Sprachsymbol versehen.
Die Art der Begriffs- oder Konzeptbildung entwickelt sich im Verlauf der Ontogenese über verschiedene Stadien hinweg, wobei das Denken ohne konkrete oder vorgestellte Wahrnehmungsobjekte, d. h. Denken in abstrakten Begriffen, erst etwa vom 12. Lebensjahr ab möglich ist (vgl. PIAGET, 1948). Diese Fähigkeit zu formallogischen Operationen gehört zu den wichtigsten Intelligenzleistungen, da erst durch sie das Lösen abstrakter Problemaufgaben ermöglicht wird. Es ist deswegen einleuchtend, daß Störungen des abstrakten oder logischen Denkens in erheblichem Ausmaß zu einer Reduzierung der gesamten intellektuellen Leistung beitragen.
Beim Erwachsenen lassen sich verschiedene Denkstörungen unterscheiden. Zu ihnen gehören zunächst die Störungen der Begriffsbildung: Einmal die Unfähigkeit, überhaupt allgemeine Prinzipien zu abstrahieren (d. h. ausschließliche Orientierung am konkreten Wahrnehmungsinhalt), zum anderen die Unfähigkeit, nur *wesentliche* gemeinsame Merkmale zu einem Konzept zusammenzufassen (sog. „overinclusive thinking", vgl. PAYNE et al., 1959).
Die Fähigkeit, gemeinsame Merkmale zu abstrahieren und zu Klassen zusammenzufassen, wird auch als induktives Denken bezeichnet. Zur Prüfung des induktiven Denkens werden sowohl sprachgebundene als auch sprachfreie Testverfahren eingesetzt. Ein typisches sprachgebundenes Verfahren ist der Untertest „Gemeinsam-

keitenfinden“ aus dem Hamburg-Wechsler-Intelligenztest für Erwachsene (HAWIE), bei dem es darum geht, bei bestimmten Wortpaaren wie „Apfelsine-Banane“ oder „Ei-Samen“ Gemeinsamkeiten zu benennen. Eine extrem konkrete Antwort, also ein Mangel an induktivem Denken, wäre bei „Ei-Samen“ beispielsweise: „Ei und Samen sind ähnlich, weil man den Hühnern Samen füttern muß, damit sie Eier legen können.“ (Dieses und andere Beispiele finden sich bei SCHAFER, 1948.) Zu den sprachfreien Verfahren gehört der „Object Sorting Test“ von GOLDSTEIN und SCHEERER (1941), der aus verschiedenen Gebrauchsgegenständen besteht (z. B. Messer, Teller, Apfel, Würfelzucker, Ball, Zange, Nagel), die nach übergeordneten Gesichtspunkten sortiert werden müssen.
Eine Beeinträchtigung derartiger Abstraktionsleistungen findet sich bei verschiedenen klinischen Gruppen, u. a. bei bestimmten Formen der Schizophrenie und bei Hirnschädigungen (TUTKO u. SPENCE, 1962).

Werden bei der Begriffsbildung unwesentliche, nur entfernt verwandte Merkmale oder auch persönliche Assoziationen in das Konzept miteinbezogen, dann bezeichnet man diese Störung als „overinclusive thinking“; d. h. der Proband verfügt nur über sehr weitgefaßte und ungenaue Konzepte. Er generalisiert zu stark und differenziert zu wenig. Im „Gemeinsamkeitenfinden“ würde er beispielsweise bei „Apfelsine-Banane“ anführen: „unbelebte Objekte“, in einem Sortiertest würde er (als extreme Reaktion) nicht nur runde Objekte wie Ball oder Perlen zusammenfassen, sondern auch verschiedene Werkzeuge, deren Ähnlichkeit er damit begründet, daß der Griff gleichfalls rund sei.
HAWKS und PAYNE (1971) konnten zeigen, daß „overinclusive thinking“ vor allem bei Probanden zu beobachten ist, die u. a. durch Überaktivität, Redseligkeit und aggressiv-feindseliges Verhalten auffallen. Im Hinblick auf verschiedene klinische Gruppen tritt es in etwa $^1/_3$ der Fälle bei manischen und akut schizophrenen Patienten auf, gelegentlich auch bei bestimmten neurotischen Störungen (vgl. PAYNE, 1973).

Sortiertests von der Art des erwähnten „Object Sorting Test“ prüfen häufig, ob die Gegenstände unter *verschiedenen* Gesichtspunkten zusammengefaßt werden können (z. B. nach Gebrauchsaspekten, nach Form oder Farbe). Je besser die Fähigkeit ausgebildet ist, diese Objekte nach unterschiedlichen Konzepten zu organisieren, desto effizienter kann auch das Lösen von Problemaufgaben erfolgen. Das Umstrukturierungsvermögen (sog. „shifting“) variiert von Individuum zu Individuum. Es gibt Probanden, die nicht in der Lage sind, nach einem einmal aufgestellten Konzept ein neues zu entwickeln (Rigidität des Denkens). Eine Zunahme rigiden Denkens findet sich z. B. unter Streßbedingungen (COWEN, 1952).

In der Psychiatrie ist es üblich, inhaltliche Denkstörungen (Zwangsideen, Wahnideen, wahnartige Ideen, überwertige Ideen) von formalen Denkstörungen (Ideenflucht, Denkhemmung, Denksperrung, Zerfahrenheit des Denkens) zu unterscheiden. Auf die inhaltlichen Denkstörungen soll hier nicht näher eingegangen werden, da sie primär „aus der Sphäre der Ich-, Affekt- und Triebstörungen“ stammen (vgl. WEITBRECHT, 1963). Die genannten formalen Denkstörungen sind im wesentlichen klinisch-intuitive Beschreibungen des Denkablaufs, deren experimentalpsychologische Analyse noch weitgehend aussteht. Die meisten Untersuchungen können im Zusammenhang mit den Kategorien „Denkhemmung“ bzw. „Denksperrung“ gesehen werden. Verschiedene Patienten-Gruppen (manische und depressive wie vor allem chronisch schizophrene und organisch hirngeschädigte Patienten) zeigen eine deutliche Verlangsamung beim Lösen von Problemaufgaben (SHAPIRO u. NELSON, 1955). Allerdings läßt sich bisher keineswegs sagen, welche Funktionen für diese Beeinträchtigung verantwortlich zu machen sind. Erhöhte Ablenkbarkeit, psychomotorische Verlangsamung und emotionale Sperrung können ebenso dazu beitragen wie die erwähnten Störungen der Begriffsbildung.

2.1.3 Wahrnehmung

Wahrnehmung ist nicht nur Reaktion der Sinnesorgane auf verschiedene physikalisch-chemische Reizstrukturen, sondern Wahrnehmung muß auch in Abhängigkeit von der Gesamtpersönlichkeit, ihren Bedürfnissen und dem System ihrer sozialen Bezüge gesehen werden.
Die Wahrnehmungspsychologie untersucht die Beziehungen zwischen einer objektiv definierbaren Realität und dem subjektiv erlebten Abbild dieser Realität. Da es sehr schwierig ist, jeweils den Stellenwert zu bestimmen, den verschiedene Einflußfaktoren wie Gedächtnis, soziale Einstellungen, Bedürfnisse etc. beim Wahrnehmungsvorgang haben, gibt es gegenwärtig keine allgemeingültige Wahrnehmungstheorie, sondern bestenfalls einige mehr oder weniger gesicherte Modellvorstellungen und Theorien über bestimmte Wahrnehmungsaspekte.
Störungen der Wahrnehmung können entsprechend der Komplexität des Reizmaterials sowie der beteiligten Verarbeitungsbedingungen auf verschiedenen Komplexitätsstufen beschrieben werden. Sie zeigen sich ebenso in den elementaren Prozessen der Erregung und Erregungsfortleitung, etwa bei Gesichtsfeldausfällen (Skotom) durch Schädigung der Retina oder der Sehbahn wie auch in den sehr viel umfassenderen Prozessen der Raumwahrnehmung bzw. in Wahrnehmungsvorgängen, die nicht in erster Linie auf unmittelbare Sinneserfahrungen zurückgehen.

Die zur Rückführung von Wahrnehmungsstörungen auf bestimmte Schädigungen des Gehirns ist ein Aufgabengebiet der Neuropsychologie. Da an den psychologisch relevanten Wahrnehmungsvorgängen im allgemeinen komplizierte funktionale Systeme beteiligt sind, die sich aus dem Zusammenwirken verschiedener Hirnbereiche ergeben, kann der gleiche Wahrnehmungsprozeß grundsätzlich durch Schädigung ganz verschiedener Hirnbereiche gestört werden. Allerdings hängen Schweregrad und Art der Störung wiederum davon ab, welcher Hirnbereich primär betroffen ist, d.h. welche Bedeutung ihm innerhalb des jeweiligen funktionalen Systems zukommt. So hat TEUBER (1966) am Beispiel der Raumwahrnehmung gezeigt, daß sich drei voneinander unabhängige Aspekte der visuellen räumlichen Organisation unterscheiden lassen:

1. Die Abbildung des unmittelbar gegebenen visuellen Raumes aufgrund der im visuellen Cortex ablaufenden Analyse von Linienführung, Größe, Bewegung etc., ein Prozeß, der besonders durch umschriebene Schädigungen dieser Hirnregion (Hinterhauptslappen) beeinträchtigt wird.

2. Die Kompensationsvorgänge, die auch bei Lageveränderungen des Körpers für eine gleichbleibende Raumwahrnehmung sorgen, d.h. die Koordination von sensorischen und motorischen Systemen (besonders beeinträchtigt bei umschriebenen Frontallappenschädigungen).

3. Die räumliche Orientierung (Raumvorstellung), wie sie beispielsweise in der Unterscheidung von rechts und links oder beim Lesen von Landkarten gefordert wird (besonders beeinträchtigt bei umschriebenen Scheitellappenschädigungen).

Man kann daraus schließen, daß Wahrnehmungsvorgänge ganz wesentlich auf der Integration zahlreicher Informationen beruhen, und es ist einleuchtend, daß sich Störungen der Hirnfunktion um so eher nachweisen lassen, je mehr Integrationsleistungen gefordert werden, d.h. je komplexer eine Aufgabe ist. Auf der Grundlage dieser Erkenntnis sind die sog. „Hirnorganiker-Tests" entwickelt worden. So prüft der BENTON-Test (BENTON, 1961) z.B. die Fähigkeit, verschiedene Bildvorlagen (geometrische Figuren) nach einer Expositionszeit von 10 sec aus dem Gedächtnis aufzuzeichnen (s. Abb. 2). Hierdurch wird nicht nur die visuelle Informationsverarbeitung objektiviert, sondern gleichzeitig das Gedächtnis und die motorischen Fähigkeiten, also eine sehr komplexe Leistung, die relativ leicht durch verschiedenartige Hirnschädigungen beeinträchtigt wird.

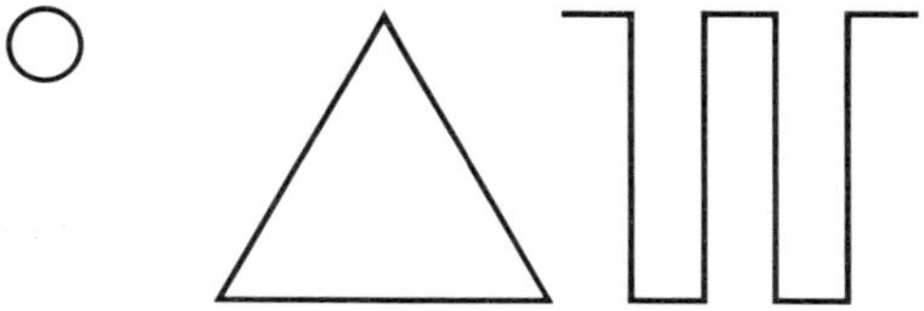

Abb. 2. Beispiel für eine der zu reproduzierenden Vorlagen des BENTON-Tests

Wahrnehmungsstörungen lassen sich zwar häufig, jedoch keineswegs generell auf lokalisierbare Schädigungen des Gehirns zurückführen. Ein Beispiel hierfür ist die Fähigkeit, wesentliche und unwesentliche sensorische Informationen zu trennen. Die Annahme, daß Wahrnehmungsstörungen bei verschiedenen Patientengruppen durch die Unfähigkeit bedingt sind, die Aufmerksamkeit in erster Linie auf *wesentliche* Informationen zu richten, geht u.a. auf Experimente zurück, in denen die Augenbewegungen beim Betrachten von Bildern registriert wurden (vgl. LURIA, 1965). Aus diesen photographisch registrierten Protokollen läßt sich ablesen, daß normalerweise ein Bild mit Hilfe des Gesichtssinnes systematisch strukturiert wird, d.h. wesentliche Bildpunkte z.B. länger und häufiger fixiert werden als unwesentliche. Demgegenüber finden sich irreguläre Augenbewegungen mit zufälligen Fixationsschwerpunkten sowohl bei Patienten mit bestimmten Schädigungen des visuellen Cortex als auch bei verschiedenen schizophrenen Patienten. Ähnlich gestört verhalten sich autistische Kinder; verglichen mit normalen und auch retardierten Kindern richten sie beim gleichzeitigen Betrachten mehrerer Bilder ihre Aufmerksamkeit signifikant häufiger auf neutrale Bildpunkte, wie z.B. den Bildhintergrund (O'CONNOR u. HERMELIN, 1967).
Vergleichbare Wahrnehmungsstörungen können demnach mit völlig verschiedenen Krankheitsbildern assoziiert sein, wobei die mangelnde Fähigkeit der Informationsdifferenzierung und -strukturierung bei schizophrenen Patienten üblicherweise mit einer allgemeinen, nicht nur auf den visuellen Bereich beschränkten, Aufmerksamkeitsstörung erklärt wird. So zeigt sich ein erweiterter Aufmerksamkeitsumfang vor allem bei akuten schizophrenen Erkrankungen (ORNITZ, 1969). Bei chronisch schizophrenen Erkrankungen scheint hingegen eher das Gegenteil, also ein eingeengter Aufmerksam-

keitsumfang, vorzuliegen, der sich z. B. darin äußert, daß diese Patienten ihre Wahrnehmung primär auf jeweils eine Sinnesmodalität begrenzen (FEENEY, 1971). Möglicherweise kann diese Wahrnehmungsbegrenzung als Schutzreaktion gegen die im akuten Krankheitsstadium vorhandene Reizüberflutung interpretiert werden (BROEN, 1968).

Eine andere, selektive Form der Schutzreaktion ist unter der Bezeichnung „Wahrnehmungsabwehr" (perceptual defense) bekannt geworden.
Wenn man bei verschiedenartigem Reizmaterial den Grad der Strukturiertheit oder Erkennbarkeit verringert, dann ergeben sich häufig situations- oder persönlichkeitsspezifische Wahrnehmungsdifferenzen, sowohl bezüglich der Interpretation des Reizmaterials als auch bezüglich der Geschwindigkeit des Erkennens. Bei der Anwendung projektiver Tests (vgl. Kap. C) werden derartige Differenzen, die u. a. durch motivationale und emotionale Faktoren bedingt sind, für diagnostische Zwecke genutzt. Ein verwandtes Verfahren, mit dessen Hilfe vor allem die Identifikationsgeschwindigkeit verschiedener Reize geprüft wird, ist die tachistoskopische Darbietung (kurzzeitige visuelle Exposition) von Bildern, Wörtern, Sätzen etc. Es hat sich gezeigt, daß bei tabuisierten bzw. konfliktbesetzten Reizen die Schwelle des Erkennens gegenüber neutralen Reizen entweder signifikant herabgesetzt oder erhöht ist. Im ersten Fall spricht man von Wahrnehmungsvigilanz, im letzteren von Wahrnehmungsabwehr (BRUNER u. POSTMAN, 1947). Zahlreiche experimentalpsychologische Befunde (vgl. ERIKSEN u. PIERCE, 1968) weisen darauf hin, daß es sich hierbei um persönlichkeitsspezifische Wahrnehmungsveränderungen handelt, die nicht durch die physikalischen Eigenschaften, sondern durch die Bedeutungsqualität des Reizes hervorgerufen werden. Dabei hängt die Höhe der Identifikationsschwelle von der Art der persönlichen Reizverarbeitung ab: So zeigen z. B. offen aggressive Patienten bei aggressiven Bildern geringere Wahrnehmungsschwellen als bei neutralen Bildern (Vigilanz), wohingegen Patienten, die zu einer Vermeidung oder Verdrängung aggressiver Inhalte tendieren, eine erhöhte Wahrnehmungsschwelle aufweisen (Abwehr).

In ähnlicher Weise von situations- oder persönlichkeitsspezifischen Bedingungen abhängig ist die Umwandlung oder Verzerrung von Wahrnehmungsobjekten. Sie ist jedem geläufig, der mit hoher Motivation ein bestimmtes Ziel verfolgt und dabei eine objektivierbare Verfälschung von Reizen oder Reizmustern (Inschriften, Geräusche etc.) im Sinne seiner Erwartung vornimmt. Derartige subjektive Veränderungen einer objektiv gegebenen Sinneserfahrung (auch Illusion oder illusionäre Verkennung genannt) treten im klinischen Bereich besonders häufig bei Bewußtseinsstörungen verschiedener Genese auf.

Im Gegensatz zu den Illusionen werden Halluzinationen als Wahrnehmung *ohne* objektiv gegebene Sinneserfahrung definiert. Man findet sie bei veränderter Bewußtseinslage, u. a. bei extremer Isolierung gegenüber Umweltreizen (sensorische Deprivation) oder im Rahmen einer akuten Beeinträchtigung des Nervensystems (z. B. delirante Halluzinationen bei Alkoholintoxikation).
Ist der Betroffene von der Realität seiner Trugwahrnehmung nicht überzeugt, dann spricht man von Pseudohalluzinationen (z. B. sog. hypnagoge Zustände kurz vor dem Einschlafen).
Allerdings sind Halluzinationen nicht ausschließlich durch einen veränderten Bewußt-

seinszustand zu erklären, da sie auch ohne erkennbare Bewußtseinsstörungen auftreten, etwa bei schizophrenen Patienten. Allgemeingültige Aussagen über die Entstehungsbedingungen von Halluzinationen sind zur Zeit also noch nicht möglich.

Die in diesem Abschnitt beschriebenen Störungen stellen nur eine sehr begrenzte Auswahl dar. Sie sollen als Beispiele gelten für die außerordentlich vielfältigen Veränderungen der Reizerfassungs- und Reizverarbeitungsvorgänge, die unter dem Begriff der Wahrnehmung zusammengefaßt werden. Die notwendige Begrenzung wird allein schon dadurch deutlich, daß im wesentlichen Störungen der visuellen Wahrnehmung behandelt wurden, des für den Menschen allerdings zweifellos wichtigsten Sinnesbereiches.

2.2 Emotionale Störungen

2.2.1 Angst

Kaum ein Gegenstand der Psychologie ist in letzter Zeit so häufig untersucht, diskutiert und erwähnt worden wie das Konstrukt der Angst, ablesbar an der exponentiell ansteigenden Zahl einschlägiger Arbeiten (vgl. SPIELBERGER, 1966). Das Problem einer Definition dieses Begriffes wird durch eine Reihe unterschiedlicher Aspekte hervorgerufen, die häufig nicht klar genug getrennt werden bzw. gar nicht immer klar genug zu trennen sind. Dennoch ist es zweckmäßig, bei der Darstellung von Angstverhalten zumindest die folgenden Gesichtspunkte zu differenzieren:

- Die Beziehungen zwischen subjektiv erlebter Angst und objektiv erfaßter Angst,
- die Bedingungen, die mit hoher oder geringer Wahrscheinlichkeit Angst auslösen,
- die Unterscheidung zwischen aktuellen Angstzuständen und überdauernder Angstbereitschaft und
- die Unterscheidung zwischen normalen und pathologischen Angstreaktionen.

Ein Teil der damit verbundenen grundsätzlichen Fragen ist bereits im Kap. A und C diskutiert worden. Wir werden uns hier primär mit den drei letzten Gesichtspunkten zu befassen haben.

Der situationsgebundene aktuelle Angstzustand kann als eine Notfallsreaktion angesehen werden, die es erlaubt, einer bedrohlichen Situation in psychologisch sinnvoller Weise entgegenzutreten. Es werden Abwehrkräfte mobilisiert, die sich in einer psychophysiologischen Aktivierung ausdrücken und die eine Steigerung der Leistungsfähigkeit zur Folge haben. Wenn die Aktivierung jedoch zu stark wird, dann wiederum beeinträchtigt sie die Leistungsfähigkeit, d.h. sehr intensive Angst verhindert eine koordinierte Reaktion. Die Beziehung zwischen Aktivierungsgrad und Leistung entspricht mit gewissen Einschränkungen einer von YERKES und DODSON (1908) erstmalig formulierten und experimentalpsychologisch fundierten umgekehrt U-förmigen Funktion, wonach optimale Leistungen bei einem mittleren Aktivierungsgrad resultieren, während ein zu hoher und ein zu geringer Aktivierungsgrad die Leistungsfähigkeit vermindert. Das für den Angstzustand charakteristische Erleben ist ein diffuses Gefühl der Bedrohung, der Spannung und Unruhe. Es läßt sich mit Hilfe von Fragebogen erfassen, welche die aktuelle Befindlichkeit eines Pbn widerspiegeln, z.B. mit Hilfe der ‚Affect Adjective Check List‘ (ZUCKERMANN, 1960).

Bei einer Reihe verschiedener psychischer Störungen können sehr intenive Angstzustände auftreten, etwa bei akuten beginnenden Schizophrenien oder bei Phobien. Klinisch bedeutsam wird ein akuter Angstzustand immer dann, wenn

— eine Vielzahl von Situationen ihn auszulösen vermag,
— die Angstreaktionen im Verhältnis zur angstauslösenden Situation unangemessen heftig sind bzw.
— keine bewußte Beziehung zwischen einer bedrohlichen Situation und der Angstreaktion herzustellen ist (freischwebende Angst).

Neben dem akuten Angstzustand zeigt sich Angst auch als überdauernde Persönlichkeitseigenschaft (vgl. CATTELL u. SCHEIER, 1961). Das bedeutet nicht, daß diejenigen, bei denen diese Eigenschaft sehr ausgeprägt ist, permanent mit Angst reagieren, sondern vielmehr, daß akute Angstreaktionen mit erhöhter Wahrscheinlichkeit zu erwarten sind. Man kann deswegen auch von überdauernd hoher Angstbereitschaft sprechen.

Psychophysiologische Maße spielen bei der Messung von Angstbereitschaft eine nur untergeordnete Rolle, da ihre hohe Situationsabhängigkeit das Aufdecken stabiler interindividueller Differenzen verhindert. D.h. bis auf wenige Ausnahmen werden hier vor allem Kriterien der Fremd- und Selbsteinschätzung herangezogen (Verhaltensbeobachtungen, projektive Tests, Leistungstests, Fragebogen). Große Bedeutung kommt vor allem den Angstfragebogen zu, deren bekanntester die ‚Manifest Anxiety Scale‘ (MAS) von TAYLOR (1953) sein dürfte.[1)]
Ähnlich wie die Intelligenz ist die Angstbereitschaft eine mehrdimensionale Persönlichkeitseigenschaft, die im Falle der MAS mindestens fünf voneinander unabhängige Dimensionen umfaßt (O'CONNOR et al., 1956):

— Tendenz sich Sorgen zu machen,
— erhöhte physiologische Reagibilität,
— Schlafstörungen, gekoppelt mit inneren Spannungen,
— geringes Selbstvertrauen und
— motorische Spannungen (bzw. motorische Unruhe).

Angstbereite Personen sind dadurch gekennzeichnet, daß sie eine Vielzahl von Situationen als bedrohlich erleben. Sie sind in hohem Maße angstgefährdet und dementsprechend häufig bemüht, Angst abzuwehren und zu bewältigen. Ein typisches Abwehrverhalten ist beispielsweise die Vermeidungsreaktion. Wer Angst vor Schmerzen, speziell vor dem Zahnarzt hat, der geht seltener zu einer Zahnbehandlung als derjenige, der diese Angst nicht hat (KEGELES, 1963). Derartige Vermeidungsreaktionen sind weitverbreitet. Wenn sie sehr häufig und unflexibel eingesetzt werden, dann schränken sie den individuellen Verhaltensspielraum erheblich ein. Im Konzept der Angstbereitschaft sind demnach direkte Auswirkungen bereits erlebter Angstzustände und ihre indirekten Auswirkungen, d.h. verschiedene Bemühungen der Abwehr von Angstzuständen, eng miteinander verknüpft.
Hieraus können sich überdauernde, individualspezifische Störungen ergeben, die insgesamt als *neurotisches* Verhalten bezeichnet werden. Der Kliniker unterscheidet dabei verschiedene chronifizierte Verhaltensmuster, zu denen etwa asthenische Reaktionen

---

[1)] Im deutschen Sprachbereich läßt sich die Skala dem MMPI-Saarbrücken (1963) entnehmen.

wie Abgeschlagenheit, Schwächegefühle, depressive Verstimmung, Klagen über körperliche Beschwerden u.ä. gehören. Ein weiteres Beispiel sind die Zwangsneurosen, die sich in Zwangshandlungen (Zählen von irrelevanten Gegenständen, wiederholtes Händewaschen) oder Zwangsgedanken (Vorstellen von Unglücksfällen, Todesgedanken) äußern. Desgleichen kann eine Umsetzung der Angst in körperliche Veränderungen (Somatisierung) zu verschiedenen funktionellen Störungen oder psychosomatischen Erkrankungen führen.
Obwohl Angstbereitschaft und neurotisches Verhalten sehr viele Gemeinsamkeiten haben, wäre es aus differentialdiagnostischer Sicht unzweckmäßig, beide Merkmale als identisch zu betrachten. Unter den experimentell arbeitenden klinischen Psychologen vertritt u.a. EYSENCK (1967) diesen Standpunkt, indem er zwar einerseits darauf hinweist, daß Angst- und Neurotizismusfragebogen generell sehr hoch miteinander korreliert sind, gleichzeitig jedoch feststellt, daß auch zwischen Angst und Introversion signifikant positive Korrelationen bestehen. In EYSENCKS Persönlichkeitsmodell wären deswegen nicht alle Neurotiker von hoher Angstbereitschaft, sondern primär die neurotisch Introvertierten (Dysthymiker).
Personen mit hohen Werten in Angstfragebogen reagieren nur dann mit akuten Angstzuständen, wenn sie sich unter irgendwie gearteten Streß-Bedingungen befinden. Bedingt durch die unterschiedlichen Vorerfahrungen jedes einzelnen ist bisher wenig darüber bekannt, wie Streßsituationen beschaffen sein müssen, damit sie bei angstbereiten Personen akute Angstzustände auslösen. Es spricht jedoch vieles dafür, daß es im Sozialbereich besonders diejenigen Situationen sind, die die Möglichkeit des Versagens einschließen (SPIELBERGER, 1966). So besitzen Leistungs- oder Prüfungssituationen mit hoher Wahrscheinlichkeit Streß-Eigenschaften, weil das Erbringen von Leistungen bzw. das Bestehen von Prüfungen durch die Gesellschaft sehr hoch bewertet wird, Versagen hingegen als unerwünscht gilt (MANDLER u. COWEN, 1958).

Diese Feststellung wird durch zahlreiche Experimente über den hemmenden Einfluß von intensiver Angst auf komplexe Lernleistungen bestätigt (z.B. durch die Untersuchungen von BEAM, 1955; SARASON, 1958).
Angstreaktionen auf Schmerz oder unter sozialen Streßbedingungen (Leistung, Prüfung) sind für jedermann einfühlbar. Selbst extremes, panikartiges Verhalten bleibt in gewisser Weise verständlich, da es ohne weiteres als intensivere Ausprägung von situationsbezogener normaler Angst gesehen werden kann. Anders verhält es sich jedoch mit denjenigen, die auch unter Bedingungen mit Angst reagieren, welche normalerweise keine Angst auslösen. Es ist nur schwer verständlich, daß jemand in geschlossenen Räumen oder auf offenen Straßen und Plätzen akute Angst zeigt, da das Bedrohliche dieser Situationen nicht zu erkennen ist.
Erst vor dem Hintergrund lernpsychologischer Forschung lassen sich diese Beobachtungen in bestimmte Zusammenhänge einordnen. In einem klassisch gewordenen Experiment haben WATSON und RAYNER (1920) am Fall des knapp 1jährigen Albert die Entstehung und Verselbständigung von Angstreaktionen demonstriert:

Während eines längeren Beobachtungszeitraumes stellten die Untersucher fest, daß Albert ein ausgesprochen ausgeglichenes Kind war, das gegenüber bestimmten Gegenständen (Pelzmantel) oder Tieren (weiße Ratte, Kaninchen) keinerlei Angst zeigte. Nur auf plötzliche laute Geräusche reagierte er äußerst schreckhaft. Der eigentliche Versuch begann nun damit, daß Albert mit der weißen Ratte, mit der er bereits des öfteren gespielt

hatte, wiederum zusammengebracht wurde. Dieses Mal ertönte jedoch, kurz nachdem er die Ratte berührt hatte, hinter seinem Rücken ein lauter Gong. Albert erschrak zunächst und fing schließlich bei einer Wiederholung des gleichen Vorgangs an zu weinen. Das Experiment wurde unterbrochen und eine Woche später fünfmal hintereinander am gleichen Tag wiederholt. Jedesmal reagierte Albert mit heftigen Emotionen, die insgesamt als akuter Angstzustand interpretiert werden konnten.
Unmittelbar darauf boten die Untersucher die Ratte ohne begleitendes Geräusch dar, worauf Albert sofort zu weinen begann und die Flucht ergriff.
An den folgenden Tagen stellten die Untersucher fest, daß Albert auch auf das Kaninchen und den Pelzmantel mit Angst reagierte, während er mit anderen Dingen ohne besondere Auffälligkeiten spielte. Die heftigen Reaktionen auf Ratte, Kaninchen und Pelzmantel schwächten sich zwar allmählich ab, waren jedoch noch Wochen später auszulösen.

An diesem Experiment läßt sich zeigen, daß akute Angstzustände auch durch zuvor indifferente Reize ausgelöst werden können, wenn diese mehrfach in bestimmter Weise mit angstauslösenden Reizen gekoppelt wurden. Mehr noch: die Angstreaktionen übertragen sich u. U. auf andere, ähnliche Reizbedingungen, die früher gleichfalls keine Angst auszulösen vermochten.
Es ist einleuchtend, daß derartige fortlaufende Konditionierungsvorgänge im Verlauf der individuellen Entwicklung nicht immer so eindeutig zu analysieren sind wie in dem geschilderten Experiment und daß deswegen zahlreiche akute Angstzustände zunächst in keiner erkennbaren Relation zur angstauslösenden Situation stehen müssen; u. U. wird erst durch eine genaue Verhaltensanalyse diese Beziehung herzustellen sein.

2.2.2 Ärger/Aggressivität

Wie in Kap. A und C bereits dargestellt, können Frustrationen aggressive Verhaltensweisen auslösen, die von psychophysiologischer Aktivierung und dem emotionalen Zustand Ärger (Wut, Zorn) begleitet werden. Es ist nicht eindeutig zu klären, inwieweit derartige Verhaltensweisen angeborene Reiz- und Reaktions-Muster darstellen, inwieweit sie durch Sexualhormone oder durch Störungen der Hirnfunktionen modifiziert werden, fest steht jedoch, daß an ihrer Entstehung auch Lernprozesse in erheblichem Ausmaß beteiligt sind.
Der emotionale Erregungszustand Ärger (Wut Zorn) läßt sich analog dem akuten Angstzustand mit Hilfe physiologischer Meßmethoden sowie über eine subjektive Zustandsbeurteilung (z. B. über Befindlichkeitsskalen) erfassen. Es besteht kein Zweifel, daß derartige emotionale Veränderungen die Wahrscheinlichkeit des Auftretens von aggressiven Äußerungen (Aggressionen) beträchtlich erhöhen. Allerdings bestehen ebensowenige Zweifel daran, daß aggressive Äußerungen auch *ohne* emotionale Erregung bzw. ohne vorangehende Frustration möglich sind (vgl. BERKOWITZ, 1969), wobei man hier in erster Linie an Aggressionen zu denken hat, die durch verschiedene Lernvorgänge erworben wurden (s. auch Kap. C).
Aufgrund zahlreicher angeborener und erworbener Einflußfaktoren besteht eine erhebliche interindividuelle Variation im Hinblick auf die Bereitschaft zu aggressiven Verhaltensweisen (Aggressivität). Diese unterschiedliche Reaktionsbereitschaft läßt sich mit Hilfe verschiedener Methoden erfassen. Spektakuläre Beachtung hat der Aggressions-Apparat von BUSS (1961) gefunden, mit dessen Hilfe die untersuchte Person die Möglichkeit bekommt, einer anderen Person elektrische Strafschocks von unterschiedlicher Anzahl und Intensität zu applizieren. Dabei glaubt der Pro-

band, er befinde sich in einer Realsituation; er weiß nicht, daß die Reaktionen des geschockten Partners nur gespielt sind. Das Ausmaß der Aggressivität läßt sich operational durch Anzahl und Intensität der verabreichten Schocks definieren.

Neben derartigen Verhaltensmaßen werden projektive Verfahren und vor allem Fragebogen zur Messung der Aggressivität eingesetzt (vgl. SELG, 1968). Einer der ersten systematisch analysierten Fragebogen ist das BUSS-DURKEE-Inventory (1957), bei dessen Konstruktion die Verfasser davon ausgingen, daß auch die Aggressivität (wie die Angstbereitschaft) ein Konstrukt ist, das mehrere Aspekte umfaßt. Sie stellten ein Fragenreservoir zusammen, das sie in folgende Gruppen gliederten:

— Körperliche Gewaltanwendung gegen Personen,
— indirekte oder ungerichtete Aggressionen (z.B. Türenknallen),
— Erregbarkeit (z.B. bei geringfügigen Provokationen zu explodieren),
— Negativismus (z.B. mangelnde Kooperationsbereitschaft; Auflehnung gegen Autoritätspersonen oder Konventionen),
— Ressentiments (z.B. Eifersucht, Haß, Gefühl ungerecht behandelt zu werden),
— Verdächtigungen (z.B. Mißtrauen),
— verbale Aggressionen (z.B. ironische Bemerkungen, Beschimpfungen).

Die Analyse der Gemeinsamkeiten (Interkorrelationen) dieser Fragenkomplexe ergab, daß sie sich im wesentlichen zu zwei übergeordneten, voneinander unabhängigen Kategorien (Faktoren) zusammenfassen lassen:

1. Offenes aggressives Verhalten (vor allem körperliche Gewaltanwendung, ungerichtete Aggressionen, Erregbarkeit und verbale Aggressionen),
2. Feindseligkeit (vor allem Ressentiments, Verdächtigungen).

Beide Kategorien (aggressives Verhalten und feindselige Haltung) sind Bestandteile der Persönlichkeitseigenschaft Aggressivität, deren Ausprägungsgrad von Individuum zu Individuum variiert. Dabei wird angenommen, daß ein hoher Fragebogenwert eine Person kennzeichnet, die bereit ist, in zahlreichen Situationen aggressives Verhalten zu äußern. Ob sie es allerdings tatsächlich realisiert, ist nicht ohne weiteres vorherzusagen, denn das klinische Problem der erhöhten Aggressivität kann sich in zweifacher Weise zeigen:

1. Wenn Ärger und Aggressionen ungehemmt und den gesellschaftlichen Normen zuwiderlaufend ausgelebt werden oder aber
2. wenn sie eine zu starke Hemmung erfahren.

Im letzteren Fall können sich Störungen ergeben, bei denen Angst vor Strafe und Schuldgefühle im Vordergrund stehen; im Falle der ungehemmten Aggressivität pflegt man die resultierenden antisozialen Verhaltensweisen auch als Soziopathie zu bezeichnen.

Die Erscheinungsweisen psychischer Störungen werden entscheidend durch die *Hemmung von Aggressionen* bestimmt (vgl. BERKOWITZ, 1962). Je mehr jemand Strafe befürchtet, desto unwahrscheinlicher ist es, daß er z.B. offenes aggressives Verhalten zeigt; dies gilt sowohl für die Angst vor materiellen Strafen als auch für die Angst vor Zuwendungsverlust (Mißbilligung), besonders wenn die Zuneigung oder das Wohlwollen anderer hoch eingeschätzt werden. In gleicher Weise hemmend wirken Schuldgefühle, die der individuellen moralischen Bewertung aggressiven Verhaltens entspringen.

Beide Hemmungsfaktoren, Angst vor Strafe und Schuldgefühle, entwickeln sich unter dem Einfluß soziokultureller Normvorstellungen. Daraus ergibt sich, daß die Äußerung von Ärger und Aggressionen auch einer situativ bedingten Variabilität unterliegt, je nach Billigung oder Mißbilligung durch die soziale Umgebung. So ist körperliche Gewaltanwendung im allgemeinen nicht erwünscht, unter bestimmten Bedingungen jedoch durchaus statthaft (z. B. im Krieg, beim Boxsport). Außerdem wird die Möglichkeit der Ärger-/Aggressionsäußerung ganz wesentlich durch die Position des Individuums innerhalb einer Dominanzhierarchie bestimmt: Gegenüber dominanten Autoritätspersonen (Vater, Vorgesetzter etc.) werden Aggressionen eher gehemmt als gegenüber unterlegenen, abhängigen Personen (THIBAUT u. RIECKEN, 1955).

Wenn aus den genannten Gründen ein bestimmtes aggressives Verhalten nicht möglich ist, tendiert das Individuum dazu, eine Ersatzlösung zu finden, die ihm Angst oder Schuldgefühle erspart oder zumindest verringert. Dazu gehören:

— die Vermeidung von Situationen, die Ärger oder Aggressionen auslösen,
— anonyme Reaktionen, d.h. ein Vermeiden der Verantwortung für aggressives Verhalten,
— eine Änderung der Form (nicht des Ziels) des aggressiven Verhaltens. D.h. statt eines körperlichen Angriffs kann beispielsweise verbal aggressives Verhalten geäußert werden (Beleidigung, Ironie etc.),
— eine Änderung des Aggressionsziels (Verschiebung). D.h. anstelle der Autoritätsperson kann beispielsweise eine unterlegene Person angegriffen werden (sog. Sündenbock).

Allerdings sind derartige Ersatzlösungen nur vorübergehend von Nutzen. Werden sie im Falle hoher Aggressionsbereitschaft sehr oft und unmodifiziert herangezogen, dann behindern sie ihrerseits wieder die Aufnahme normaler Umweltbeziehungen.

Somit können Angst, Schuldgefühle, aber auch unflexible Ersatzlösungen bei fortdauernder Aggressionshemmung zu chronischen, individualspezifischen Störungen des Verhaltens führen. Diese Störungen sind vor allem durch die Unsicherheit gekennzeichnet, in aggressionsfordernden Situationen (z. B. Durchsetzung eigener Wünsche oder Bedürfnisse) angemessen aggressiv zu reagieren, d. h. sie äußern sich ebenso als unangemessen passives Verhalten wie auch als unerwartet heftige Aggressionsdurchbrüche. In diesem Zusammenhang konnte MEGARGEE (1966) zeigen, daß bei kaum einfühlbaren Gewaltverbrechen in vielen Fällen eine übermäßige Aggressionshemmung vorausging, die plötzlich und aus geringfügigem Anlaß aufgehoben worden war.

Da aggressives Verhalten häufig von psychophysiologischen Erregungszuständen begleitet wird, ist es nicht verwunderlich, daß wiederholte Aggressionshemmung auch zu physiologischen Veränderungen führen kann. In der Entstehungsgeschichte einer Reihe von chronifizierten physiologischen Störungen spielt das Problem der Aggressionsbewältigung offensichtlich eine große Rolle.

Wie bereits erwähnt, sind antisoziale Verhaltensweisen (kriminelle Handlungen) u. U. Folgen einer übermäßigen Aggressionshemmung. Sie können jedoch ebensogut Ausdruck von *ungehemmter Aggressivität* sein. Sehr aggressive Kinder wachsen häufiger als nicht aggressive Kinder in Familien auf, in denen oft und unangemessen hart gestraft wird (BAUMRIND, 1967). Diese Beobachtung läßt sich ohne Schwierigkeiten im Sinne der Frustrations-Aggressions-Hypothese erklären: Harte Strafen führen zu wiederholten Frustrationen kindlicher Bedürfnisse und damit zu erhöhter Aggressivität. Gleichzeitig bieten die Eltern durch ihr aggressives Vorbild ein Verhaltensmodell an, dessen Imitation die Entwicklung hemmender Schuldgefühle verhindert. Da zumindest innerhalb des Elternhauses noch die Angst vor Strafe eine aggressionshemmende Wirkung hat (BANDURA u. WALTERS, 1959), tendieren diese Kinder und Jugendlichen zur Bildung von Gruppen oder Banden, in deren Wertsystem ihre Aggressivität akzeptiert und mit Anerkennung belohnt wird. Nach BERKOWITZ (1962) wächst die Wahrscheinlichkeit einer kriminellen Aktivität derartiger Gruppen durch:

1. den Abbau von Hemmungen gegenüber Verhaltensweisen, die von der Gesellschaft mißbilligt werden (Rechtfertigung ungesetzlicher Handlungen; Verringerung der Angst vor Strafe, z.B. Verringerung der Angst vor dem Gefaßtwerden);
2. die Verstärkung (Bekräftigung) der Bereitschaft zu aggressiven, antisozialen Verhaltensweisen (kriminelle Disposition).

Ungehemmte Aggressivität, die zu antisozialen Verhaltensweisen führt (Soziopathie), wird demnach entscheidend durch den Einfluß verschiedener antisozialer Subkulturen gefördert.

3. Die Entstehungsbedingungen psychischer Störungen

Verhalten läßt sich definieren als Reaktion auf innere und äußere Reize. Anomales Verhalten (hier: psychische Störungen) tritt immer dann auf, wenn Reizangebot (Qualität, Intensität) und Verarbeitungsprozesse (Reaktionsmöglichkeiten) des Individuums in ihrem Verhältnis zueinander gestört sind. Dabei können alle eingangs erwähnten Normvorstellungen den Maßstab für die Identifizierung bestimmter Verhaltensweisen als „psychische Störung" abgeben: die kulturabhängige Idealnorm und die biologisch orientierte Funktionsnorm ebenso wie die statistische Häufigkeitsnorm.

Psychische Störungen entstehen

— durch zu geringe, zu starke oder qualitativ ungewöhnliche innere und äußere Reize,
— durch Störungen der Reizverarbeitung,
— durch die Wechselbeziehungen zwischen den genannten Verhaltensdeterminanten.

An diesem formalistisch simplifizierenden Modell lassen sich die Entstehungsbedingungen psychischer Störungen in einfachster Weise exemplarisch darstellen. Unter Reiz und Reizverarbeitung soll dabei konkret folgendes verstanden werden:

— äußere Reize: soziale, gesellschaftliche, kulturelle, physikalische und chemische Bedingungen (Umweltbedingungen),
— innere Reize: biochemische Bedingungen,
— Reizverarbeitung: überdauernde Bedingungen des Zentralnervensystems und des autonomen Nervensystems, Werthaltungen und Einstellungen.

Diese drei Verhaltensdeterminanten können auf verschiedenen Komplexitätsniveaus registriert werden, wie bereits aus der konkreten Nennung der einzelnen Variablen hervorgeht. So setzen sich gesellschaftliche Umweltbedingungen aus einer Vielzahl mehr oder weniger komplexer sozialer Bedingungen zusammen (u.a. Erziehungsstil, verbale Kommunikation, Interesse), diese wiederum werden beeinflußt von unterschiedlichen chemischen und physikalischen Reizbedingungen (Arbeitsplatzverhältnisse, Ernährung, sensorische Stimulation) usw. Darüber hinaus ist es außerordentlich wichtig, die Wechselbeziehungen der genannten Verhaltensdeterminanten im Auge zu behalten. So sind beispielsweise die aktuellen oder überdauernden Reaktionsmöglichkeiten des autonomen Nervensystems bereits das Resultat verschiedener Wechselbeziehungen aus biochemischen Reizbedingungen (z.B. Adrenalinausscheidung) und äußeren Reizbedingungen (z.B. berufliche Leistungsanforderungen). D.h. es ist äußerst schwierig, jeweils den Stellenwert zu ermitteln, der den einzelnen Faktoren bei der Entstehung psychischer Störungen zukommt.
Aus diesem Grund sollen die nachfolgend dargestellten Untersuchungsergebnisse nur den augenblicklichen Stand der empirischen Forschung in wichtigen Ausschnitten repräsentieren, ohne daß der Versuch gemacht wird, die Resultate zu integrieren und im Rahmen einer der zahlreich vorhandenen Persönlichkeitstheorien vorzustellen.

3.1 Äußere (Umwelt-) Reize

Die besondere Bedeutung optimaler Umweltbedingungen für die Erfahrungsbildung und damit für die Entfaltung dispositioneller Persönlichkeitseigenschaften ist bisher primär im Bereich der frühen Kindheit durch eine Reihe von Untersuchungen dokumentiert worden (Zusammenstellung bei Moog u. Moog, 1972; Berger, 1973). Ein Teil der Ergebnisse wurde bereits in praktische Konsequenzen umgesetzt, etwa das Wissen um die Abhängigkeit der Intelligenzentwicklung von stimulierenden Umwelteinflüssen (Hunt, 1961) in die Einrichtung von Vorschultrainingsprogrammen.

Nicht weniger bedeutsam sind auf der anderen Seite die Auswirkungen unzureichender Umweltstimulation durch herabgesetzte Reizintensität bzw. -variabilität. Sie sind Gegenstand der Deprivationsforschung. Die entsprechenden Arbeiten beziehen sich auf sensorische, soziale und emotionale Mangelzustände (Deprivationen), wobei diese drei Bedingungen nicht immer streng zu trennen sind.

3.1.1 Deprivationsexperimente

Die ersten systematischen Studien über die Auswirkungen der sensorischen Deprivation auf das Verhalten sind Anfang der 50er Jahre von Hebb und seinen Mitarbeitern durchgeführt worden. Sie veranlaßten zahlreiche weitere Experimente, deren Ergebnisse Zubek (1969) zusammengefaßt hat. Wir wollen hier zunächst auf diese experimentellen Befunde eingehen. Die Beobachtungen in realen Lebenssituationen sollen daran anschließend referiert werden.
Aus Tierversuchen ist bekannt, daß unzureichende Stimulierung von Sinnesorganen, die sich noch in der Entwicklung befinden, zu morphologisch faßbaren Veränderungen führen kann, die u.U. (bei längerdauernder Reizdeprivation) irreversibel sind. Da diese längerdauernden Mangelzustände im Humanbereich nicht untersucht wer-

den können, ist man hier auf befristete, Stunden bis Tage dauernde Deprivationsexperimente angewiesen. Im typischen Experiment werden dabei nicht nur die physikalischen Außenreize reduziert (durch visuelle, auditive und taktile Beschränkungen), sondern üblicherweise zugleich auch das motorische Verhalten und die Sozialkontakte.

Ohne auf die vielfältigen methodischen und theoretischen Probleme hier näher einzugehen, lassen sich einige bedeutsame Resultate folgendermaßen aufsummieren:

Sensorische Deprivation führt zu

— Veränderungen der Wahrnehmungsleistung (die visuelle Leistungsfähigkeit ist im allgemeinen beeinträchtigt, dagegen sind z.B. Schmerz- und Geschmacksempfinden eher gesteigert);
— Veränderungen der Intelligenzleistung (beeinträchtigt ist primär die Fähigkeit zu produktiven Leistungen, etwa die Reaktionsmöglichkeiten bei einem projektiven Test);
— akustischen und optischen Halluzinationen;
— einem erhöhten Reiz- und Informationsbedürfnis; gemeinsam mit der gesteigerten Empfänglichkeit für Außenreize tritt eine erhöhte Beeinflußbarkeit auf.

Die Befunde machen deutlich, in welchem Ausmaß menschliches Verhalten durch Veränderungen der Umwelt manipuliert werden kann. Diese Erkenntnis ist keineswegs neu. Auch wenn die systematische Deprivationsforschung erst ca. 20 Jahre zählt, ihre Methoden werden bereits seit langem gezielt zur Verhaltensmodifikation eingesetzt, etwa zur Beeinflussung politischer Gefangener (sog. „brainwashing").

Viele der im Deprivationsexperiment erzielten Verhaltensstörungen lassen sich ohne Schwierigkeiten in realen Lebenssituationen wiederfinden. Die nachfolgenden klinischen Beobachtungen können dafür als Beispiele gelten.

3.1.2 Trennung und Isolation in früher Kindheit

In den Jahren 1945/46 erschienen zwei Arbeiten von René Spitz, in denen er durch systematische Beobachtungen an Säuglingen und Kleinkindern nachwies, daß die Entbehrung der Mutter oder eines Mutterersatzes u. U. zu erheblichen Verhaltensauffälligkeiten führt (Bowlby, 1952: „maternal deprivation"). Ob und in welcher Form psychische Störungen bei entsprechender Deprivation allerdings auftreten, hängt von verschiedenen Einflußgrößen ab, u.a.

— vom Lebensalter der Kinder; besonders kritisch ist die Zeit vom 3. Lebensmonat bis etwa zum 5. Lebensjahr (Glaser u. Eisenberg, 1956; v. Harnack u. Oberschelp, 1957),
— von der Intensität einer zum Zeitpunkt der Deprivation bereits vorhandenen Mutter-Kind-Beziehung (Yarrow, 1964) sowie
— vom Grad und der Dauer der Deprivation (Heinicke, 1956).

Unter ungünstigen Bedingungen, d.h. bei länger als 3—5 Monate andauernder, ausgeprägter Deprivation in den gefährdeten Lebensjahren, kann es zum Syndrom des *Hospitalismus* kommen, das sich zunächst durch Stimmungsverschlechterung (Weinerlichkeit), psychomotorische Verlangsamung und mimische Starre ankündigt (anaklitische Depression) und schließlich zu einer ausgeprägten geistigen und körperlichen

Retardierung führt, in einer Reihe von Fällen sogar zum vollständigen körperlichen Verfall (Marasmus) und zum Tode (SPITZ, 1967).
Zweifellos entwickeln sich derartig gravierende Störungen nur unter extremen Umweltverhältnissen, wie SPITZ sie beispielsweise in Waisenhäusern mit überlastetem Personal vorfand. So weist BRONFENBRENNER (1968) darauf hin, daß vergleichbare Veränderungen nicht alleine durch den Entzug der Mutter zu erklären sind (zumal viele der von SPITZ beobachteten Kinder gar keine Möglichkeit hatten, bereits eine Mutterbindung aufzubauen), sondern nur durch den gleichzeitig vorhandenen Mangel an sensorischer Stimulation.
Sehr deutlich sollte jedoch hervorgehoben werden, daß bei sozialer/emotionaler und sensorischer Deprivation im Säuglings- und Kleinkindalter mit einer Beeinträchtigung der *Gesamt*entwicklung gerechnet werden muß und nicht nur mit einer Retardierung umschriebener Teilfunktionen, also etwa der von MEIERHOFER und KELLER (1966) nachgewiesenen sprachlichen Retardierung.
Die ungünstige Kopplung verschiedener Deprivationsbedingungen führt zu Schädigungen, die mit hoher Wahrscheinlichkeit irreversibel sind (BRONFENBRENNER, 1968).

Demgegenüber nehmen sich die Entzugsbedingungen bei vorübergehender Trennung vom Elternhaus vergleichsweise harmlos aus. Dennoch können selbst bei befristeten Krankenhausaufenthalten in dem kritischen Abschnitt zwischen dem 1. und dem 5. Lebensjahr auffällige Verhaltensweisen beobachtet werden, die sich bis in die Zeit nach der Entlassung erstrecken. BOWLBY (1969) beschreibt drei typische aufeinanderfolgende Phasen, in denen das Kleinkind zunächst mit Protest (Schreien, gesteigerte Aktivität), dann mit Verzweiflung (depressive Verstimmung, Nichtbeachtung der Umwelt) und schließlich mit Ablehnung der Mutter reagiert. Je nach Trennungsdauer hält die negativistische Phase der Ablehnung und Distanz noch Tage und Wochen in der vertrauten häuslichen Umgebung an. Allerdings sind die Auswirkungen dieser befristeten traumatischen Erlebnisse im allgemeinen ohne besondere therapeutische Maßnahmen reversibel (O'CONNOR, 1968). Zudem reagieren nicht alle Kinder in der beschriebenen Weise, so daß vermutlich Vorerfahrungen und konstitutionelle Faktoren bei dieser Art der Deprivation das Verhalten in hohem Maße mitbestimmen.

3.1.3 Familie und soziokulturelle Einflüsse

Sowohl über die unmittelbaren Auswirkungen kurzfristiger Trennungserlebnisse als auch über die Konsequenzen besonders ungünstiger Deprivationskonstellationen (Hospitalismus) stimmen die Auffassungen generell überein. Nicht so eindeutig zu dokumentieren sind dagegen die Langzeit-Auswirkungen einer gestörten Eltern-Kind-Beziehung, die gelegentlich auch als ‚masked deprivation' bezeichnet wird (PRUGH u. HARLOW, 1962). Über den Einfluß der Eltern-Kind-Beziehung auf den späteren Entwicklungsverlauf existiert ein umfangreiches Schrifttum. Speziell die von S. FREUD entwickelte Theorie zur Bedeutung frühkindlicher Erfahrungen für die Ausbildung verschiedener psychischer Störungen hat zu der bis heute andauernden Diskussion beigetragen.
Es ist jedoch sehr schwierig, spezielle Erziehungsstile, Einstellungen oder Konfliktsituationen mit definierten Störungen in Beziehung zu setzen, offensichtlich deswegen, weil die Vielzahl intervenierender Variablen (umweltspezifische, genetische und konstitutionelle) bislang nicht hinreichend zu kontrollieren war. So kommt FRANK (1965)

in einem Übersichtsreferat zu dem Schluß, daß bisher eine empirische Absicherung dafür fehlt, *bestimmte* Faktoren in der Eltern-Kind-Beziehung herauszustellen, die eine Vorhersage auf späteres Verhalten gestatten. Dies gilt sowohl für den Vergleich von Gruppen mit verschiedenen psychischen Störungen mit normalen Kontrollgruppen als auch für den Versuch einer Differenzierung unterschiedlicher psychischer Störungen.

Nichtsdestoweniger besteht kaum ein Zweifel, *daß* die Situation im Elternhaus die Entwicklung eines gestörten Verhaltens entscheidend mitbestimmt, unklar ist wie gesagt nur, welche Rolle Faktoren wie emotionale Distanz, Imitationsverhalten etc. dabei spielen. So gibt es besonders zahlreiche Hinweise darauf, daß sich Kinder aus unvollständigen oder zerrütteten Familien (sog. „broken-home-Kinder") in erhöhtem Maße unsozial verhalten bzw. häufiger straffällig werden als Kinder aus intakten Familien (Glueck u. Glueck, 1959; Rutter, 1970). Gefährdet ist dabei vor allem das männliche Geschlecht.
Es bleibt jedoch offen, ob einzig die gestörte Familiensituation kausal für diese Störungen verantwortlich gemacht werden kann, oder ob nicht vielmehr erst der gesellschaftliche bzw. soziokulturelle Kontext die Bedingungen für die Entwicklung psychischer Störungen schafft. Seit der umfassenden, in vielen Ergebnissen inzwischen mehrfach verifizierten Studie von Hollingshead und Redlich (1958) kann es beispielsweise als gesichert gelten, daß ein Zusammenhang zwischen dem sozioökonomischen Status und der Art und Häufigkeit psychischer Störungen besteht. Schiphrene Erkrankungen sind sehr viel häufiger in sozio-ökonomisch schlechter gestellten Bevölkerungsschichten anzutreffen als in der sozialen Oberschicht, während bei neurotischen Störungen eher eine umgekehrte Relation vorzuliegen scheint. Partiell bestätigt für einen Teil der Bundesrepublik Deutschland wird dieses Ergebnis durch eine Untersuchung von Flegel und Schütt (1967).
Allerdings bietet auch der weiter gesteckte Betrachtungsrahmen, d.h. die Einbeziehung soziokultureller Faktoren, bis heute keine kausalen Erklärungsmöglichkeiten an. Z.B. läßt sich die Häufung bestimmter Störungen in der sozialen Unterschicht ebenso als direkte Folge der spezifischen, sozio-ökonomischen Bedingungen dieser Schicht erklären (Einkommen, Wohn- und Arbeitsplatzbedingungen), wie auch als Resultat eines negativen Selektionsprozesses: Erst durch die Krankheit selbst oder durch bestimmte disponierende Krankheitsfaktoren kommt es zum sozialen Abstieg.
Das Verdienst der zahlreichen Untersuchungen über den Einfluß familiärer, gesellschaftlicher und kulturspezifischer Variablen liegt deswegen zunächst darin, auf eine Vielzahl von möglichen Determinanten psychischer Störungen hingewiesen zu haben. Der zukünftigen Forschung bleibt es überlassen, diese Hinweise aufzugreifen. Wie die Erfahrung gezeigt hat, sollte sie sich dabei nicht so sehr darum bemühen, die kausale Wirkung einzelner Umweltfaktoren nachzuweisen, als vielmehr versuchen, die pathognomonische Bedeutung bestimmter *Konfigurationen* von Umweltfaktoren aufzuzeigen.

3.2 Innere (biochemische) Reize

Die Vorstellung, daß biochemische Faktoren kausal an der Entstehung psychischer Störungen beteiligt sein könnten, ist verführerisch. Sie liegt deswegen so nahe, weil durch Applikation chemischer Substanzen eindrucksvolle Verhaltensänderungen zu erreichen sind, Beobachtungen, die sich jeden Tag anstellen lassen: man denke etwa an die Wirkung von Alkohol oder Psychopharmaka (vgl. Kap. A).

Typischerweise handelt es sich dabei jedoch fast immer um aktuelle Reiz-Reaktionsmuster, während Langzeiteffekte bzw. die Auswirkungen bei chronischer Applikation nicht mehr so eindeutig zu beschreiben sind, da individualspezifische psychologische und physiologische Anpassungsvorgänge sowie äußere Einflüsse (z.B. Ernährungseinflüsse) in immer stärkerem Maße mögliche Kausalbeziehungen verschleiern.

Ähnliche Probleme treten auf, wenn es darum geht, die Funktion biochemischer Faktoren bei chronischen psychischen Störungen zu ermitteln. Hier ergibt sich allerdings zusätzlich die Schwierigkeit, daß anders als im Experiment eine kontrollierte, systematische Variation verschiedener Substanzen nicht möglich ist. So beschränken sich die meisten empirischen Untersuchungsansätze darauf, die biochemischen Verhältnisse bei verschiedenen klinischen (im allgemeinen psychotischen) und normalen Populationen zu erfassen, um über etwaige Unterschiede ihre pathognomonische Bedeutung zu erschließen.
Welche Fehlschlüsse dabei möglich sind, läßt sich am folgenden Beispiel illustrieren (vgl. SUINN, 1970): Zu Beginn der 30er Jahre wurde eine Substanz entdeckt, die vor allem im Blutserum schizophrener Patienten zu finden war und die deshalb (wegen ihrer vermeintlich toxischen Wirkung) den Namen „Katatonin" erhielt. Wenig später mußte das Katatonin allerdings in ‚Nicotin' umbenannt werden, da sich herausstellte, daß sein Vorkommen primär durch die Rauchgewohnheiten der untersuchten Patienten zu erklären war und mit dem Krankheitsgeschehen direkt nicht zu tun hatte.

Ähnlich umstritten war in neuerer Zeit bei schizophrenen Erkrankungen die Funktion des biogenen Amins Serotonin (WOOLLEY u. SHAW, 1954). Die Annahme, daß eine erhöhte Serotonin-Produktion zu Halluzinationen führt (WOOLLEY, 1962), wurde nicht zuletzt durch die strukturelle Ähnlichkeit mit psychotomimetischen Drogen (z.B. LSD) nahegelegt. Allerdings sind die an normalen Individuen bei Verabreichung von LSD, Meskalin und anderen Psychotomimetica beobachteten Modellpsychosen den echten Psychosen nur ähnlich und nicht mit ihnen identisch. D.h. es ist fraglich, inwieweit sie als Erklärungsmodelle herangezogen werden können.
Generell läßt sich aus der Vielzahl äußerst divergenter Untersuchungsergebnisse ableiten, daß psychotische Erkrankungen zwar häufig von biochemischen Veränderungen begleitet werden, daß bislang jedoch noch kein gesicherter Nachweis für die kausale Wirkung dieser Veränderungen vorliegt.

Demgegenüber gibt es eine Reihe biochemischer Defekte, deren direkte Auswirkungen auf das Verhalten eindeutig belegt sind. Dazu gehören die Über- bzw. Unterfunktion der Keimdrüsen (Hyper- bzw. Hypogonadismus) oder der Schilddrüse (Hyper- bzw. Hypothyreose) oder auch sehr spezifische Stoffwechselstörungen wie die Phenylketonurie, ein Enzymdefekt, der zu schweren Störungen der Intelligenz führt, wenn er nicht rechtzeitig behandelt wird.
Die Beobachtung, daß bestimmte psychische Reaktionen (z.B. Angst) biochemische Veränderungen bewirken (z.B. Adrenalinausscheidung), die ihrerseits wiederum das Verhalten modifizieren können, wurde bereits im Kap. A anhand experimenteller Befunde diskutiert. Diese Experimente lassen den Schluß zu, daß bei der Entstehung *komplexer* psychischer Störungen (Neurosen, Psychosen) in zunehmendem Maße mit

psychophysiologischen Interaktionen gerechnet werden muß. D.h. es dürfte auch auf diesem Gebiet vermutlich fruchtbarer sein, weniger die toxische Wirkung bestimmter biochemischer Faktoren zu erkunden als vielmehr die Wechselbeziehungen zwischen biochemischen und physiologischen Variablen.

3.3 Bedingungen der Reizverarbeitung

Wenn wir bisher versucht haben, allgemein-psychologische Gesetzmäßigkeiten bei der Entstehung psychischer Störungen aufzuzeigen, so müssen wir uns im folgenden Abschnitt sehr viel stärker differentialpsychologischen Gesichtspunkten zuwenden.

Unter den Entstehungsbedingungen psychischer Störungen ist der Faktor Streß noch nicht erwähnt worden, obwohl er in der Fachliteratur und in der Umgangssprache sehr oft vorkommt. Dies hat seinen Grund, denn es ist zwar möglich, chronische Streß*reaktionen* psychologisch und physiologisch zu beschreiben (vgl. Kap. A), schwieriger ist es jedoch, die typischen Eigenschaften der auslösenden Streß*reize* (Stressoren) zu bestimmen. Letztere können außerordentlich vielfältig sein, z.B. Vergiftungen, Lärm, Schmerz, bis hin zu einer komplexen sozialen Konfliktsituation. Diese Vielfalt bedeutet jedoch nur eine Aufzählung potentieller Stressoren; ob darüber hinaus jemand überhaupt reagiert bzw. wie er reagiert, das hängt in hohem Maße von seinem erworbenen oder angeborenen System der Reizverarbeitung ab. D.h. der Streßcharakter eines Reizes läßt sich praktisch nur aus der individuellen psychologischen oder physiologischen Streßreaktion erschließen. Selbst die extrem bedrohlichen Umweltbedingungen in Konzentrationslagern, über deren Streßcharakter kein Zweifel besteht, führen nicht unbedingt zu vergleichbaren Reaktionen (HELWEG-LARSEN et al., 1952); zwar ist der Prozentsatz verschiedener vegetativer Störungen bei ehemaligen Lagerangehörigen im allgemeinen deutlich höher als bei entsprechenden Kontrollgruppen, es bleibt jedoch noch immer eine erhebliche Variabilität bezüglich der Ausprägung dieser Störungen, bis hin zum Fehlen einer jeglichen Beeinträchtigung.

Auf die permanent vorhandene Bedrohung durch äußere und innere Streßreize reagiert der Mensch im allgemeinen mit Abwehrversuchen, im physiologischen Bereich mit verschiedenen Gegenregulationen (SELYE, 1960), im psychischen Bereich mit verschiedenen sog. Abwehrmechanismen (A. FREUD, 1964). Die Art der physiologischen Gegenregulation variiert von der akuten, kurzfristigen Erregung (arousal) bis hin zu überdauernden, chronischen Reaktionen (vgl. Kap. A).
Eine wichtige Rolle dürfte dabei die kognitive Bewertung bzw. die Einstellung gegenüber potentiellen Stressoren spielen (PRIBRAM, 1967), mit deren Hilfe die physiologische Reaktion abgeschwächt bzw. verhindert werden kann. In ähnlicher Weise lassen sich aus psychodynamischer Sicht auch die Abwehrmechanismen als Schutzreaktionen auffassen. Ihr Zweck ist die kompromißhafte Lösung eines Konfliktes, der aus den Triebansprüchen des Individuums und den entgegenwirkenden Ansprüchen der Realität (z.B. der sozialen Umwelt) resultiert. Beispiele für derartige Abwehrmechanismen sind „Leugnung der Realität“, „Projektion“ (ein eigenes Motiv wird einer anderen Person zugeschrieben) oder „Rationalisierung“ (Scheinbegründung für eigene, uneingestandene Motive).
Wenn die geschilderten physiologischen und psychologischen Abwehrversuche über-

beansprucht werden bzw. nicht mehr ausreichen, kommt es entweder zu funktionellen physiologischen Störungen (bei Organschädigung zu psychosomatischen Erkrankungen) oder zu neurotischen Verhaltensstörungen.
Dabei stellen sich zwei wichtige Fragen:

1. Wieso zeigen verschiedene Individuen gegenüber den gleichen Reizbedingungen unterschiedliche Schwellenwerte; d.h. wieso reagiert der eine in gestörter Weise und der andere nicht?
2. Wenn Störungen auftreten, wieso zeigen verschiedene Individuen unterschiedliche Reaktionsmuster; d.h. wieso reagiert der eine mit einem Magengeschwür und der andere mit einer depressiven Verstimmung?

Beide Fragen betreffen die individuellen Differenzen der Reizverarbeitung. Diese hängt von einer Reihe verschiedener, überdauernder Bedingungen ab, u.a. vom Geschlecht, von Persönlichkeitseigenschaften, somatischen Reaktionstendenzen, bestimmten Lebensphasen sowie Bedingungen des ZNS. Einige dieser Faktoren sollen im folgenden dargestellt werden, wobei festzuhalten ist, daß die genannten Bedingungen der Reizverarbeitung nicht immer unabhängig voneinander variieren, sondern u. U. in verschiedenen Wechselbeziehungen zueinander stehen. Die Art dieser Zusammenhänge ist allerdings noch keineswegs geklärt, so daß auch hier keine umfassende, integrierte Darstellung möglich ist.

3.3.1 Psychische und physiologische Konstitution

Zu den bestuntersuchten Persönlichkeitseigenschaften gehören die Dimensionen Neuroticismus (emotionale Labilität) und Extraversion (Impulsivität, soziale Aktivität), deren empirische und theoretische Fundierung hauptsächlich mit dem Namen EYSENCK verbunden ist (vgl. Kap. C). Die operationale Definition dieser beiden Dimensionen erfolgt mit Hilfe einer inzwischen mehrfach modifizierten Fragebogenmethode, deren letzten Entwicklungsstand das „Eysenck Personality Inventory“ (EPI) darstellt (EYSENCK u. EYSENCK, 1964; dt. Bearb. EGGERT, 1971). Neurotizismus und Extraversion sind nach EYSENCK primär anlagebedingt, wobei der Neurotizismusgrad wesentlich mit der Erregbarkeit und Kontrolle des autonomen Nervensystems gekoppelt ist.
In mehreren Untersuchungen wurde bestätigt, daß Patienten mit psychosomatischen Erkrankungen als Gruppe eine Erhöhung des Neurotizismus-Wertes aufweisen (u.a. SAINSBURY, 1960). Gleichzeitig finden sich bei ihnen signifikant häufiger introvertierte Verhaltensweisen als bei verschiedenen Kontrollgruppen. Ein möglicher pathogenetischer Faktor könnte dabei der Umstand sein, daß sowohl stabile Introvertierte als auch neurotische Introvertierte zu einem überhöhten Anspruchsniveau neigen; d.h. bei ihnen zeigen sich z.B. Diskrepanzen zwischen Leistungsstreben und Leistungsfähigkeit (HIMMELWEIT, 1947). Vergleichbare Diskrepanzen weisen auch Patienten mit Magengeschwüren auf (RAIFMAN, 1957).
Allerdings sind die genannten psychischen Veränderungen bei einer Reihe weiterer Erkrankungen, die als psychosomatische Reaktionen diskutiert werden (u.a. Asthma bronchiale, Ekzem), nicht nachzuweisen, was Anlaß genug sein sollte, außerhalb der Dimensionen Neurotizismus und Extraversion auch andere, klar zu definierende Persönlichkeitseigenschaften in entsprechende Untersuchungen mit einzubeziehen.

Differentielle Gesichtspunkte bei der Entstehung von funktionellen Störungen und psychosomatischen Erkrankungen gelten ebenso für psychische wie auch für physiologische Reaktionstendenzen. Während die von EYSENCK entwickelte Neurotizismus-Skala im wesentlichen den allgemeinen Grad der vegetativen Stabilität erfaßt, gibt es zahlreiche Belege für eine interindividuell unterschiedliche Reaktionsspezifität des autonomen Nervensystems. D.h. bei Belastungen reagieren die meisten Individuen nicht mit einer allgemeinen autonomen Erregung, sondern mit mehr oder weniger stabilen, individuumspezifischen Erregungsmustern (LACEY et al., 1953). Aus diesen Beobachtungen läßt sich relativ leicht eine Erklärung für die Symptomwahl verschiedener psychosomatischer Erkrankungen herleiten. So zeigen Hypertonie-Patienten bei Streßbelastung primär Blutdruckveränderungen, während andere vegetative Reaktionen völlig ausbleiben können (ENGEL u. BICKFORD, 1961).

Ähnlich geringe Zusammenhänge verschiedener autonomer Funktionen ergeben sich auch bei normalen Versuchspersonen. Ob die Tendenz zur Ausbildung bestimmter Reaktionsmuster genetisch vorgegeben oder erworben ist, wird z.Z. noch diskutiert. Obwohl genetische Faktoren in Zwillings- und Familienuntersuchungen immer wieder betont werden (für das Beispiel Hypertonie vgl. HAMILTON et al., 1954), gibt es genügend Hinweise darauf, daß spezifische physiologische Reaktionsmuster auch durch selektive Konditionierung erworben werden können. Verschiedene therapeutische Techniken machen sich diese Erkenntnis zunutze, indem sie versuchen, über eine willkürliche Beeinflussung gestörter autonomer Funktionen eine Normalisierung erlernen zu lassen, z.B. die Methode des Autogenen Trainings (vgl. SCHULTZ, 1970) sowie Methoden, die eine Rückmeldung autonomer Funktionen vornehmen (sog. ‚biofeedback'; vgl. BARBER et al., 1971).

3.3.2 Funktionsbeeinträchtigung des Zentralnervensystems

Funktionsbeeinträchtigungen des ZNS werden schwerpunktmäßig entweder im Rahmen des Konzepts der geistigen Behinderung (Minderbegabung, Retardierung) oder aber unter der Bezeichnung „organische Hirnschädigung" untersucht. Die Unterscheidung beruht primär darauf, daß im Falle der geistigen Behinderung die Störung seit einem sehr frühen Entwicklungszeitpunkt, im allgemeinen seit der Geburt, besteht, und eine deutliche Verminderung der Gesamtintelligenz vorliegt (üblicherweise IQ < 70). Bei der Mehrzahl dieser Fälle (ca. 75%; vgl. ZIGLER, 1968) ist die Ursache der Behinderung nicht bekannt, auffallend ist jedoch eine überzufällige familiäre Häufung ähnlicher Störungen. Bei den übrigen Fällen (ca. 25%) können verschiedene Ursachen ausgemacht werden, u.a. traumatische Schädigungen des Gehirns durch Schwangerschaftserkrankungen der Mutter (z.B. Röteln) oder durch angeborene Stoffwechselstörungen (z.B. Phenylketonurie), durch genetische Faktoren (z.B. Chromosomenaberration beim Down-Syndrom) u.a.m.
Demgegenüber befaßt sich der Untersuchungsschwerpunkt „organische Hirnschädigung" primär mit den Auswirkungen von chronischen oder akuten cerebralen Veränderungen, die u.a. durch Verletzungen, Entzündungen, Geschwülste, Vergiftungen und degenerative Veränderungen hervorgerufen werden können und die ein Gehirn betreffen, das bereits einen bestimmten Entwicklungsstand erreicht hat.
Eine durchgängige Unterscheidung der beiden Konzepte ist allerdings logisch kaum

aufrechtzuerhalten; aus diesem Grunde soll hier auf eine weitergehende Differenzierung verzichtet werden.
Die psychischen Störungen, die auf der Basis zentralnervöser Störungen entstehen, sind nicht ausschließlich direkte Folgen dieser Störungen, sondern immer zugleich auch Reaktion des Individuums auf seine Behinderung und auf die Stellungnahme seiner sozialen Umwelt. Defektspezifische, individuumspezifische und umweltspezifische Einflußfaktoren machen es denn auch möglich, beispielsweise die Folgen einer organischen Hirnschädigung allgemeinverbindlich zu dokumentieren. YATES (1966) schlägt deswegen ein hierarchisches Modell vor, das helfen soll, die Auswirkungen von Hirnschäden zu differenzieren. Danach kommt es generell

1. zu einer allgemeinen Funktionsbeeinträchtigung (z. B. allgemeinen Verlangsamung),
2. zusätzlich zu differentiellen Gruppeneffekten, die von der Lokalisation, Größe etc. des Schadens abhängen, sowie
3. zu hochspezifischen Effekten, falls bestimmte, sehr spezialisierte Hirngebiete betroffen sind.

Vor allem die differentiellen Gruppeneffekte sind in zahlreichen experimentellen und klinischen Arbeiten (vgl. HARTLAGE, 1966) untersucht worden. Aus diesen Untersuchungen geht hervor, daß zumindest die folgenden Faktoren das Verhalten in unterschiedlicher Weise beeinflussen können:

— die Größe des Schadens,
— der Ort des Schadens (z. B. rechte/linke Hemisphäre; cortical/subcortical),
— die Art des Schadens (z. B. akut/chronisch; umschrieben/diffus),
— die Zeitspanne zwischen Schädigung und Untersuchung (Reversibilität bzw. Kompensationsfähigkeit des Gehirns),
— das Lebensalter zum Zeitpunkt der Schädigung,
— die prämorbide Intelligenz (Niveau, Struktur) und Persönlichkeit.

In welchem Ausmaß allerdings verschiedene dieser Faktoren wiederum interagieren, läßt sich am Beispiel der altersbedingten Hirnveränderungen zeigen. Durch Autopsie-Befunde an alten Menschen (über 65 Jahre) ist mehrfach demonstriert worden, daß offensichtlich keine sehr enge Beziehung zwischen dem Umfang der anatomisch-pathologischen Hirnveränderungen und dem Verhalten vor dem Tode besteht (u. a. GAL, 1959). Selbst massive Hirnveränderungen (z. B. ausgeprägte Hirnatrophie) müssen keineswegs von besonders auffälligen Verhaltensweisen (z. B. senile Demenz) begleitet sein, und umgekehrt treten deutliche Verhaltensstörungen im höheren Lebensalter auch ohne größere, histologisch faßbare Hirnveränderungen auf. D. h. die zu erwartenden defektspezifischen Verhaltenskonsequenzen werden in diesem Fall durch umwelt- oder persönlichkeitsspezifische Bedingungen überdeckt.

Sehr konkret kann die Interaktion von ZNS-Beeinträchtigung und Umwelteinflüssen anhand von Deprivationsbedingungen nachgewiesen werden. Die bereits geschilderten Auswirkungen längerdauernder emotionaler Deprivation in Säuglingsheimen und Waisenhäusern sind nicht zuletzt deswegen so eindrucksvoll, weil diese Kinder potentiell die gleichen Entwicklungsvoraussetzungen hatten wie die Population der Kinder, die unter günstigeren Umweltbedingungen aufwachsen. Weniger spektakulär lassen sich die Folgen dagegen bei denjenigen Kindern (oder Erwachsenen) aufzeigen,

die bereits in ihren Entwicklungsvoraussetzungen beeinträchtigt sind: bei Patienten, die wegen verschiedener psychischer Behinderungen hospitalisiert wurden. Bei diesen Patienten ist der Außenstehende sehr leicht geneigt, das Ausmaß des gestörten Verhaltens ausschließlich der bereits bestehenden Störung und nicht zugleich den Deprivationsbedingungen einer Dauerunterbringung zuzuschreiben. Derartige Auffassungen können jedoch gut begründet widerlegt werden. So ist die häufig beschriebene Perseverationstendenz bei minderbegabten hospitalisierten Patienten offensichtlich nicht nur im Rahmen des vorhandenen Intelligenzdefektes zu erklären, sondern in erster Linie durch die Hospital-Deprivation. Minderbegabte Kinder, die nicht hospitalisiert sind, zeigen ebensowenige Perseverationstendenzen wie normal intelligente Kinder bzw. (komplementär dazu) sowohl bei minderbegabten als auch bei normal intelligenten Kindern lassen sich gleichermaßen erhöhte Perseverationstendenzen nachweisen, wenn sie über längere Zeit hospitalisiert sind (ZIGLER, 1968).
Ein typisches Merkmal minderbegabter Patienten, das im Gefolge von sozialer bzw. emotionaler Deprivation auftritt, ist ihre erhöhte Motivation, Sozialkontakte anzuknüpfen. Vor allem ZIGLER und seine Mitarbeiter haben jedoch gleichzeitig darauf hingewiesen, daß diese Bereitschaft zu sozialer Interaktion ebenso regelmäßig mit Zurückhaltung und Skrupeln gepaart ist, die angestrebten zwischenmenschlichen Beziehungen auch tatsächlich zu realisieren. Dies ist insofern verständlich, als Minderbegabte bereits vor einer möglichen Hospitalunterbringung mehr oder weniger intensiv sozial und emotional depriviert wurden. Durch ihr Verhalten, das nicht den gesellschaftlichen und kulturellen Erwartungen entspricht, werden ihre Interaktionsbemühungen häufig gar nicht erst registriert, bzw. abgelehnt oder inadäquat beantwortet, was wiederum zu einer Verstärkung des ohnehin unangepaßten Verhaltens, zur sozialen Zurückhaltung und Unsicherheit führt.
MCKINNEY und KEELE (1963) haben gezeigt, daß durch eine Befriedigung des ausgeprägten Kontaktbedürfnisses, d.h. durch verständnisvolle, intensive Zuwendung, auch bei erheblich retardierten Kindern eine deutliche Verbesserung verschiedener Verhaltensweisen erzielt werden kann.
Es dürfte durchaus statthaft sein, die geschilderten Verhaltenskonsequenzen der Minderbegabung auch auf andere ZNS-Beeinträchtigungen bzw. auf alle Formen psychischer Störungen schlechthin zu übertragen. D.h. es muß damit gerechnet werden, daß eine bereits bestehende Behinderung durch die eingeschränkten Kommunikationsmöglichkeiten mit der sozialen Umwelt zusätzlich belastet wird, sei es durch gesellschaftliche Einstellungen und Vorurteile gegenüber dem gestörten Verhalten, sei es durch institutionalisierte Deprivationsbedingungen (Hospital, Heim, Gefängnis). Dies zu erkennen ist eine der wichtigsten Voraussetzungen für die Behandlung und Rehabilitation psychisch gestörter Menschen.

Literaturverzeichnis

AUSUBEL, D.P.: Personality disorder is diesease. Amer. Psychologist **16,** 69–74 (1961).
BANDURA, A., WALTERS, R.H.: Adolescent aggression. New York: Ronald Press 1959.
BARBER, T.X., DICARA, L.V., KAMIYA, J., MILLER, N.E. SHAPIRO, D., STOYVA, J. (Ed.): Biofeedback and self-control, an Aldine reader. Chicago: Aldine/Atherton 1971.
BAUMRIND, D.: Child care practices anteceding three patterns of preschool behavior. Psychol. Monogr. **75,** 43–88 (1967).

BEAM, J.C.: Serial learning and conditioning under real-life stress. J. abnorm. soc. Psychol. **51,** 543–551 (1955).

BENTON, A.L.: Der BENTON-Test (deutsche Bearb. O. SPREEN). Bern, Stuttgart, Wien: Huber 1961.

BERGER, M.: Early experience and other environmental factors: an overview. I. Studies with humans. In: EYSENCK, H.J. (Ed.): Handbook of abnormal psychology. London: Pitman Medical 1973.

BERKOWITZ, L.: Aggression: a social psychological analysis. New York: McGraw-Hill 1962.

BERKOWITZ, L.: The frustration-aggression hypothesis revisited. In: BERKOWITZ, L. (Ed.): Roots of aggression. A re-examination of the frustration-aggression hypothesis. New York: Atherton Press 1969.

BÖCHER, W.: Erfahrungen mit dem WECHSLERschen Gedächtnistest (WMS) bei einer deutschen Versuchsgruppe von 200 normalen Vpn. Diagnostica (Göttingen) **9,** 56–68 (1963).

BOWLBY, J.: Maternal care and mental health. Wld Hlth Org. Monogr. Ser. No. 2, 1952[2].

BOWLBY, J.: Attachment and loss, Vol. 1: Attachment. London: Hogarth Press 1969.

BROADBENT, D.E.: Perception and communication. London: Pergamon Press 1958.

BROEN, W.E.: Schizophrenia: research and theory. New York, London: Academic Press 1968.

BRONFENBRENNER, U.: Early deprivation in mammals: A cross-species analysis. In: NEWTON, R., LEVINE, S. (Ed.): Early experience and behavior. Springfield/Ill.: Ch. C. Thomas 1968.

BRUNER, J.S., POSTMAN, L.: Emotional selectivity in perception and reaction. J. Personality **16,** 69–77 (1947).

BUSS, A.H.: The psychology of aggression. New York: Wiley 1961.

BUSS, A.H., DURKEE, A.: An inventory for assessing different kinds of hostility. J. cons. Psychol. **21,** 343–348 (1957).

CAMERON, D.E.: Certain aspects of defects of recent memory occuring in psychosis of the senium. Arch. Neurol. Psychiat. (Chic.) **43,** 987–992 (1940).

CATTELL, R..B., SCHEIER, I.H.: The meaning and measurement of neuroticism and anxiety. New York: Ronald Press 1961.

COSTA, L.D., VAUGHAN, H.G.: Performance of patients with lateralized cerebral lesions. I: Verbal and perceptual tests J. nerv. ment. Dis **134,** 162–168 (1962).

COWEN, E.L.: The influence of varying degrees of psychological stress on problem-solving rigidity. J. abnorm. soc. Psychol. **47,** 512–519 (1952).

EGGERT, D.: Untersuchungen zur psychometrischen Eignung eines neuen Fragebogens der neurotischen Tendenz und der Extraversion von EYSENCK (EPI). Prax. klin. Psychol. **2,** 30–62 (1971).

EITINGER,L.: Pathology of the concentration camp syndrome. Clin. Sci. **13,** 371–379 (1954).

ENGEL, B.T., BICKFORD, A.F.: Respons specificity. Arch. gen. Psychiat. **5,** 478–489 (1961).

ERIKSEN, Ch.W., PIERCE, J.: Defense mechanisms. In: BORGATTA, E.F., LAMBERT, W.W. (Ed.): Handbook of personality theory and research. Chicago: Rand McNally 1968.

EYSENCK, H.J.: The scientific study of personality. London: Routledge & Kegan Paul 1952.

EYSENCK, H.J.: Das Maudsley Personality Inventory (MPI). Göttingen: Hogrefe 1959.

EYSENCK, H.J.: The biological basis of personality. Springfield/Ill.: Ch.C. Thomas 1967.

EYSENCK, H.J., EYSENCK, S.B.G.: Manual of the Eysenck Personality Inventory. London: Univ. of London Press 1964.

FEENEY, S.: Breadth of cue utilization and ability to attend selectively in schizophrenics and normals. Uneröff. Diss. Univ. of California, Los Angeles 1971. (Zit. nach MEYER-OSTERKAMP, COHEN 1973.)

FLEGEL, H., SCHÜTT, U.: Psychiatrische Hospitalisierungsfrequenz und soziale Schichtung in in Düsseldorf. Soc. Psychiat. **2,** 39–42 (1967).

FRANK, H.: Zum Problem des vorbewußten Gedächtnisses. Grundlagenstudien aus Kybernetik und Geisteswissenschaft **2,** 17–24 (1961).

FRANK, G.H.: The role of the family in the development of psychopathology. Psychol. Bull. **64,** 191–205 (1965).

FREUD, A.: Das Ich und die Abwehrmechanismen. München: Kindler 1964.

GAL, P.: Mental disorders of advanced years. Geriatrics **14,** 224–228 (1959).

GLASER, K., EISENBERG, L.: Maternal deprivation. Pediatrics **16,** 626–642 (1956).

GLUECK, S., GLUECK, E.: Predicting delinquency and crime. Cambridge/Mass.: Harvard Univ. Press 1959.

GOLDSTEIN, K., SCHEERER, M.: Abstract and concrete behavior, an experimental study with special tests. Psychol. Monogr. **53,** 1–151 (1941).

Hamburg-WECHSLER-Intelligenztest für Erwachsene (HAWIE). Bern, Stuttgart: Huber 1956.

Hamburg-WECHSLER-Intelligenztest für Kinder (HAWIK). Bern, Stuttgart: Huber 1956.

HAMILTON, M., PICKERING, G.W., ROBERTS, J.A.F., SOWRY, G.S.C.: The aetiology of essential hypertension. 4. The role of inheritance. Clin. Sci. **13,** 273–304 (1954).

v. HARNACK, G.-A., OBERSCHELP, M.: Die seelischen Auswirkungen eines Krankenhausaufenthaltes im Kindesalter. Dtsch. med. Wschr. **82,** 1916–1922 (1957).

HARTLAGE, L.: Common psychological tests applied to the assessment of brain damage. J. Proj. Techn. Person. Ass. **30,** 319–338 (1966).

HAWKS, D.V., PAYNE, R.W.: Overinclusive thought disorder and symptomatology. Brit. J. Psychiat. **118,** 663–670 (1971).

HEINICKE, C.H.: Some effects of separating two-year-old children from their parents. Hum. Relat. **9,** 105–176 (1956).

HELWEG-LARSEN, P., et al.: Famine disease in german concentration camps. Acta psychiat. scand. Suppl. 83, 1952 (zit. n. EITINGER, 1954).

HIMMELWEIT, H.T.: A comparative study of the level of aspiration of normal and neurotic persons. Brit. J. Psychol. **37,** 41–59 (1947).

HOLLINGSHEAD, A.B., REDLICH, F.C.: Social class and mental illness. New York: Wiley 1958.

HUNT, R.G.: Intelligence and experience. New York: Ronald 1961.

INGLIS, J.: Memory disorder. In: COSTELLO, C.G. (Ed.): Symptoms of psychopathology, a handbook. New York: Wiley 1970.

KAYE, D., KIRSCHNER, P., MANDLER, G.: The effect of test anxiety on memory span in a group test situation. J. cons. Psychol. **17,** 265–266 (1953).

KEGELES, S.S.: Some motives for seeking preventive dental care. J. Amer. dent. Ass. **7,** 90–98 (1963).

KLUGMAN, S.F.: Retention of affectively toned verbal material by normals and neurotics. J. abnorm. soc. Psychol. **53,** 321–327 (1956).

LACEY, J.I., BATEMAN, D.E., VAN LEHN, R.: Autonomic response specifity. Psychosom. Med. **15,** 8–21 (1953).

LIENERT, G.A., v. KEREKJARTO, M.: Möglichkeiten der Ex-post-klassifizierung depressiver Symptome und Patienten mittels Faktoren- und Konfigurationsanalyse. In: HIPPIUS, H., SELBACH, H. (Hrsg.): Das depressive Syndrom. München, Berlin, Wien: Urban & Schwarzenberg 1969.

LONDON, P., ROSENHAN, D.: The meaning of abnormality. In: LONDON, P., ROSENHAN, D. (Eds.): Foundations of abnormal psychology. New York: Holt, Rinehart & Winston 1968.

LURIA, A.R.: Neuropsychological analysis of focal brain lesions. In: WOLMAN, B.B. (Ed.): Handbook of clinical psychology. New York: McGraw-Hill 1965.

MANDLER, G., COWEN, J.E.: Test anxiety questionnaires. J. cons. Psychol. **22,** 228–229 (1958).

MCKINNEY, J.P. KEELE, T.: Effects of increased mothering on the behavior of severely retarded boys. Amer. J. ment. Defic. **67,** 556–562 (1963).

MEAD, M.: Geschlecht und Temperament in primitiven Gesellschaften. Hamburg: Rowohlt 1959.

MEGARGEE, E.I.: Undercontrolled and overcontrolled personality types in extreme antisocial aggression. Psychol. Monogr. **80** (3, Whole No. 611), 1966.

MEIERHOFER, M., KELLER, W.: Frustration im frühen Kindesalter. Bern 1966 (zit. nach MOOG u. MOOG, 1972).

MEYER-OSTERKAMP, S., COHEN, R.: Zur Größenkonstanz bei Schizophrenen. Monograph. Gesamtgeb. Psychiat. Bd. 7. Berlin–Heidelberg–New York: Springer 1973.

MOOG, W., MOOG, E.S.: Die entwicklungspsychologische Bedeutung von Umweltbedingungen im Säuglings- und Kleinkinderalter. Berlin: Marhold 1972.

MMPI-Saarbrücken: Handbuch zur deutschen Ausgabe des Minnesota Multiphasic Personality Inventory von HATHAWAY, S.R., u. J.C. MCKINLEY, bearb. von SPREEN, O. Bern, Stuttgart: Huber 1963.

O'CONNOR, N.: Children in restricted environments. In: NEWTON, R., LEVINE, S. (Eds.): Early experience and behavior. Springfield/Ill.: Ch. C. Thomas 1968.

O'CONNOR,N., HERMELIN, B.: The selective visual attention of psychotic children. J. Child. Psychol. **8,** 167–179 (1967).

O'CONNOR, J.P., LORR, M., STAFFORD, J.W.: Some patterns of manifest anxiety. J. clin. Psychol. **12,** 160–163 (1956).

ORNITZ, E.M.: Disorders of perception common to early infantile autism and schizophrenia. Comprehens. Psychiat. **10,** 259–274 (1969).

PAYNE, R.W.: Cognitive abnormalities. In: EYSENCK, H.J. (Ed.): Handbook of abnormal psychology. London: Pitman Medical 1973.

PAYNE, R.W., MATUSSEK, P., GEORGE, E.I.: An experimental study of schizophrenic thought disorder. J. ment. Sci. **105,** 627–652 (1959).

PIAGET, J.: Psychologie der Intelligenz. Zürich: Rascher 1948.

PRIBRAM, K.H.: The new neurology and the biology of emotion: a structural approach. Amer. Psychologist **22,** 830–838 (1967).

PRUGH, D.G., HARLOW, R.G.: Masked deprivation in infants and young children. In: AINSWORTH, M.D. (Ed.): Deprivation of maternal care. Geneva 1962 (zit. nach MOOG u. MOOG 1972).

RAIFMAN, I.: Level of aspiration in a group of peptic ulcer patients. J. cons. Psychol. **21,** 229–231 (1957).

RUSSEL, W.R., NATHAN, P.W.: Traumatic amnesia. Brain **69,** 280–300 (1946).

RUTTER, M.: Sex differences in children's responses to family stress. In: ANTHONY, E.J., KOUPERNIK, C. (Eds.): International yearbook of child psychiatry, Vol. I. New York: Wiley and Sons 1970.

SAINSBURY, P.: Psychosomatik disorders and neurosis in outpatients attending a general hospital. J. psychosom. Res. **4,** 261–273 (1960).

SARASON, I.G.: Effects on verbal learning of anxiety, reassurance, and meaningfulness of material. J. exp. Psychol. **56,** 472–477 (1958).

SCHAFER, R.: The clinical application of psychological tests. New York: Int. Univ. Press 1948.

SCHULTZ, I.H.: Das autogene Training. Stuttgart: Thieme 1970.

SELG, H.: Diagnostik der Aggressivität. Göttingen: Hogrefe 1968.

SELYE, H.: The concept of stress in experimental physiology. In: TANNER, J.M. (Ed.): Stress and psychiatric disorder. Oxford: Blackwell 1960.

SHAPIRO, M.B., NELSON, E.H.: An investigation of the nature of cognitive impairment in cooperative psychiatric patients. Brit. J. med. Psychol. **28,** 239–256 (1955).

SPIELBERGER, Ch.D.: Theory and research on anxiety. In: SPIELBERGER, Ch. D. (Ed.): Anxiety and Behavior. New York: Academic Press 1966.

SPITZ, R.A.: Hospitalism: An inquiry into the genesis of psychiatric conditions in early childhood. In: The Psychoanalytic Study of the Child, 1945, **1** (zit. nach SPITZ 1967).

SPITZ, R.A.: Hospitalism: A follow-up report. The Psychoanalytic Study of the Child, 1946, **2** (zit. nach SPITZ 1967).

SPITZ, R.A.: Vom Säugling zum Kleinkind. Stuttgart: Klett 1967.

SUINN, R.M.: Fundamentals of behavior pathology. New York: Wiley 1970.

SZASZ, Th.S.: The myth of mental illness. Amer. Psychologist **15,** 113–118 (1960).

TAYLOR, J.A.: A personality scale of manifest anxiety. J. abnorm. soc. Psychol. **48,** 285–290 (1953).

TEUBER, H.-L.: Alterations of perception after brain injury. In: ECCLES, J.C. (Ed.): Brain and conscious experience. Berlin–Heidelberg–New York: Springer 1966.

THIBAUT, J.W., RIECKEN, H.W.: Authoritarianism, status, and the communication of aggression. Hum. Relat. **8,** 95–120 (1955).

TUTKO, T.A., SPENCE, J.T.: The performance of process and reactive schizophrenics and brain injured subjects on a conceptual task. J. abnorm. soc. Psychol. **65,** 387–394 (1962).

WATSON, J.B., RAYNER, R.: Conditioned emotional reactions. J. exp. Psychol. **3,** 1–14 (1920).

WECHSLER, D.: Standardized memory scale for clinical use. J. Psychol. Neurol. (Lpz.) **19,** 87–95 (1945).

WEITBRECHT, H.J.: Psychiatrie im Grundriß. Berlin–Göttingen–Heidelberg: Springer 1963.

WOOLLEY, D.W.: The biochemical basis of psychosis. New York: Wiley 1962, 2. Aufl. 1968.

WOOLLEY, D.W., SHAW, E.A.: A biochemical and pharmacological suggestion about certain mental disorders. Proc. nat. Acad. Sci. (Wash.) **40,** 228–231 (1954).

YARROW, L.J.: Separation from parents during early childhood. In: HOFFMAN, M.L. (Ed.): Review of child development research, Vol. I. New York: Russell Sage Found. 1964.

YATES, A.J.: Psychological deficit. Ann. Rev. Psychol. **17,** 111–144 (1966).

YERKES, R.M., DODSON, J.D.: The relation of strength of stimulus to rapidity of habit formation. J. Comp. Neurol. Psychol. **18,** 458–482 (1908).

ZIGLER, E.: Mental retardation. In: LONDON, P., ROSENHAN, D. (Eds.): Foundations of abnormal psychology. New York: Holt, Rinehart & Winston 1968.

ZUBEK, J.P. (Ed.): Sensory deprivation: fifteen years of research. New York: Appleton-Century-Crofts/Meredith Corp. 1969.

ZUCKERMAN, M.: The development of an affect adjective check list for the measurement of anxiety. J. cons. Psychol. **24,** 457–462 (1960).

E. ARZT-PATIENT-BEZIEHUNG

D. BECKMANN

Die Arzt-Patient-Beziehung ist Thema der Medizinischen Soziologie und der Medizinischen Psychologie. Der soziologische Aspekt, der sich z.B. auf ökonomische Probleme des Gesundheitswesens oder auf Krankenhausstrukturen und andere Faktoren bezieht, die die Arzt-Patient-Beziehung mitformen, wird hier ausgeklammert.

Eine weitere Einschränkung muß hervorgehoben werden: Das Wissen über Erleben und Verhalten von Arzt und Patient in typischen Situationen, wie z.B. bei einer röntgenologischen Untersuchung, in einer chirurgischen Ambulanz, beim praktischen Arzt u.a.m. ist heute noch derart gering, daß hier eine geschlossene Darstellung nicht gegeben werden kann. Diese Einschränkung bezieht sich auf die im folgenden darzustellenden Forschungsergebnisse. Sie wurden im wesentlichen an Patienten gewonnen, die sich selbst als seelisch krank erleben oder vom Arzt als seelisch krank diagnostiziert wurden. Darüber hinaus stammt der größere Teil der Untersuchungen von psychotherapeutisch interessierten Ärzten oder auch Psychiatern und Psychotherapeuten.

Diese Einschränkungen sind andererseits deshalb nicht so gravierend, da ja ein hoher Prozentsatz aller Patienten in Allgemeinpraxen oder auch Allgemeinkrankenhäusern seelisch bzw. seelisch und gleichzeitig körperlich erkrankt ist. Hierzu liegt eine große Anzahl von epidemiologischen Untersuchungen vor (vgl. DELAY u. PICHOT, BRÄUTIGAM u. CHRISTIAN, STROTZKA).

Die von verschiedenen Autoren ermittelten Zahlen schwanken außerordentlich, je nach Art der Erhebung, Definition der Krankheitsgruppen, Vorauslese des Beobachtungsgutes u.a.m. (BRÄUTIGAM u. CHRISTIAN).

Zwischen seelisch „gesund“ und „krank“ gibt es eine gleitende Skala, so daß die psychologischen Faktoren der Arzt-Patient-Beziehung in Abhängigkeit zum Schweregrad der seelischen Erkrankung mehr oder weniger wirksam sind.

1. Übertragung

Der Begriff der *Übertragung* stammt von FREUD (1912, 1915) und wurde zunächst für ein Verhalten von Patienten benutzt, das während einer psychoanalytischen Behandlung auftritt. Der neurotische Patient überträgt Ängste und Bedürfnisse aus früheren Partnerbeziehungen, die ihm selbst in der Regel unbewußt sind, auf den Arzt. Zum Begriff der Übertragung gehören die Begriffe *Wiederholungszwang*, *Abwehr*, *Regression* und in therapeutischen Situationen der des *Widerstandes*.

Beispiel:
Ein magenkranker Patient konnte in seiner Kindheit seine Bedürfnisse nach mütterlicher Wärme, Kontakt, Geborgenheit und Nahrung nicht befriedigen. Er hat gelernt, daß seine Mutter sich ihm nur zuwandte, wenn er ihr mit besonderen Leistungen imponierte. Die Mutter verstärkte hierdurch seit der frühesten Kindheit die Abwehr direkter oraler Wünsche (Kontakt, Wärme, Geborgenheit). Gleichzeitig verstärkte die Mutter das Leistungsverhalten, das indirekt für den Patienten emotionale Zuwendung bedeutete. Der verdrängte Impuls ist beim inzwischen erwachsenen Patienten unverändert erhalten geblieben. Die Formen, durch Leistungen in verschiedenen Bereichen Anerkennung und Zuwendung zu erreichen, wurden im Laufe der Entwicklung generalisiert. Der Patient wiederholt bei allen mitmenschlichen Kontakten, in seiner Familie, im Beruf, in der Freizeit ein stark motiviertes Leistungsverhalten, das von seiner Umwelt weiter verstärkt wird. Das Motiv für diese Wiederholungen wird als Wiederholungszwang bezeichnet. Der Patient ist in der Variabilität seines Verhaltens eingeschränkt, da er allein durch ausgezeichnete Leistungen mitmenschliche Zuwendung zu erreichen glaubt.
Die Motive seines Handelns sind ihm in der Regel nicht bewußt. Jeder Form, ihm den Ursprung seiner ausgeprägten Leistungsmotivation bewußt zu machen, kann er entschiedenen *Widerstand* entgegensetzen. Der Widerstand bezieht sich auf die Angst vor der unbewußten Phantasie, daß mitmenschliche Partner seiner Mutter gleichen könnten. Er überträgt auf seine Partner seine verdrängten Ängste und Bedürfnisse seiner enttäuschten Mutterbeziehung. Subjektiv ist er überzeugt, daß orale Wünsche bestraft und Leistungen belohnt werden.
Der magenkranke Patient wird stationär behandelt. Ihm wird absolute Bettruhe verordnet und eine Diät, die einer Babynahrung nicht unähnlich ist. Seine Magenbeschwerden bessern sich schnell, solange Arzt und Schwestern ihm die *Regression* in eine orale Situation erlauben bzw. von ihm als Leistung fordern. Sobald der Patient als gebessert entlassen wird, stellt sich seine vorherige Symptomatik wieder ein. Die symptomatische Besserung erklärt sich aus der konfliktüberwindenden Situation: Das unbewußte Bedürfnis, sich wie ein kleines Kind umsorgen zu lassen, und das Motiv, sich entsprechend den ärztlichen Verordnungen möglichst angemessen und beflissen zu verhalten, werden gleichermaßen befriedigt.
Die stereotype Wiederholung von Übertragungen tritt in zwischenmenschlichen Beziehungen in dem Maß auf, wie unbewältigte frühkindliche Konflikte beim Erwachsenen erhalten geblieben sind. Der eine Partner überträgt auf den anderen Aspekte früherer Partnerbeziehungen (Regression). Er erwartet unbewußt, daß der andere Partner eine bestimmte Rolle einnimmt, wie z. B. die Rolle der fürsorglichen Mutter, die Rolle des rivalisierenden Bruders oder auch die Rolle des hart und autoritär strafenden Vaters u.a.m. (vgl. ERIKSON, 1957 u. 1966; RICHTER, 1969 u. 1970).
Partnern werden durch Übertragungen Rollen zugewiesen. Es sind die Rollen, die der Patient aus seinen unbewältigten Konflikten als Erwartung an seine Partner heranträgt. Im Unterschied zu Sozialrollen sind die Rollen, die durch stereotype Wiederholungen einer lebensgeschichtlich erworbenen, meist unbewußten Erwartung definiert werden, privat und nicht öffentlich. Der Patient hat je nach seiner persönlichen Geschichte typische Erwartungen, die sich auch in seinen seelischen und körperlichen Beschwerden artikulieren (vgl. Teil 1.2). Meßbar sind diese Erwartungen über die Selbstbilder von Patienten (vgl. Teil 9).

1.1 Dimensionen der Übertragung

Obwohl es sich bei Übertragungen um sehr persönliche und mit der jeweiligen individuellen Lebensgeschichte verknüpfte Phänomene handelt, lassen sich typologische Dimensionen der Übertragung angeben.
Da die frühkindliche emotionale Entwicklung einerseits von großer Bedeutung für das Verhalten des Erwachsenen ist und andererseits in unserer Kultur in bestimmten Phasen abläuft (BROCHER, 1971; ERIKSON, 1957), sind die Dimensionen von Übertragungen auf Entwicklungsphasen bezogen. Es gibt auch andere Klassifikationsgesichtspunkte von Übertragungen, die jedoch weniger prägnant sind.
Durch die Erhebung von Selbstbildern läßt sich über statistische Verfahren (Faktorenanalysen) nachweisen, daß bei seelisch Kranken bestimmte emotionale Erwartungen vorherrschen, die sich auf der Basis der psychoanalytischen Theorie der frühkindlichen Entwicklungsphasen und der davon abhängigen Übertragungen interpretieren lassen (BECKMANN u. RICHTER, 1972).

Die psychoanalytische Theorie von der frühkindlichen Entwicklung wurde von ERIKSON weiterentwickelt. Die Sozialisationsformen (vgl. FÜRSTENAU) des Kindes bekamen bei ERIKSON gegenüber dem klassischen Konzept, das von der Entwicklung und Ausformung angeborener oraler, analer und phallisch-genitaler Bedürfnisse ausging, mehr Gewicht.
In der *oralen* Phase lernt das Kind unter günstigen Bedingungen durch die Liebe der Mutter eine vertrauensvolle Beziehung zu seiner Umwelt. Unter ungünstigen Bedingungen (vgl. SPITZ) entwickelt es eine mißtrauische Grundhaltung. Diese Dimensionen, die sich auf Erfahrungen des Kindes in den ersten beiden Lebensjahren beziehen, reichen nach ERIKSON von einer übervertrauensvollen bis zu einer mißtrauischen, depressiven, verschlossenen Haltung („Urvertrauen"-„Urmißtrauen"). Entsprechend diesen Erfahrungen überträgt der Patient als Erwachsener unbewußt auf den Arzt unbewältigte Erlebnisse aus seiner frühen Mutterbeziehung. Er kann den Arzt als fürsorgliche oder auch als unzuverlässige Mutter erleben, zu der man viel oder kein Vertrauen haben kann. Er kann aber auch entsprechend seinen Erfahrungen erwarten, daß der Arzt ihn überfürsorglich einengen wird (overprotection). Ein anklammerndes Verhalten ist häufig bei Patienten, die ein sehr inniges Verhältnis zu ihrer Mutter hatten, von der sie sich nicht oder kaum lösen konnten (vgl. BROCHER).
In der *analen* Phase (Trotzalter) sammelt das Kind Erfahrungen, inwieweit es sich autonom und emanzipiert verhalten darf. Bei autoritären Eltern wird es eher lernen, daß Unterwerfung mit mehr Befriedigungsmöglichkeiten verbunden ist als ein dominantes Verhalten. Die orale und die anale Phase ist zeitlich überlappend. Autonomiestrebungen können schon sehr früh auftreten. Wesentlich für die Arzt-Patient-Beziehung ist, daß der Patient eine Grunderwartung hat, die sich auf den Dimensionen Autonomie, Zwangslosigkeit und Selbständigkeit versus Scham, Zweifel, Zwanghaftigkeit und Unsicherheit beschreiben läßt. Entsprechend zeigt der Patient dem Arzt gegenüber Grunderwartungen, die sich in Interaktionen von gegenseitiger Dominanz oder Dominanz und Unterwerfung realisieren können. Die oralen und analen Dimensionen sind über den Gießen-Test (BECKMANN u. RICHTER, 1972) meßbar.

In der *phallisch-genitalen Phase*, für die der „Ödipus-Komplex" charakteristisch ist, sammelt das Kind in der ödipalen Situation (Beziehungen zu Vater, Mutter und deren Verhältnis zueinander) Erfahrungen, in welchem Ausmaß es verführen und durch Potenz überzeugen kann (soziale Attraktivität und Resonanz) oder reizlos, unbedeutend, impotent oder sogar gefährlich ist. ERIKSON unterscheidet die Pole „Initiative" versus „Schuldgefühle". Auch diese Einstellungsdimensionen sind über die Selbstbilder von Patienten im Gießen-Test erfaßbar. Die Untersuchungen basieren auf der Analyse der Daten von mehreren hundert Patienten.

Bei phallisch-genitalen Übertragungen ist es nützlich, sich das Modell der ödipalen Situation vorzustellen, wenn ein Patient seine Erfahrungen mit Mutter und Vater in der Arzt-Patient-Beziehung wiederholt:

Der weibliche Patient, der z.B. vom Arzt bewundert werden will, rivalisiert z.B. gleichzeitig mit der Stationsschwester um die Zuwendung des Arztes. Ein anderer Aspekt der ödipalen Situation zeigt sich, wenn eine Patientin zwei Ärzte gegeneinander ausspielt, um sich ihrer weiblichen Potenz zu versichern. Ein männlicher Patient kann seine Potenz demonstrieren, wenn er dem Arzt in Anwesenheit einer dritten Person eine Niederlage bereitet.

Ein Patient zeigt in der Regel mehrere Übertragungserwartungen gleichzeitig. Die frühkindlich gelernten Erwartungshaltungen der oralen, analen und phallisch-genitalen Einstellungen gegenüber Partnern werden durch später erlernte Einstellungen überformt und spezifiziert, die für Übertragungshaltungen weniger bedeutsam sind. Bei schweren seelischen Krankheiten oder bei starker Regression sind frühkindlich erworbene Übertragungen häufig direkt erlebbar.

1.2 Symptome und Übertragung

Jedes neurotische Symptom enthält einen direkten oder indirekten Appell an den Arzt, eine bestimmte Rolle gegenüber dem Patienten einzunehmen (BECKMANN, 1972 a). Zwischen der Art der Erkrankung und dem Übertragungsverhalten bestehen in der Regel korrelative Zusammenhänge.

1.2.1 Organische Krankheiten

Jede primär organische Erkrankung bewirkt sekundär eine psychische und soziale Veränderung des Patienten, um so ausgeprägter, je schwerer die Erkrankung ist. Hierdurch werden neurotische Konflikte aktualisiert, die bei Gesundheit kompensiert werden können. Der Patient entwickelt entsprechend seiner somatisch bedingten Beeinträchtigung eine spezifische, häufig regressive Haltung.

Die Haltung korreliert mit den unbewältigten Konflikten und mit der seelischen Verarbeitung der krankheitsspezifischen Einschränkungen. Als Spezialfall sind die sog. „Rentenneurosen" zu erwähnen: Ein Patient erwartet unbewußt, daß der Arzt sich für die soziale Sicherheit des Patienten voll einsetzen wird, da er selbst sich nach einer erlittenen Krankheit unfähig fühlt, für sich zu sorgen (unbewußte Begehrhaltung). Ein anderer Spezialfall tritt auf, wenn durch lokale oder diffuse hirnorganische Schädigungen die organisch bedingte Affektlabilität mit jeweils persönlichkeitsspezifischen Übertragungshaltungen in Interaktion tritt, so daß Patienten unbewußte Ängste und Bedürfnisse sprunghaft, drängend und intensiv ausdrücken.

Krankheiten mit erhöhter Abhängigkeit vom Arzt, direkt oder indirekt, z.B. über die Abhängigkeit von ständiger medikamentöser Kontrolle, von technischen Apparaten oder von Pflege- und Hilfspersonal, aktualisieren aggressiv getönte ambivalente orale und anale Erwartungen. Die Patienten schwanken zwischen Vertrauen, Autonomie, Zweifel und Mißtrauen. Abhängigkeitsängste und Ohnmachtsgefühle werden häufig durch aggressiv-autonome Impulse überlagert.

1.2.2 Psychosomatische Krankheiten

Patienten mit Psychosomatischen Krankheiten im engeren Sinne (wie z.B. Ulcus, Asthma, bestimmten Hauterkrankungen, Anorexia, Adipositas, Colitis, Coronarleiden, Rheumatischen Erkrankungen u.a.m.) haben in der Regel depressive, retentive und mißtrauische Übertragungshaltungen. Die unbewußte Grundhaltung ist depressiv. Widerstände sind stark ausgeprägt und kommen nicht selten in Form von verfestigten, massiven Verdängungs-, Verleugnungs- und Projektionsmechanismen vor. Zwangsneurotische Kontaktstörungen sind häufig zu beobachten. Die Lehre von den Psychosomatischen Krankheiten ist ein Teil der klinischen Ausbildung des Studenten. Auf eine detaillierte Darstellung muß hier verzichtet werden.

1.2.3 Funktionelle Syndrome

Vegetativ-funktionell bedingte Organstörungen im Bereich des Magens, Darms, der Atmung, des Herz-Kreislauf-Systems, der Sexualfunktionen bei Mann und Frau (vgl. Teil 6.1) korrelieren miteinander (ZENZ, 1971), obwohl bestimmte Syndrome abgrenzbar sind (CREMERIUS, 1968; RICHTER u. BECKMANN, 1969). In der Regel findet sich in statistischen Analysen, die zeigen, welche Beschwerden gemeinsam mit welchen anderen auftreten, daß ein Generalfaktor der vegetativen Labilität oder auch der Bereitschaft des Patienten, gehäuft über eine große Anzahl vegetativ-funktioneller Beschwerden zu klagen, nachweisbar ist. Diese Bereitschaft korreliert mit einer ängstlich-depressiven Stimmung und kann über den MMQ oder MPI gemessen werden.

Als abgrenzbare Syndrome lassen sich nach einer Reihe von Untersuchungen organbezogene Beschwerdegruppen abgrenzen, wie z.B. Herz-Kreislauf-, Atmungs-, Magen- und andere Beschwerden.

Wenn sich seelische Konflikte in körperlichen Beschwerden ausdrücken, spricht man von *Somatisierung*. Verschiedene Psychosomatische Krankheiten kommen nach PFLANZ (1962) in der untersten sozialen Schicht gehäuft vor. FREEDMAN u. HOLLINGSHEAD und HOLLINGSHEAD u. REDLICH wiesen nach, daß eine generell erhöhte Tendenz, an körperlichen Beschwerden zu leiden, in den unteren sozialen Schichten zu beobachten ist. Patienten der oberen sozialen Schichten leiden eher an seelischen Beschwerden. Die Interpretation dieser Befunde ist heute noch umstritten (vgl. BRÄUTIGAM u. CHRISTIAN). Die wesentlichste Interpretationsmöglichkeit bezieht sich auf unterschiedliche schichtabhängige Sozialisationsformen, wodurch Patienten der oberen sozialen Schichten eher gelernt haben, ihre Konflikte verbal zu artikulieren. Auf eine Darstellung der entsprechenden psycholinguistischen Theorien und Untersuchungen muß hier verzichtet werden (vgl. z.B. BERNSTEIN, OEVERMANN).

Wesentlich ist ein anderer durch eine Reihe von Untersuchungen gesicherter Befund (vgl. CHRISTIAN u. BRÄUTIGAM), daß Frauen vermehrt über vegetativ-funktionelle

Beschwerden, aber auch über Angst und Depression (BECKMANN u. RICHTER, 1972; BECKMANN, 1973) klagen. Es wird deutlich, daß es hier problematisch ist, von einer erhöhten Somatisierungstendenz zu sprechen (vgl. BRÄUTIGAM u. CHRISTIAN), da Frauen ja auch gleichzeitig vermehrt an psychischen Beschwerden leiden. Auf eine Diskussion der eventuell mit mehr Leiden verbundenen sozialen Rolle der Frau muß hier verzichtet werden.
Die Übertragungserwartungen von Patienten mit vegetativ-funktionellen Beschwerden entstammen mehr oder weniger stark ausgeprägten depressiven Einstellungen. Die Patienten erwarten unbewußt, daß der Arzt sie allein lassen wird, oder auch, daß er sich wie eine Mutter um sie kümmern wird (BECKMANN, 1972 a). Im Unterschied zu Patienten mit Psychosomatischen Krankheiten sind die Übertragungserwartungen weniger regressiv und verfestigt. Die Abwehrstruktur ist weniger rigide, nicht allzu selten sogar relativ offen, so daß diese Patienten unter hohem Angstdruck ihre unbewußten Erwartungen direkt artikulieren (RICHTER u. BECKMANN, 1969).

1.2.4 Konversionssymptome

Konversionsneurotische sensible (wie z. B. Schmerzen, Juckreiz, Sehstörungen, Globusgefühl, Überempfindlichkeiten, Paraesthesien, Schmerzen bei der Periode u.a.m.) oder motorische (Lähmungen, Krämpfe, Krampfanfälle) Symptome drücken in der Regel einen spezifischen unbewußten Konflikt aus. Sie sind appellativ an einen Partner gerichtet. Ein Zusammenhang mit bestimmten verdrängten, aggressiven oder sexuellen Impulsen ist nicht selten in psychotherapeutischen Behandlungen nachweisbar. Die Impulse richten sich auf bestimmte Partner, auf die der frühkindliche Konflikt übertragen wird. Die Übertragung in Form des Symptoms zielt nur dann auf den Arzt, wenn dieser als Partner vom Patienten erlebt wird (Übertragungsneurose). Die Psychoanalyse als Theorie und Behandlungsmethode entstand aus dem Versuch, Konversionsneurosen zu erklären und kausal zu behandeln (FREUD). Reine Konversionsneurosen sind selten, so daß z. B. eine Lähmung als Appell an einen bestimmten Partner selten ohne vegetativ-funktionelle oder andere psychoneurotische Symptome (Zwänge, Phobien, depressive Zustände u.a.m.) auftritt.

Wenn der Arzt vom Patienten unbewußt als Ersatz für eine frühkindliche Partnerfigur erlebt wird, wirkt sein Verhalten direkt auf die Symptomatik des Patienten. Ein Chirurg, Stationsarzt, Allgemeinmediziner kann nach kurzem oder längerem Behandlungskontakt durch sein Verhalten die Symptome des Patienten mildern, verstärken oder auch zum Verschwinden bringen. Das optimale Verhalten des Arztes bei Patienten mit derartigen *Übertragungsneurosen* kann nur mühevoll über viel klinische Erfahrung erlernt werden. Als wesentlichste Voraussetzung für diesen Lernvorgang muß die Kontrolle der Gegenübertragung (vgl. Teil 2) angesehen werden. Eindringlich muß jedoch davor gewarnt werden, ohne eine psychotherapeutische Ausbildung mit der Übertragung eines Patienten laienhaft oder leichtfertig umzugehen.

Das konversionsneurotische Symptom hat eine dem Patienten unbewußte Bedeutung. Patienten mit typischen Konversionsneurosen zeigen ein phallisch-genitales Übertragungsverhalten mit komplizierten und wechselnden Beziehungsmustern. Der Widerstand ist ausgeprägt und häufig mit, auch für den Psychotherapeuten, schwer durchschaubaren Abwehrstrategien verbunden. Die unbewußte Bedeutung des Symptoms kann in der Regel nur in einer psychoanalytisch orientierten Behandlung festgestellt werden.

1.2.5 Sucht

Orale Deprivation wird als eine wesentliche Voraussetzung für die Entwicklung einer Sucht angesehen (Medikamentenabusus, Alkohol, Drogen). Negative orale Erwartungshaltungen herrschen bei diesen Patienten vor und sind in der Charakterstruktur verfestigt. Patienten mit sexuellen Fehlhaltungen sind im Übertragungsverhalten den Süchtigen ähnlich, obwohl die Abwehrmechanismen komplizierter und auch spezifischer sein können, je mehr anale Komponenten überlagert sind. Hinzu tritt, wie auch bei Süchtigen, die bewußte Erwartung an den Arzt, daß dieser ihn als sozial minderwertig einstufen wird, oder eine kompensatorische, trotzige Gegenreaktion mit mißtrauischer Abschirmung gegen jeglichen Kontakt (z. B. Exhibitionismus).

Der Ebene der bewußten Erwartungen entspricht, daß Patienten dieser Gruppe von der Gesellschaft definierte Sozialrollen zugewiesen werden, wie z. B. die Rollen des Alkoholabhängigen, des chronischen Alkoholikers mit sozialem Fehlverhalten u.a.m. Die Beschreibung dieser Phänomene fällt in den Bereich der Medizinischen Soziologie. Dasselbe gilt auch für Patienten mit psychotischen Symptomen, die negativ sanktionierte Sozialrollen zugewiesen bekommen.

1.2.6 Psychotische Symptome

Bei Patienten, die an psychotischen Symptomen leiden, treten massive Kontaktängste und Wünsche in den Vordergrund. Bei schweren depressiven Verstimmungen fehlen Übertragungswünsche. Der Patient hat das „Gefühl der Gefühllosigkeit" und zeigt kein Interesse an Kontakt. Bei schizophrenen Zustandsbildern fühlt sich der Patient isoliert und Übertragungshaltungen fehlen, oder er zeigt äußerst intensive Übertragungsangebote, die in Qualität und Ausmaß den Arzt veranlassen, eine selbstschützende Distanz zum Patienten aufzurichten. Der Patient kann seine Umwelt als bedeutungslos, komisch und leer, aber auch als ungemein gefährlich erleben, und gleichzeitig ein verdrängtes Bedürfnis nach enger symbiotischer Bindung vermitteln (hebephrene und paranoide Zustände), wodurch dem Arzt die Aufnahme von Kontakt als zu schwierig, gefährlich oder auch angsterregend erscheint (vgl. Teil 3.2.2). Verliert der Patient das Interesse an seiner Umwelt und konzentriert sich auf die Vorgänge in seinem Inneren (z. B. Phantasien über Körperfunktionen), so zieht er sich in einen katatonen Zustand zurück, signalisiert aber nicht selten durch bizarre Stereotypien im Verhalten und der Körperhaltung seinen autistischen Rückzug (Bateson et al., 1969).

1.3 Übertragungsverschränkungen

Zwischen Menschen, die in lang andauernden Beziehungen freiwillig oder erzwungen zusammenleben (Familie, Beruf, Freizeit u.a.m.), bestehen in der Regel Verschränkungen der gegenseitigen unbewußten Erwartungen.

Der verwahrloste, offen-sadistische Alkoholiker quält seine moralisch-masochistische Frau, die sich hierdurch insgeheim Befriedigung verschafft. Der Ehemann meint z.B., daß seine Frau eine Partnerin sei, die ihn zu kurz kommen lasse und sich nicht richtig um ihn kümmere, so daß er sich seine Befriedigung selbst verschaffen müsse (Alkohol). Er überträgt auf seine Frau frühkindliche Erwartungen, die sich ursprünglich auf seine Mutter bezogen. Die Ehefrau glaubt, daß ihr Mann sie mißhandele und strafe, weil sie ihn hasse. Ihren Haß habe sie aber durch Mißhandlungen gebüßt und durch ihr Leiden, sei sie moralisch grundsätzlich ihrem Mann gegenüber im Recht. Die Frau überträgt hierdurch auf ihren Mann eine mißglückte Beziehung zu ihrem Vater, bei dem sie jede Strafe als Zuwendung erlebt hatte.

Beide Partner sind fest aneinander gebunden, da orale Bedürfnisse und anale Straf- und Unterwerfungswünsche gegenseitig befriedigt werden.

Ein anderes Beispiel ist das Wunderkind, das den ehrgeizigen Eltern die unbefriedigten Wünsche nach phallischer Omnipotenz erfüllen soll.

Aus der Sicht der Rollen des Kindes werden unterschieden: *Das Kind als Substitut für einen anderen Partner* (Eltern, Geschwister, Ehepartner). Auf das Kind werden unbewußte Wünsche übertragen, die ursprünglich auf die eigenen Eltern, Geschwister oder auf den Ehepartner gerichtet waren. *Das Kind als Substitut für eigene nicht verwirklichte Impulse:* Hierzu gehören Projektionen negativer (Sündenbock) und positiver unbewußter Impulse (Wunderkind, Musterschüler) der Eltern auf das Kind (RICHTER, 1969).

Das Kind selbst erwartet entsprechend seiner Rolle von den Eltern eine komplementäre Einstellung. Je großartiger z.B. das Kind erlebt wird, um so bedeutungsloser erlebt es selbst die Eltern.

Durch diese und andere Verschränkungen von unbewußten Erwartungen erlebt der Arzt bei einem Patienten lediglich den Ausschnitt aus einem Interaktionssystem (vgl. Kap. 3), das zwischen verschiedenen zusammenlebenden Personen besteht. Derartige Verschränkungen mit Familienangehörigen sind bei neurotischen und insbesondere bei psychotischen Patienten, wenn diese nicht völlig isoliert leben, stark ausgeprägt. Manche dieser Übertragungsverschränkungen sind nur innerhalb der jeweiligen Beziehungsstruktur wirksam. So nimmt die Frau des Alkoholikers ihre Rolle nur gegenüber ihrem Mann ein, wenn die Rolle nicht zu einer Sozialrolle ausgeformt ist. Das Wunderkind z.B. kann versuchen, die ursprünglich auf die Familie bezogene Rolle schließlich in allen Bereichen zu realisieren. Dasselbe gilt für die Sündenbockrolle, wenn schließlich alle Kontaktpersonen negative Erwartungen haben, so daß die primär familiär gebundenen Übertragungsverschränkungen sich zu Sozialrollen ausformen. Die Krankengeschichten von sozial auffällig gewordenen Patienten enthalten nicht selten erschütternde Belege für derartige, negativ verlaufende Sozialisationsformen. Übertragungsverschränkungen führen nicht selten dazu, daß aus einer seelisch kranken Familie (RICHTER, 1970) das relativ gesündeste Mitglied den Kontakt zum Arzt sucht bzw. zum Arzt geschickt wird (der „vorgeschobene Patient"; BALINT, 1970).

Übertragungen sind stereotype Wiederholungen eines lebensgeschichtlich früher (meist frühkindlich) erworbenen, unbewußten Erwartungs-Verhaltens gegenüber Partnern. Als Rückschritt auf früher erlerntes Verhalten sind Übertragungen gleichzeitig Regressionen.

2. Gegenübertragung

Entsprechend der spezifischen Übertragung eines Patienten reagiert der Arzt mit einer mehr oder weniger bewußten Gegenübertragung. Die Gegenübertragung enthält emotionale und kognitive Anteile. Die Art der Gegenübertragung ist von drei Faktorengruppen abhängig: der emotionalen Haltung, den emotionalen Reaktionen und von der konzeptuellen Orientierung des Arztes (BECKMANN et al., 1973). In der Literatur wird der Begriff der Gegenübertragung uneinheitlich verwendet. Hier werden unter Gegenübertragungen Aktionen des Arztes subsumiert, die Reaktionen auf Übertragungen und Aktionen des Arztes selbst in Übertragungsverschränkungen sind. Hierzu gehören auch formelle und informelle Aspekte der Arztrolle, soweit der jeweilige Arzt mit bestimmten berufstypischen Haltungen identifiziert ist, wie z.B. „Kranke müssen eine straffe Führung haben", „wirklich Kranke brauchen Fürsorge", „eingebildete Kranke müssen diszipliniert werden", u.a.m. (vgl. SCHMIDT, 1968).

Die Kontrolle der Gegenübertragungsreaktionen ist eine notwendige Voraussetzung für eine therapeutisch effiziente Arzt-Patient-Beziehung.

Beispiel:

Ein angstneurotischer Patient mit schweren seelisch-körperlichen Krisen in Form von Angstanfällen mit Herzjagen, Hyperventilation, Schwitzen und Todesangst beeindruckt einen selbstsicheren, eher mütterlich fürsorglichen (emotionale Haltung) Arzt durch seine ohnmächtige Hilflosigkeit. Der Arzt wird aus dem Gefühl seiner Überlegenheit heraus dem Patienten instinktiv ein Teil mütterlicher Geborgenheit, Schutz und Wärme geben (emotionale Reaktion). Trifft derselbe Patient auf einen eher selbstunsicheren, depressiven Arzt, so wird er den Patienten ängstlich abwehren. Bleiben diese emotionalen Reaktionen auf die Übertragung des Patienten unkontrolliert, wird der selbstsichere Arzt dem Patienten durch eine überprotektive Haltung (overprotection) wenig Chancen für eine emanzipatorische Entwicklung einräumen. Der selbstunsichere Arzt wird die Hilflosigkeit des Patienten unterschätzen, ihn zu wenig stützen und ihn überfordern.

2.1 Dimensionen der Gegenübertragung

Gegenübertragungsreaktionen haben ihren Ursprung im Verhalten des Patienten. Die typologischen Dimensionen der Übertragung haben sich auch bei der Messung von Gegenübertragungen bewährt. Über das Urteil mehrerer Ärzte (Fremdbilder) über denselben Patienten (BECKMANN u. RICHTER, 1972) lassen sich die für den einzelnen Arzt typischen bewußten und unbewußten Einstellungen gegenüber Patienten objektiv erfassen. Nach diesen Untersuchungen (BECKMANN, 1968; BECKMANN u. RICHTER, 1968; HEISING u. BECKMANN 1971) sind bei psychotherapeutisch tätigen Ärzten und Psychologen die Reaktionen komplementär-ergänzend (vgl. Kap. 7), wie sich in zwei Untersuchungen bei fernsehaufgezeichneten Interviews bei M = 8 Beurteilern, N = 16 Patienten und bei M = 12 Beurteilern, N = 30 Patienten nachweisen ließ. In Therapien verstärken sich die komplementären Beziehungsmuster (M = 9 Beurteiler, N = 70 Patienten).

Ärzte mit phallisch-narzißtischen Merkmalen neigen dazu, ihre Patienten oral-depressiv zu erleben und zu diagnostizieren. Umgekehrt beurteilen depressiv strukturierte Ärzte ihre Patienten eher phallisch-narzißtisch. Aggressiv dominierende Ärzte sehen ihre Patienten passiv-gefügig. Zwangsneurotisch strukturierte Ärzte diagnostizieren bei ihren Patienten vermehrt Verwahrlosungstendenzen. Der Patient bekommt also in der Regel über die Diagnose vom Arzt eine Rolle zugeschrieben, die als emotionale Reaktion des Arztes in Abhängigkeit zu seiner emotionalen Grundhaltung die Merkmale beim Patienten überbetont, die der Arzt bei sich selbst verdrängt. Der phallisch-narzißtische Arzt hat seine depressiven Gefühle verdrängt und nimmt sie deshalb in der Projektion beim Patienten überdeutlich wahr (vgl. COHEN, 1969: Kontrastphänomen). Der Arzt tendiert zur Komplementarität, er erwartet einen Patienten in Ergänzung zu eigenen unbefriedigten und häufig verdrängten Bedürfnissen (BECKMANN, 1972 a).
Mißtrauen, Verschlossenheit und Zurückhaltung beziehen sich auf die Vermeidung von emotionalen Kontakten (vgl. Teil 5.2.5). Der eher paranoische (verschlossen-mißtrauische) Arzt erwartet, daß der Patient keinen Kontakt will, d.h., daß auch der Patient eher retentiv und zurückhaltend sei. Das Mißtrauen des Arztes korreliert also positiv mit der Phantasie, daß auch der Patient eher mißtrauisch ist. Es handelt sich hierbei nicht um eine symmetrische Kontaktform zwischen Arzt und Patient, sondern um eine Einstellung, durch die emotionaler Kontakt vermieden wird, da sich Arzt und Patient gegenseitig als potentielle Feinde erleben (vgl. Teil 5.2.5).

2.2 Kognitive Prozesse bei der Diagnosestellung

Den Grunddimensionen der Übertragung-Gegenübertragung entsprechen konzeptuelle Ordnungsschemata in Form von kulturspezifischen Formen der Interpretation menschlichen Verhaltens. Diese Grunddimensionen sind in medizinischen oder psychologischen Konzepten enthalten. Sie bestimmen, wie ein bestimmtes Verhalten vom Patienten wahrgenommen, interpretiert und diagnostisch bezeichnet werden soll: Jede Diagnose enthält bestimmte pragmatische Konsequenzen (Therapie), connotative (emotionale Faktoren der Gegenübertragung) und denotative (Benennung der Krankheit) Bedeutungen, wodurch in Abhängigkeit von der Ausbildung und Funktion des Arztes sehr unterschiedliche Aspekte beim Patienten betont werden.

Das folgende Beispiel stammt aus dem Buch von BALINT „Der Arzt, sein Patient und die Krankheit", in dem viele klinisch orientierte Fallbeschreibungen zu diesem Thema zu finden sind.

Beispiel:

Ein Patient klagt sein 20 Jahren über Schmerzen im Bauch, Durchfall, Schwindel und motorische Störungen. Nach mehreren Operationen hatte sich über lange Zeit an seinem Zustand nichts geändert, obwohl er auch psychiatrisch behandelt worden war. Kurz vor der letzten Operation (Gallensteine) nahmen verschiedene Ärzte zum Leiden des Patienten Stellung:

Erster Chirurg:	denotativ:	ohne Befund
	connotativ:	—
	pragmatisch:	leichte Diät
Psychiater:	denotativ:	Hysterie
	connotativ:	Symptome „bewußt motiviert“
	pragmatisch:	Warteliste
Krankenhausarzt:	denotativ:	Möglichkeit von Gallensteinen
	connotativ:	diagnostische Unsicherheit
	pragmatisch:	Medikation, erneute Vorstellung nach drei Monaten
Internist:	denotativ:	Hämorrhoidalknoten, keine Empfindlichkeit der Gallenblase
	connotativ:	Berichte der „voruntersuchenden Ärzte interessanter als der Patient“
	pragmatisch:	Medikation
Zweiter Chirurg:	denotativ:	Gallensteine, chronische Cholecystitis
	connotativ:	—
	pragmatisch:	Entfernung der Gallenblase

Das Beispiel macht deutlich, daß in Abhängigkeit von der Ausbildung der Ärzte die konzeptuelle Orientierung sehr unterschiedlich ist. Nach der Operation fühlte der Patient sich für kurze Zeit beschwerdefrei, bis sich der alte Zustand wieder einstellte. BALINT betont, daß es sich hierbei um einen „ganz gewöhnlichen“ Fall handele. Keiner der Ärzte konnte den psychosomatischen Aspekt aufgreifen, weil u.a. die ärztliche Verantwortung auf Fachdisziplinen verzettelt ist.

Da die Medizin in drei Hauptgebiete, in die psychosozialen, internistischen und operativen Fächer aufgeteilt ist, enthält die Krankheit eines Patienten mehrere, nicht konkordante Aspekte. Insgesamt zerfällt die Medizin jedoch praktisch in 20 bis 40 mehr oder weniger autonome, wenig miteinander kooperierende Fächer mit hochdifferenzierten Sprachen, die nicht selten die Verständigung zwischen den Fächern erschweren. Insbesondere der praktische Arzt erlebt die Sprachschwierigkeiten, wenn er in der denotativen Ebene zwischen der schichtspezifischen Sprache des Patienten (vgl. Kap. 3.2), der Sprache der praktischen Ärzte und der Sprache der Fachkliniken vermitteln muß. Dasselbe Krankheitsbild hat unterschiedliche Namen. Auf die Funktionen der Diagnosen, insbes. auf die pragmatischen, wird in Teil 7 eingegangen.

Das therapeutische Schicksal eines Patienten ist also in hohem Maße davon abhängig, in welcher Sequenz er mit welchen ärztlichen Orientierungen und deren impliziten selektiven, therapeutischen und überweisenden Strategien in Berührung kommt (vgl. PFLANZ et al., 1966; STROTZKA, 1965; MOELLER, 1972). Tabelle 1 macht an einem Beispiel deutlich, wie sich diese Verzettelung aus der Sicht von Patienten darstellt. Es wurden 67 organisch gesunde Herzneurotiker über die medikamentösen Vorbehandlungen befragt (RICHTER u. BECKMANN, 1969).

Bei Patienten mit psychosozial bedingten Störungen sind drei kognitive Aspekte von grundlegender Bedeutung (BECKMANN, 1972a).

2.2.1 Wahrnehmungsfilter

Der organisch orientierte Arzt übersieht psychosoziale Bedingungsstrukturen bei organischen Krankheiten und psychischen Störungen, solange er durch fehlendes

Tabelle 1. Welche und wie viele Medikamente wurden von vorbehandelnden Ärzten verordnet?[a]
Befragung von N = 67 Herzneurotikern

Art der Medikamente	Anzahl	Anzahl der Verordnungen
Ataraktica	10 (14%)	85 (30%)
Antidepressiva	6 (8%)	16 (6%)
Ataraktica + Antidepressiva komb.	1 (1%)	6 (2%)
Neuroleptica	11 (15%)	35 (12%)
barbitursäurehaltige Sedativa oder Hypnotica	8 (11%)	31 (11%)
pflanzliche Sedativa	4 (5%)	5 (2%)
Herz-Kreislauf-Mittel	25 (34%)	59 (21%)
sonstige Mittel	9 (12%)	47 (16%)
	74 (100%)	284 (100%)

Anzahl der Medikamente	Anzahl der Patienten
0– 3	21 (31%)
4– 7	34 (51%)
8–11	7 (10%)
12 und mehr	5 (8%)
	67 (100%)

[a] Die Angaben erfassen sicher nur einen Teil der wirklichen Menge der verordneten Medikamente, da sich die Patienten häufig nicht immer an alle Medikamente erinnern konnten.

Wissen seine Wahrnehmungsaktivitäten allein auf somatische Aspekte beim Patienten oder auf seinem Fach entsprechende Ausschnitte des Organismus (Facharzt für Organ oder Organsystem X) richtet.
Der psychologisch orientierte Arzt übersieht entsprechend seiner Einstellung organische Krankheiten, wenn er seine Aufmerksamkeit allein auf die seelischen und sozialen Probleme eines Patienten lenkt.
Es gibt grundsätzlich zwei diagnostische Fehler, die für den Patienten schwere Folgen haben können: die *somatisierende* und die *psychologisierende Diagnose*. Im ersten Fall bleiben seelisch bedingte Störungen unbehandelt und im zweiten Fall organisch bedingte Störungen. Diese Dichotomisierung trifft die Realität nur z.T., da viele Patienten an organischen und seelischen Störungen gleichzeitig leiden. Für die spätere Praxis ist es jedoch bedeutsam, sich der beiden Fehlermöglichkeiten bewußt zu sein.

2.2.2 Wahrnehmungskapazität

Der Arzt übersieht mit überhöhter Wahrscheinlichkeit multifaktoriell bedingte Krankheiten und reduziert die hypothetische Pathogenese möglichst auf übersichtliche Bedingungsstrukturen, um einerseits die grundsätzlich begrenzte Wahrnehmungskapazität optimal aktivieren zu können, und um sich ein klares und logisch befriedigendes Konzept vom konkreten Fall (logical error) machen zu können.

Dieses Verhalten geht auf eine allgemein menschliche Unvollkommenheit zurück, da die Wahrnehmungskapazität jedes Menschen beschränkt ist.

2.2.3 Gegenübertragungs-Agieren

Der Arzt agiert unkontrolliert bei Patienten mit Krankheiten, die ihn aus seiner eigenen Charakterstruktur heraus allzu sehr emotional verwirren und irritieren. Diagnose und Therapie werden eine Funktion unkontrollierter Gegenübertragungsreaktionen: Überweisung des lästigen Patienten, Diagnose im Dienste von gesellschaftlich bedingten Sanktionsprozessen.
Die Diagnose kann auch zu *iatrogenen Fixierungen* führen, d.h. zum krankmachenden Faktor werden, ohne daß der Arzt diese Wirkung beabsichtigt oder auch nur in irgendeiner Form als möglich antizipiert. Iatrogene Fixierungen entstehen dann, wenn der Arzt beim Patienten Fehlhaltungen verstärkt.

Beispiel:

(vgl. Beispiel Teil 2): Ist der angstneurotische Patient subjektiv davon überzeugt, organisch schwer herzkrank zu sein, so verstärkt jede ärztliche Handlung in dieser Richtung die Fehlhaltung des Patienten. Wenn der Arzt z.B. aus Unsicherheit dem Patienten Herz-Kreislaufmittel (vgl. Tabelle 1) verordnet oder ihm mitteilt, es sei eine geringfügige, aber unbedeutende Unregelmäßigkeit im EKG beobachtet worden u.a.m., so wird die Wahrscheinlichkeit für eine iatrogene Fixierung erhöht. Nicht selten entwickeln derart fehldiagnostizierte Patienten (19% bis 38% bei Herzneurosen) chronifizierte Neurosen (vgl. RICHTER u. BECKMANN, 1969; MASTER, 1952; GOLDWATER et al., 1952; CRAIG u. WHITE, 1934).

2.3 Psychologische Diagnostik

Die Vermeidung von somatisierenden Diagnosen ist durch eine psychologische Diagnostik (Testverfahren) möglich, nicht jedoch durch eine rein somatisch orientierte Diagnostik, durch die allein negativ ausschließend festgestellt werden kann, daß ein Patient organisch keinen Befund oder unbedeutende Befunde hat (vgl. Teil 6.1). Durch psychologische Testverfahren kann auch die notwendige beschränkte Wahrnehmungskapazität erweitert werden. Diagnostische Zentren in den USA setzen seit längerer Zeit in der Routinediagnostik bewährte Verfahren, wie z.B. den MMPI (vgl. Kap. C) ein. Das Gegenübertragungs-Agieren kann allerdings hierdurch nicht vermieden werden. In Ärzteteams müßte der psychologische Aspekt vertreten sein. Häufig sind jedoch die Arzt-Patient-Beziehungen zwischen somatisch und psychologisch orientierten Ärzten unterschiedlicher Funktion (Chirurg, Internist, Psychosomatiker) rivalisierend, so daß der psychologisch orientierte und ausgebildete Arzt keine Chance zur Kooperation erhält.

Gegenübertragung ist die emotionale Reaktion auf meist unbewußtes Erwartungs-Verhalten eines Partners (Übertragung). Sie ist abhängig von der Intensität der Übertragungen des Partners, der eigenen emotionalen Haltung und kognitiven Prozessen.

3. Interaktion und Kommunikation

Übertragungs- und Gegenübertragungsverschränkungen führen bei zeitlich länger dauernden zwischenmenschlichen Beziehungen zu mehr oder weniger ritualisierten Interaktionsmustern (GOFFMAN, 1971).

3.1 Interaktionsrituale

Insbesondere auf Stationen mit chronisch Kranken lösen die gegenseitigen Rollenerwartungen von Patienten, Schwestern, Pflegern und Ärzten Interaktionsrituale aus, die bei der Bewältigung von täglichen Routinetätigkeiten oder auch bei der Lösung von Konflikten stereotype Verläufe aufweisen. Die Inhalte der ritualisierten Interaktionen können je nach Struktur der Station sehr unterschiedlich aussehen. Personen, die selbst Teil einer derartigen Gruppe sind, können diese Prozesse weder wahrnehmen noch angemessen beurteilen. Unabhängige Beobachter sind häufig durch die Komplexität der Beziehungsmuster in ihrer Wahrnehmungskapazität überfordert, falls nicht Verfahren der kontrollierten Beobachtung (z. B. BALES, 1970) zu Hilfe genommen werden.

Beispiel:

Die Stationsschwester versucht, den Kranken zu stützen, indem sie die Angst des Patienten vor unangenehmen therapeutischen Maßnahmen zu mildern versucht. Sie verwöhnt den Patienten. Sie übersieht Verletzungen ärztlicher Vorschriften in bezug auf Medikation, Bettruhe oder auch unerwünschte Gewohnheiten des Patienten. — Der Patient gibt der Stationsschwester nur zögernd nach, da er davon überzeugt ist, daß die Rituale der Visiten, der Bettruhe, selbst wenn er sich kräftig fühlt, die zwanghaften Rhythmen von Schlafen, Essen, Ruhen, ihm helfen, gesund zu werden. — Die Oberschwester kontrolliert die Stationsschwester, da sie davon überzeugt ist, daß diese ihre Pflichten ständig vernachlässigt. Beide betreiben ein Spiel, bei dem die Stationsschwester unbewußt ein Bedürfnis hat, autoritär kontrolliert zu werden. Hinter der scheinbar aggressiven Beziehung steckt eine beiden unbewußte Zuneigung, vergleichbar der Beziehung zwischen einer überprotektiven Mutter und ihrer etwas allzu lebhaften Tochter. — Der Patient dient als Katalysator, die Rituale zwischen den Schwestern in Gang zu halten, die nicht offen ihre positive Beziehung zueinander ausleben können. — Der relativ junge Stationsarzt wird von beiden Schwestern als inkompetent erlebt. Er versucht zum Patienten Kontakt aufzunehmen, wird aber von den Schwestern abgeschirmt. — Bei der Putzfrau weint sich der ängstliche Patient aus. Von dieser Beziehung weiß nur die Stationsschwester, die sich jedoch bei offenen Affekten ängstlich zurückzieht. — Der Oberarzt wird von allen respektiert, erscheint jedoch selten und nur kurz bei den Visiten. Er hält den Stationsarzt für unfähig und zeigt das auch in Anwesenheit der anderen. Da jedoch der Stationsarzt der Liebling des Klinikchefs ist, benimmt sich der Oberarzt gleichzeitig äußerst korrekt. — Dieses Beispiel ließe sich noch weiter ausführen. Wesentlich ist allein, daß der Patient nur dann in die Rituale eingebunden wird, wenn er in die Beziehungen des Personals untereinander paßt. Im übrigen hat er eine bestimmte Rolle einzuneh-

men, die von allen Beteiligten erwartet wird, da über ihn Art und Form der Kontakte legitimiert werden. Private Kontakte zwischen den Personen finden nicht statt, mit Ausnahme ritualisierter Anlässe, wie z.B. beim Betriebsfest.
Derartige Interaktionsrituale bestimmen auch die Beziehungen der Ärzte untereinander.

Beispiel:

In den Klinikskonferenzen verlaufen die Abfolgen von Voten, deren inhaltliche Sequenzen und auch die Redezeiten der einzelnen nach genauen Abmachungen, die keinem der Beteiligten bewußt sind. Ein bestimmter Fall, der diskutiert werden soll, ist häufig nur Anlaß, die Interaktionsrituale in Gang zu setzen, die bei aggressiver Stimmung einzelner oder auch mehrerer Gruppenmitglieder sich völlig vom sachlichen Gegenstand entfernen können. Jeder der Beteiligten bezieht seine Position und verhält sich stereotyp.
Eine Änderung eingefahrener Rituale ist bei ständigen Mitgliedern einer Gruppe nahezu ausgeschlossen. Scheiden jedoch Mitglieder aus der Gruppe aus, und werden neue aufgenommen, kann der Prozeß in Bewegung kommen. In der Regel wird aber nach einer kurzen Zeit der Unruhe das Ritual leicht verändert wieder aufgenommen, wenn das neue Mitglied seine Position zugesprochen bekommen hat.

Die Interaktionen folgen Gesetzen der Gruppendynamik (vgl. CARTWRIGHT u. ZANDER, 1960; HOFSTÄTTER, 1957). Durch gruppendynamisch orientierte Techniken können die Prozesse bewußt gemacht, aufgelockert und auch verändert werden.

3.2 Interaktionsdimensionen

Die Übertragung der Informationen geschieht non-verbal (SCHERER, 1970) und verbal (HÖRMANN, 1970). Die unbewußten, im wesentlichen non-verbalen Zeichen in Sprache, Gestik, Mimik, Stimmklang u.a.m. steuern emotionale Interaktionsprozesse. Die Bedeutungen der Zeichen sind nicht unabhängig von den kulturellen Traditionen innerhalb sozialer Schichten (OEVERMANN, 1972; WULFF, 1972). Jedes Zeichen hat eine persönliche und eine allgemeine Bedeutung innerhalb einer bestimmten Gruppe, sozialen Schicht und Gesellschaft. Hierdurch sind Mißverständnisse häufig, da dieselbe Geste verschiedene Bedeutungen haben kann.
Verbale und non-verbale Zeichen stehen nicht selten im Widerspruch. Wenn ein Patient direkt befragt wird, ob er sich ängstlich fühlt, wird er dies meist verneinen, gleichzeitig aber über Mimik, Gestik und Symptome seine verleugnete oder verdrängte Angst mitteilen.
Eine in den letzten Jahren viel diskutierte Sprachtheorie stammt von BERNSTEIN (vgl. SCHÖDEL, 1972; HOLZER u. STEINBACHER, 1972; NIEPOLD, 1971). Diese Theorie bringt die Art des Sprechens und die spezifische Sozialisationsform in Zusammenhang. Innerhalb von Gruppen und sozialen Schichten werden über bestimmte Formen der zwischenmenschlichen Beziehungen Erfahrungen gesammelt, die den „soziolinguistischen Code" (BERNSTEIN, 1972) des Sprechers bestimmen. Wenn eine Person die schichtspezifischen Rollen nicht gelernt hat, kann sie die jeweils angemessene Sprache nicht hervorbringen. Die Regeln des Sprechens werden durch Identifika-

tion mit sozialen Rollen übernommen. Für die Angehörigen der Unterschicht und der Landbevölkerung ist der „restringierte Kode" und für die Angehörigen der Mittelschicht der „elaborierte Kode" charakteristisch (vgl. auch OEVERMANN).

Der Sprecher der Unterschicht hat nach dieser Theorie weitgehend durch traditionalistische Normen gesteuerte Sozialbeziehungen mit vorgegebenen, eingeschliffenen Sprachgewohnheiten. In der Mittelschicht ist der Grad an Rollendistanz ausgeprägter und der Sprecher kann seine Sprache mehr variieren und distanzierter verwenden. Die Fähigkeiten zur Abstraktion sind stärker ausgeprägt. So ist einem Angehörigen der Unterschicht nach BERNSTEIN der Zugang zum elaborierten Kode verwehrt.

Eine Diskussion der empirischen Belege zu dieser Theorie, und auch eine Kritik der Theorie muß hier ausgespart bleiben. Wesentlich ist allein, daß es ein offensichtlich verbales Verhalten gibt, das in engem Zusammenhang mit non-verbalen Zeichensystemen für ganz bestimmte Interaktionsformen charakteristisch ist, die wiederum in soziale Gruppen eingebettet sind. Aus anderen Untersuchungen ist gesichert, daß Patienten der unteren sozialen Schichten mit großer sozialer Distanz zum Arzt (Mittelschicht) kaum oder nur geringen Kontakt finden und Kontakt aufrechterhalten können. BERNSTEIN beschäftigte sich u.a. auch mit dem Problem, warum die Psychotherapie Angehörige der Mittelschicht bevorzugt (vgl. Teil 6.2.1).

Non-verbale Zeichen dienen häufig der Mitteilung unbewußter Erwartungen an Partner (Dominanz-Unterwerfung, soziale Attraktivität, Prestige und Anerkennung) und als Mitteilungen über die eigene Befindlichkeit (Angst, Depression, u.a.). Die Zeichen rufen bei Partnern spontane Reaktionen hervor, indem auf eine Erwartung oder Befindlichkeit reagiert wird (vgl. Teil 1.3).
Es kommt zu typischen Interaktionsmustern, bei denen in Abhängigkeit von der jeweiligen sozialen Situation eine Interaktionsdimension sich gegenüber anderen durchsetzt. Interaktionsrituale in der Dimension Dominanz-Unterwerfung sind alltäglich zu beobachten. Sie treten in sozialen Situationen hervor, die der Verteilung von Status, Rang und Macht dienen. Durch die Ritualisierung werden die jeweils etablierten Positionen fortlaufend bestätigt und damit fixiert. Interagierende Partner können verbal über die unterschiedlichsten Belange miteinander kommunizieren, während gleichzeitig die non-verbale Dimension keinerleit Variation enthält. Es wird stereotyp fortlaufend dasselbe mitgeteilt, wie z.B. Unterwerfungsbereitschaft und Dominanzansprüche durch verschiedene Gruppenmitglieder.

3.2.1 Metakommunikation

Von Psychologen wird der ursprünglich philosophische Begriff der Metakommunikation auf Interaktionsdimensionen angewandt, die für die Partner von grundlegender Bedeutung sind. Ein Partner kann verbal etwas mitteilen, aber die eigentliche Bedeutung ergibt sich erst aus den non-verbalen Zeichen. Der Patient erzählt z.B. über seine großartigen geschäftlichen Erfolge und über seine harmonische Ehe, teilt aber gleichzeitig non-verbal mit, daß er sich hilflos und verlassen fühlt. In einer therapeutischen Situation ist jedoch wesentlicher, wie der Patient sich fühlt und nicht, was er verbal über sich sagt. Die metakommunikative Bedeutung seiner gesprochenen Worte ergibt sich aus seiner emotionalen Verfassung.
Aber auch die emotionale Ebene der gegenseitigen Verhaltenssteuerung durch direkte

Kommunikation (WATZLAWICK et al., 1971) gliedert sich weiter auf. Es gibt emotionale Interaktionsdimensionen, die für andere metakommunikative Information enthalten. So wird z. B. durch den Grad an Vertrauen in eine mitgeteilte affektive Information die primäre Bedeutung des emotionalen Zeichens hinsichtlich seiner Glaubwürdigkeit bewertet. Wenn der eine Partner Vertrauen zu dem anderen hat, hält er die Mitteilung für glaubwürdig, unabhängig davon, ob sie wahr oder falsch ist. Diese Verschachtelung von Kommunikationsdimensionen ist schon bei Tieren nachweisbar, die z. B. durch Vortäuschen einer Gefahr die Interaktionspartner zwingen, mehr Mißtrauen in eine mitgeteilte Information zu lernen (vgl. EIBL-EIBESFELD, 1967; WICKLER, 1971), wenn z. B. ein Muttertier durch Ausstoßen des Notrufes sich gegenüber ihren Jungen, die den Notruf für wahr halten, Nahrungsvorteile verschafft.

Interaktionspartner bemerken sehr genau, in welchem Ausmaß eine Unterwerfungsgeste, die an einen dominanten Partner gerichtet ist, absolute Unterwerfung bedeutet oder lediglich den Versuch, sich momentan Vorteile zu verschaffen. BALINT (1970) weist darauf hin, daß Patienten beim praktischen Arzt häufig die Rolle des passiv sich Fügenden übernehmen, gleichzeitig jedoch als eigentliches Ziel die Vorstellung haben, daß der Arzt sich unterwerfen soll, indem der Arzt z. B. eine vorgefaßte Diagnose des Patienten bestätigt. Der Patient bietet dem Arzt entsprechend dieser Haltung eine ganz bestimmte Auswahl an Beschwerden und Symptomen an, der Arzt „organisiert" die Krankheit. Man macht es sich sicher zu leicht, wenn man derartige Tendenzen unter moralischen Gesichtspunkten (Simulation-Dissimulation) betrachtet, wenn der Patient z. B. vom Arzt lediglich erwartet, daß dieser ihn krank schreibt (vgl. Teil 7), da auch metakommunikative Erwartungen in der Arzt-Patient-Beziehung weitgehend unbewußt sind, wie sich z. B. bei sogenannten „Rentenneurotikern" nachweisen ließ, daß die Begehrhaltungen unbewußt sind (MUNDORF, 1967).

3.2.2 Doppelbindung

Eine spezielle Kombination von kommunikativen und metakommunikativen Verschachtelungen wird in der Doppelbindungstheorie (BATESON et al., 1969) beschrieben. Diese Theorie postuliert bestimmte Kommunikationsstörungen bei Familien mit einem schizophrenen Familienmitglied. Nach vielen Beobachtungen sind jedoch Doppelbindungen so verbreitet, daß eine Beschränkung auf „schizophrenogene" Familien (vgl. KAUFMANN, 1972) nicht sinnvoll erscheint. Die Doppelbindung muß als eine Form der Ausübung von Herrschaft betrachtet werden, die für den jeweils Abhängigen eine ausweglose Situation erzeugt, und Unterwerfung verlangt.
Die „double-bind"-Situation (BATESON et al., 1969) ist durch folgende Bindungen charakterisiert:

a) Zu einer Doppelbindung gehören entweder zwei Personen (z. B. Mutter und Kind) oder eine Koalition von herrschenden Partnern, die eine oder mehrere abhängige Personen einseitig beeinflussen, so daß die Abhängigen nicht auf die Herrschenden zurückwirken können.

b) Die Situation wird ritualisiert. Alle Beteiligten wiederholen fortlaufend dieselben Mechanismen. Über gegenseitige Lernprozesse (WATZLAWICK et al., 1971) werden die Rollen fixiert. Wenn keiner der Partner aus der Situation herausgeht, können die Erfahrungen laufend verstärkt werden. Den interagierenden Partnern kann die

Möglichkeit der direkten Kommunikation, z.B. durch räumliche Trennung, genommen werden, wobei jedoch die pathogenen Momente, die durch Sozialisationsprozesse beim Einzelnen vollständig introjiziert sein können, bei neuen Partnern wieder erscheinen (Wiederholungszwang).

c) Es werden primäre negative Gebote aufgerichtet. Unerwünscht ist z.B. jegliche Form von Emanzipation. Sexualverbote spielen eine bedeutsame Rolle. Negative Normen sind von besonderer Bedeutung, da sie durch Strafen eine repressive Funktion haben (vgl. BECKMANN, 1973). Sie legen fest, wie der interagierende Partner sich nicht verhalten soll, nicht aber positiv, wie das erwünschte Verhalten aussieht. Hierdurch wird erreicht, daß positive Motive nicht entwickelt werden können. — Die Vermeidung von Strafe wird hierdurch zum leitenden Motiv. Als Strafen wurde in derartigen Familien am häufigsten Liebesentzug, Kontaktentzug und Isolierung beobachtet, aber auch direkte Äußerungen von Ärger und Haß (BATESON et al., 1969).

d) Gleichzeitig wird ein zweites negatives Gebot aufgerichtet, das im Widerspruch zum ersten steht. Es entsteht hierdurch die paradoxe Situation, in der zwei sich ausschließende Forderungen gleichzeitig erfüllt werden sollen. Sagt eine Mutter zu ihrem Kind: „Wenn du dich jetzt nicht sofort selbst anziehst, werde ich böse" und verhindert die Befolgung dadurch, daß sie ihrem Kind im selben Moment selbst ärgerlich die Kleider überstreift, so vermittelt die Mutter verbal, daß es sich emanzipieren soll, gleichzeitig non-verbal jedoch, daß es sich nicht emanzipieren soll. — Das zweite Gebot liegt in der Regel auf einer metakommunikativen Ebene, indem die Mutter dem Kind z.B. deutlich macht, daß es zwar unbedingt die Gebote befolgen soll, jedoch die Mutter nicht als Strafinstanz, die Unterwerfung fordert, erleben soll.

Bei den widersprüchlichen Geboten liegt auch das Problem der Doppelbindungstheorie, da derartige Paradoxien einerseits nahezu täglich und andererseits objektiv schwer erfaßbar sind. Wesentlich ist, was der Partner subjektiv als Gebot erlebt. Die Gebote können für ihn durch Mimik, Gestik, Stimmklang u.a.m. subjektiv vermittelt werden. Objektiv sind die Zeichen, durch die Gebote übermittelt werden, häufig nur schwer festzustellen. Deutlicher sind Paradoxien erfaßbar, wenn verschiedene Partner (z.B. Vater und Mutter) sich widersprechende Gebote aufrichten.

e) Da die Gebote sich wechselseitig ausschließen, sind sie in jedem Falle unerfüllbar. Der abhängige Partner erlebt die Situation als lebensbedrohend, da er die Gebote nicht gleichzeitig erfüllen kann. Wegen seiner Abhängigkeit kann er jedoch nicht aus der Situation gehen. Da eine Doppelbindungstheorie mit totaler Abhängigkeit verbunden ist, ist eine Flucht aus der Situation nicht möglich, insbesondere bei kleinen Kindern, die konkret von ihren Eltern abhängig sind. Jede Lösung aus der Situation bedeutet für das Kind, die panikauslösende Phantasie der vollständigen Abhängigkeit und des hilflosen Alleingelassenwerdens oder resignativ-depressive Passivität. Die Panik wird bei Patienten nicht selten in Form von vegetativen Erregungszuständen mit Todesangst verbunden erlebt. Hierdurch entsteht eine Tendenz zu intensiven Übertragungsangeboten an andere Partner. Diese Patienten suchen Geborgenheit und Schutz bei einem Partner, der ihnen nicht helfen kann und Unerfüllbares verlangen wird. Der Arzt wird durch die widersprüchliche Mischung von klammerndem Anspruch und Resignation verwirrt.

3.2.3 Schuld und Kausalität

An der Doppelbindungstheorie läßt sich ein grundsätzliches Problem zeigen, das auch für andere Theorien zur Genese von psychischen Krankheiten charakteristisch ist (vgl. Teil 3.3). Die Theorie enthält ein kausales Prinzip: Wenn eine Familie eine schizophrenogene Doppelbindungs-Situation erzeugt, dann wird ein Kind eine Psychose entwickeln. Psychologisch bedeutet dieses Postulat, daß den Eltern die Schuld an der Krankheit des Kindes zugesprochen wird. Der Arzt wird also veranlaßt, die Eltern anzuklagen und sich mit dem Patienten zu identifizieren.
Sieht man die Gebote der Eltern als Folgen von Sozialisationsprozessen, indem z. B. emanzipatorische oder sexuelle Gebote und Verbote von den Eltern selbst in totaler Abhängigkeit von gesellschaftlichen Normen übernommen wurden, so verschiebt man das Problem der Sequenzen von Ursachen und Folgen in Richtung der vollständigen Abhängigkeit des Einzelnen von allgemeinen kulturellen Normen (vgl. Teil 8). Konsequenterweise werden dann die Normen selbst oder auch die Repräsentanten der Normen (Staat, Kirche, Familie) in den Anklagezustand erhoben.

Modelle, die Wechselwirkungen postulieren, sind unter diesem Aspekt unproblematischer, aber auch komplizierter (BECKMANN, 1973). Sie vermeiden, daß die Rollen von Ankläger und Angeklagten schon im vorhinein verteilt sind. Kausales Denken ist jedoch andererseits durch die vorherrschenden Denkgewohnheiten kaum vermeidbar, zumindest in der Medizin (DELAY u. PICHOT), wo in Analogie zu technischen Apparaten immer nach einem *pathogenen Faktor* oder mehreren gesucht wird, als ob ein Gegenstand defekt ist oder Funktionsstörungen eine feststellbare Ursache haben (vgl. Teil 5.2.2).

3.3 Verringerung von Kontakt

Die Verringerung von Kontakt ist ein wesentliches Moment in der Arzt-Patient-Beziehung. Indem scheinbar nicht kommuniziert wird, wenn sich Arzt und Patient meiden (MOELLER, 1972), werden jedoch gleichzeitig Stereotype ausgetauscht. Je mehr soziale Distanz ein Patient zum Arzt hat, d. h., je mehr er sozial den unteren Schichten zugehört, und je mehr er sozial unerwünschte Krankheiten realisiert (Neurosen, Soziopathien, Psychosen, Psychosomatische Krankheiten), um so mehr verringert sich der Kontakt mit Medizinern und Medizinischen Einrichtungen. Die Stereotype beziehen sich auf die typischen Formen legitimierter Krankheiten und legitimierter Ursachen für Krankheiten.
Ein potentieller Patient, der das verbreitete Konzept der erbgenetisch bedingten Minderwertigkeit bei psychischen Krankheiten übernimmt, ist durchaus im Einklang mit vorherrschenden Theorien der Psychiatrie (vgl. SCHNEIDER, 1955), indem er sich selbst und seine Herkunft also psychopathisch, psychotisch oder dissozial interpretiert. Er bestätigt durch die Vermeidung ärztlicher Kontakte allgemeine gesellschaftliche Vorurteile, die sozial unerwünschte Verhaltensweisen (EDWARDS, 1962) als Teil einer angeborenen oder selbstverantwortlich erworbenen Charakterstruktur interpretieren. Die Abweichung von der Mitte wird als persönliche Schuld vom potentiellen Patienten erlebt, der keine Angebote von der etablierten Medizin erhält. Wenn sich jedoch der Prozeß in Richtung der Somatisierung von unbewältigten Konflikten entwickelt, er-

gibt sich die Möglichkeit, die Rolle des Patienten (vgl. Teil 4.2.2) in sanktionierter Form zu realisieren.
Insbesondere in der Unterschicht ist die ärztliche Versorgung mangelhaft (RICHTER, 1972), da die potentiellen Patienten nicht realisieren können, daß Krankheiten nicht Teil persönlichen Versagens und allgemeiner Minderwertigkeit sind. Personen aus dieser Schicht haben zu häufig erlebt, daß ihre eigenen Schuldgefühle durch Disziplinierungsmaßnahmen von „Gesundheitsbehörden" verstärkt wurden.

Übertragung-Gegenübertragungsverschränkungen entwickeln sich häufig zu ritualisierten Interaktionen, wenn soziale Stereotype und Erwartungen hinzutreten.

4. Rollen von Patienten

Die klassischen Merkmale der allgemeinen Patientenrolle sind Thema der Medizinischen Soziologie, weil die Status- und Rollenmerkmale durch gesellschaftliche Faktoren determiniert werden.
Erwähnt sei hier nur kurz, daß nach traditionellen Auffassungen (vgl. DELAY u. PICHOT, PARSONS) Status und Rolle von Arzt und Patient komplementär ergänzend aufeinander bezogen sind. Andere Soziologen bezweifeln allerdings, ob es eine allgemeine Patientenrolle überhaupt gibt (GERHARDT). Die Rolle des Arztes wird folgendermaßen charakterisiert: technische Kompetenz, universalistische Einstellung, funktionelle Spezifität (z.B. Arztgeheimnis, Uneigennutz), affektive Neutralität (vgl. Teil 2), altruistische Gesinnung. Die Rechte und Privilegien des Arztes sind auf Verpflichtungen des Patienten bezogen, während die Rechte und Privilegien des Patienten die Verpflichtungen des Arztes ausmachen. Zur Rolle des Patienten gehört (DELAY u. PICHOT): Entlastung von Verantwortung, Recht auf Hilfe, Verpflichtung zum Genesungswunsch und zur Zusammenarbeit mit dem Arzt. Von medizinsoziologischer Seite sind diese Merkmale und deren Abhängigkeit von ökonomischen, rechtlichen und gesellschaftlichen Bedingungen des Gesundheitswesens in den letzten Jahren heftig diskutiert worden. Sicher ist es nützlicher, mehrere informelle Rollen des Kranken auszudifferenzieren, je nach den sozialen Bedingungen, denen z.B. chronisch Kranke, psychisch Kranke, Patienten der Unterschicht u.a.m. unterworfen sind.
Die psychologische Seite der Rollen von Patienten umfaßt den informellen Aspekt mit. Es gibt bei allen Rollen Erwartungen, die mehr emotionale Komponenten enthalten, die nicht durch Rechte und Pflichten geregelt sind. Im folgenden wird der Versuch gemacht, einige typische Patienten- und Arztrollen herauszuarbeiten. Die Typologie beruht allerdings auf sehr wenigen empirischen Untersuchungen. Es sind hier weitere Forschungen in den verschiedensten Bereichen der Medizin nötig. Die Rollen von Patienten werden durch die Angebote der somatisch orientierten Medizin und durch allgemeine Erwartungen mitgeformt.
Die allgemeinen Erwartungen, denen Patient und Arzt unterliegen, hängen mit der Verleugnung von Krankheit und Tod zusammen. Je mehr die Medizin im Laufe ihrer Geschichte bewiesen hat, daß unheilbare Krankheiten wirksam bekämpft werden konnten, insbesondere die epidemischen Infektionskrankheiten, um so mehr wurde die Phantasie genährt, daß die Medizin allmächtige therapeutische Instrumente zur Verfügung habe. Fortschritte der Medizin, wie z.B. in der Transplantationschirurgie, Nierenhämodialyse oder auch Intensivpflege haben die Erwartungen weiter gesteigert.

Ärzte und medizinische Institutionen wurden zunehmend mehr in die Rolle des allmächtig phantasierten Partners gedrängt (vgl. Teil 5) und Patienten in die Rolle der ohnmächtigen, unwissenden Objekte medizinischer Technologien. Den unbewußten Allmachtsphantasien entsprechen bewußte illusionäre Machtüberschätzungen, die Patienten häufig den Ärzten entgegenbringen.

4.1 Ohnmacht des Patienten

Patienten haben in der Regel Angst vor dem Arzt (Balint, 1970), vor der Diagnose oder schmerzhaften Eingriffen, vor der illusionär überschätzten Macht. Sie unterwerfen sich dem Ritual des Wartens, Darbietens ihrer Anamnese, ihres Körpers und des Vorzeigens intimer Erlebnisse (beim Psychotherapeuten), häufig auch aus realer Abhängigkeit.
Der Fluß der Information ist einseitig: Der Patient zeigt dem Arzt, dem Schweigepflicht auferlegt ist, soviel von sich selbst, wie eine Untersuchung oder Behandlung nach Ansicht des Arztes erfordert. Er unterwirft sich geduldig allen unausgesprochenen und deklarierten Normen, die nach gemeinsamer Überzeugung von Arzt und Patient der Wahrheitsfindung dienlich sind, d.h., der Suche nach der Ursache der Beschwerden und den Versuchen, die Beschwerden durch Maßnahmen zu lindern oder zu beseitigen. Als angenehm erlebte Patienten haben meist eine oral positive und passive Charakterstruktur. Sie sind bereit, sich den jeweiligen Maßnahmen ohne Gegenwehr vertrauensvoll auszuliefern. Als unangenehm erlebte Patienten haben Angst vor der passiven Auslieferung und reagieren mit Angstsymptomen oder direkter Verweigerung. Das Problem der Rolle des Patienten darf nicht simplifiziert werden, indem Ärzten generell ein persönliches Motiv nach Macht und Omnipotenz untergeschoben wird, so daß dem Patienten allein die ohnmächtige Unterwerfung unter ärztliche Rituale übrigbleibt. Rollen werden nicht durch persönliche Motive, sondern durch Erwartungen definiert.

4.2 Typische Patientenrollen

Durch die Angebote der Medizin und durch allgemeine Normen ergeben sich typische Formen der Patientenrolle (Beckmann, 1972a; Plaum, 1968), wie sich durch mehrere Fragebogenerhebungen nachweisen ließ. Der Patient erlebt aus seiner Sicht den Arzt als den aktiven, dominanten, auf Unterwerfung eingestellten Partner.

Er glaubt nicht nur, daß der Arzt Macht über ihn habe, sondern erwartet insgeheim Omnipotenz. Diese Erwartungen des Patienten verknüpfen im Sinne eines generalisierenden Vorurteils Sozialprestige, aggressive Dominanz und reale Macht des Arztes. Patienten haben eine Vorstellung von der Genese ihrer Beschwerden und in Abhängigkeit davon bestimmte Erwartungen über eine Behandlung. Diese subjektiven Theorien der Patienten sind Ausdruck einer Einstellung, die durch das Wissen über ihre Krankheit und deren soziale Bewertung beeinflußt wird. Die Einstellungen werden durch Persönlichkeitsmerkmale der Patienten und ihre bisherigen Erfahrungen mit der Medizin ausgeformt. Nach Untersuchungen mit verschiedenen Fragebögen (MMPI, GT, Beschwerdebögen, Einstellungsskalen) bei ambulanten Patienten verschiedener Kliniken lassen sich über die Faktorenanalyse typische Patientenrollen nachweisen.

4.2.1 Die Rolle des ängstlich Abhängigen

Die Hauptgruppe der Patienten erwartet vom Arzt Kontakt, Zuwendung und Schutz. Diese Patienten fühlen sich einsam, isoliert und depressiv verstimmt. Sie halten sich für seelisch krank. Sie bieten sich dem Arzt als besonders hilfebedürftig an und erhoffen sich optimales Verständnis vom Arzt. Die Patienten sehen die Ursachen für ihre Beschwerden in nicht erklärbaren inneren Hemmungen, unüberwindbaren Ängsten, in fehlender Anerkennung und Resonanz in Familie und Beruf, in sexuellen Schwierigkeiten (Potenzstörungen, Frigidität).
Zu dieser depressiv-ängstlichen Grundstimmung gehört eine Fülle von körperlichen Angstkorrelaten, d.h. vegetative Funktionsstörungen des Magens, des kardiovasculären Systems, des Verdauungstraktes, der Atmungsorgane und des Kopfes. Häufig bietet der Patient einzelne oder auch eine Reihe derartiger Störungen dem Arzt im ersten Gespräch an, um die Hilfebedürftigkeit zu vermitteln. — Die Patienten überbetonen eher ihre körperlichen Schwierigkeiten, da sie in ihrer ängstlich-abhängigen, selbstunsicheren, scheu und sozial zurückgezogenen Haltung den Arzt als Kontaktperson benötigen. Sie klammern sich nicht selten an, in der Hoffnung, der Arzt werde ihren Kontakthunger befriedigen. Diese oralen Bedürfnisse sind den Patienten häufig bewußt.

Als Therapie erwarten sie vom Arzt die Überwindung von Einsamkeitsgefühlen durch direkte Zuwendung, aber auch z.B. durch eine hypnotische Behandlung. Sie sind also bereit, sich ganz dem Arzt zu unterwerfen, solange der Arzt durch orale Zuwendung sie wieder aufrichtet. Sie suchen Abhängigkeit und sind sehr suggestibel. So ist z.B. schon allein die Verordnung eines Medikamentes für diese Patienten ein magisch erlebtes Kontaktsymbol (vgl. Placebo-Effekt, Teil 6.2.2).

4.2.2 Die Rolle des Organkranken

Die zweite bedeutsame Gruppe der Patienten ist davon überzeugt, an einer bestimmten körperlichen Krankheit oder mehreren Krankheiten zu leiden. Diese Patienten erwarten, daß der Arzt sich allein auf die Untersuchung der somatischen Beschwerden konzentriert.
Wenn der Patient körperlich gut untersucht und körperlich gesund ist, bietet er nicht selten mehrere mögliche Krankheiten an.
Hierdurch sichert er, daß einerseits dem überweisenden Arzt nicht widersprochen wird, falls der untersuchende Arzt zu einem anderen Resultat kommt, und erreicht ggf. auch eine Weiterüberweisung. Diese Patienten haben in ihrer Anamnese nicht selten eine größere Anzahl von Kontakten mit den verschiedensten praktischen Ärzten, Fachärzten und Kliniken (Richter u. Beckmann, 1969; Plaum, 1968). Entsprechend vielfältig und divergent sind die bisherigen therapeutischen Erfahrungen der Patienten. Die Überzeugung, körperlich krank und seelisch gesund zu sein, wird insbesondere über folgende Beschwerden zum Ausdruck gebracht: rasche Erschöpfbarkeit, Müdigkeit, motorische und sensible Konversionssymptome (Muskelverspannungen, Koordinationsstörungen, Schmerzen, Mißempfindungen u. a. m.). — Die Patienten sind eher hypochondrisch. Sie betonen ihre Kontaktfähigkeit und haben eine ausgeprägte Verleugnungshaltung gegenüber seelischen und sozialen Schwierigkeiten. Sie glauben, daß ihre Beschwerden die Folgen einer durchgemachten oder einer versteckten Krankheit sind. Therapeutisch erwarten sie vom Arzt, daß er z.B. eine Kur verordnet oder körperliche Schonung. Psychotherapeutische Maßnahmen lehnen sie ent-

schieden ab. Sie beharren trotz gründlicher Untersuchungen, die keine Hinweise auf eine Körperstörung, aber Hinweise für eine psychosoziale Störung ergaben, auf eine „Körperreparatur". Die Rolle des Organkranken ist sicher die medizinadäquate, da der Mediziner erwartet, daß der Patient ein definiertes Leiden hat, das in sein Fachgebiet oder in das eines Kollegen hineinpaßt. Diese Erwartungen können psychologisch problemlos sein, wenn Patienten z.B. des Allgemeinmediziners an einer Infektionskrankheit, einer Fraktur, einem Tumor u.a.m. leiden. Nach einer Untersuchung von SHEPHERD finden sich in einer chirurgischen Ambulanz sehr viel mehr rein körperlich Kranke (ca. 80%) als in einer allgemeinmedizinischen (ca. 50%). Allerdings neigen auch körperlich Kranke dazu, selbst wenn sie erhebliche psychische und soziale Probleme infolge ihrer Krankheit haben, diese in Abhängigkeit von ihrer Persönlichkeitsstruktur zu verleugnen (PASCHOTTA).

4.2.3 Die Rolle des Unmündigen

Eine weitere Gruppe von Patienten erwartet vom Arzt, daß er mit seiner Autorität aktiv die subjektiv als ungeordnet erlebten Lebensumstände ordnet. Diese Patienten betonen ihre soziale Minderwertigkeit, d.h., sie stellen sich selbst so dar, wie es der Psychopathiebegriff (SCHNEIDER, 1955) erwarten läßt. Sie sind in der Sündenbockrolle (RICHTER, 1969) mit sozial unerwünschten Merkmalen identifiziert. Gleichzeitig sind sie eher überidentifiziert mit allgemeinen Moralvorstellungen, indem sie als Ursache ihrer Schwierigkeiten Genußmittel- und Medikamentenabusus entschieden verneinen (PLAUM, 1968). Sie zeigen eher eine trotzige Haltung. Sie halten die Genese ihrer Beschwerden weder für anlagebedingt noch für erworben durch überhöhte Lebensansprüche.
Außer an einem deklarierten vorgeschobenen Symptom leiden sie weder an seelischen noch an körperlichen, vegetativen oder auch konversionsneurotischen Beschwerden.

Von einer Therapie erwarten sie relativ global zwanghafte Maßnahmen des Arztes, einen straff organisierten Behandlungsplan, um dadurch innerlich und äußerlich einen stützenden Halt zu finden.

4.2.4 Die Rolle des Übergesunden

Eine große Gruppe von Patienten, die objektiv körperlich krank sind, verleugnet ihre Krankheit. Sie wissen insgeheim um ihren Zustand und haben unbewußt eine depressive Erwartung, die jedoch durch hypomanische Selbstüberschätzung und Überaktivität abgewehrt wird. DELAY und PICHOT sprechen vom „Widerstand gegen die eigene Schwäche", die bei Personen mit leitenden Positionen in einem Betrieb mehr ausgeprägt sein soll als bei untergeordneten Angestellten.
Wenn diese Patienten durch Vorsorge- oder Routineuntersuchungen oder auch durch starke körperliche Behinderungen den Kontakt mit dem Arzt nicht vermeiden können, versuchen sie, sich wieder zu entziehen. Der Arzt wird als Gefahr erlebt, da er die Verdrängungsmechanismen schon allein dadurch stört, daß er dem Patienten Befunde mitteilt.
Diese Patienten leiden an auffällig wenig seelischen und auch körperlichen Beschwerden, selbst wenn sie körperlich schwer krank sind (PASCHOTTA).

Je nach Art der körperlichen Erkrankung kann die Abwehr dem Patienten helfen, trotz einer Behinderung, sich als anerkanntes Mitglied der Gesellschaft zu fühlen. Bei

bestimmten Krankheiten (vgl. HAHN, 1971) scheint jedoch eher ein pathogener Mechanismus vorzuliegen, da die Patienten mit den Normen der Leistungsgesellschaft in selbstzerstörerischer Weise überidentifiziert sind. Hier fehlen bisher für viele organische Krankheiten Untersuchungen über das Verhalten der Patienten in der Krankheit (Krankheitsverhalten; MECHANIC, 1962), das stark von schichtspezifischem Verhalten mitgeprägt wird.
Patienten mit ausgeprägten Verleugnungsphantasien neigen dazu, therapeutische Maßnahmen des Arztes nicht zu befolgen. Diese Protesthaltung kann je nach Art der Erkrankung auch positiv auf den Krankheitsverlauf wirken, indem die Rolle des Kranken vom Patienten entschieden abgelehnt wird, d.h., die Rolle des depressiv-abhängigen Devitalisierten bei nur eben kompensierter latenter Depression.

4.2.5 Die Rolle des Arztmeidenden

Nach DELAY und PICHOT ist die typischste Form des Widerstandes gegen die Krankheit, die Weigerung, den Arzt aufzusuchen.
Nach epidemiologischen Untersuchungen kommen viele Patienten nie oder erst sehr spät in Kontakt mit Ärzten (vgl. MOELLER, 1972). Dies gilt insbesondere für Patienten mit psychosozial bedingten Krankheiten.
STROTZKA (1965) schätzt, daß 10% aller Menschen an behandlungsbedürftigen Psychosomatosen und Neurosen leiden. Darunter ist der Anteil an Psychosen (ca. 1%) sehr gering.
Die Erwartungen dieser Patienten sind durch Mißtrauen, Ablehnung und Vermeidung gekennzeichnet, auch passiv resignative Erwartungen sind bedeutsam. Häufig richtet sich das Mißtrauen gegen die Ärzte global, wenn sich die Patienten mit Selbstdiagnosen und Selbstbehandlungen im Zusammenhang mit Ratschlägen von Verwandten, Schwestern, Apothekern, Drogisten, Pastoren und Heilpraktikern behelfen. Häufig steht der Gang zum Arzt erst am Ende einer Anzahl von Versuchen, bei medizinischen Laien und Halblaien Hilfe zu finden. Dieses Verhalten ist unabhängig von der Schwere einer körperlichen oder seelischen Erkrankung (PFLANZ et al., 1966).

Wird der Patient entsprechend seiner Erwartung vom Arzt enttäuscht, bricht er in der Regel den Kontakt wieder ab, falls er überhaupt z.B. durch Familienmitglieder zu motivieren ist, einen Arzt aufzusuchen. Im Unterschied zur Rolle des Übergesunden ist der Arztmeidende davon überzeugt, krank zu sein. Er erwartet von Ärzten jedoch keine Hilfe, eher sogar Nachteile.
Alle diese in diesem Kapitel dargestellten typischen Erwartungen und Haltungen sind mehr oder weniger schichtabhängig und in Subsozietäten different (MECHANIC).

Folgende Rollen von Patienten lassen sich unterscheiden: die Rolle des ängstlich Depressiven, des Organkranken, des Unmündigen, des Übergesunden und des Arztmeidenden.

5. Rollen der Therapeuten

5.1 Allmacht des Arztes

Niedergelassene Ärzte sind nach eigenen Angaben zu 87% mit einer autoritären Rolle und zu 43% mit unbedingter Autorität identifiziert (KAUPEN-HAAS, 1969). Der Arzt

ruft durch seine Persönlichkeit eine individuelle Atmosphäre hervor. Er erwartet vom Patienten, daß dieser sich dieser Atmosphäre unterwirft. Die meisten Ärzte haben eine unerschütterliche Vorstellung vom Verhalten, das der Patient zeigen soll (BALINT, 1970). Die ärztliche Autorität kann sich also persönlichkeitsabhängig ganz unterschiedlich darstellen.
Die Statussymbole des Arztes sind jedem bekannt. Es sind der weiße Mantel über dem Privatanzug oder weiße, hoch geschlossene Kittel und ggf. weiße Hosen. Halb verborgen, jedoch deutlich wahrnehmbar tragen alle ein Stethoskop (SANDROCK, 1968).

Nach KRETSCHMER (1973) ist auch der medizinische Doktorgrad ein „mit relativ geringem wissenschaftlichen Aufwand erwerbbares *Statussymbol*". Das Pflegepersonal trägt ebenfalls weiße Kleidung, jedoch mit deutlich anderen Merkmalen, so daß es nicht vorkommt, daß ein Patient den Arzt nicht erkennt, obwohl er in Krankenhäusern oft die Namen der Ärzte nicht weiß. Innerhalb der Ärzte setzt sich die autoritäre Struktur durch eine hierarchische Ordnung fort. Der hohe Sozialstatus der Ärzte korreliert mit Sozialprestige und hohem Einkommen (vgl. SCHOLMER, 1971; WULFF, 1972), wobei jedoch ganz erhebliche Differenzen innerhalb der praktizierenden Ärzte und auch zwischen Ärzten in Krankenhäusern bestehen. Der Anteil an Akademikerkindern ist bei Medizinstudenten (58%) im Vergleich zu Studenten anderer Fachrichtungen fast doppelt so hoch. Ein Drittel aller Medizinstudenten sind Arztkinder (KRÄHE u. SCHÖNING, 1970).

5.2 Typische Arztrollen

Das Image des Hausarztes ist in der Bevölkerung sehr viel positiver als das Image z.B. des Vertrauensarztes (MOHL, 1969).
Die Rollen der Ärzte sind abhängig von der jeweiligen Funktion, die sie ausüben. Unabhängig davon gibt es jedoch bei therapeutisch tätigen Ärzten allgemeine Rollenmerkmale, die sich durch den Kontakt mit Patienten etablieren.
Hierbei sind zwei Faktoren wirksam. Der Arzt kann nur dann eine Rolle etablieren, wenn er den Erwartungen der Patienten in irgendeiner Form nachkommt. Er muß mit dem Patienten Übereinstimmung erzielen, da anderenfalls eine Therapie nicht stattfinden kann. Zum anderen muß er die weitgehende gesellschaftliche Diskriminierung seelischer Krankheiten mitvollziehen, indem er insgeheim zwar der Überzeugung ist, daß ein hoher Prozentsatz aller Krankheiten psychosozial bedingt ist, sich jedoch nicht für deren Therapie kompetent genug fühlt (SCHMIDT, 1968). Nach BALINT (1970), MITSCHERLICH (1967) und JORES (1961) diagnostizieren Ärzte zwischen 30 und 80% „Vegetative Dystonie, funktionelle Störung" und ähnlich unspezifische „Krankheiten". SCHAEFER (1966) gibt als gesicherten Schätzwert an, daß 2% der Bevölkerung der Bundesrepublik laufend wegen „funktioneller Krankheiten" krankgeschrieben ist, während 2% organische Diagnosen aufweisen. Bei einem mittleren Krankenstand von ca. 6% bleibt eine weitere Gruppe von Patienten von 2% übrig, deren Diagnosen objektiv unklar sind. Nach diesen Angaben sind ca. Zweidrittel aller krankgeschriebenen Patienten nach Meinung der Ärzte nicht primär organisch krank.

Die Rolle des Therapeuten ist jedoch die des Organmediziners, wenn man die verschwindend geringe Anzahl von psychologisch orientierten Ärzten und Psychotherapeuten vernachlässigt. Nach vielen Untersuchungen beginnt der Medizinstudent sein Studium relativ idealistisch oder auch aufgeschlossen, um sich zunehmend mehr auf die Rolle des kontaktmeidenden Verwalters technischer Diagnose- und Therapiemethoden einzustellen (BECKMANN et al., 1972; KRÄHE u. SCHÖNING, 1970). In der Praxis muß der frisch approbierte Arzt dann umlernen, je nach Fachrichtung mehr oder weniger (LIPPMANN u. MÖHLEN, 1972). Auch Psychiater neigen dazu, sich auf die Psychopathologie eines Patienten zu konzentrieren, die selbst heute noch als weitgehend erbgenetisch bedingt angesehen wird (WEITBRECHT, 1963), und emotionale und soziale Faktoren beim Patienten auszuklammern (DUFF u. HOLLINGSHEAD, 1968), was den Erwartungen der Patienten entgegenkommt (BALINT, 1970).

Die dargestellte Grundstruktur der ärztlichen Rolle erhält mehrere typische Formen, die aus der Abwehr der Angst des Arztes vor der Omnipotenz und der Angst des Patienten vor passiver Auslieferung entstehen. Arzt und Patient benutzen in dem Prozeß, Übereinstimmung hinsichtlich der Therapie zu erzielen, bestimmte Formen der Angstabwehr mit dem Versuch, den emotionalen Schwierigkeiten der asymmetrischen Rollenverteilung zu entgehen.

5.2.1 Die Rolle des Überidentifizierten

Nach der Dokumentation des SPIEGELS (1972) und den empörten Stellungsnahmen prominenter Vertreter der ärztlichen Standesvereinigungen ist die Überidentifikation mit ärztlicher Omnipotenz wohl noch weit verbreitet, falls nicht Standesprivilegien durch Verharmlosung und Verleugnung verteidigt werden sollen. Überidentifizierung äußert sich darin, daß eine Ideologie harmonischer Komplementarität zwischen Arzt und Patient behauptet wird. Der Patient wolle den „souveränen Führer" (GEIGER, 1972). Er sei zum „Gehorsam bereit" und wünsche, „geführt zu werden" und „gehorchen" zu dürfen. Die ängstlich Abhängigen und die Unmündigen erwarten einen möglichst starken und mächtigen Arzt (vgl. Teil 4.2.1 u. 4.2.3).

5.2.2 Die Rolle des Organmediziners

Die distanzierende Spezialisierung auf die Darbietung und Herausstellung einer möglichst klar abgrenzbaren körperlichen Erkrankung wird durch den Patienten initiiert (vgl. Kap. 4.2.2) und durch den Arzt verifiziert. Indem der Patient selbst Teile seines Körpers als Objekt anbietet, liefert er sich dem Arzt lediglich partiell aus. Hierdurch können Arzt und Patient mit der Krankheit wie mit einem Gegenstand umgehen, was bei klar definierten körperlichen Erkrankungen sinnvoll sein kann, wie in Teil 4.2.2 dargestellt wurde.
Da jedoch jede Krankheit psychosoziale Auswirkungen hat, kann auch bei organischen Krankheiten diese Spezialisierung problematisch sein, insbesondere bei chronischen Krankheiten, bei denen Patienten ein spezifisches Verhalten in Folge ihrer Krankheit entwickeln. Ob ein Patient z.B. seine Medikamente wirklich in der verordneten Weise nimmt, ist von psychosozialen Bedingungsstrukturen abhängig. Bei der großen Gruppe von psychosomatischen Krankheiten kann die Spezialisierung bei Diagnose und Therapie auf somatische Kausalfaktoren zu iatrogenen Fixierungen führen, d.h. die Maßnahmen des Arztes können die Chronifizierung einer Neurose mit vollständiger Arbeitsunfähigkeit bewirken (vgl. Teil 2.2.3).

Die Einigung von Arzt und Patient auf eine somatische Diagnose kann bei psychischen Krankheiten dem Patienten eine legitimierte Patientenrolle ermöglichen. Der Patient erhält gegenüber seiner Familie, der Nachbarschaft und gegenüber den Arbeitskollegen eine ärztlich legitimierte Erklärung für seine der Umwelt unverständlichen Beschwerden und Symptome, auch dann, wenn er selbst an der Richtigkeit der Diagnose subjektiv zweifelt.
Nach DELAY und PICHOT (1970) haben Krankheiten nach überlieferten Vorstellungen immer eine deklarierte Ursache: entweder exogen, wie z.B. negative Einflüsse übernatürlicher Wesen, mangelnde Hygiene, Bakterien, Viren, oder endogen, wie z.B. ererbte Dispositionen, ererbte Charaktermängel. In neuerer Zeit werden die Ursachen in pathogene Familienstrukturen, Arbeitssituationen, gesellschaftliche und kulturelle Bedingungen projiziert.

5.2.3 Die Rolle des Sachlichen

Zunächst erscheint es ganz plausibel, daß der Arzt seiner omnipotenten Rolle entgehen kann, wenn er sich sachlich und zweckorientiert verhält. Eine derartige sachliche Haltung bedeutet jedoch, daß er sich mehr oder weniger zwanghaft an bestimmten Verfahren, Vorschriften und Techniken orientiert, so wie sie ihm entsprechend seiner Ausbildung und momentanen Tätigkeit zur Verfügung stehen.

Beispiel:

Wenn bei einem Patienten mit ausgeprägten vegetativen Beschwerden mit allen Mitteln der Diagnostik der somatischen Medizin kein organischer Befund zu erheben ist und gleichzeitig in einem Routinebetrieb zwischen Arzt und Patient kein emotionaler Kontakt stattfindet, ist der Patient gesund, d.h. arbeitsfähig. Er muß sich also seine Krankheit einbilden, da kein Befund zu erheben ist. — Suggestible Patienten übernehmen vom Arzt diese Argumentation, selbst wenn sie sich subjektiv körperlich schwer krank fühlen. Da jedoch der passive Patient dem allmächtig erlebten Arzt mehr traut als seinen eigenen Empfindungen, bleibt ihm nur übrig, an seinen Empfindungen zu zweifeln. Der Patient erlebt sich selbst als Simulant, Querulant und nicht selten als verrückt (BECKMANN, 1973). Da er den geordneten Gang der Medizin nicht anzweifeln kann, zweifelt er an der eigenen Identität.
Die Unterwerfung von Patienten unter Sachzwänge breitet sich mit der zunehmenden Technologisierung der Medizin immer mehr aus. Es wird ein passiv-geduldiger Patient erwartet, der sich unüberschaubaren und häufig unangenehmen Untersuchungs- und Behandlungsmethoden unterwirft.
Da aber auch eine valide psychologische Diagnostik der Einsatz von Standardverfahren und die Auswertung der Ergebnisse über Schablonen, Techniken und Computer erfordert (BECKMANN, 1972 a), muß über eine Rollenteilung der Ärzte gesichert werden, daß neben den labororientierten Kollegen andere dem Patienten zu einer Aussprache und zu emotionalem Kontakt zur Verfügung stehen. Auch der Psychosomatiker kann, eingeengt auf seine erlernten Methoden, z.B. Ängste und Phobien bei einem Patienten sachgerecht nach seiner Auffassung behandeln, jedoch gleichzeitig direkte soziale Hilfe und Unterstützung ausblenden, die für einen Patienten wichtiger sein könnte.

5.2.4 Die Rolle des Helfenden

Therapeuten, die an ihrer omnipotenten Rolle leiden, weil sie zu häufig den Widerspruch zwischen den überhöhten Erwartungen von Patienten und den ärztlichen Möglichkeiten erleben konnten, entwickeln eine Ideologie des Helfens. Insbesondere Ärzte, die mit schweren Erkrankungen täglich umgehen müssen, kennen diesen Widerspruch. Diese Ärzte entwickeln nicht selten eine depressive, resignative Haltung und projizieren ihre eigene Ohnmacht in den Patienten, indem sie diesen vermehrt als depressiv-ängstlich und hilflos erleben, ganz unabhängig davon, wie der Patient sich selbst und seine Situation versteht, wie sich in Untersuchungen bei Psychotherapeuten nachweisen ließ (vgl. BECKMANN, 1973).
Insbesondere kritische Autoren fordern heute, daß der Arzt seine Dominanz über den Patienten und seine omnipotente Rolle reflektieren soll. Eine Reflexion würde jedoch bedeuten, daß er an dem Widerspruch zwischen den überhöhten Erwartungen des Patienten und seinen geringen therapeutischen Möglichkeiten leidet. Er muß also diesen Konflikt projektiv abwehren, um einem als hilflos phantasierten Patienten auch hilfreich sein zu können. Er unterschätzt also seine Patienten. Diese Schwierigkeiten sind nur aufzulösen, wenn Arzt und Patient z.B. in Form von therapeutischen Gemeinschaften ihre primären Rollen in Frage stellen, d.h. auch der Patient muß bereit sein, seine überhöhten Erwartungen zurückzunehmen und mehr Kompetenz zu beanspruchen.

5.2.5 Die Rolle des Ambivalenten

Wenn der Therapeut sich selbst als wenig erfolgreich in seiner Arztrolle erlebt und gleichzeitig omnipotenter sein möchte, erlebt er seine Patienten als potentielle Feinde (BECKMANN, 1973). Die Patienten werden bei dieser Konstellation für den Arzt zu Kontrollorganen. Einerseits können sie seiner phantasierten Unfähigkeit Realität verleihen und andererseits gleichzeitig seine überhöhten Ideale zerstören. Zwischen Arzt und Patient entsteht Mißtrauen und Rückzug, da der Arzt zwischen Allmachts- und Ohnmachtsphantasien ambivalent schwankt. Da große Teile der Gesellschaft unrealistisch überhöhte Ansprüche an den Arzt stellen, liegt es nahe, daß Ärzte sich mit diesen Idealen identifizieren können, während sie persönlich sich relativ impotent fühlen. Die mißtrauische Haltung vieler Patienten (vgl. Teil 4.2.5) entsteht durch denselben Mechanismus, wenn nämlich Realität und Wunschvorstellungen nicht in Einklang gebracht werden können. Der zunächst positiv motivierte Patient zieht sich zurück, je mehr der Arzt seine Autorität zur Geltung bringt und gleichzeitig dokumentiert, daß er ihm nicht helfen kann, wenn der Patient nicht von sich aus einen Teil der Behandlung selbstverantwortlich trägt bzw. zu tragen motiviert wird.

Folgende Rollen von Therapeuten lassen sich unterscheiden: Die Rolle des Überidentifizierten, des Organmediziners, des Sachlichen, des Helfenden und des Ambivalenten.

6. Patientenselektion

Zur Rolle des Patienten gehören zwei Komponenten: Der Patient selbst muß an etwas leiden, das ihn zum Arzt gehen läßt (vgl. Teil 4), und der Arzt muß das Leiden als

Krankheit akzeptieren. Der erste Faktor ist von der Art der Erkrankung, von Persönlichkeitsmerkmalen und von Erfahrungen mit der Medizin abhängig. Der zweite Faktor hängt mit emotionalen und kognitiven Gegenübertragungshaltungen des Arztes zusammen. So werden z. B. Psychosen immer, Neurosen manchmal und Soziopathien selten als Krankheiten aufgefaßt. Bei vielen organischen Krankheiten entsteht zu spät ein Leidensdruck. Der Patient weiß nicht, daß er krank ist.

6.1 Organmedizin

Die Diagnose „Neurose" wird in der Regel durch Ausschließungsuntersuchungen gestellt. Sie besagt für den Arzt in der Tat sehr wenig, da er nicht weiß, was er therapeutisch tun soll. Diese Diagnose ist häufig ein magischer Begriff (BALINT, 1970). Sie besagt weniger als eine Darstellung der vegetativ-funktionellen Beschwerden (PFLANZ u. LAMBELET, 1969).
Vegetativ-funktionelle Beschwerden sind für seelische Krankheiten charakteristisch, obwohl deren Krankheitswert dem Arzt häufig als zweifelhaft erscheint. Wie bedrohlich ist eine chronifizierte funktionelle Störung? Körperliche Krankheiten sind klarer faßbar. Häufig erscheinen sie auch als gefährlicher, obwohl andererseits die schweren Folgen chronifizierter Neurosen und psychosomatischer Krankheiten genügend belegt sind. Hinzu kommt, daß vegetativ-funktionelle Beschwerden sehr häufig sind, zusammen mit organischen Krankheiten aber seltener auftreten (DRECHSEL, 1964). Nach einer repräsentativen Erhebung in der Bundesrepublik und Westberlin (BECKMANN u. RICHTER, 1972) leiden z. B. 37% aller Westdeutschen an Kopfschmerzen. In den USA ergibt sich nach Erhebungen von COHEN und WHITE (1951) ein Wert von 26% der Befragten, die häufig an Kopfschmerzen leiden. Tabelle 2 zeigt einige Beschwerden in ihrer Häufigkeit bei Männern und Frauen, wie sie von den Befragten angegeben werden. Außer bei Magenbeschwerden klagen Frauen generell mehr über Beschwerden, ein Befund, der durch viele Untersuchungen gesichert ist (vgl. BECKMANN u. RICHTER, 1969; FAHRENBERG, 1969). Aus Tabelle 2 wird deutlich, daß mit Beschwerden, wie z. B. „Kreislaufstörungen" diagnostisch wenig anzufangen ist.

Klagt ein Patient z. B. über „Kreislaufstörungen", ist aber außer nebensächlichen und unerheblichen körperlichen Diagnosen somatisch ohne Befund, wird der Arzt globale Begriffe wie z. B. Vegetative Dystonie, Neurose, Erschöpfungszustand u. a. m. verwenden, die keine Diagnosen sind. Da vegetativ-funktionelle Beschwerden hoch miteinander korrelieren (KEREKJARTO et al., 1972; FAHRENBERG, 1969; ZENZ, 1971), wird von Psychologen eine Persönlichkeitsdimension „Neurotizismus" postuliert, die in ihrer Globalität weder für klinische Psychologen, noch für Ärzte praktischen Wert hat. Sie kann jedoch als Hinweis dienlich sein, daß ein neurotischer Patient sehr klagsam ist (vgl. Teil 1.2.3). Andererseits leiden Patienten mit bestimmten psychosomatischen Krankheiten nicht mehr oder sogar weniger an vegetativ-funktionellen Beschwerden als Patienten mit organischen Krankheiten (DRECHSEL, 1964).

Die Patientenselektion richtet sich nach zwei Gesichtspunkten: nach diagnostisch für den Arzt greifbaren Krankheitsbildern und nach Gegenübertragungsreaktionen in Abhängigkeit von psychologischen Merkmalen von Patient und Arzt.

Tabelle 2. Relative Häufigkeit einiger Beschwerden bei N = 657 Befragten einer repräsentativen Stichprobe (1968)

1 Magenbeschwerden
2 Kreislaufstörungen
3 Darmträgheit, häufige Verstopfung
4 Abgespanntheit, häufige Ermüdung
5 Nervosität, nervöse Störungen
6 Schlaflosigkeit

	Männer N (%)	Frauen N (%)	insgesamt N (%)
1	54 (19)	45 (12)	99 (15)
2	56 (19)	131 (36)	187 (29)
3	14 (5)	51 (14)	65 (10)
4	79 (27)	152 (41)	231 (35)
5	69 (24)	123 (34)	192 (30)
6	29 (10)	63 (17)	92 (14)
Total	290 (100)	367 (100)	657 (100)

Organisch Kranke kommen nicht selten erst dann in die Patientenrolle, wenn sich eine klare somatische Diagnose stellen läßt. Hypertonie ist z.B. sehr verbreitet, aber behandelt wird ein Patient erst dann, wenn sich z.B. ein Coronarleiden entwickelt hat (PFLANZ, 1972). Das Problem der Vorsorgeuntersuchungen, der Früherkennung von Krankheiten ist unter anderem deshalb so komplex, weil bei multifaktoriell bedingten Krankheiten die Risikofaktoren (vgl. HAHN, 1971) erst z.T. bekannt sind, und andererseits der Patient eine Abwehr gegen die Rolle des Patienten haben kann oder auch durch Erfahrung entwickelt (vgl. Teil 4.2.4 und 5.2.5). Psychisch Kranke mit Psychosomatosen (Ulcus ventriculi, Ulcus duodeni, Colitis ulcerosa, Rheumatische Erkrankungen, Anorexia nervosa, Asthma bronchiale u.a.m.) (vgl. FREEDMAN et al., 1967) werden in der Regel organisch und nicht psychotherapeutisch behandelt, u.a. auch, weil es bis heute nicht genug Psychotherapeuten gibt.
Bei Neurosen mit ausgeprägten vegetativ-funktionellen Beschwerden werden nicht selten organische Nebenbefunde therapiert (BALINT, 1970). Die meisten Neurotiker bleiben jedoch unbehandelt, insbesondere dann, wenn sie Charaktermerkmale aufweisen, die den Arzt zu einer Abwehrreaktion veranlassen.

6.2 Psychologische Medizin

Psychotherapeuten behandeln nach vielen Untersuchungen eher jüngere Patienten mit möglichst kurzer Krankengeschichte, mit guter Schul- und Berufsausbildung, die spontan mit Einsicht in die neurotische Genese ihrer Beschwerden den Arzt aufsuchen (BECKMANN u. SCHEER, 1971). Es sind eher ängstliche, kontaktgestörte, phallisch-genitale Patienten mit nicht allzu stark ausgeprägten psychosomatischen Organstörungen, die in ihrer Affektivität eher locker sind, mit nicht zu rigider Abwehrstruktur und

nicht zu hohem Maß an Widerstand. Es handelt sich bei diesen Angaben um statistische Mittelwerte, d.h., es werden auch Patienten der Unterschicht mit Psychosomatosen behandelt, aber im statistischen Mittel relativ selten. Die Selektion von jungen, sozial erfolgreichen, introspektionsfähigen, affektiv lockeren Patienten (BECKMANN, 1973) zielt also auf Patienten der Oberschicht und der oberen Mittelschicht. Im Kontrast hierzu stehen folgende Merkmale von Patienten der unteren Schichten:
Patienten der unteren Schichten:

1. erkranken häufiger seelisch,
2. sie leiden an schwereren seelischen Krankheiten (Psychosen gegenüber Neurosen; bei Depressionen ist die Schichtabhängigkeit bisher nicht genügend geklärt, POHLMEIER 1973),
3. sie suchen seltener den Psychotherapeuten bzw. den Psychiater auf,
4. sie brechen häufiger eine Therapie ab,
5. sie schließen seltener eine Therapie erfolgreich ab (BRILL u. STORROW, 1960; HEINE u. TROSMAN, 1960; HOEHN-SARIC et al., 1964; HOLLINGSHEAD u. REDLICH, 1958; HOLLINGSHEAD u. FREEDMAN, 1955; IMBER et al., 1955; LEE u. TEMERLIN, 1970; MOELLER, 1972; STROTZKA, 1969; HÄFNER, 1971).

6.2.1 Indikation Psychotherapie

Bei einem Patienten ist nach einer zusammenfassenden Literaturzusammenstellung aller empirischen Untersuchungen zu diesem Problem von LUBORSKY et al. (1971) eine Psychotherapie indiziert, wenn der Patient

1. seelisch nicht allzu krank ist (Fehlen von psychotischen Symptomen),
2. durch Übertragungserwartungen für eine Behandlung motiviert ist,
3. intelligent und jung ist,
4. Affekte zeigt (Angst, depressive Verstimmung),
5. wenig Somatisierungstendenzen und ein geringes Maß an Abwehr zeigt.

Studenten vereinigen einige dieser Merkmale auf sich. Sie haben bei der Psychotherapie gegenüber anderen Gruppen eine empirisch gesichert bessere Prognose. Aber auch Merkmale von Therapeuten, die sich positiv auf eine Behandlung auswirken, sind statistisch gesichert. Der wesentlichste Faktor ist das Ausmaß an therapeutischer Erfahrung, wobei die Zugehörigkeit zu einer bestimmten therapeutischen Schule (FREUD, ADLER, RODGERS) keinen nachweisbaren Effekt hat. Die Streitereien zwischen verschiedenen psychotherapeutischen Schulen haben also offensichtlich nur dogmatische Gründe.
Es geht nicht selten um die Verteidigung von Machtpositionen, wie auch in anderen Bereichen der Medizin. — Die Fähigkeit von Therapeuten, sich einzufühlen, korreliert positiv mit dem Therapieerfolg. Wesentlich ist also, daß der Psychotherapeut fähig ist, leicht Kontakt aufzunehmen. Er muß die psychischen und sozialen Schwierigkeiten des Patienten nacherleben können. Hierzu gehört auch ein geringes Maß an sozialer Distanz zwischen Therapeut und Patient (LUBORSKY et al., 1971).

Ein Arzt, der aus der oberen Mittelschicht kommt, hat es im allgemeinen sehr schwer, sich die psychosoziale Situation eines Unterschichtpatienten vorzustellen, da er sie praktisch nicht kennt. Er wird sich infolgedessen auch nicht einfühlen können (vgl. Teil 3.2).

6.2.2 Andere Therapieformen

Die in Teil 6.2 und 6.2.1 dargestellten Daten wurden von Psychotherapeuten kritisch reflektiert, so daß inzwischen eine Reihe von therapeutischen Techniken entwickelt wurden, von denen man hofft, daß sie sich auch bei den bisher bei Behandlungen benachteiligten seelisch Kranken bewähren, wie z.B. Kurz- und Fokaltherapien (ALEXANDER, 1965; LOCH, 1967; MALAN, 1965; STROTZKA, 1969), Gruppentherapien (ARGELANDER, 1964; GRINDBERG et al., 1960; WHITAKER et al., 1964), Teambehandlungen durch Therapeuten und Schwestern (FÜRSTENAU et al., 1970; STEPHANOS, 1972; PLOEGER, 1972), Familientherapien (ACKERMANN, 1958; BATESON et al., 1969; RICHTER, 1970) und viele andere Verfahren, die noch im Stadium der Entwicklung sind (vgl. RICHTER, 1972).
Therapeutische Gemeinschaften zwischen Patienten, Pflegern, Schwestern und Ärzten haben sich in den letzten Jahren insbesondere in der Sozialpsychiatrie entwickelt (vgl. PLOEGER). Aus der Psychologie ist die Verhaltenstherapie hinzugekommen (BANDURA, 1969; BLÖSCHL, 1970; COHEN, 1972; RACHMAN u. BERGOLD, 1970), die eine große Anzahl von spezifischen Therapietechniken, basierend auf lerntheoretischen Konzepten, entwickelt hat (vgl. BERGIN u. GARFIELD, 1971).
Im Zusammenhang mit der Entstehung neuer therapeutischer Techniken hat sich der Begriff der seelischen Krankheit gewandelt. Diese Änderung ist von besonderer Bedeutung für soziopathische Erkrankungen (vgl. WULFF, 1971), die zunehmend mehr unter dem Gesichtspunkt der Wechselwirkung von gesellschaftlichen Anforderungen an den einzelnen und persönlichen Interessen des Individuums gesehen werden. Psychohygienische und sozialhygienische prophylaktische Maßnahmen im Sinne von Community-development-Projekten rücken um so mehr in den Vordergrund, je mehr die psychosozialen Bedingungsstrukturen seelischer Krankheiten bekannt geworden sind (RICHTER, 1972; STROTZKA, 1969). Die Entwicklung ist momentan derart lebhaft, daß noch nicht abgesehen werden kann, welche Ansätze sich bewähren.

Nach wie vor spielen jedoch in der Psychotherapie des praktischen Arztes suggestive Faktoren eine bedeutsame therapeutische Rolle: Das Medikament als *Placebo* hat bei einer positiven Übertragung des Patienten einen hohen Grad an Wirksamkeit, insbesondere, wenn der Patient auf ein bestimmtes Medikament durch eine Reihe von Erfahrungen konditioniert wurde (DELAY u. PICHOT).
Der praktische Arzt ist aber auch allein schon dann therapeutisch tätig, wenn er dem Patienten als passiv Zuhörender Gelegenheit zum Reden gibt (BALINT). Vielen Patienten wird schon dadurch geholfen, wenn der Arzt dem Patienten das Gefühl vermittelt, daß er für ihn regelmäßig oder gelegentlich Zeit hat (RICHTER u. BECKMANN, 1969).

Auto- und heterosuggestive Methoden (Autogenes Training, Hypnose u.a.m.) werden viel praktiziert, spielen aber eine geringere Rolle als noch vor ein paar Jahrzehnten. Körperliche Behandlungen wie z.B. Bäder, Massagen, Trainingsmethoden enthalten psychotherapeutisch wirksame Faktoren, wobei neben suggestiven Momenten auch die indirekte Befriedigung von oralen, analen und sexuellen Bedürfnissen beteiligt ist.

Die Selektion von Patienten ist abhängig von der Möglichkeit der Etablierung einer Arzt und Patient befriedigenden Interaktion. Eine Reihe von Faktoren beeinflussen die Selektion: Erwartungen, psychische, soziale Merkmale und Vorerfahrungen des Patienten sowie Gegenübertragungshaltungen, Ausbildung und Einstellungen des Arztes.

7. Funktionen der Diagnose

Die Erstellung einer Diagnose kann auf eine Reihe von Motiven zurückgeführt werden (vgl. auch Teil 2.2). Die Gültigkeit einer Diagnose erweist sich darin, ob aus ihr prognostische und therapeutische Konsequenzen abgeleitet werden können. Die Gültigkeit (Validität) ist von der Zuverlässigkeit (Reliabilität) und Objektivität der Diagnose abhängig (vgl. PFLANZ, 1973). Rein logisch könnte von der Stellung einer Diagnose abgesehen werden, wenn aus der Ermittlung von Symptomen und Syndromen zwangsläufig sich die Prognose und Therapie ergeben würde.
Häufig wird allerdings übersehen, daß eine Diagnose nicht eine objektive Tatsachenfeststellung, sondern das mehr oder weniger objektive Urteil eines Arztes über einen Patienten ist. Der Grad an Objektivität ist prinzipiell nur durch den Grad der Beurteilerübereinstimmung zwischen verschiedenen Ärzten meßbar, die voneinander unabhängig urteilen.
HARTMANN (1972) beschreibt die Funktionen der Diagnose als eine Vermittlung zwischen Zustand, Befinden und Symptomen des Patienten und ärztlichen Zwecken. Der Arzt will klassifizieren, kommunizieren, sozial helfen und sich selbst entlasten. PFLANZ (1964) stellt fest, daß es überraschenderweise sehr selten „unklare Fälle" gibt, bei denen keine Diagnose erstellt werden kann. Der Patient hat offensichtlich ein Recht auf eine Diagnose und der Arzt die Pflicht, eine Diagnose zu finden (DELAY u. PICHOT), insbesondere gegenüber Partnern, wie z.B. gegenüber Krankenkassen, dem Arbeitgeber und auch gegenüber ärztlichen Kollegen. Der Arzt steht unter einem sozialen Druck (vgl. Teil 8), in vielen Situationen mangelndes Wissen durch ein magisches Wort zu ersetzen (PFLANZ, 1964). Der magische Aspekt, der vielen Diagnosen anhaftet, dient der Reduktion von manchmal nur schwer zu ertragender Unsicherheit und Ungewißheit für alle Beteiligten (Patient, Familie, Arzt, Behörden, u.a.).

Die Vermeidung diskriminierender Diagnosen, z.B. in der Psychiatrie, kann eine aktive soziale Hilfe darstellen. In diesem Fall wird eine Diagnose vermieden, um die damit verbundenen Vorurteile und Stereotypien, insbesondere in bezug auf den prognostischen Verlauf zu vermeiden. Die Stellung einer diskriminierenden Diagnose bei suggestiblen Patienten kann dazu führen, daß diese sich mit dem Verhalten identifizieren, das in der Bevölkerung mit dieser Krankheit assoziiert wird (labeling approach). Der Patient muß dann die Rolle des Hysterikers, des Schizophrenen, des Süchtigen usw. übernehmen.
Um dem Patienten aktiv zu helfen, kann aber auch eine Diagnose erstellt werden, die eine sanktionierte Patientenrolle ermöglicht. Es gibt Diagnosen, die dazu dienen, für den Patienten eine Einweisung in ein Krankenhaus, eine Kurverschickung, eine Berentung oder Invalidisierung zu erreichen (HARTMANN, 1972).
Es ist deutlich, daß diese Zwecke personenbezogen sind, d.h., sie sind Teil der Arzt-Patient-Beziehung. Die Diagnose enthält Faktoren der Übertragung-Gegenübertragung, was insbesondere bei der Gruppe der psychosozial Kranken von großer Bedeutung ist.
Psychotherapeuten mit einer depressiv gefärbten Grundhaltung neigen dazu, bei Patienten vermehrt unabhängige Selbständigkeit, Aktivität und phallisch-hysterische Merkmale zu diagnostizieren. Sie neigen dazu, in komplementärer Ergänzung zu ihrem Selbstverständnis ihre Patienten eher zu überschätzen (vgl. Teil 2.1). Psycho-

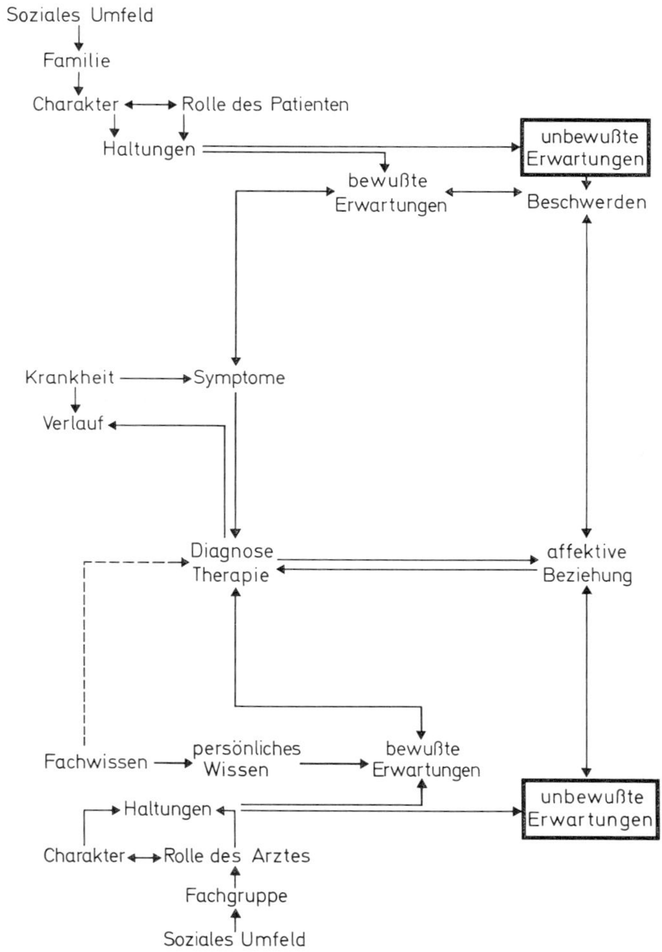

Abb. 1. Schema der Arzt-Patient-Beziehung (BECKMANN, 1972)

therapeuten mit Dominanzstreben, Überlegenheitsgefühlen und Selbstsicherheit diagnostizieren bei ihren Patienten vermehrt depressive Merkmale. Spontane, eher zwanglose Therapeuten sehen ihre Patienten ebenfalls in komplementärer Ergänzung als besonders zwanghaft, eigensinnig und anspruchsvoll.

Der Psychotherapeut erwartet Patienten in Ergänzung zu eigenen unbefriedigten und häufig verdrängten Wünschen (vgl. Teil 2.1). Auf die Beziehung zwischen paranoiden Zügen bei Arzt und Patient wurde in Teil 4.2.5 Bezug genommen. Wenn Arzt und Patient sich meiden und gegenseitig als feindlich erleben, hebt sich die ergänzende Komplementarität auf. Der mißtrauische, retentive, verschlossene Therapeut diagnostiziert vermehrt diese Merkmale auch beim Patienten. Mangel an Vertrauen zerstört jede Form der Arzt-Patient-Beziehung.

Die Diagnose enthält also auch Erwartungen, welche Rolle ein Patient verwirklichen soll. Organische Fehldiagnosen bei Neurosen können dazu führen, daß der Patient die Rolle des körperlich Kranken übernimmt (iatrogene Fixierung).
Legt man die in der Psychologie üblichen Anforderungen an Objektivität, Zuverlässigkeit und Gültigkeit zugrunde, dann sind Diagnosen im Bereich der psychologischen Medizin häufig als Musterbeispiele für das Fehlen dieser Qualitäten anzusehen (BECKMANN u. SCHEER, 1973; RANABAUER, 1968; MENTZOS u. PITTRICH, 1971).

Dies gilt nicht nur für Diagnosen im Bereich der psychologischen Medizin, wird hier aber besonders deutlich. HARTMANN (1972) weist darauf hin, daß praktische Ärzte für dasselbe Krankheitsbild eine Fülle von Bezeichnungen verwenden, insbesondere bei den häufig vorkommenden Bildern, im Vergleich zu Fachärzten und Kliniken (vgl. Teil 2.2). Der praktische Arzt muß die Diagnose offensichtlich entsprechend den jeweiligen Zwecken variieren.
Der komplexe Zusammenhang, in dem die Diagnose steht, wird aus der Abb. deutlich. An diesem Problem kann auch eine zukünftige Computerdiagnostik nichts ändern, da Diagnosen keine Begriffe zur reinen Beschreibung von Tatbeständen sind. Jede nominale Klassifikation geht davon aus, daß es abgrenzbare, sich nicht überschneidende Einheiten gibt, wie z.B. in der Biologie Arten, Familien usw. unterschieden werden können. Krankheiten sind jedoch Prozesse und Entwicklungen, die sich vieldimensional gliedern, sowohl intra- wie auch interindividuell.

Diagnosen sind mehr oder weniger objektive Arzturteile über Zustand, Befinden und Symptome eines Patienten. Sie dienen der Klassifizierung, Kommunikation, emotionalen Entlastung und sozialen Hilfe.

8. Norm und Sanktion

Eine vollständige Darstellung der normativen Aspekte in der Arzt-Patient-Beziehung ist Thema der Medizinischen Soziologie. Hier werden nur einige Grundtatsachen dargestellt, soweit es der Zusammenhang erfordert.
In der Medizin gibt es eine Fülle von Normen, die je nach dem Bereich das Verhalten von interagierenden Partnern regeln. SPITTLER (1967) zeigt anhand einer Untersuchung in einer psychosomatischen Kurklinik, wie sich Hausordnung und ein System der Patientenselbstverwaltung in dem Verhalten von Patienten, Ärzten und Pflegepersonal niederschlagen. Zu diesen Normen gehören auch Verpflichtungen, die Patienten auf sich nehmen, wenn sie in die Klinik eintreten. In dieser Kurklinik (SPITTLER, 1967) verpflichten sie sich auf vier Grundregeln: „Offenheit, aktive Mitarbeit, Verantwortungsübernahme und Schweigepflicht".
Derartige Normen rufen einen Konformitätsdruck hervor, dem die Patienten sich mehr oder weniger anpassen.
Bei Verletzung der Normen werden Sanktionen erteilt, je nach Ausmaß der Nonkonformität des Verhaltens. Hierbei zerfallen die Mitglieder einer Gruppe in Kontrollierende und Kontrollierte, Sanktionssender und Sanktionsempfänger (GERHARDT, 1971). Die Rolle der Schwester ist von einer großen Bedeutung, da sie zwischen Arzt und Patient lokalisiert ist.
Aus der Sozialpsychologie (vgl. HOFSTÄTTER, 1956) ist bekannt, daß sich interagierende Partner immer Normen des Verhaltens durch „Gruppenleistungen des Bestimmens"

setzen, wenn keine Normen im vorhinein festgelegt sind. In der Regel gibt es jedoch wenig Möglichkeiten, Normen produktiv zu erzeugen, da auch in der Medizin eine Fülle von Normen (vgl. REGUS, 1970) für alle möglichen Bereiche tradiert sind, so daß kaum noch Raum für demokratische Prozesse der Selbstverwaltung bleibt. Jedes Krankenhaus hat eine zuverlässig funktionierende Hausordnung, auf die Patienten wie in unserem Beispiel durch ein Selbstverwaltungsorgan nur sehr selten Einfluß haben. In der Öffentlichkeit wird der Status des Patienten als etwas Vorübergehendes, Flüchtiges, aufgefaßt, so daß es auch keine Interessengruppierung geben kann. Manche Soziologen zweifeln deshalb, ob es überhaupt eine Patientenrolle gibt (vgl. GERHARDT, 1971). Eine Ausnahme bilden Krankenhäuser mit Patienten, die einen längeren Aufenthalt haben. Hier müßten Patienten interessiert sein, auf die Regeln des Zusammenlebens Einfluß zu nehmen. Neben derartigen allgemeinen Normen gibt es formelle und informelle Rollennormen, die in der Arzt-Patient-Beziehung regeln, wie sich die interagierenden Partner rollenkonform verhalten (vgl. Teil 4 und 5). Solche Normen können sich widersprechen, so daß Ärzte und auch Patienten in Normenkonflikte geraten. Ein Beispiel hierfür ist der Arzt, der einerseits dem Patienten helfen soll und andererseits die Anforderungen der Krankenkasse erfüllen muß, die einen erheblichen Normendruck ausüben kann (WULFF, 1972).

Durch derartige Normenkonflikte kann eine Distanzierung von Normen und mehr Raum für persönliche Entscheidungen entstehen. Manche Situationen erzwingen jedoch eine Entscheidung für die eine oder andere Norm. So wird der gutachtende Arzt sich nicht selten zu entscheiden haben, ob er sich im Interesse des Patienten oder des Kostenträgers verhalten soll. Vertrauensärzte genießen z.B. aus diesen Gründen bei Patienten relativ wenig Ansehen, da sie allzu häufig als Interessenvertreter der Arbeitgeber erlebt werden (KRÄHE u. SCHÖNING, 1970).

Bei großer sozialer Distanz sind Normen eher durchzusetzen als bei intensiven persönlichen Kontakten, die zur Überspielung und Etablierung neuer Normen führen können. Der Hausarzt ist auf engen Kontakt mit dem Patienten angewiesen, um sich gegen Normen der Familie des Patienten, seines Arbeitgebers usw. durchsetzen zu können. Der Arzt selbst wird zur normativen Instanz, indem er dem Patienten indirekt durch die Diagnose und direkt durch die Therapie Verhaltensvorschriften macht. Aus diesen Gründen sind Patienten der Unterschicht eher von allgemeinen Normen abhängig. Der Arzt hat bei ihnen relativ wenig Chancen, Kontakt aufzunehmen, da die soziale Distanz zu stark ausgeprägt ist. Mit der sozialen Distanz wachsen jedoch auch die stereotypen Vorurteile, die sich wiederum in schichtabhängigen Diagnosen niederschlagen. Die diskriminierenden psychiatrischen Diagnosen, die bei Unterschichtspatienten soviel häufiger gestellt werden, gehen z.T. auf Stereotype zurück, die durch die soziale Distanz hervorgerufen werden.

Die Arzt-Patient-Beziehung unterliegt einer Reihe von Normen und Sanktionen der Gesellschaft.

Literaturverzeichnis

ACKERMANN, N. W.: The Psychodynamics of Family Life. New York: Basic Books 1958.

ALEXANDER, F.: Psychoanalytic contributions to short-term psychotherapy. In: Lewis R. Wolber (Ed.): Short term psychotherapy. New York 1965.

ARGELANDER, H.: Die Analyse psychischer Prozesse in der Gruppe I, II. Psyche (Heidelberg) **17/9** 450 (1963/64).

BALES, R.F.: Interaction Process Analysis. Cambridge/Mass.: Addison-Wesley Press 1950.

BALES, R.F.: Personality and interpersonal behavior. New York 1970.

BALINT, M.: Der Arzt, sein Patient und die Krankheit. Stuttgart: Klett 2. Aufl. 1957; Frankfurt: Fischer 1970.

BANDURA, A.: Principles of behavior modification. London 1969.

BATESON, G., JACKSON, D.D., LAING, R.D., LIDZ, Th., WYNNE, L.C.: Schizophrenie und Familie. Frankfurt: Suhrkamp 1969.

BECKMANN, D., MÜLLER-BRAUNSCHWEIG, H., PLAUM, F.G.: Forschung in der Psychoanalyse. In: SCHRAML, W., BAUMANN, U.: Forschung in der Klinischen Psychologie. Bern: Huber (im Druck).

BECKMANN, D.: Funktionale Strukturen informeller Rollensysteme. Psyche (Heidelberg) 1973 (im Druck).

BECKMANN, D., RICHTER, H.E.: Gießen-Test (GT). Ein Test für Individual- und Gruppendiagnostik. Bern: Huber 1972.

BECKMANN, D., SCHEER, J.W.: Probleme der Dokumentation in Psychotherapie und Psychosomatik. Z. psychosom. Med. Psychoanal. **1,** 35 (1973).

BECKMANN, D.: Psychologische Determinanten in der Arzt-Patient-Beziehung. Münch. med. Wschr. **114,** 133 (1972a).

BECKMANN, D., RICHTER, H.E.: Selbstkontrolle einer klinischen Psychoanalytiker-Gruppe durch ein Forschungsprogamm. Z. Psychother. med. Psychol. **18,** 20 (1968).

BECKMANN, D., SCHEER, J.W.: Struktur der Klientel und Patientenselektion in der Psychosomatischen Klinik Gießen. Kongreßbericht der 9. Hamburger psychiatrisch-medizinischen Gespräche 1971.

BECKMANN, D., MOELLER, M.L., RICHTER, H.E., SCHEER, J.W.: Studenten — Wie sehen sie sich selbst, ihre Arbeit und die Universität. Analysen **1,** 4 (1971). Frankfurt: Aspekte-Verlag 1972.

BERGIN, A.E., GARFIELD, S.L. (Eds.): Handbook of Psychotherapy and Behavior Change: An Empirical Analysis. New York: Wiley 1971.

BERNSTEIN, B.: Studien zur sprachlichen Sozialisation. Düsseldorf: Pädagog. Verlag Schwann 1972.

BERNSTEIN, B.: Die Theorie des linguistischen Code. Soziale Schicht, Sprache u. Sozialisation. In: Sprache und Gesellschaft (H. HOLZER, K. STEINBADER, Hrsg.), S. 278. Hamburg: Hoffmann u. Campe 1972.

BLÖSCHL, L.: Grundlagen und Methoden der Verhaltenstherapie. Bern: Huber 1970.

BRÄUTIGAM, W., CHRISTIAN, P.: Psychosomatische Medizin. Stuttgart: Thieme 1973.

BRILL, N.Q., STORROW, H.A.: Social Class and Psychiatric Treatment. Arch. gen. Psychiat. **3,** 340 (1960).

BRODER, T.: Psychosexuelle Grundlagen der Entwicklung. Opladen: Leske 1971.

CARTWRIGHT, D., ZANDER, A. (Eds.): Group Dynamics, 2. Aufl. New York, Evanston, London 1960.

COHEN, M.E., WHITE, P.D.: Life situations, emotions and neurocirculatory asthenia (anxiety neurosis, neurasthenia, effort syndrome). Psychosom. Med. **13,** 335 (1951).

COHEN, R.: Systematische Tendenzen bei Persönlichkeitsbeurteilungen. Bern: Huber 1969.

COHEN, R., FLORIN, I., GRUSCHE, A., MEYER-OSTERKAMP, S., SELL, H.: Verhaltenstherapie. Nervenarzt **43,** 113 (1972).

CRAIG, H.R., WHITE, P.D.: Etiology and symptoms of neurocirculatory asthenias. Analysis of two hundred cases with comments on prognosis and treatment. Arch. intern. Med. **53,** 633 (1934).

CREMERIUS, J.: Die Prognose funktioneller Syndrome. Stuttgart: Enke 1968.

CREMERIUS, J.: Zur Frage der nosologischen Einordnung funktioneller Syndrome. Med. Welt (Stuttg.) **19,** 689 (1968).

Der Spiegel: Das Geschäft mit der Krankheit. Der Spiegel, Nr. **11–17** (1972).

DELAY, J., PICHOT, P.: Medizinische Psychologie. Stuttgart: Thieme 1970.

DRECHSEL, H.: Krankheiten und funktionelle Beschwerden. Korrelationsstatistische Untersuchungen an poliklinischen Patienten. Diss. Gießen 1964.

DUFF, R.S., HOLLINGSHEAD, A.: Sickness and Society. New York: Harper & Row 1968.

EDWARDS, A.L.: Social desirability and expected means on MMPI. Educational and psychological measurement. **22/1,** 71 (1962).

EDWARDS, A.L.: The Social Desirability Hypothesis. Theoretical Implications for Personality Measurement. In: MESSIK, S., ROSS, J. (Eds.): Measurement in Personality and cognition. New York: Wiley 1962.

EIBL-EIBESFELDT, I.: Grundriß der vergleichenden Verhaltensforschung. München: Piper 1967.

ERIKSON, E.H.: Identität und Lebenszyklus. Frankfurt: Suhrkamp 1966.

ERIKSON, E.H.: Kindheit und Gesellschaft. Zürich: Pan-Verlag 1957.

FAHRENBERG, J., SELG, H.: Das Freiburger Persönlichkeitsinventar. Göttingen: Hogrefe 1970.

FAHRENBERG, J.: Körperlich-funktionelle Beschwerden und Persönlichkeitsmerkmale. Nervenarzt **40,** 111 (1969).

FREEDMAN, A.M., KAPLAN, H.J., KAPLAN, H.S.: Comprehensive Textbook of psychiatry. Baltimore: Williams & Wilkins 1967.

FREUD, D.: Bemerkungen zur Übertragungsliebe. Ges. Werke **X,** S. 306 (1913–1917). Frankfurt: Fischer 1964.

FREUD, S.: Über Psychoanalyse. Ges. Werke VIII (1909). Frankfurt: Fischer 1964.

FREUD, S.: Zur Dynamik der Übertragung. Ges. Werke VIII, S. 372 (1912). Frankfurt: Fischer 1964.

FÜRSTENAU, P., STEPHANOS, S.F., ZENZ, H.: Erfahrungen mit einer gruppentherapeutisch geführten Neurotikerstation. Z. Psychoth. med. Psychol. **20** (1970).

GEIGER, F.: Zit. in: Der Spiegel: Das Geschäft mit der Krankheit, Nr. **12,** 129 (1972).

GERHARDT, U.: Rollenanalyse als kritische Soziologie. Neuwied/Berlin: Luchterhand 1971.

GOFFMAN, E.: Interaktionsrituale. Über Verhalten in direkter Kommunikation. Frankfurt: Suhrkamp 1971.

GOLDWATER, L.J., BRONSTEIN, L.H.: Study of one Hundred Seventy-Five „Cardiacs" without Heart Disease. J. Amer. med. Ass. **148,** 89 (1952).

HEISING, G., BECKMANN, D.: Gegenübertragungsreaktionen bei Diagnose- und Indikationsstellung. Z. Psychother. med. Psychol. **21,** 2 (1971).

HOEHN-SARIC, R., FRANK, J.D., IMBER, St. D., NASH, E.H., STONE, A.R., BATTLE, C.C.: Systematic preparation of patients for psychotherapy, I. Effects on therapy behavior and outcome. J. psychiat. Res. **2,** 267 (1964).

HOFSTÄTTER, P.R.: Gruppendynamik. Hamburg: Rowohlt 1957.

HOFSTÄTTER, P.R.: Sozialpsychologie. Berlin: De Gruyter 1956.

HÖRMANN, H.: Psychologie der Sprache. Berlin: Springer 1970.

HOLLINGSHEAD, A.B., REDLICH, F.C.: Social class and mental illness. New York: Wiley 1958.

HOLLINSHEAD, A.B., FREEDMAN, L.Z.: Social class and the treatment of neurotics. New York: The social Welfare Forum 1955.

IMBER, S.D., NASH, E.H., STONE, A.R.: Social class and duration of psychotherapy. J. clin. Psychol. **2,** 281 (1955).

IMBER, S.D., PANDE, S.K., FRANK, J.D., HOEHN-SARIC, R., STONE, A.R., WARGO, D.G.: Time focused role inducation. J. nerv. ment. Dis., **150/1,** 27 (1970).

JORES, A.: Die Medizin in der Krise unserer Zeit. Bern, Stuttgart: Huber 1961.

KAUFMANN, L.: Familie, Kommunikation und Psychose. Bern, Stuttgart: Huber 1972.

KAUPEN-HAAS, H.: Stabilität und Wandel ärztlicher Autorität. Stuttgart: Enke 1969.

v. Kerekjarto, M., Meyer, A.E., Zerssen, D.: Die HMM-Beschwerdeliste bei Patienten einer internistischen Ambulanz. Z. psycho-som. Med. **18,** 1 (1972).

Krähe, H., Schöning, G.: Funktionen der Medizin und ihre Manifestation in der medizinischen Ausbildung. Das Argument **60,** 2 (1970).

Kretschmer, V.: Medizinische Promotion. JLU-Forum, Gießen **35,** 8 (1973).

Laing, R.D., Phillipson, H., Lee, A.R.: Interpersonelle Wahrnehmung. Frankfurt: Suhrkamp 1971. Original: Interpersonal Perception: A theory and a Method of Research. London 1966.

Lee, S.D., Temerlin, M.K.: Social diagnosis and prognosis for psychotherapy. Psychotherapy: Theory, Research and Practice **7/3,** 181 (1970).

Lippmann, R.W., Möhlen, K.D.: Einstellungen Gießener Klinikärzte und Medizinstudenten zur Bedeutung des psychischen und sozialen Umfeldes für den Patienten. Diss. Gießen 1972.

Loch, W.: Über theoretische Voraussetzungen einer psychoanalytischen Kurztherapie. Jber. Psychoanal. **4,** 82 (1967).

Luborsky, L., Chandler, M., Auerbach, A.H., Cohen, J., Bachrach, H.M.: Factors influencing the outcome of psychotherapy: A review of quantitative research. Psychol. Bll. **75/3,** 145 (1971).

Malan, D.H.: Psychoanalytische Kurztherapie. Eine kritische Untersuchung. Bern: Huber 1965.

Master, A.M.: The Frequency of Functional Heart Disturbances. A Study of 1000 Consecutive Private Cardiac Patients. J. Amer. med. Ass. **150,** 195 (1952).

Mechanic, D.: The concept of illness behavior. J. chron. Dis. **15,** 189 (1962).

Mentzos, St., Pittrich, W.: Über die Zuverlässigkeit psychiatrisch-psychologischer Anamnesen. In: Heite, H.J. (Ed.): Anamnese, Methoden der Erfassung und Auswertung anamnestischer Daten. Stuttgart: Schattauer 1971.

Meyer, A.E., Otte, H., Seeberger, H.J., Speidel, H., Zenker, R.: Die Inter-Beobachter-Übereinstimmung für die psychoanalytische Einordnung von Charakter- und Verhaltensbeschreibungen. Psyche (Heidelberg) **23,** 824 (1969).

Meyer, A.E.: Psychosomatische Medizin. In: Blohmke, M., Schaefer, H. (Eds.): Erfolge und Grenzen der modernen Medizin. Frankfurt: Fischer 1966.

Mitscherlich, A.: Krankheit als Konflikt. Frankfurt 1967.

Moeller, M.L.: Krankheitsverhalten bei psychischen Störungen und die Organisation psychotherapeutischer Versorgung. Das Argument **71,** 14 (1972).

Mohl, H.: Das Image des Arztes. Dtsch. Ärtzebl. **25,** Sonderdruck S. 2 (1969).

Mundorf, D.: Versuch zur Objektivierung rentenneurotischer Merkmale. Diss. Gießen 1967.

Niepold, W.: Sprache und soziale Schicht. Berlin: Volker Spiess 1971.

Oevermann, U.: Sprache und soziale Herkunft. Frankfurt: Suhrkamp 1972.

Pflanz, M.: Allgemeine Epidemiologie. Aufgaben, Techniken, Methoden. Stuttgart: Thieme 1973.

Pflanz, M.: Der Entschluß, zum Arzt zu gehen. Hippokrates (Stuttg.) **35,** 894 (1964).

Pflanz, M.: Der unklare Fall. Münch. med. Wschr. **38,** 1649 (1964).

Pflanz, M.: Die medizinische Versorgung der Hypertoniker in der Bevölkerung. Rheinisches Ärzteblatt **22** (1972).

Pflanz, M., Lamblet, L.: Epidemiologische Aspekte der Depression. In: Schulte, W., Mende, W. (Eds.): Melancholie. Stuttgart 1969.

Pflanz, M.: Gesundheitsverhalten. Mensch u. Med. **6,** 173 (1965).

Pflanz, M., Pinding, M., Armbrüster, K.W., Török, M.: Medizinsoziologische Untersuchung über Gesundheitsverhalten. Med. Klinik **61,** 391 (1966).

Pflanz, M.: Sozialer Wandel und Krankheit. Stuttgart: Enke 1962.

Plaum, F.G.: Krankheitstheorien und Behandlungserwartungen psychosomatischer Patienten. Diss. Gießen 1968.

POHLMEIER, H.: Soziologie der Depression. Z. psychosom. Med. Psychoanal. **1**, 58 (1973).
RANABAUER, W.: Psychiatrische Diagnosen unter psychologischen Gesichtspunkten. Nervenarzt, **39**, 205 (1968).
REGUS, M.: Das Krankenhaus im gesellschaftlichen Widerspruch. Blätter für deutsche und internationale Politik. **10**, 3 (1970).
RICHTER, H.E.: Die Gruppe. Reinbek: Rowohlt 1972.
RICHTER, H.E.: Eltern, Kind und Neurose. Stuttgart: Klett 1963; Reinbek: Rowohlt 1969.
RICHTER, H.E., BECKMANN, D.: Herzneurose. Stuttgart: Thieme 1969.
RICHTER, H.E.: Patient Familie. Reinbek: Rowohlt 1970.
SANDROCK, F.: Untersuchungen zur Sozialstruktur einer Krankenstation unter Berücksichtigung des pflegerischen Funktionsbereiches. In: KAUPEN-HAAS, H. (Ed.): Soziologische Probleme medizinischer Berufe, Abhandlungen zur Mittelstandsforschung, Band **36**, S. 195–225. Köln und Opladen 1968.
SCHAEFER, H.: Wo steht die Medizin heute? In: BLOHMKE, M., SCHAEFER, H. (Eds.): Erfolge und Grenzen der modernen Medizin. Frankfurt: Fischer 1966.
SCHERER, K.R.: Non-verbale Kommunikation. Hamburg: Buske 1970.
SCHMIDT, O.: Ärztliche Meinungen über Entstehung und Behandlung funktioneller Störungen. Diss. Univ. Gießen 1968.
SCHNEIDER, K.: Klinische Psychopathologie, 4. Aufl. Stuttgart: Thieme 1955.
SCHÖDEL, S.: Linguistik. München: Bayerischer Schulbuch-Verlag 1972.
SCHOLMER, J.: Die Krankheit der Medizin. Neuwied/Berlin: Luchterhand 1971.
SPITTLER, G.: Norm und Sanktion. Freiburg: Walter und Olten 1967.
STEPHANOS, S.: Analytisch-psychosomatische Therapie. Jb. dtsch. Psychoanal., Beiheft 1. Bern: Huber 1972.
STROTZKA, H.: Einführung in die Sozialpsychiatrie. Reinbek: Rowohlt 1965.
STROTZKA, H.: Kleinburg. Eine sozialpsychiatrische Feldstudie. Wien und München 1969b.
STROTZKA, H.: Psychotherapie und soziale Sicherheit. Bern: Huber 1969.
WATZLAWICK, P., BEAVIN, J.H., JACKSON, D.D.: Menschliche Kommunikation. Bern: Huber 1971.
WEITBRECHT, H.J.: Psychiatrie im Grundriß. Berlin–Göttingen–Heidelberg: Springer 1963; 2. Aufl. 1968.
WHITAKER, D., LIEBERMANN, M.A.: Psychotherapy through the group process. London/New York 1964.
WICKLER, W.: Die Biologie der Zehn Gebote. München: Piper 1971.
WULFF, E.: Psychiatrie und Klassengesellschaft. Frankfurt: Athenäum Fischer 1972.
ZENZ, H.: Empirische Befunde über die Gießener Fassung einer Beschwerdeliste. Z. Psychother. med. Psychol. **21**, 8 (1971).

SACHVERZEICHNIS

Titel des Lehrbuches: **Heidelberger Taschenbücher, Band 149**
Medizinische Psychologie
Hrsg. Margit von Kerekjarto

Was können wir bei der nächsten Auflage besser machen?

Zur inhaltlichen und formalen Verbesserung unserer Lehrbücher bitten wir um Ihre Mithilfe. Wir würden uns deshalb freuen, wenn Sie uns die nachstehenden Fragen beantworten könnten.

---

1. Finden Sie ein Kapitel besonders gut dargestellt? Wenn ja, welches und warum? ....

....

....

2. Welches Kapitel hat Ihnen am wenigsten gefallen. Warum? ....

....

....

3. Bringen Sie bitte dort ein X an, wo Sie es für angebracht halten.

	Vorteilhaft	Angemessen	Nicht angemessen
Preis des Buches	....	....	....
Umfang	....	....	....
Aufmachung	....	....	....
Abbildungen	....	....	....
Tabellen und Schemata	....	....	....
Register	....	....	....

	Sehr wenige	Wenige	Viele	Sehr viele
Druckfehler	....	....	....	....
Sachfehler	....	....	....	....

4. Spezielle Vorschläge zur Verbesserung dieses Textes (u.a. auch zur Vermeidung von Druck- und Sachfehlern) ....

....

....

....

....

....

....

bitte wenden!

5. Bitte teilen Sie uns mit, auf welchen Fachgebieten Ihrer Meinung nach moderne Lehrbücher fehlen. Dazu folgende kurze Charakterisierung unserer eigenen Werke:

Fragensammlungen	=	Examensfragen zur Vorbereitung auf Prüfungen
Basistexte	=	vermitteln nach der neuen Approbationsordnung das für das Examen wichtige Stoffgebiet
Kurzlehrbücher	=	zur Vertiefung des Basiswissens gedacht; für den sorgfältigen Studenten
Lehrbücher	=	Umfassende Darstellungen eines Fachgebietes; zum Nachschlagen spezieller Informationen

Fachgebiet	Fragen-sammlungen	Basistexte	Kurz-lehrbücher	Lehrbücher
....	....	....	....	....
....	....	....	....	....
....	....	....	....	....
....	....	....	....	....
....	....	....	....	....
....	....	....	....	....
....	....	....	....	....
....	....	....	....	....
....	....	....	....	....
....	....	....	....	....

Bei Rücksendung werden Sie automatisch in unsere Adressenliste aufgenommen.

Name ....

Adresse ....

....

Fachstudium ....

Semester ....

Ärztliche Vorprüfung ....

Datum / Unterschrift ....

Wir danken Ihnen für die Beantwortung der Fragen und bitten um Einsendung des Blattes an:

Prof. Dr. W. F. Angermeier
Springer-Verlag
6900 Heidelberg 1
Neuenheimer Landstraße 28